LOCUS

LOCUS

mark

這個系列標記的是一些人、一些事件與活動。

mark 146

寂寞田野

——一本嚴格意義上的日記

馬林諾夫斯基（Bronislaw Malinowski） 著

卞思梅、何源遠、余昕 譯

編輯：連翠茉

校對：呂佳真

美術設計：許慈力

出版者：大塊文化出版股份有限公司

台北市 105 南京東路四段 25 號 11 樓

www.locuspublishing.com

讀者服務專線：0800-006689 TEL：(02) 87123898

FAX：(02) 87123897

郵撥帳號：18955675

戶名：大塊文化出版股份有限公司

e-mail:locus@locuspublishing.com

法律顧問：董安丹律師、顧慕堯律師

總經銷：大和書報圖書股份有限公司

地址：新北市新莊區五工五路 2 號

TEL：(02) 89902588（代表號） FAX：(02) 22901658

初版一刷：2019 年 3 月

定價：新台幣 480 元

ISBN 978-986-213-957-8

Printed in Taiwan

寂寞田野

一本嚴格意義上的日記

A Diary in the Strict Sense of the Term.

馬林諾夫斯基 Bronislaw Malinowski

卞思梅、何源遠、余昕——譯

〈推薦序1〉
如何重讀馬林諾斯夫斯基的《日記》

林浩立（清華大學人類學研究所助理教授）

對於這本原本不應該被出版的《寂寞田野——一本嚴格意義上的日記》（以下簡稱《日記》），王銘銘教授已經在中文版序中將馬林諾夫斯基的生平、學術成就、《日記》的出版爭議、其學生弗斯與美國人類學家葛茲對此《日記》的評析交代得十分清楚。那我在這裡還能談些什麼呢？我想，既然如此私密的日記被公諸於大眾目光之下已是既定的事實，現在距離其初次出版也已超過五十年，其間經歷過人類學自我反省浪潮許多度向的評斷，那不如來談一下在今日私人與公眾言論的界線如此模糊的網路時代中，我們可以如何看待這部或許震撼性已沒那麼強烈的《日記》。

首先，我認為任何關於《日記》中充斥字裡行間的情欲自白的討論，對馬林諾夫斯基是相當不公允的。這是擁有天主教成長背景的他的告解室，是他紓解田野中孤寂、負面情緒與身心痛楚的所在。在這裡，他可以暫時拋開溫文儒雅波蘭裔英國學者與田野工作者的面具，恣意超脫狂想。我們甚至可以說，《日記》中某些面向並非真正的他。那是一個宛如進入空谷狂吼、刻意宣泄被壓抑的情緒的狀態，使他得以解壓後再回到田野中。《日記》中如「黑鬼」這些字眼的使用，必須放在這個脈絡下來看。

另外方面，除了那些引人議論的情欲流動外，他對田野空檔中於澳洲結識、日後成為其妻的埃希・曼森（也就是《日記》中的E. R. M.）以及自己的母親也有非常真摯的情感表露。在田野尾聲一九一八年六月十一日，他收到信得知母親過世的消息，此自之後幾天的日記記錄宛如無意義的流水帳，並且數度提及哭泣甚至自殺，其悲痛如行屍走肉般的模樣躍然紙上。六月二十六日，他再也忍受不住，於日記中寫下：「早上散步的時候，我看到一隻蝴蝶，雙翼色彩斑斕，它的毀滅該會多麼令人悲傷。世界表面的——無用的玩物而已。母親再也不在了。我的生活被悲傷刺得千瘡百孔——一半的幸福已經毀滅。」在這當下，馬林諾夫斯基已不再是那位奠定田野工作方法基礎與提出「功能論」的人類學老祖宗了，他是眷戀著母親的兒子，也是渴望著愛情的單身漢、時而思念文明世界的田野工作者、喜愛忙裡偷閒讀小說的書癡、表面謙和有禮但心中不斷冒出對殖民官員、傳教士、外國居民與當地人的評語的酸民。《日記》中的他，與你我其實沒什麼太大不同。

《日記》中繽紛的田野資料

若不談《日記》中關於其情欲與情感的面向，其實還是有很多其他值得探索的事物。於六〇年代重返馬林諾夫斯基田野地做研究的人類學家邁可・楊（Michael W. Young）最近以〈馬林諾夫斯基在巴布亞吃了什麼？〉一文討論他在田野中的飲食習慣，而其資料主要便是來自於《日記》。在《日記》的第一部中，他很少提及自己吃了什麼。在第二部中，當他已開啟於初步蘭群島的研究時，才開始出現廣泛的飲食記錄。一九一七年十二月十九日，他這樣寫道：「現在我每天吃的東西是：早上，椰子；中午相對豐富，還總有新鮮食物。晚上吃得很少，香蕉拼盤，momyapu（木瓜）。」他在田野中的飲食基本上很簡單，有時甚至會主動斷食進行「饑餓療法」。只有一九一八年二月十一日的時候，在從大病中逐漸恢復之際，他才提到「在村中走了一小圈，我極饑餓；眼前浮現滿桌盛宴的幻覺。蘇荷的法國餐廳，等等，它們對我的吸引力超出了哪怕最崇高的精神愉悅。」少數盛宴的記載則是在到當地西方居民家中作客時才有，如「豐盛——豬肉、馬鈴薯、卡斯達蛋奶布丁。」事實上，他自己是不煮飯的（島上的男性也大都如此），而是請了一位名喚金吉爾的當地年輕男子幫他處理，是他多名「男僕」（田野助理）的其中之一。讀者在《日記》中可以看到多處他對金吉爾的不耐：「土著仍然讓我憤怒，特別是金吉爾，真想把他宰了。我現在理解了德國和比利時殖民的一切暴行。」

他應該很愛吃魚。他曾寫下多筆關於魚的料理的記載：「暴飲暴食了很多魚」、「我買了很多魚，中午將它們煮熟。貪婪地喝下魚湯」、「我瞅著空檔吃我的米飯和醃魚，讀我的吉普林」、「炸魚——我的烹飪發明」、「螃蟹和魚，沒有蔬菜」，「烤了鴿子和魚」。「魚和芋頭」則是最常出現的主食搭配。蛋也是他的主食之一：「兩點我點了午飯——雞蛋和可可」、「吃了一個豬油炸的煎蛋捲」、「晚餐有四個蛋」、「八點半，雞蛋和茶」。雞蛋是西方人於近代引進太平洋島嶼中的食品，而由此觀之，馬林諾夫斯基在田野中還是相當依賴西方食材，這些包括他帶來的罐頭，以及住在附近的貿易商人送來的麵包、牛奶。楊指出，《日記》中他從來沒有提到吃過以下常見的在地料理：西谷米、麵包樹、芒果、玻里尼西亞栗、甘蔗、黃蜀葵葉等等。他吃過一次檳榔、一次烤甘薯、一道towamoto（胡椒調味的辣蔬菜）、一道棕櫚捲心菜，但在地佳餚的體驗僅止於此。楊的學生、第一位來自初步蘭群島的人類學家萊納斯・迪吉姆雷納（Linus digin 'Rina）便表示：「一位自認為完全沉浸於當地人之中的民族誌學者，竟對大部分當地食物沒有一絲興趣！」

小說也是在《日記》中反覆出現的主題，並且遍布於第一、二部中。我們可以明顯地看到，閱讀小說是馬林諾夫斯基田野中最主要的消遣以及「麻醉劑」，有時甚至讓他不想工作：「今天七點起床——懶散；我躺在蚊帳中，渴望看書而不是工作。」但之後又提醒自己：「我決心消滅現在生活中的懶惰和拖沓的因素（成分）。除非有必要，絕不再讀小說。努力防止忘記有創意的點子。」他的品味鮮明，時常將翻完的作品評為「垃圾小說」，並補上幾句酸味十足的評語。例如：「上午讀了莫德．代弗……那小說是垃圾；不斷發現其中可怕的錯誤。但我還是讀了下去。『情節的呆板；事件前後矛盾，等等。』」大仲馬的作品也難逃他的毒舌：「幾天來我一直在讀《基度山恩仇記》我感到筋疲力盡，甚至沒有力氣欣賞景色，只能陷在這本垃圾小說中。」讀完之後，他表示「對天發誓，我再也不碰小說了」。但兩個月後他又忍不住了：「星期四我開始讀《布拉熱洛納子爵》，而且真的是一口氣讀到星期三還是星期四晚上。大仲馬，隨便你怎麼說，還是有一定魅力的。」但好景不長：「我發誓，讀完這本垃圾小說之後，我在紐幾內亞不會再碰任何閒書。」這樣的循環讓他在田野末期一九一八年四月十二日留下這句千古名言：「我還下決心，就算要看小說，也不能挑那些最容易的看。我很滿意我並沒有撿起抽煙的老毛病。現在我必須同樣戒掉看閒書了。我可以讀詩歌或嚴肅的東西，但絕對要避開垃圾小說。我必須閱讀民族誌。」少數能讓這位嚴厲的書評欣賞的作家包括康拉德（「大概在那時候我讀了《羅曼史》。康拉德細膩的情感從字裡行間流露而出）、吉普林（「晚上接著讀吉普林。細膩的作家（自然是不能跟康拉德比），一個令人欽佩的人。他的小說讓我對印度漸漸產生了興趣」）、莫泊桑、還有夏洛蒂．勃朗特。他似乎常與田野中遇到的同伴聊小說，而小說也成為品評人物的一把尺。曾經有一位他十分厭惡的殖民官員也喜歡康拉德，他在《日記》中寫下：「他對康拉德的讚賞讓我感到羞恥。」

幽默辛辣的「表演者」

馬林諾夫斯基這樣有些戲謔的風格，是一般人不太知道的面貌。但若對如此的性格有所明瞭，有助於釐清一些針對其田野工作的評論。例如，英文版《日記》的封面是一張他身著白色殖民風探險服裝、手持存放著用以嚼檳榔的貝殼粉的葫蘆、與幾位膚色黝黑的當地人排排坐的合照。論者認為，在民族誌中一直強調如何融入當地的他，在這張反差強烈的照片中卻漏了餡。然而人類學家邁可．陶席格（Michael Taussig）再三檢視這張照片後有了一番新的體悟，他認為這張照片中強烈反差的形象是馬林諾夫斯基故意設計的「舞臺效果」，有點「哈哈，我們是如此不同」的玩笑意味。若仔細看，甚至能看出他嘴角一抹狡黠的笑意。事實上，在其日記或書信中，他會半自嘲地說自己的服裝骯髒邋遢、充滿破洞，而相較之下當地殖民官員或傳教士的衣裳則是「潔白無瑕」。若再加入《日記》中常出現的那對英國殖民與傳教活動與其中人物的嘲諷，這張照片甚至可能是他變裝的諷刺批判之作。

我對這本《日記》的立場依然是在道德上它不應該被出版，但行文至此，我突然覺得，或許馬林諾夫斯基不會介意《日記》中絕大部分展現他鮮明價值觀與幽默感的地方被公開。正是如此，我想他若是活在今日的網路時代，依其個性，在進行田野調查、耕耘田野筆記之餘，應該還是會寫類似《日記》的網誌或臉書文章。其中私密情欲的部分以及宣泄性的歧視言詞當然會大幅刪去，但那些各種對小說作品的辛辣評論、對人物時事的幽微嘲諷，相信他是不會吝於分享的。畢竟，如同陶席格提醒的，馬林諾夫斯基在當地的綽號可是Tosemwana，也就是「表演者」的意思。若知道他有這樣的一面，或許在重讀其經典《西太平洋的航海者》時，就能讀出一些不同的東西。

〈推薦序2〉

對文明的反躬自省

張慧慈（社會觀察之憤世青年作家）

我有一個朋友，善於占星。

他是在人生低潮的時候，點滿占星技能，也用以治療自己，度過低潮期。自低潮谷底躍升後，他便常常用占星，來治療其他朋友，其中，也包括我。

人都是極易感到不安焦躁，環境的變動、個人身心狀況、重要他人的狀態等等，都會影響人的安定感，不安定，則許多事物無法推展。即使有人可以因此達成創作靈感，但終究是遑遑不可終日。因此，安定感的來源之一，就是對於未來有方向。很多人是訂定不了方向的，縱然心中有底，仍舊還是希望有攻略可以看，以免行差踏錯，畢竟我們的社會對於失敗的容忍度，仍不夠成熟。

占星，是很多人對於未來答案的確信之一。

我常常在心理極度不安定的時候，以數通電話跟訊息央求朋友來跟我見面，並且要求他要帶上塔羅牌，為的就是尋求心靈安定。用少少的金錢買安定感，很值得。比起香油錢，求的是大範圍的心安，這種更聚焦、短時間的心安，更令我中毒上癮。

忘記是哪一次了，可能是我的需索無度，兩三個月內，尋求太多次安定感。一次，跟朋友聚會時，我邊吃飯邊跟他抱怨最近遇到的人、事、物，都在在讓我傷心欲絕。朋友突然拿出塔羅牌說：

「我幫你算算吧？」

「好啊！」

除去第一次外，這是朋友主動幫我算塔羅的第二次，我當然欣喜若狂的答應下來了。問題當然是那些困擾我的，剛剛跟他抱怨的人事物。算完後，一如往常的跟朋友說：

「真的好準啊，你真的不考慮擺攤嗎？」

朋友把牌收好，誠心的謝了謝塔羅牌後，跟我說：

「其實，我剛剛根本沒有照牌面解釋，我是照著你在吃飯時跟我抱怨的東西，用一個朋友的角度，來跟你說應該怎麼做。而且，你應該早就知道要怎麼做。因為我們常常見面聊天，所以在解牌時，我沒辦法完全客觀的照著牌面解釋，或者說，我不確定自己是不是真的照著牌面解釋。所以啊，我幫你算塔羅，或許只是附和你的內心狀態而已。」

在當代，占星學從偽科學，逐漸經過證實，具有科學根據。這些具有科學根據的事項，通過占星師的客觀解釋，被人們相信著。但這樣的解釋，不是絕對的客觀。從你的性別、外型、穿著、談吐、問題等等，占星師就會有初步的判斷，或許占星師本人也沒有發現，他已經在心中知道，要偏向哪些方向解釋牌組了。

如果這還不夠，光是粒子還是波，這個科學界數百年來討論的現象，夠科學吧？但在數百年來的討論中，卻因為當時強勢的科學家信奉哪一個，導致哪一個占上風。雖然到了現在，我們知道光同時具備波粒二象性，但科學總是難免得渡過人這一關。

社會科學，聚焦在研究人，以及人和社會的互動，所形成的知識、規則、規範、儀式性行為等等，藉以提出解釋，為大眾社會釋疑。

社會科學的研究方法有很多，不說量化研究，光質化研究，就足以出一書櫃的研究方法，開設一整學期的方法論。但對於自身經驗的研究，總是不外乎幾個層次。

當提出一個立基於自身經驗的問題時，首先第一步要做的，是要將主觀經驗客觀化。也就是說，今天我想要研究為什麼我的媽媽、姑姑、朋友的媽媽、姑姑，還有很多人的媽媽、姑姑，相較於其他兄弟姐妹，取得的學歷跟工作待遇較低？她們之間的共通點除了都是女性，出身工人階級家庭外，她們也都是家裡最大的「女生」，也就是「長女」。因此，我把自身經驗客觀化，提出了「工人階級家庭中的長女，較不容易取得教育機會，進而影響求職條件，不易達成階級翻身、階級複製」。

接著，我可能透過田野調查、訪談、敘事分析等方式，將從被研究者（這些身為長女的工人階級女性）所取得的資料，進行分析，歸納出數項影響她們複製階級的原因後，可能取得這樣的小結：

「在工人階級家庭中的長女，在傳統父權體制（重男輕女等）下，常被要求提早進入勞動市場，犧牲教育機會來賺取收入供應家中兄長或是弟妹的教育支出。因為犧牲教育機會，因此能進入的勞動市場也多半以低薪體力勞動市場為主，在達成家中所需後，又必須立即達成父權體制對於女性的婚嫁要求，進入婚配市場，重新複製相同的階級處境」。

取得結論後，下一步，我必須要再把這樣的客觀結論，放回自身經驗中，繼續追問：同樣身為工人階級家庭的女性，即使到了我這一代，仍舊還會有相關的現象。因此，我和我身邊的朋友，其實都有收到來自家中家父長類似的要求。只是，為什麼最後，我並不像其他朋友一樣，犧牲教育機會來供應其他弟妹？

在第二步，我繼續去分析兩種類型的長女。一種是像我其他朋友一樣，延續母親的處境，成為階級複製一分子的長女。以及像我一樣，同樣收到要求，卻沒有延續母親處境的長女。因此，我又再度重複上述的步驟，並且再度將自身主觀經驗客觀化後，找出可能的因素：

「在工人階級家庭中，若母親較為公平重視子女的教育，對於女性取得教育機會的成功率，有正向效果」。

最後，我的研究將會得出「在工人階級家庭中的長女，在傳統父權體制下，較容易成為被犧牲教育機會的族群，並被要求提早進入勞動市場，供應家中男性手足或是幼子幼女的教育支出。在供應完畢後，也再度受制傳統父權體制，進入婚姻，延續母親處境。然而，當家中母親較為公平重視子女教育時，家中的女性較容易取得教育機會，也有助於達到工人階級家庭內女性的階級翻身」。

在《寂寞田野——一本嚴格意義上的日記》一書面世後，引起軒然大波。多數的批評，都是來自於馬林諾夫斯基對於被研究者的真實想法，展現出歧視、不滿，以及性衝動。馬林諾夫斯基是開啟人類學民族誌研究的開基祖，在他之前許多學者，常常僅訪問數位報導人，到當地走馬看花後，就寫出一篇篇研究論文。這其中充斥著研究者的成見、報導人的歧視等等偏誤。馬林諾夫斯基深入田野，學習當地語言，描繪族譜、系譜，觀察其中的儀式，以及一些顯微的部分，來書寫民族誌，讓研究變得更生動且減少偏誤跟歧視。

因此，當他的日記中，仍舊展現了他對於被研究者的歧視，以及對文明社會的推崇後，才會招致批評。

然而，研究者也是人，沒有人不帶著意識形態在看世界。所有說自己不具有意識形態的，僅是因為其沒有中心思想，且自詡為客觀而已。學術專業的訓練，就是讓所有研究者意識到「自己是帶有成見的」，時時警惕自己，並且盡可能降低因成見帶來的偏誤。

而從這本日記中，我們不僅看到了成見，也看到研究者仍舊受制於自身狀態的不安定所帶來的波動。這本日記跨越的時期，正值第一次世界大戰爆發之際，身為波蘭裔的人類學者，也深陷戰爭所帶來的緊張、身分權波動等問題，心繫家國以及國內的親人。因此，在書中他也在在用負面的形容詞來描述德國籍的人。而他也在書中披露人類學者對於文明侵入傳統社會的反躬自省，所以馬林諾夫斯基形容傳教士的字句，讀來也令人會心一笑。

因此，通過此本日記，一本「嚴格意義上的日記」，讀起來可能覺得零碎，但整本閱讀完畢後，其實對於瞭解馬林諾夫斯基的相關研究，以及研究者如何進行研究，其心理狀態等，能夠有更多層次的瞭解。最重要的是，也讓我們更加警覺，所有的書寫都帶有作者的主觀在其中，千萬不可將其視之為完全的客觀。

就像是我對於長女的研究，一定還有更多影響長女之所以複製／不複製階級的因素，這其中的主觀經驗所導致的研究偏誤，無論再怎麼努力，也不能否認其中仍舊含有不客觀因素。

回到一開始的占星，其實我朋友解析我的牌組時，雖然成功的自我覺察到不客觀，但他仍舊沒有察覺到，他對於擺攤來算牌的客人，也存在著不客觀的解牌因素。

目錄

中文版序

「如果說查爾斯・達爾文是生物學的原型人物，那麼，勃洛尼斯拉夫・馬林諾夫斯基（Bronisław Malinowski）便是人類學的原型人物。」[1]《寂寞田野——一本嚴格意義上的日記》（以下簡稱《日記》）正是這位「人類學的原型人物」留給我們的一份珍貴遺產。

* * *

一八八四年四月，馬林諾夫斯基出生於波蘭克拉科夫的一個書香門第，其父路吉安（Lucjan Malinowski）是著名的語言學家，任職於亞捷隆大學（Jagiellonian University），母親約瑟華（Józef Malinowski）來自地主家庭，受過良好教育。馬林諾夫斯基六歲喪父，由寡居家中的母親教導長大。少年時代，由於身體虛弱和患上了嚴重的眼疾，馬林諾夫斯基從學校休學。眼疾痊癒後，他同母親開始到非洲、地中海沿岸、大西洋上的一些群島旅行。這段經歷給馬林諾夫斯基的心靈留下了深刻

1 Michael Young, *Malinowski: Odyssey of an Anthropologist*, 一八八四至一九二〇，p.ixx, New Haven: Yale University Press, 二〇〇四。

印記。一九〇二年，馬林諾夫斯基進入波蘭亞捷隆大學哲學系學習。在哲學之外，他還修讀了波蘭文學、數學、物理學、植物學、微生物學、心理學、教育學的課程，並逐漸對家庭、社會和民族學產生興趣。他的三位主要老師均深受馬赫（Ernst Mach）的認識論的影響，後者的理論具有濃厚的方法論個體主義和經驗主義色彩，這點對馬林諾夫斯基深有影響[2]。在完成學位論文過程中，馬林諾夫斯基再度因病隨母親前往熱帶島國旅行。一九〇八年，二十四歲的馬林諾夫斯基告別了故鄉和寡居的母親，先到德國萊比錫留學兩年，主攻物理和數學，並在期間旁聽了一年民俗心理學家馮特（Wilhelm Wundt）開設的課程。一九一〇年，馬林諾夫斯基以碩士研究生的身分到倫敦政治經濟學院（London School of Economics and Political Science）就讀一年，接受以研究婚姻史聞名的社會學家愛德華．韋斯特馬克（Edward Westermarck）指導，並於來年回國後發表文章批評弗雷澤對婚姻的論述。一九一三年，他以講師的身分回到政治經濟學院，同年發表第一本英文著作《澳洲土著家庭》（The Family among the Australian Aborigines），取得博士學位。

一九一四年，「三十而立」的馬林諾夫斯基取得講師職位，在查爾斯．塞里格曼（C. G. Seligman）教授引薦下獲得資助，準備趕赴澳洲研究圖騰制度。然而在七月抵達澳洲，輾轉於雪梨、墨爾本之際，第一次世界大戰爆發了。由於當時的澳洲仍屬英國，而身為波蘭人的馬林諾夫斯基屬奧匈帝國公民，為了避免遭遣返，他通過與澳洲政府斡旋，最終獲得研究許可，獨自進行田野調查（這在當時還算鮮見，當時的調查大都是團隊合作），從一九一七年九月一日到一九一五年五月，在紐幾內亞（當時由澳洲政府管轄）南部的邁魯（Mailu）島上從事研究，此間學習了土著語言。一九一五年五月，在偶然機緣下，他決定到東北方的初步蘭群島（Trobriand Islands）進行下一步研究。

一九一八年，馬林諾夫斯基完成田野調查，暫時回到墨爾本，隨後與埃希・曼森（Elsie R. Masson）結婚，但不久卻生了場大病，於是在回歐洲前又到加那利群島（Islas Canarias）療養一年，並著手撰寫《西太平洋的航海者》（*Argonauts of the Western Pacific*）。

一九二一年，馬氏攜妻回到英國，隨即於倫敦政治經濟學院擔任民族學暑期課程的兼任講師。如其中國學生費孝通先生記述的：

> 這樣一個有家學淵源、天資卓絕、經過波、德、英三國高等學府名師培養，又得到了長期實地深入現場調查機會的學者，在一九二一年從澳洲回到倫敦，一九二二年在母校就講師職時，他發現踏進的是一個形勢已大變了的世界。大英帝國在這場大戰裡名義上是屬戰勝國，但所受的打擊是嚴重的，它的帝國基礎殖民地已經動搖。十九世紀稱霸時代的那種咄咄逼人的氣勢開始下降，歷史進入了帝國瓦解的一代。始終離不開時勢的學術已不能在老路上繼續下去了，正在呼喚新的一代的誕生。[3]

2 George Stocking Jr., *After Tylor: British Anthropology*, 一八八八至一九五一，pp.二四五—二四六，Madison: The University of Wisconsin Press，一九九五。

3 費孝通：《從馬林諾斯基老師學習文化論的體會》，引自其《師承・補課・治學》，北京：生活・讀書・新知三聯書店，二〇〇一，一二九頁。

馬林諾夫斯基的主觀條件正好適應了時勢的需要，一九二二年，他正式出版第一本實地調查報告《西太平洋的航海者》，一舉成名，成了社會人類學新興一代的代表作，不久被任命為倫敦大學學院首位社會人類學課程教授，過了不惑之年的馬林諾夫斯基一九二七年升任該系主任，直到一九三八年他離開英國為止。

二十世紀二〇年代至三〇年代，基於其在初步蘭群島的研究收穫，馬林諾夫斯基發表了一系列論著。除了享譽學界的《西太平洋的航海者》[4]之外，還有《原始心理中的神話》[5]、《野性社會的犯罪與習俗》[6]、《野性社會的性與壓抑》[7]、《野蠻人的性生活》[8]、《珊瑚花園與其巫術》[9]。

在一部長達六百九十頁的關於馬林諾夫斯基早期生涯（一八八四—一九二〇）的傳記中，楊（Michael Young）以「奧德賽」來形容馬氏的人類學經歷，他在開篇評論道：「馬氏生逢重大的轉折時期，其間，爆發兩次世界大戰，出現現代主義。」[10]作為一位「原型性的人類學家」，他締造了一個與時代相關聯的學派。馬林諾夫斯基偶然或必然地在第一次世界大戰期間漂泊到初步蘭群島這個「荒服」從事實地研究，實現了一次漫長的地理與文明距離的跨越，又偶然或必然地在戰後依據其所見所聞為西方世界繪製出了一幅人文世界的圖像，將遠在他方的初步蘭群島島民描繪成近代歐洲人的「同代人」，從而實現了文明的移情。他拒絕以歐洲文明為準則來劃分進步的階段性，主張賦予一切文化以同等價值。他致力於改變自信的近代西方學者依據文明高低來臆想歷史先後的習慣，為此，他身體力行，「神入」於他者中，與土著人密切接觸，諳習其「實際生活的不可測度方面」[11]，研究他們的制度、習俗和信條，分析他們的行為和心理，理解「他們賴以生存的情感和追求幸福的願望」[12]，創建了現代人類學田野工作作法。他透過貫通他我，從「野蠻人努力去滿足某些渴望，去實現他心中的價值，去追隨他的社會抱負」等事實中，「生出一種對這些土著人的努力和抱負的親和之情」。馬林諾夫斯基相信，「透過認識遙遠而陌生的人性，我們會看清我們自己」。[13]

在評價馬林諾夫斯基在人類學學術史上的地位時，費孝通先生曾做了以下發言：

> 如果說馬老師是在二十世紀初年手執功能學派的旗子，插上英國人類學的領域，成為這門學科老一代的接班人，傳遞這根接力棒的，我想說，正是當時高居在這角文壇上的大師詹姆斯·弗雷澤……
>
> 要理解英國人類學歷史上這次交班的過程和內容，新舊兩代究竟有什麼區別和有什麼聯繫，不妨並排著讀一下弗雷澤的《金枝》和馬老師的《西太平洋的航海者》，也許可以得到一點啟迪。

---

4 見《西太平洋的航海者》，梁永佳、李紹明譯，北京：華夏出版社，二〇〇二。
5 Bronisław Malinowski, *Myth in Primitive Psychology*, London: Norton，一九二六。
6 Bronisław Malinowski, *Crime and Custom in Savage Society*, New York: Harcourt, Brace & Co.,一九二六。
7 Bronisław Malinowski, *Sex and Repression in Savage Society*, London: Kegan Paul, Trench, Trubner & Co.,一九二七。
8 Bronisław Malinowski, *The Sexual Life of Savages*, London: George Routledge and Sons,一九二九。
9 Bronisław Malinowski, *Coral Gardens and Their Magic*, London: Allen & Unwin,一九三五.
10 Michael Young, *Malinowski: Odyssey of an Anthropologist*,一八八四至一九二〇, p.ixx.
11《西太平洋的航海者》，一三頁。
12 同上，一八頁。
13 同上，一九頁。

弗雷澤的文筆不失古雅暢達，他的思路縝密匯通，令人折服。可是在我看來，他始終擺脫不了十九世紀風行歐陸，特別是以英倫三島為中心的那一股社會思潮。這個思潮的中心觀念就是被當時學者們視作權威的社會進化論。

……《航海者》給讀者勾畫出和《金枝》完全不同的一幅畫面。在他筆下，西太平洋小島上的土人儘管膚色、面貌、語言、舉動迥然不同於倫敦學府裡的人士，但是他們在喜怒哀樂，愛恨信疑上卻並無軒輊。如果你能像馬老師那樣進入當地土人社會的各種角色，你就會覺得這些「老黑」和我們當前的左鄰右舍並無太大區別。讀了《金枝》我們會覺得自己高人一等，讀了《航海者》就會由衷地覺得四海之內，人同此心，都在過著人間相似的生活，甚至會感歎，人世何處是桃源？[14]

馬林諾夫斯基聲名鵲起，影響不局限於人類學界，他的《西太平洋的航海者》飄洋過海，被法國社會學年鑒派莫斯（Marcel Mauss）長篇徵引[15]，成為其「全面性報償（total prestation）」之說的主要民族誌來源，當經濟學家卡爾·波蘭尼（Karl Polanyi）在思考社會與經濟制度的關係時，又給予他關於「鑲嵌」之說方面以極深刻的啟發[16]。作為一位導師，馬氏更吸引了大批青年才俊——後來成為英國人類學界頂梁柱的弗斯（Raymond Firth）、埃文斯─普理查德（E. E. Evans-Pritchard）、利奇（Edmund Leach），創建一個美國社會學學派的帕森斯（Talcott Parsons），及對第三世界社會科學有最傑出貢獻的費孝通先生，都曾師從於馬氏，接受知識的洗禮[17]。

馬氏於一九三八年離開倫敦政治經濟學院，到美國先是度假，接著，他接受了美國耶魯大學聘任，擔任該校教授。在耶魯，馬氏以墨西哥中部的查波特克人（Zapotec）聚落為調查地點，於一九四〇年與一九四一年的暑假期間展開短期的田野調查[18]。

馬林諾夫斯基於一九四二年五月一日心臟病發去世，享年五十八歲，此刻他早已過了「知天命」之年，但不幸未能進入「耳順」和「從心所欲，不逾矩」的階段。

* * *

據其遺孀（第二任妻子）瓦萊塔（Valetta Malinowska）所述，一九三八年，馬林諾夫斯基出發去美國前，將一大部分手稿和田野資料留在了倫敦經濟學院，接受了耶魯大學的聘任後，他謹慎處理了這批材料，揀其要者，寄到紐黑文（New Haven），在整個戰爭期間，剩下的大部分書籍和

---

14 費孝通：《從馬林諾斯基老師學習文化論的體會》，一三一至一三三頁。

15 莫斯：《禮物》，汲喆譯，四四至一三六頁；一九六至一九七頁，上海：上海人民出版社，二〇〇二。

16 波蘭尼：《大轉型》，馮鋼、劉陽譯，三七至四八頁，杭州：浙江人類出版社，二〇〇七。

17 馬林諾夫斯基逝世十年後，他學習和工作過的學術機構倫敦經濟學院人類學系召集了一次重新評估他貢獻的討論會，參與者均為馬氏過去的學生。一九五七年，弗斯主編了一部文集（Raymond Firth ed., *Man and Culture: An Evaluation of the Work of Bronisław Malinowski*, London: Routledge and Kegan Paul，一九五七）。該書導論為弗斯所作，介紹了馬氏為學為人的全貌，之後的十二篇文章，分別從文化、需求、社會體系、田野工作與民族誌寫作、民族誌描述與語言、經驗主義認識論、法律、親屬制度、宗教、經濟人類學、社會變遷、公共服務諸角度考察了馬林諾夫斯基的貢獻。

18 此間，馬林諾夫斯基的研究更注重對當代文化變遷的研究及應用人類學，這從後人整理出版的《文化變遷的動力學》（*The Dynamics of Culture Change: An Inquiry Into Race Relations in Africa*, New Haven: Yale University Press，一九四六）一書可以看出。

論文都存放在倫敦經濟學院。在紐黑文時，他的部分材料存放在家裡，其他材料則存放在耶魯研究生院的辦公室內。馬林諾夫斯基心臟病突發去世後，他的學生和摯友菲利克斯・格羅斯（Feliks Gross）博士擔任馬氏文檔的整理工作。在整理馬氏生前文章與書籍的過程中，發現了一本厚厚的黑色小筆記本，幾乎全部用波蘭語寫成，這就是後來出版的《日記》的手稿。此後，瓦萊塔便小心翼翼地保管它，在一九四六年移居墨西哥時，都隨身攜帶著這本日記。戰後，原來存放馬林諾夫斯基文章和書籍的倫敦經濟學院將他的手稿、筆記和書籍統統寄給了瓦萊塔。一九四九年前後，數量龐大的文字資料到達墨西哥，其中有兩個裝著筆記本的信封：一個信封上寫著「早期波蘭語日記」，另一個寫著「日記」。這些小本日記都用波蘭語寫成，她把它們和在耶魯大學發現的那本筆記本放在一起，計劃在未來某天將之翻譯成英文，甚至對外出版。一九六〇年末，瓦萊塔在紐約跟馬林諾夫斯基的出版商提起了這些日記，雙方達成協議，最終決定將其出版。

《日記》題目是後取的，其第一部分涉及他在邁魯的早期調查，第二部分則涉及他在初步蘭群島最後一年的情況，比較全面地反映了馬氏在對經驗調查進行理論研究後開始在紐幾內亞展開田野工作的過程。

《日記》之所以被形容為「嚴格意義上的」，是因為它具有高度的「非正式性」，沒有偽裝地記錄下馬氏在島國的經歷。如弗斯指出的，《日記》是馬氏職業生涯最重要時期的參照，既包含著馬林諾夫斯基對紐幾內亞妖嬈風景的優美描述，也包含對他自身性格一覽無遺的展示。在不少地方，馬林諾夫斯基記錄了實地研究的情況，這些內容構成了其研究進展的良好說明。《日記》沒有掩飾與「慎獨」二字相悖的任何事項、任何意念，在不少記錄馬氏與土著人的交往之處，時常透露出一位高高在上的白種人「擁有」的島民殖民心態，絲毫不隱瞞這位白種人在「島國小黑人」面前自鳴得意的感覺。如斯特金（George Stocking）指出的，馬氏有好色之嫌，《日記》的不少地方有時流露出他對白種婦女的念想，有時不禮貌地記述作者對於土著女性的不雅評論[19]。於是，如葛茲（Clifford Geertz）所言，在不少地方，《日記》「既沒有記錄他的日常活動，也沒有反映這些日常生活對他個人的影響，而更多是精神中的場景：他的母親、一個分道揚鑣的舊友、一個曾經熱愛又拋棄的女人和另一個深愛並渴望迎娶的女人……成為了故事的主角，而這些人事都遠隔千里，凝固在沒有時間的思念中，在他心中一遍一遍地上演。在這本日記中，眼前的南海反而在舞臺之下遙遙相望，不過成為了一個有利可圖的觀察對象和不斷激怒他的源泉」[20]。《日記》難懂和潦草之處也頗多。馬氏用英語和科瑞維納語記田野筆錄，寫日記時卻主要用波蘭文，運用大量自己才能懂的簡寫和省略（如將「殖民政府辦公室」簡稱為M. G.），記錄事件時，時常草草記下一些關鍵詞，記錄對報導人的採訪事件，只寫下報導人的名字。馬林諾夫斯基在日記中隨意在波蘭語、法語、義大利語以及當地語言（莫圖語、邁魯語、科瑞維納語）之間轉換，在日記第二部分，當地語言出現的頻率更是逐漸增高（英譯本只將波蘭語譯為英語，其他語言都原樣保留）。《日記》中涉及歐洲的人名和地名眾多，一些是為人熟知的人類學者，一些則是馬氏的故交，而地名則是馬氏曾經生活

19 George Stocking Jr., After Tylor, pp. 二六三至二六四。

20 Clifford Geertz. Under the Mosquito Net, in The New York Review of Books, Volume 9, Number 4, September 14, 一九六七。

或旅行過的地方。對待自己的欲望和情感，日記中的馬林諾夫斯基也非常隨意、坦白[21]。一本誠實的日記，若是出自一位常人之手，興許會被認為合情合理，但它卻偏偏出自一位非凡人物，透露出了與他生前公開發表的文字相悖的信息。

對於他要開創的現代人類學視野，在其《西太平洋的航海者》最後一頁，馬林諾夫斯基說了這麼一段令人難以忘懷的話：

……我們可以進入野蠻人的意識裡，並透過他的眼睛觀察外面的世界，感受一下他的感受——但我們最後的目的是豐富和深化我們的世界觀，瞭解我們的本性，並使它在智慧上和藝術上更為細緻。若我們懷著敬意去真正瞭解其他人（即使是野蠻人）的基本觀點，我們無疑會拓展自己的眼光。如果我們不能擺脫我們生來便接受的風俗、信仰和偏見的束縛，我們便不可能最終達到蘇格拉底那樣認識自己的智慧。[22]

與作為偉大人類學家的馬林諾夫斯基在《西太平洋的航海者》等書所呈現的「文化移情」相悖，作為「常人」的馬林諾夫斯基在《日記》中所流露出的「無法移情」，令不少人對於馬氏人文科學的方法與理論頓失信任。因此，美國人類學大師葛茲戲說道，《日記》的出版，或可謂「曝光」，乃是人類學界的一大「醜聞」，而從人類學圈子內看，「曝光」前夫「醜聞」的馬氏遺孀，是個「靠婚姻擠進我們圈子裡的人」，「背叛了我們學術圈的秘律，褻瀆了我們的神聖，使我們陷入了困局」[23]。《日記》出版之初，葛茲在《紐約日報》書評版發表題為〈躺在蚊帳下〉的書評指出，日記的確實實在在地暴露出了馬氏在田野中「身心分離」的心理狀態[24]。《日記》表露了在長達三年的時間內馬氏身在此處而心在遠方家鄉的「人格分裂症」，這種人類學者的形象「讓人氣惱」，「顛覆了人類學家自以為是的形象」。馬林諾夫斯基自己確立的人類學方法準則，奠基於一種「天主教徒式的熱忱和同情心」之上，富有「無限慷慨和無比慈悲」的特徵。與此相反，《日記》所表露的，卻是人類學家的「狹窄心胸」，他的「自以為是、目中無人」。

生怕這本誠實的日記招致非議，當馬氏遺孀懇求弗斯為其作序時，他都再三猶豫，最後才勉強為之。在《日記》第一版，弗斯寫了一篇「序」，意在避免《日記》之出版給馬林諾夫斯基臉上抹黑。弗斯說，《日記》除了其史料價值之外，還按順序記錄了馬林諾夫斯基的思想和感覺，其中有些部分說明，馬氏將日記作為了一個手段和參照，將它作為引導乃至完善自己人格的手段。日記也生動地說明馬林諾夫斯基是個勤勉的研究者：到達紐幾內亞的第二天，馬林諾夫斯基就找到了一個報導人，第三天就開始著手搜集關於社會結構的田野材料，短短兩周後，他就注意到自己調查方法上的致命缺陷（對於田野的投入程度和語言問題），並加以彌補。弗斯還說，《日記》是為作者一人而寫，真實而生動地反映了作者的思考過程與方式，這對於我們理解大師如何在田野中提出理論問題，

21 例如，在一九一七年十一月十日的日記中，關於某女性，他直白地記下：「我在腦中撫弄她，脫去她的衣裳，計算著要花多長時間把她弄上床。在此之前我還有一些關於……的淫蕩想法。」

22 《西太平洋的航海者》，四四七頁。

23 吉爾茲（格爾茲）：《地方性知識》，王海龍、張家瑄譯，北京：中央編譯出版社，二〇〇〇年，七一頁。

24 Clifford Geertz, Under the Mosquito Net, in *The New York Review of Books*, Volume 9, Number 4, September 14, 一九六七。

緣何選擇了某個研究課題而非其他，都提供了實在的線索。同樣重要的是，《日記》真切傳達出人類學研究者身處異鄉的感受。在異鄉，人類學研究者同時是記錄者和分析者，不能完全共享當地人的習俗和觀念，也不能任意讚美或厭惡它們，因此時常感到憋悶，時不時生發「返鄉」的衝動，或懷疑所做工作的正當性，時而企圖逃進小說的虛幻世界或做白日夢，時而又將自己拽回到民族誌研究承載的道德壓力。馬林諾夫斯基是一位易於情緒激動的人，也比其他學者更敢於表達自己的情緒，面對其所處的心理——道德困境，他以少見的勇氣，表達了他對人類學家與他的「活人材料」之間關係的陽光與陰暗面，他不壓抑自己的情感，不控制自己的筆觸，這一做法幾乎是一種美德，源於馬氏對待自我最真實的自省，展現出一位對社會科學之形成產生過重大影響的人十足又耐人尋味的魅力。

雖有弗斯「序」的說辭，《日記》出版後還是引起了各種反響，有人指責它充斥著沉悶的陳詞濫調，有人說，這除了是一個醜聞之外再無其他意義，有人認為《日記》不應該僅僅被看作馬氏人格中根本一面的體現，而應被看作田野工作的發洩方式。如弗斯期待的、從學理角度論述《日記》的人類學家極少。

幸而，從《日記》出版之初到一九八〇年代，葛茲「深描」了實地研究中馬林諾夫斯基的「耐人尋味」之處，使我們充分認識到了《日記》所富有的文獻價值之外的學理價值。

也就是在〈躺在蚊帳下〉一文中，葛茲承認，《日記》中令人難以接受的馬林諾夫斯基拷問了整個人類學這項事業。一般認為，人類學的田野調查過程必定意味著研究者和研究對象同時處於一個道德、情感和智識的共同體中。《日記》則以反諷的方式展示了，無論以何種方式獲得了長達二千五百頁的研究材料，他絕對不是透過「成為土著」完成的。葛茲諷刺道，馬氏在田野上的成功，與其說是源於博愛，毋寧說是源於一種讓人難以置信的工作能力，一種「喀爾文教徒式對於工作之淨化能力的信仰」。《日記》中的馬林諾夫斯基不停地提醒自己遠離淫念、不要對女孩兒毛手毛腳、別碰垃圾小說以及立即動手工作等等，這一切與持續的自我譴責相結合，使《日記》充滿了清教徒式的色彩。正是在「贖罪」驅使下，馬氏的民族誌調查細緻、具體、少有偏見、全面甚至卷帙浩繁，他的民族誌中資料之詳盡即為明證。馬林諾夫斯基相信，民族誌研究的重要使命之一在於理解當地人的看法，理解這些看法與其生活之間存在的關係，理解他們對於世界的願景。馬林諾夫斯基確實完成了這一使命，但卻並非是透過他宣揚「和當地人融為一體」完成的，而是透過與之保持一定距離，從遠處觀察及反思而完成的。倘若馬林諾夫斯基僅寫過《日記》，那麼，他也就不可能以民族誌為方式將其《日記》中那些鮮活的土著人轉化成智慧、高貴和謹慎的化身了。

一九七四年，在另一篇文章中[25]，葛茲再次將圍繞著《日記》的發表所引起的爭論，從對「無關宏旨之處和誤失之處」、「馬林諾夫斯基的道德性格和是否缺乏道德云云」的辯論，引向對馬氏著作中所提出的精闢深刻的見解的分析[26]。在他看來，《日記》所揭露的，與其說是關於道德的問題，不如說是認識論的課題。馬氏透過用「文化持有者內部的眼界」這個個案展示所提出的問題是，人類學家不必真正成為特定的「文化持有者本身」去理解他們。人類學家所面臨的問題是，「應該怎

25 葛茲：《文化持有者的內部眼界：論人類學理解的本質》，收錄於其《地方性知識》，王海龍、張家瑄譯，北京：中央編譯出版社，二〇〇〇年，七〇至九二頁。

26 葛茲：《文化持有者的內部眼界：論人類學理解的本質》，七一頁。

樣使用原材料來創設一種與其文化持有者文化狀況相吻合的確切解釋」[27]。這種認識論要求人類學者一方面去理解一些「別人貼近感知經驗的概念」，另一方面「將之有效地重鑄進理論家們所謂已知的關於社會生活一般知解的遙距感知經驗中去」，而不能「被向你提供資訊的當地人把你導入其內在精神中」[28]。

之後，在《作品與生活》[29]一書中的一個篇章，葛茲接續了這一論述，進一步詮釋了民族誌「進去」和「出來」的關係。他說，《日記》帶給人們的混亂，與其說是攪亂了對馬氏的印象，不如說是攪亂了人們對人類學家「在那裡」（being there）的想像。人類學者宣稱自己對田野的理解源於「全身心」的投入，然而《日記》所展示的是這種「在那裡」的多重面向，它不僅記述了人類學者在田野中作為研究對象的當地生活，還包括當地的自然景觀（《日記》中滿篇都是關於自然景觀的描寫）、人類學者的孤獨、在當地生活的歐洲人、對家鄉和故人的思念，這些敘述夾雜著馬氏對於自己的強烈使命感或野心、自己事業的方向和計劃的表白。最為重要的，還有馬氏自身變化莫測的激情，自己孱弱的身體，自己思想的變動不居和遊移不定——那「陰暗」的自我。此刻，「在那裡」的問題已經不在於面對當地世界，而是如何在多重世界中生活[30]。於是，田野研究不僅僅是「去那裡」（out there），還是「回這裡」（back here），而且還是人類學研究者在兩種狀態之間擺動的過程。在民族誌作品中，馬氏呈現出兩種多多少少對立的角色，一邊是「一個老練的民族誌工作者」和「現代人類學先驅」及「田野專家」，另一邊是「成千上萬土著的代言者和記錄者」。一方面，他是一個絕對的世界公民，能感同身受地見他人所見、感他人所感、信他人所信，另一方面，他又是一個徹底的研究者，絕對客觀、冷靜、全面、有準備和自律，他不停搖擺在作為朝聖者（pilgrim）的人類學者和作為製圖者（cartographer）的人類學者的雙重身分之間[31]。

* * *

二十世紀前半期，中國社會科學界已十分熟悉馬林諾夫斯基和他的著述。一九三二年，吳文藻先生著《文化人類學》一文，作為孫寒冰主編的《社會科學大綱》第三章由黎明書局出版，該文梳理西方人類學諸學派，在「最近的趨勢與分派」一段涉及「功用學派」時，提到這一學派「即馬林諾斯基起而獨樹一幟」。早在一九二七年前後，李安宅先生即著手翻譯馬林諾夫斯基的著述，所譯《巫術科學宗教與神話》及《兩性社會學》（即《野性社會的性與壓抑》）先後於一九三六年及一九三七年由商務印書館出版，馬林諾夫斯基還親自為漢譯本《兩性社會學》寫序。一九三五年，吳文藻著《功能派社會學的由來與現狀》，分段刊登於《北平晨報》的《社會學副刊》，全面概括了馬林諾夫斯基與拉德克里夫—布朗（A. R. Radcliffe-Brown）的學術貢獻。一九三六年，吳先生在英倫訪學，離開前馬林諾夫斯基將其未刊新著《文化論》稿件贈予他，回國後，吳先生囑費孝通

27 同上，七三頁。
28 同上，七四頁。
29 Clifford Geertz, *Works and Lives : The Anthropologist as Author*, Stanford, Calif. : Stanford University Press, 一九八八。
30 格爾茲：《文化持有者的內部眼界：論人類學理解的本質》，七七頁。
31 同上，七九頁。

先生將之譯出，該書中文版於一九四〇年被列入《社會學叢刊》甲集之冠，並出版。一九三六年夏，費孝通赴倫敦經濟學院留學，直接師從馬林諾夫斯基，一九三八年獲哲學博士學位，論文在馬氏的親自支持下得以出版（原名《中國農民生活》，中文名《江村經濟》），廣為流傳。一九三八年，吳先生又寫出《論文化表格》一文，載於《社會學界》，詳解馬氏文化研究法的內容與意義。

經過一段時間的沉寂，一九七九年之後，社會學、民族學、人類學得以重建，吳、費兩位前輩相繼又於八〇年代中期、九〇年代中期重讀馬氏著作，將之與西學後來發生的變化及自己的想法聯繫到了一起。

我自己於二〇〇〇年前後策劃了「現代人類學經典譯叢」，將費先生舊譯《文化論》及馬氏民族誌經典《西太平洋的航海者》列入第一批書目，由華夏出版社於二〇〇二年出版。之後不久，鑒於《日記》的參考價值，我提出了翻譯出版該書的建議，得到了廣西師範大學出版社友人的積極回應，可惜譯稿直到二〇一三年初才提交。

兩三年前，我的三位學生卞思梅、何源遠、余昕（現分別就讀于挪威奧斯陸大學人類學系、北京大學人類學專業、香港中文大學人類學系博士班）接受了我的建議，帶著令我羡慕的勇氣開始合譯這本興許「令人鬱悶」的《日記》。翻譯時，卞思梅擔任了第一部分的翻譯，第二部分和「當地術語索引」則由余昕和何源遠分工完成，最後，全稿由余昕統稿和校對。三位譯者所做的工作，是艱難的。當譯者面對的是馬林諾夫斯基對太平洋中美麗島嶼的魔幻式描述時，一定是興奮的。然而，這種時刻畢竟沒有貫穿始終，譯者面對的更多是民族誌研究的「流水帳」，及因宣泄原作者鬱悶之心而令譯者也隨之鬱悶的「心路歷程」。此外，《日記》本是寫給作者自己一人的，充斥著大量作者才可能識別的縮寫和省略、作者思索時跳躍期間的不同語言（波蘭語、英語、法語、義大利語以及當地語言莫圖語、邁魯語、科瑞維納語）及陌生的人名和地名。幸而，譯者在遊學期間結識了國外同學，其中，Edwin A. Schmitt、Philipp Demgenski 等幫助解決了其中的若干語言問題。

在一段寫給我的文字中，余昕如此說：

雖然面對的困難眾多，但翻譯這本日記無疑帶給了我意想不到的收穫，《日記》以一種立體的方式呈現了一位人類學者在田野中的生活和心理狀態，以及周遭的社會和自然環境帶給他的影響。跟隨《日記》，讀者能看馬氏所看、感馬氏所感。它展現了在田野中的人類學者不僅被自己的調查對象環繞，也被「天地」所圍繞……比如，馬林諾夫斯基在《日記》中記述道：「……他們已經在幾處地方點燃了火堆。真是一幅非凡的景象。時而通紅、時而發紫的火苗如綢帶一般，向山腰的方向蔓延；在或深或淺的寶藍色煙霧中，山體的顏色如同一顆拭亮的黑色貓眼石那樣變幻莫測。從我們眼前的山腰開始，火勢一直向下延伸進入山谷，吞噬著那些高大挺拔的野草。大火咆哮著，像夾雜著閃電和熱浪光的颶風一般向我們直衝過來，所到之處留下的灰燼被緊隨其後的狂風捲裹著攪進空氣中。小鳥和蟋蟀在煙霧中驚慌逃竄。我走進了火焰的強光裡。不可思議的壯景——像是某種徹頭徹尾瘋狂的災難，狂飆著向我衝來。」

若說馬林諾夫斯基的島國之行是人生的「奧德賽」，那麼，翻譯他對於這一「奧德賽」的現場筆錄，也必然讓譯者隨之經歷一場「奧德賽式的苦悶」。而這一「苦悶」的經歷不是沒有意義的。

弗斯因支持《日記》的出版，而被指責為背叛馬林諾夫斯基與人類學，而他的勇氣與風采依舊，於一九八九年《日記》再版之時再次提筆，寫出「第二版序」，回應萬夫所指，平靜地指出，待到塵埃落定時，下一代人類學者或許能對馬氏的複雜性格有更清晰的瞭解，那時，《日記》在將來的意義將遠遠超過今日。我們翻譯和出版一位大師的「日記」，絕非是為了炒作影響過我們的「學術祖先」的「陰暗面」，也絕非是為了催發一種失望主義的知識論。如弗斯所言，對這一「陰暗面」的認識，是通向一個知識之道的途徑。人類學的奠基人之一馬林諾夫斯基在田野中面對著各種誘惑、軟弱和絕望，其他的人類學研究者也必然一樣——他們需要感到解脫，由此才可以放下道貌岸然的架子，以一種更為真實、謙和、樸實的心態面對被研究者和被教導者。

王銘銘
（北京大學社會學人類學研究所教授、博士生導師；新疆師範大學天山學者特聘教授）
二〇一三年九月六日於家中

前言

在第二次世界大戰爆發之時，勃洛尼斯拉夫．馬林諾夫斯基已經身在美國，並接受了耶魯大學提供給他的人類學教授一職。這個職位最初只是暫時的，後來轉為終身教職。可以想見，當時馬林諾夫斯基需要大量自己的手稿、筆記和書籍，但這些材料在一九三八年末他出發去美國休假時留在了倫敦經濟學院。在接受了耶魯大學的任職後，他謹慎地在這些材料中揀選出了一部分，將它們寄到紐黑文，在整個戰爭期間，其餘大部分書籍和論文都存放在倫敦經濟學院。在紐黑文時，他的部分材料存放在家裡，其他的材料都存放在耶魯研究生院他自己的辦公室內。

一九四二年五月，馬林諾夫斯基由於心臟病突發溘然長逝。當時第一個聽聞該噩耗後趕到紐黑文的是菲利克斯．格羅斯博士，他曾師從於馬林諾夫斯基，後來二人成為摯友。在整理和分類馬林諾夫斯基生前文章與書籍的過程中，格羅斯提供了很多幫助。整理工作從馬林諾夫斯基的辦公室材料開始。有一天格羅斯忽然從辦公室打電話給我，說他剛剛發現了一本厚厚的黑色小筆記本，問我是否知曉。這本筆記裡是勃洛尼斯拉夫．馬林諾夫斯基的日記手稿，幾乎全部用波蘭語寫成。格羅斯博士立馬將筆記本送了過來，並隨便給我翻譯了幾條關於馬林諾夫斯基在紐幾內亞南部做田野調查的詞條。馬林諾夫斯基從未對我提起過這本日記的存在。此後我便小心翼翼地保管它，在一九四六年移居墨西哥的時候也隨身攜帶。

戰後不久，原來存放馬林諾夫斯基文章和書籍的倫敦經濟學院將他的手稿、筆記和書籍統統寄給了我，在一九四九年前後，這些數量巨大的文字資料到達墨西哥。在這些材料中，我發現了兩個裝著筆記本的信封：一個信封上寫著「早期波蘭語日記」；另一個寫著「日記」。這些小本日記都用波蘭語寫成，我把它們和在耶魯大學發現的那本筆記本放在一起，盼望著未來某天將它們翻譯成英文，甚至對外出版。

基於這種考慮，我將它們小心保存起來，鎖在一邊，直到一九六〇年末我去紐約。在紐約，我跟馬林諾夫斯基的出版商提起了這些日記，我們最終決定將其出版。諾伯特·加特曼（Norbert Guterman）先生欣然應允了將馬林諾夫斯基日記從波蘭語翻譯成英語的工作。在校對過程中，我盡力遵循馬林諾夫斯基個人應用英語詞彙和短語的風格，畢竟這是一門他在晚年時期非常自如地運用來表達自己的語言。在出版的書中，我省略了一些過於私密的觀察記錄，並以省略號代替。最早期的波蘭語日記也沒有被包含在內，因為它寫於馬林諾夫斯基的人類學生涯之前。

我一直有一種願望——甚至是一種需求——去瞭解那些令我感興趣或打動我的作品的創作者，無論是畫家、作家、作曲家還是科學家——他們的性格和生活的點點滴滴。我覺得，日記、書信和自傳折射出的心理和情感的光芒，不僅能讓我洞悉某位作者其人：他或是寫了一本書、提出了一種理論，或是創作了某一交響曲；並且，透過瞭解這個人如何生活及如何感受，我們可以更加接近他的作品，對作品的理解也隨之加深。因此，當一名不同凡響的人物留下自己的日記或者自傳時，我認為這些涉及他日常生活、精神生活以及思想的日記或自傳「資料」應該加以出版，目的在於揭開這位名人神秘的面紗，並將這些知識與他去世後的工作聯繫起來。

我知道，一些人會出於對日記隱私性的考慮而不贊成公開它，這些人也很可能會嚴厲地批評我公開丈夫日記的決定。但經過深思熟慮之後，我認為應該讓現在和將來的學生、他的人類學著作的讀者，對馬林諾夫斯基的內在性格以及在他人類學生涯中最為關鍵的時期中特有的生活方式和思考方式，擁有一種直接的洞見，這樣做比將這些簡短的日記束之高閣更具意義。也正因此，對於出版本書的決定，我會負全部責任。

瓦萊塔·馬林諾夫斯卡

一九六六年五月於墨西哥

序言

勃洛尼斯拉夫．馬林諾夫斯基這本日記只涵蓋了他人生中一段極短的時間，分別從一九一四年九月初至一九一五年八月初，和一九一七年十月末至一九一八年七月中旬，合計約十九個月。這本日記由馬林諾夫斯基用波蘭語寫就，本屬私人文件，並從未計劃過公開出版。那麼它的重要性在於何處？馬林諾夫斯基是一名偉大的社會科學家，是現代社會人類學的奠基人之一，也是一個試圖將自己關於人性和人類社會的觀點與身處其中的世界的諸多問題聯繫起來思考的思想家。這本日記正是他的職業生涯最重要時期的參照。這段時期，在對經驗調查進行理論學習後，他開始在紐幾內亞展開田野調查。日記的第一部分包括他在邁魯[2]的早期調查；第二部分則包括了他在初步蘭群島最後一年的情況。不幸的是，這兩部分之間有兩年的空缺。如今，我們意識到，縱使一個科學家的性格對他選擇怎樣的問題及怎樣回答這個問題未必有直接的影響，也肯定在更多細微之處影響了他的工作。雖然日記的時間跨度非常短暫，也沒有在專業層面上提供大量的細節，但這本日記確實生動地反映了馬林諾夫斯基思考問題和人的方式——或者，它至少反映了當他只為自己一個人寫作的時候表述自己的方式。

馬林諾夫斯基去紐幾內亞是由於他同英國人類學的關係。而到底是什麼讓他遠離了自己的祖國波蘭而到英國，現在原因已不得而知。儘管他經常對英格蘭和英國紳士有著不太善意的評論，但他似乎一直對英國的理性傳統及英國的生活方式保有最基本的尊重，並且有可能早在職業生涯的初期階段，他就已經被這兩者所吸引（我們注意到他在日記中對馬基維利〔Machiavelli〕有這樣一段具有啟示意義的描述：「他在很多方面都與我很像：一個英國人，卻有著完整的歐洲式心智以及歐洲式問題」）。他自己也曾經告訴我們，早在克拉考（Cracow）亞捷隆大學的時候，因為健康狀況，他被要求暫時放棄物理和化學領域的研究，但被允許進行一項自己熱愛的「副業研究」，也因此，他開始閱讀弗雷澤[3]英文原版的《金枝》——當時僅有三卷[4]。馬林諾夫斯基在一九〇八年獲得了物理學和數學博士學位，在萊比錫進修兩年後，他來到倫敦，投在塞里格曼和愛德華・韋斯特馬克門下，在倫敦政治經濟學院開始系統地學習人類學。與此同時，他建立起與劍橋的哈頓（A. C. Haddon）和里弗斯（W. H. R. Rivers）之間的長期聯繫，這些人在他的日記裡都有所提及。他的第一部重要出版物是一項文獻研究：《澳洲土著家庭》，此書於一九一三年在倫敦出版。他的另一

1 非常感謝馬林諾夫斯基的朋友奧黛麗・理查茲（Audrey Richards）和菲利斯・卡伯里（Phyllis Kaberry），同時感謝他的大女兒約瑟法・斯圖爾特（Jòzefa Stuart）對這篇序言的意見。當然，他們對這篇序言中的觀點不負任何責任。

2 位於巴布亞紐幾內亞的一座小島，在莫爾斯比港東南方向兩百八十公里處。——譯註

3 弗雷澤爵士（Sir James George Frazer，一八五四至一九四一），《金枝》的作者，這是對巫術和宗教的一項經典研究。他為《西太平洋的航海者》寫了序言。——譯註

4 與此相關的細節請參看B.馬林諾夫斯基：*Myth in Primitive Psychology*, London，一九二六，PP.五至六；亦見Raymond Firth in *Man and Culture*, London，一九五七，PP.二至七；Konstantin Symmons-Symonolewicz, "Bronisław Malinowski: Formative Influences and Theoretical Evolution," *The Polish Review*, Vol. IV，一九五九，PP.一至二八，New York. 倫敦經濟學院人類學系"A Brief History（一九一三至一九六三）"裡記錄了一些後來與他相關的事情。這篇文章收錄在人類學系部門課程規劃，一九六三至一九六四及其後的學期部分裡。

本波蘭語著作《原始宗教與社會結構的形式》（*Primitive Religion and Forms of Social Structure*）在一九一四年早期完成，於一九一五年在波蘭出版發行。馬林諾夫斯基深受塞里格曼和哈頓的影響，塞里格曼曾試圖幫他申請赴蘇丹調研的資助，這次申請失敗後，他就一直在為西太平洋的田野調查做準備。當時，申請一項人類學田野調查資助的難度遠甚於今日。馬林諾夫斯基是靠著自己的獎學金，還有一筆來自實業家羅伯特・蒙德（Robert Mond）的資助才完成調查，而獲得這項資助也主要靠塞里格曼的活動。一九一四年，馬林諾夫斯基作為馬瑞特（R. R. Marett）的助理，參加了英國協會在墨爾本舉辦的會議，馬瑞特當時是英國協會H部分即人類學部分的記錄員，這讓馬林諾夫斯基毫無阻礙地到達了澳洲。馬林諾夫斯基當時面臨的情況是缺少田野材料，而二戰的爆發使得這一情況變得更為複雜，因為嚴格地說，他是奧地利公民。但是，透過朋友的幫助，他得以繼續在紐幾內亞進行研究，在這個問題上澳洲當局表現得非常開明，澳洲國土管理部門（Home and Territories Department of the Commonwealth）還慷慨出資增補他的調研經費。在莫爾斯比港（Port Moresby）[5]做短暫停留後，馬林諾夫斯基在紐幾內亞南部的邁魯待了將近六個月。其間，一次對東南沿海的初步蘭群島的短暫探訪激起了馬林諾夫斯基的極大興趣，之後他又兩次返回這裡進行考察，時間分別是一九一五年至一九一六年和一九一七年至一九一八年。

　　馬林諾夫斯基對社會人類學的突出貢獻之一，是他發展出的——相較於這個領域中之前那種通用的方式而言——一套更為細緻和成熟的田野調查方法[6]。日記中對自己民族誌材料的大量引用亦顯示出他的勤勉。到達紐幾內亞的第二天，他就找到了一個報導人，第三天就開始著手搜集關於社會結構的田野材料。短短兩周後，他就注意到自己調查方法上的兩個致命缺陷：他對當地人的觀察還不夠充分，以及不會當地語言。這兩方面的缺憾他都盡力彌補，這種努力也貫穿在他日後的全部工作中。這本日記的民族誌資料由他所訪談或觀察主題的相關方面構成——禁忌、葬禮、石斧、巫術、舞蹈等，卻不包括他對田野或理論問題的思考過程。但是，一條容易讓人忽略的記錄表明這不過是表面現象：「我詢問了土地劃分的問題。如果能夠找到舊的土地分配系統，並將今天的土地分配方式作為一種調適的結果來研究，肯定能得到有用的結果。」這是他對社會變遷問題感興趣的較早表現，此後社會變遷成為了他著作中的一個主題。而真正在第一本日記中表露無遺的，是馬林諾夫斯基對盡早寫出前期材料以便出版的急切願望，事實上，他關於《邁魯的土著》（*The Natives of Mailu*）的報告早在一九一五年中期之前就已經完成[7]。我們有理由認為，正是在寫作這些材料的過程中（「事實上，當我整理筆記時」），馬林諾夫斯基逐漸體會到許多田野調查方法要點的意義，之後他將這些觀點加以組合和發展，形成了自己的論述。他對初步蘭的描述更為鮮活：為搭建帳篷選址；和老熟人碰面，包括酋長To'uluwa、還有那個「經常給我送雞蛋，穿著女士睡衣」的男人；制定對村落和人口普查的計劃；收集關於baloma和milamila，以及gimwali和sagali的材料[8]。對於那些一直關注他研究的人而言，日記中與「庫拉」——這樣有著經濟、政治和儀式意涵的以代表

5 莫爾斯比港，位於紐幾內亞島東南巴布亞幾內亞灣沿岸，是巴布亞幾內亞的首都。——譯註

6 參見Phyllis Kaberry的*Man and Culture*，一九五七，pp. 七一至九一。

7 參見自傳中關於Native Terms infra.索引的簡介。馬林諾夫斯基的前言寫於一九一五年六月九日，薩瑪賴島，而當時他已經開始了第二次在紐幾內亞的調研（他於一九一六年獲得倫敦大學的科學博士學位，並於同年出版了*The Family among the Australian Aborigines*）。

8 土著術語請參考附錄《當地術語索引》。——譯註

社會等級的貝殼為基礎的複雜交換系統——相關的內容更是具有魅力。

專業的人類學者在閱讀這本日記時尤其容易忽略一些細節，即馬林諾夫斯基如何提出田野問題，為何在一些特定時期選擇了某個研究題目而非其他，或者全新的例證是否導致他重新建構理論假設。而日記裡有一些蛛絲馬跡：例如他提到讀里弗斯的作品將他的注意力引向「里弗斯式的問題」上（這很可能是關於親屬關係的問題）。但是總體而言，這種方法論問題也不是這本記錄他每天思緒的日記想要處理的。更為有趣的是馬林諾夫斯基不時的關於理論思考的靈光突閃，例如他關於語言的論述，認為語言無論在手段還是客觀造物的意義上都是社會的思想系統，或者關於歷史的論述，認為它是「遵循某一理論的對事實的觀察記錄」。這些想法體現出他對這些當時較新穎問題的關注，而這些問題後來都成為了學術界普遍話語的一部分。如果說這些日記並非關於田野調查方法或人類學理論的問題，那它至少真切地傳達出一個人類學家身處異邦的感受。在那裡，他必須同時是記錄者和分析者，也正因如此，他不能完全認同當地人的習俗和觀念，也不能任意崇拜或厭惡他們。那種憋悶的感覺，那種哪怕能回到自己的文化環境中稍息片刻的無法擺脫的強烈衝動，以及對自己所做工作之正當性的沮喪和懷疑，想逃進小說的虛幻世界或白日夢中的願望，將自己拽回到田野觀察這項任務的道德壓力等等——許多敏銳的田野工作者都或多或少經歷過這些感受，但他們從未將它們像這本日記這樣表述出來。誠然，有一些情緒被馬林諾夫斯基表達出來時，比其他人類學家感受到的——或至少陳述的——要更為激烈。大多數田野工作者在某些時刻都會對他們的調查感到厭煩，而且意識到自己即使對田野中最親密的朋友都產生了沮喪和惱怒的情緒。不過，願意公開承認這一點的人是極少數，即便對他們自己。而像馬林諾夫斯基一樣容易情緒激動地盡情詛咒自己的研究對象的人就更少了。需要注意的是，日記所揭示出的人類學家與其活人材料之間關係的陰暗面不應該誤導我們。馬林諾夫斯基也常常用同樣猛烈的語言評論其他族群和人，包括歐洲人和美國人。他必須以這種情感迸發的方式來釋放他的憤怒，而不壓抑自己的情感或不管住自己舌頭的做法，對他而言幾乎是一種美德。同樣的，這些揭示也不能掩蓋馬林諾夫斯基對與初步蘭人之間友情的珍惜，這在日記中亦有所提及。還有，也幾乎沒有人類學家敢於像馬林諾夫斯基這樣自在地描述他們的情感欲望和感受，即便只是寫給自己看；也不會放下姿態——更不用說忘情地做一些看似粗俗的事情，例如用華格納（Wagner）交響樂的曲調和著「見鬼去吧」的歌詞，以趕走會飛的女巫（flying witches）！

作為一個民族誌學者，在一定程度上，馬林諾夫斯基和當時紐幾內亞由政府官員、傳教士和商人組成的白人社會較為疏離。結果反而——儘管只是一筆帶過——是我們從他那裡看到了一個全新的，有時甚至是出乎意料的某些人物的側面，而這些人物通常只能從更為正式的文學作品中才能瞭解。他對如今幾乎具有傳奇色彩的人物的簡略勾畫讓我覺得很恰當，比如對地方長官及政府官員金字塔最頂端的人物休伯特．默里爵士（Sir Hubert Murray）的描寫，但是他對另一些點頭之交，比如幫助他的傳教士薩維爾（Saville）的描寫則可能有失公允。馬林諾夫斯基所擁有的獲得有意義經歷的本領非同一般，不但讓他接觸到了白人社會較官方的那一部分，還讓他認識了初步蘭群島上的珍珠收購商販們，特別是後來與他一起在巴黎待過的拉斐爾．布魯多（Raffael Brudo）。雖然他對半世紀前紐幾內亞的情況著墨不多，但這些評論卻是非常有用的社會學佐證。不過，馬林諾夫斯基的日記更應該作為一種人類檔案來評估，而非科學上的貢獻。

普通意義上的日記可以是按時間順序對每天發生的事情的記錄。很多人也是這樣寫，或者盡量這樣寫，以此將日記作為一種他們對往事的回憶錄，或者作為一種辯解的依據以證明他們並未虛度光陰。這種日記發展出的形式，比如一些將軍、大使或其他公眾人物的回憶錄，或許能提供一些重大公共事件如何得以發生的或有趣或關鍵的證據。如果涉及有爭議的問題，或者與醜聞相關，那這種揭露名人言行的記錄對大眾而言會更具吸引力。然而，要心懷誠意地書寫另一種日記則比較困難，即透過評論每天的事件來展現自身性格，而且這些事件至少要同時關乎內心和外部世界。那種關於歷史的偉大日記，它們要麼對公共事件有所闡釋，要麼凸顯了那些名人不為人知的側面，後者對於研究人性的學生而言或許具有普遍意義。它們的意義在於性情和環境的互動，在於寫作它們的男人或女人怎樣在智識上、情感上和道德上掙扎著表達自身、保持自我以及面對社會的挑戰、誘惑及種種阿諛逢迎，從而開闢出一條道路。這種日記若要具有意義和影響，文字技巧可能不如表達的力度來得重要，樸實恐怕亦沒有浮華來得有效，懦弱和堅強也要同等呈現，另外某種毫無掩飾的坦誠也非常重要。一旦它得以面向大眾讀者出版，作者必然會同時招致批評與讚賞；所以公正地來講，他即使不被同情，至少也應該被理解。

在這些標準下，雖然單純地從民族誌的意義上來講，馬林諾夫斯基的這本日記只能被算作人類學史的一個註腳，但它無疑展現了這位對社會科學的形成產生過重大影響的人物魅力十足又耐人尋味的複雜個性。因此在閱讀本日記時，讀者必須牢記它的初衷。我認為，很明顯，與其說這本日記是為了記錄馬林諾夫斯基的科學研究過程和意圖，記下在田野研究中每日發生的事件，毋寧說是對他私人生活、情感世界和思想軌跡的詳細描繪。在日記最開始的部分，馬林諾夫斯基似乎將這種及時按順序記錄自己的思想和感覺的做法當作一種管理人生和更深入地認識其意義的方式。而在後面的部分，他則將日記作為一種手段和參照；將它作為引導乃至完善自己人格的工具。另外一個需要將這本日記作為規誡加以強調的理由，顯然是他在日記裡寫到的與一名女子——即他後來的妻子——之間的愛情。關於日記中描寫的E. R. M.的人品，後來認識她的人都可以確證，而在字裡行間折射出的，還有馬林諾夫斯基對她誠摯而深刻的愛意，和為了避免讓他所珍視的這種純潔的情感紐帶受到玷污所做的不懈努力。這份感情對於馬林諾夫斯基的意義——無論在當時還是在我們所知的二人的日後生活中——被優美地表達在了這樣的語句中：對他而言，她擁有「無盡的寶藏來饋贈，還有著滌蕩罪孽的神奇力量（treasures to give and the miraculous power to absolve sins）」。他似乎對她無話不講；而日記在後面部分的坦誠，也至少有一部分得歸功於二人的關係。真誠地面對她和自己是馬林諾夫斯基的首要目標。不過，他並未從始至終地履行這點，也正是那段與另一個女人間藕斷絲連的情感糾葛，導致了他無盡的自省與自責[9]。

日記中對一些景致的描述，其鮮活的程度令人歎為觀止，顯示了馬林諾夫斯基富有洞察力的眼中紐幾內亞景色的妖嬈及他對海洋和航海的熱愛。瞭解他性格的這些側面非常有趣。但是，他內心最私密的感覺到底應該在多大程度上該被暴露，必然一直都是個問題。無論答案如何，我們可以確

9 後來我從他那兒瞭解到，鮑德溫·斯賓塞（Baldwin Spencer）對這段關係交叉的誤解和無力干涉，導致了他和馬林諾夫斯基關係的破裂。E. R. M.——馬林諾夫斯基的妻子——是斯賓塞的老友，雖然在談起斯賓塞的時候語氣飽含寬容之情，但很明顯她與馬林諾夫斯基的觀點一致。

認的是，這本日記是一個動人的、富含人性的文獻，其作者一直期望完全地認識自己，摒棄對自身性格的錯誤幻想。日記中的一些章節展現了他的真實情感，在另一些章節中他又對這種情感進行嘲諷。有的章節則表現了他的慮病症，和不斷透過運動和藥物調節來尋求健康的過程。還有一些個別的章節，即使在今天讀來，也可能會冒犯或震撼到很多讀者，而且一些讀者可能還會對文中偶爾出現的粗魯甚至墮落的內容感到驚愕。我對此的建議是：任何想要對此日記中一些章節進行諷刺挖苦的人，首先應該以同樣的坦白對待自己的思想和寫作，之後再來評判。馬林諾夫斯基的性格是複雜的，在這本日記中，他的一些不甚令人欽佩的品性可能會比他的那些美德出現的次數多，但這也正是他的意圖所在，因為他在日記中想要理解和警戒的正是自己的缺點，而非美德。無論我們中的大多數人是否願意去效仿他的坦誠，我們至少應該承認他的勇氣。

雷蒙德・弗斯

一九六六年三月，倫敦

補註

由於面對的是手寫稿，為了忠於原稿，在解讀原版手稿的過程中，我們對一些地方進行了必要的編輯處理。在手跡難以辨認的情況下，我們用方括號加省略號替代〔……〕，這種情況通常只涉及個別的單詞或短語；在單詞或拼寫無法完全確認的情況下，我們在推測的內容上加了方括號標明。有時候為了使信息更加完整清楚，我們也會在必要的補充內容上加方括號，比如日記第一頁的：〔弗里茨·〕格雷布內爾〔德國人類學家〕（〔Fritz〕Gräbner〔German anthropologist〕——英譯者）；或者某些可能難以理解的縮寫，比如 H〔is〕E〔xcellency〕（閣下）。文中的所有圓括號都是作者自己所加[1]。編輯過程中省略的內容都以省略號替代。

正如「當地術語索引（Index of Native Terms）」的簡介所言，原稿中有許多詞彙和短語來自多種馬林諾夫斯基熟練使用的語言。為了更忠於原文，文中凡是他用非波蘭語（包括英語）寫作的內

1 按慣例，中譯本中首次出現的人名、地名或某些專業性術語時，會在詞後加圓括號注明英文原文（請注意，如圓括號內仍需要有用括號註明的內容時，該內容則會採用方括號標註。請讀者留心與英譯本譯者所加的方括號加以區別。一般來說，中譯者的圓括號在外、方括號在內，英譯者則正好相反；同時，為方便閱讀，正文中出現的土著詞彙大都也保留原詞拼寫，只在該詞首次出現時在詞後直接用圓括號標出釋義（如果解釋較長，則採用註腳形式給出該詞含義）。在此譯本中，除以上兩種情況外，其他圓括號均為作者所加。下文不再一一說明。——譯註

容都以斜體[2]標出，並在必要的時候附上帶方括號的翻譯。

詳盡的地圖（包括邁魯地區、庫拉區域和初步蘭群島）均在馬林諾夫斯基早期著作裡所含地圖的基礎上繪製而成，這些地圖都是當時在他的監督下完成的。圖中一些地名與當今地圖不相符（特別是在拼寫上），但我們認為，向讀者原汁原味展現出這本日記寫作時這些地區的情況似乎更合宜一些。

2 在中譯本中，用非波蘭語寫的內容均用楷體標示。——譯註

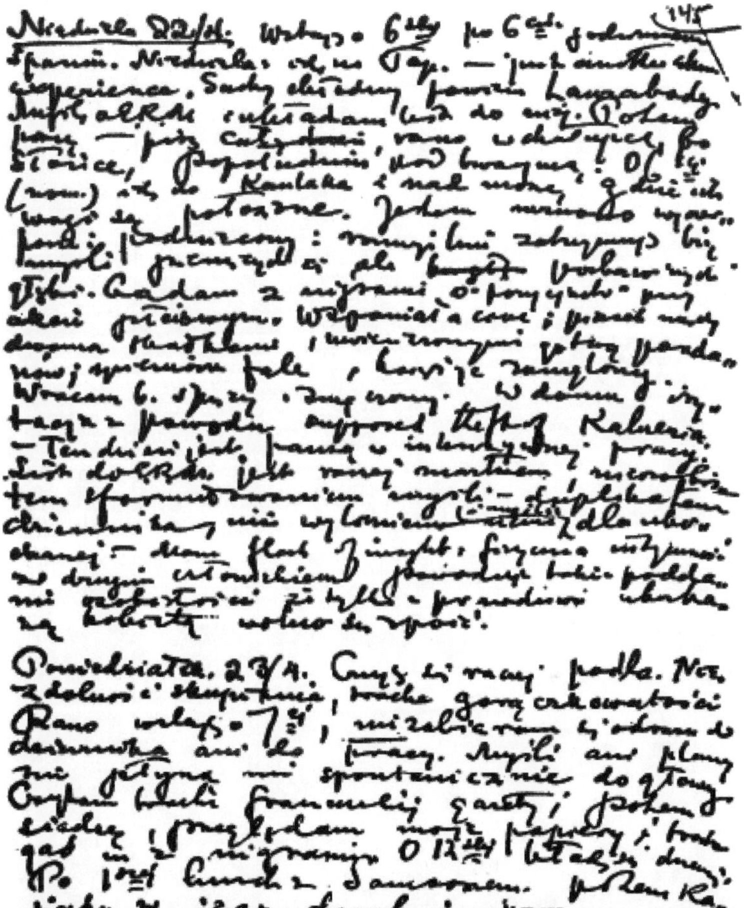

一九一八年四月二十二日和二十三日日記手稿(初步蘭群島)

紐幾內亞東部和鄰近島嶼

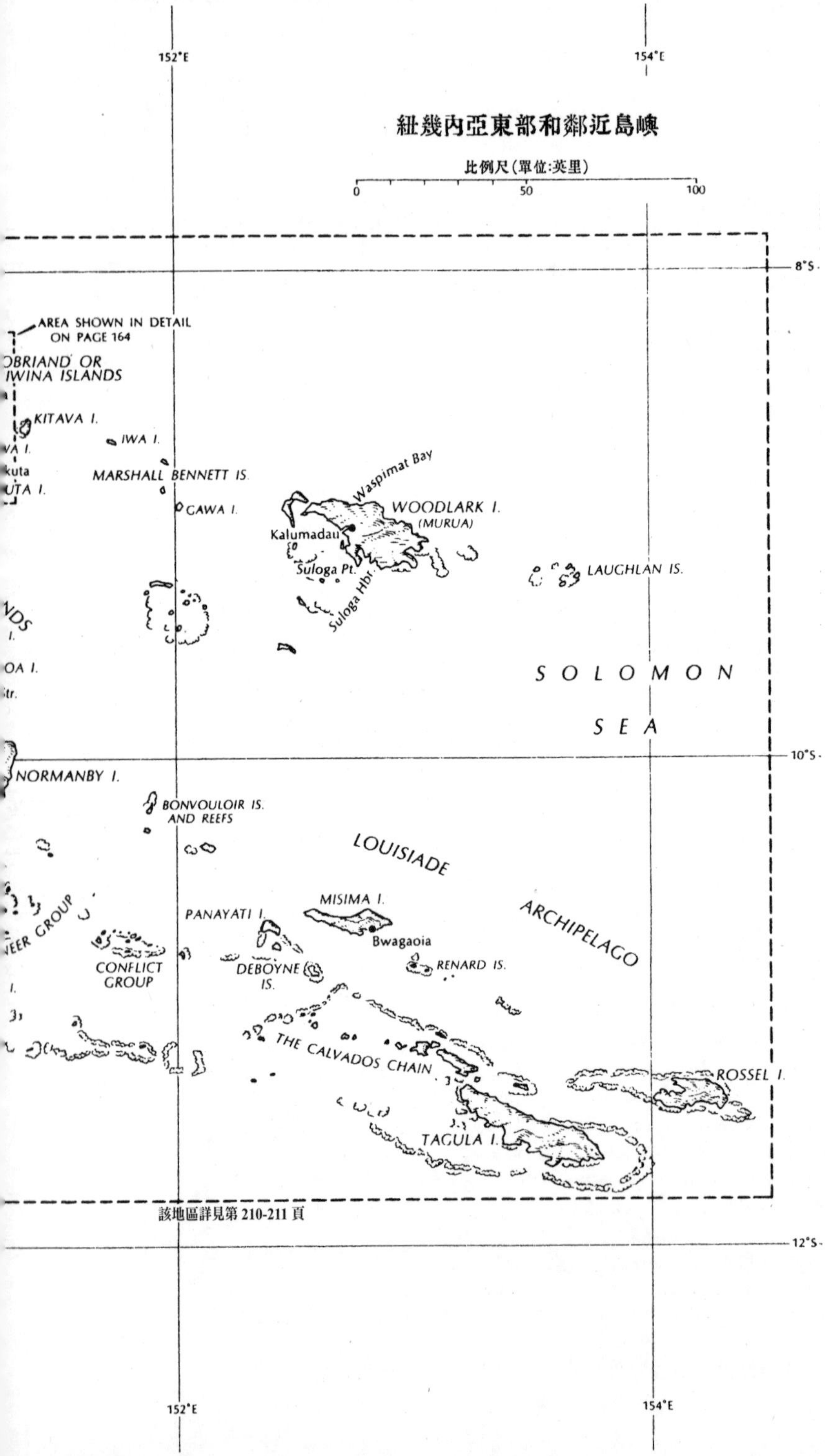

148°E
150°E
NEW GUINEA
Buna
Dyke Ackland Bay
MT. VICTORIA 13,363 FT.
Cape Nelson
OWEN STANLEY RANGE
PAPUA
Laloki
Port Moresby
Kila-Kila
Tupuseleia
Gaile
Kapakapa
Rigo
Babau
Hulaa
Hood Pt.
Hood Bay
McFarlane Hbr.
Barrier Reef
Rodney Entrance
Domara
Abau
Cloudy Bay
Baxter Bay
Table Bay
Amazon Bay
MAILU I.
Millport Hbr.
Port Glasgow
Orangerie Bay
BONA BONA I.
Kau Kau Bay
Isuisu
Baxter Hbr.
SUAU I.
Modewa Bay
Gadaisu
Dahuni
Nauabu
Mullins Hbr.
Gehua
Milne Ba
China St
Collingwood Bay
Banyara
Goodenough Bay
LUSANCAY IS. AND R
KAYLE
D'ENTRECASTE
GOODENOUGH I.
WAWIMA
FERGUS
該地區詳見第87頁
CORAL SEA
Pacific Ocean
EQUATOR
AREA SHOWN IN DETAIL
Indian Ocean

第一部分

一九一四年—一九一五年

莫爾斯比港，一九一四年九月二十日

九月一日是我人生新紀元的開端：我獨自前往熱帶地區探險[1]。一九一四年九月一日，星期二：我跟隨英國協會（British Association）的人遠行至圖沃柏（Toowoomba）；遇見了奧利弗・羅吉爵士夫婦[2]。與他們聊天後，奧利弗先生向我提供了幫助。過去的那些事：我的錯誤立場，以及斯坦斯（Stas）[3]試圖對這種錯誤立場的「糾正」，辭別德西雷・迪金森（Désiré Dickinson），我對斯坦斯的怒氣和由此延綿至今的憤恨——所有的一切都屬於前一階段，屬於隨英國協會去澳洲的旅行。那時，我獨自一人乘火車回到布里斯本（Brisbane），坐在特等車廂中讀了澳洲的《手冊》。在布里斯本，我感到特別淒涼，獨自吃了晚飯。晚上和〔弗里茨・〕格雷布內爾〔德國人類學家〕（Fritz Gräbner）及普林斯海姆（Pringsheim）在一起，我們討論了二戰，普林斯海姆很想回到德國。達尼埃爾旅店的大廳，裡面便宜的家具及樓梯間的樣貌，都緊密地和我對那段時期的回憶聯繫在一起。我記得早上和普林斯海姆去了博物館。探訪過伯恩斯・菲爾普（Burns Phelp）；到過金匠那兒一趟；還有一次與〔A. R. 拉德克里夫—〕布朗的會面等等……周四晚上我去見了道格拉斯博士[4]，與戈爾丁（Golding）一家道別並託付戈爾丁夫人帶給斯坦斯一封信。我還將書還給了她。

那是一個月色清冷的夜晚。當有軌電車攀爬上山時，我看到城郊低矮的房屋分布在山腳下。擔心感冒。我和博士的妹妹出去散了步，她是個體態豐滿、金髮碧眼的美人。之後戈爾丁一家到了。出於對英國協會的思念，我對他們非常熱情，可卻沒有得到回應……我在梅奧（Mayo）家則受到了更好的禮待。夜幕降臨；落雨；晚餐後，我去了渡口。夜晚依舊安寧，月亮從雲層裡出來的時候，擺渡船突然變得鮮活起來。我步行到山腳下，迷了路。之後下起了雨，梅奧帶著傘來接我，我們談起西摩（Seymour）辭職的可能性，暑期的計劃，我們一起度假的可能性，等等。他們都是非常可愛的人。我回到電車車站，售票員讓我想起了利特維尼申（Litwiniszyn）。街上有許多醉漢。總而言之，我在布里斯班感覺不太好。對熱帶地區充滿了恐懼；厭惡高溫和悶熱——想到遇見去年六月和七月那樣的高溫就一陣莫名的恐慌。我在廚房給注射器消了毒，然後給自己打了一針砷化物。

星期六（選舉日）早上，我去博物館給館長送一本書。之後買了一些藥（可卡因、嗎啡和催吐藥），並寄了一封掛號信給塞里格曼[5]，還寄了幾封信給母親。付清昂貴的旅店費用後我上了船。有幾個人來送我……梅奧一家站在海邊，我用望遠鏡望了他們很久，一直揮動著我的手帕——感覺自己正在遠離文明。非常沮喪，害怕自己不能完成前面的任務。午餐後，走上甲板，船順流而下，

1 馬林諾夫斯基關於這次探險的報告是：*The Native of Mailu: Preliminary Results of the Robert Mond Research Work in British New Guinea, Transactions of the Royal Society of South Australia*, XXXIX，一九一五。

2 奧利弗·羅吉爵士（Sir Oliver Lodge），傑出物理學家，也對宗教和心理研究感興趣。曾發表過試圖將科學和宗教觀點結合在一起的相關著作。自一九〇〇年起，任伯明翰大學校長一職。

3 斯坦尼斯拉夫（Stanislaw Ignacy Witkiewicz，一八八五至一九三九），波蘭著名詩人和畫家之子，他本人也是一名藝術家。從兒童時期開始，就是馬林諾夫斯基的好朋友。

4 很可能是約翰·道格拉斯閣下（Hon. John Douglas），一八八六至一八八八年間，曾任英國攝政紐幾內亞政府特別官員。

5 塞里格曼，英國人類學家，馬林諾夫斯基的導師，*The Melanesians of British New Guinea*（一九一〇）一書的作者。

讓我想起了和迪金森先生及協會其他人的那次旅行。歐里庇得斯（Eurypides）[6]任人宰割。與同船的乘客聊天。平靜的河面忽然變寬，四周山丘環繞，陸地向西面和南面延伸，東面是一些小島。西北方向，奇異如畫的玻璃坊群山（Glasshouse Mountains）從平原拔地而起。我用望遠鏡觀望，它們使我想起了周六去布萊克爾山脈（Blackall Ranges）的旅行……早先，我見過船隻駛過小島，海浪變得越來越大，船也搖晃得越來越厲害……晚飯後，我回到自己的船艙，注射了一針二甲胂酸鈉後倒頭大睡。第二天一直待在自己的房間，因為頭疼和周身麻木，一直昏昏沉沉。晚上，我和拉姆（Lamb）、船長還有麥格拉夫人（McGrath）一起玩撲克。第二天好多了，於是我讀了里弗斯[7]的書及莫圖語[8]語法。與塔普林（Taplin）熟稔起來，還和麥格拉夫人跳了一支舞。這種狀態一直保持到最後。海洋一片碧綠，但我看不到〔大堡〕礁的全景。沿途上有許多小島。如果不是因為害怕船長的話，我可能會詢問很多航海的技術。那些月光皎潔的美麗夜晚啊；我享受著大海的氣息；航行成為一種莫大的享受。總之，當我們離開布里斯本以後，我就有一種意識，我是個人物，我是船上較為顯要的旅客……

我們於一九一四年九月五日周六離開布裡斯班，九月九日到達凱恩斯[9]。在熹微的晨光中，海灣顯得異常美麗——兩側高聳著群山，海灣夾在其中，像一把利劍一樣深深插入寬闊的山谷。山腳下的土地平坦，一直延伸到海灣盡頭一片濃密的油綠紅樹森林。山上雲霧裊繞，雨水織成一幕水簾，順著岩壁滑落進溪谷，然後匯入大海。岸上，潮濕難耐，混雜著熱帶地區特有的悶熱。鎮子小而乏味，這裡的人都帶著熱帶特有的自負……我走回海邊，沿著一片面朝西方的海灘漫步。幾棟頗為美觀的小屋，帶著熱帶園圃；鋪天蓋地的紫色木槿花叢中，九重葛的蔓藤像瀑布一樣流淌而出；

姹紫嫣紅的光影綽綽，映襯著油光水滑的綠葉。拍了幾張照片。步伐緩慢，無精打采。〔看到〕一個當地居民的露營地，搭在一片紅樹灌木叢中。我與一個中國人和澳洲人聊天，可什麼也沒打聽出來……當天下午，我又讀了會兒里弗斯的書。然後和一群醉漢打了一晚上交道。首先在一個已經喝得醉醺醺的俄國人家裡遇見一個同樣酩酊大醉的波蘭醫藥顧問。這個俄國人還在當地偷販天堂鳥。回去，等「蒙托羅」號（Montoro）。看到拉姆也喝醉了。然後我和弗格森（Ferguson）一起到了海濱，在那兒等。「蒙托羅」來得異常遲緩。見到哈登一家[10]、巴爾弗[11]、博蘭格爾太太（Boulanger）、亞歷山大（Alexander）、克羅斯菲爾德小姐（Crossfield）和約翰遜（Johnson）。我又感到十分苦惱，而且情緒上很失望。我們聊了一刻鐘，他們告辭後就去睡了。我也一樣。哦，對了，正是那次，我悔不該讀萊德．哈格德[12]的小說。那晚睡得特別不好，周四覺得自己都快虛脫了。

---

6 歐里庇得斯（現作Euripides，公元前四八五或四八〇年至公元前四〇六年），希臘三大悲劇大師之一。——譯註

7 里弗斯（W. H. Rivers），英格蘭人類學家、生理學家，劍橋大學實驗心理學院創立者。他曾負責對美拉尼西亞人的心理測試，並且發展出了一種記錄親屬數據的方法，這種方法後來成為田野調查中搜集數據最重要的方法。他的作品對所有田野調查都有影響，包括馬林諾夫斯基。他的*History of Melanesian Society*一書於一九一四年出版。

8 莫圖語（Motu），莫圖人（靠近莫爾斯比港）和馬西姆（Massim）南部的通用語。馬林諾夫斯基閱讀的是Rev. W. G. Lawes（一八八八年）寫的關於莫圖語語法和詞彙的書，這是當時唯一一本講解莫圖語的書。

9 凱恩斯（Cairns），北昆士蘭省中心重鎮，是東進大堡礁、北上荒原廣布的約克角半島的重要門戶。位於澳洲大陸東海岸最北端，要到巴布亞紐幾內亞必須經過凱恩斯。——譯註

10 艾爾弗雷德．科特．哈登（Alfred Cort Haddon），英格蘭人類學家、民族學家，當時人類學界的重要人物。

11 亨利．巴爾弗（Henry Balfour），F. R. S.，英國人類學家，牛津皮特——里弗斯博物館館長。

12 萊德．哈格德（Rider Haggard，一八五六至一九二五年），英國小說家，以愛情探險小說著稱，作品有《所羅門王的寶藏》、《死神的宮殿》、《托馬斯復仇記》等。——譯註

大海風大浪急——將早餐全吐了出來，上床後又吐了兩次。晚上我們一行人在甲板上度過，大家一起在黑暗中唱英文歌。

九月十一號，星期五，一樣的狀態——什麼也做不了，連莫圖語法都看不進去。當晚我只收拾了下行李。

星期六，九月十二日

到達紐幾內亞。早晨，雲霧籠罩的群山出現在遠方，一峰峭壁高聳入雲，其下環繞著幾座矮山。岩石峭壁一直延伸至大海。海風刺骨。在我右手邊的海岸線上分布著一片珊瑚礁，「歡樂英格蘭」號[13]的殘骸擱淺其間。那座大山後面就是莫爾斯比港。我覺得很疲乏並且內心空虛，以致我對此地的第一印象不甚清晰。我們駛入海港，然後等著醫生，一個又胖又討厭、長著深色頭髮的男人。我將行李留在船艙，和麥格拉夫人上了岸。打了幾通電話：阿什頓（Ashton）夫人、〔H．W〕錢皮恩（Champion）先生〔巴布亞政府秘書〕；也打給了地方長官〔默里法官（Judge J. H. P. Murray），英屬紐幾內亞副州長〕、朱厄爾（Jewell）、斯坦福．史密斯（Stamford Smith）[14]，和他從十二點聊到四點。將我的部分行李搬下船，晚上很早就睡了，睡了挺久，但睡得不太好。

周日早上，去斯坦福．史密斯學會（Stamford Smith Institute），在那兒讀了一些調查報告，精力充沛地投入工作。下午一點，我乘船去了政府大樓，那裡身著制服、頭腦不清的野蠻人讓我覺得自己是一個「大人物」。我在頭一個小時的總體感受：疲倦不堪，因為長時間的暈船及空氣中輕微滾動的熱浪。感覺很壓抑，好不容易才磨蹭到阿什頓夫人山上的住處。莫爾斯比港讓我想起了那一類人們耳熟能詳且憧憬不已的地方，但真正看到時，景象卻完全不同。在阿什頓夫人家的陽臺上，能直接俯瞰腳下一直延伸到海灘的陡峭斜坡，斜坡上鋪滿了細碎的石子，枯草叢因為其中夾雜的垃圾而更顯凌亂。山腳下，海浪沖刷出一條入口狹窄幾乎正圓的環形港灣。它平靜地躺在那裡，蔚藍的水面映襯著終於放晴的天空。海灣的對面是連綿的丘陵，不算太高，山形各異，任憑烈日炙烤。近處的海濱上，一段狹長的內陸插入大海，將海面切割成一對環形海灣，交會處聳立著一座錐形的小山。這座小山正好擋住了右邊臨近的土著村莊和政府大樓，但對我而言，它們才是地貌景物中最為有趣的，它們才是地貌的精髓。沿著海岸線，一條頗為寬廣的大路向著土著村落延伸——繞過無線電站，穿過棕櫚樹林，越過一片零星點綴著幾叢紅樹的狹長沙灘。到達的第一天，我並沒有進入村落……

13「歡樂英格蘭」號（Merry England），政府快艇，一九〇四年英國政府派此快艇去格里巴里島（Goaribari）為一九〇一年兩個被殺的傳教士和科瓦伊島民（Kiwai）復仇。

14很可能是 Miles Staniforth Cater Smith，一九〇七年擔任莫爾斯比港農業與礦產主管，並且負責該港的土地及調查事項。一九〇八年擔任巴布亞島行政人員，之後又擔任農業和礦產主管、土地及調查執行官、幕後行政人員。一九一〇年至一九一一年，他率先進行了普拉里河、弗萊—斯特里克蘭河系統之間的探險，並因此被授予皇家地理學會獎章。

星期日，十三日

我去了（上述的）政府大樓；在半路上遇到了地方長官的侄子。那條大路穿過一片椰樹林，途中經過一棵巨大的無花果樹，然後在老政府大樓處轉彎，通向新樓。默里長官是一個高大但輕微駝背、肩膀寬厚的男人；樣子很像斯坦謝夫斯基（Staszewski）叔叔。他很和藹、冷靜，但有點古板，還有些拘謹。兩個裸露著上身的男僕服侍我們用餐。之後，我、長官及德里希（De Righi）夫人談了會兒話。夫人是一個心地善良、長了一張馬臉的澳洲女人，待我如同地位低下的人一般順從。長〔官〕閣〔下〕給了我一封信，讓我轉給奧馬利（O'Malley）。奧馬利的房子就在政府大樓後面，四周環繞著棕櫚樹，我去拜訪了他。他體態臃腫，但不高大，鬍子刮得很乾淨，和勒布斯基（Lebowski）有點像，只是他比勒布斯基更帥。他派人將阿休亞[15]叫了來。長官和德里希夫人也來了，我們三人動身前往村中。這是我第一次看見村落。我們都鑽進了阿休亞的小房子裡。房間裡的幾個女人只穿著短草裙。阿休亞夫人和戈阿巴（Goaba）夫人則穿著馬海毛製成的衣服。我、默里同阿休亞夫人交談，德里希夫人則與戈阿巴夫人交談。我們仔細研究了一下葫蘆裡存放的用以嚼檳榔的貝殼粉。戈阿巴夫人將一個葫蘆作為禮物送給德里希夫人。我們四人橫穿過整個村落，我瞥見了一九〇四年建在霍德迪（Hododae）的Dubu[16]〔……〕，以及幾座全新的錫皮房屋，擠塞在老舊的棚屋之間……告別了長官和夫人。船上的男孩們追上了我。我乘他們的船回去並付給他們2/-小費。當我到普拉特[17]家的時候，天已經黑了。哦，對了，頭一天在瑞恩[18]旅店裡，我遇到了貝爾[19]，他邀請我週一去他家吃晚餐。晚上待在普拉特家；有貝爾、斯坦福・史密斯、普拉特夫人及她的兩個女兒，我們談論有關年輕女士們的短途旅行，關於男僕們的事情等等。

星期一，十四日

我去見了赫伯特法官[20]並借用了阿休亞一整天。十一點左右和阿休亞及洛希亞（Lohia）一起出去搜集了一些信息。之後去了政府大廈，在那等了很長時間才吃到午餐。直到三點才回到村子。阿休亞家裡已經聚集了一些老人，準備給我提供資訊。他們靠著牆蹲成一排，黝黑的軀幹上頂著毛茸茸的頭，有的穿著破舊襯衣，有的穿著打滿補靪的毛衣，有的則穿著卡其色制服，而在這些文明的衣著下面卻可以隱約看見sihi（圍腰帶）：一種遮蓋大腿及周圍部分的腰帶。竹製煙斗在他們手中快速地傳遞著。對這個秘密會議，我有點緊張，趕緊坐在桌子前面把本子打開。搜集到了關於iduhu（部落或家庭）的信息、宗譜，打聽了一下村中的首領，等等。日落時分，老人們離去。洛希亞和阿休亞留了下來。我出門走了走，最遠到了伊利瓦拉（Elevala）。當我回來的時候，天已經黑了。

15 阿休亞·歐瓦（Ahuia Ova），塞里格曼培訓的民族學報導人，當地土著，之後自己開展了自己的民族學研究。參見F. E. Williams,"The Reminiscences of Ahuia Ova", in *Journal of the Royal Anthropological Institute*.
16 邁魯語，指氏族聚會的場所（clan clubhouse）；或泛指氏族或分支氏族本身。
17 普拉特（A. E. Pratt）夫婦，普拉特先生是當時史密斯探險隊的一名成員。
18 亨利·瑞恩（Henry Ryan），居民裁判官助理，一九一三年去了史密斯原本想去的地方探險。
19 萊斯利·貝爾（Leslie Bell），土著事務巡視員，史密斯探險隊中四個歐洲成員之一。
20 赫伯特法官（Judge C. E. Herbert），在史密斯探險時期擔任巴布亞領土管理員。

絕美的日落，氣溫下降了，但我覺得非常輕鬆。雖然這種感覺還不是非常清晰或強烈，但我相信在我和這片土地之間，有一條紐帶正越纏越緊。紅樹彎曲的枝丫勾勒出這片安靜海灣的輪廓，樹影倒映在如鏡水面上，樹蔭投射在濕潤的沙灘上。紫色的餘暉從西邊穿過棕櫚樹林，滑過深沉如藍寶石般的水面，在枯草上鋪上了一層金光——一切都預示著這次工作將會有累累的碩果和意外的收穫；與我之前預想的地獄一比，這裡顯然就是天堂。周一晚上，認識了奇內爾（Chignell），一名和善的傳教士，雖然他對當地土著一無所知，但總體而言還算是個可愛、有教養的人。

星期二早晨，我和阿休亞在中央法院工作；下午去了村落。喝了生平第一杯椰子汁……

〔星期三〕早上在 duana 周圍閒逛。晚上在麥格拉家裡跳舞。

星期四和阿休亞待在家裡。星期五和阿休亞去了趟村子，並計劃周六去島內探訪一次……那時我已經很累了。回到家，〔洗漱，〕晚上在地方官那兒度過。無聊透頂。拉福德（Lafirynd）夫人和赫伯特小姐，一老一少，霸占了默里。

星期六早上，我相當疲倦。騎馬去了村子。阿休亞允諾給我介紹一個嚮導，可他沒出現，感到很失望。去見默里，他派人把那個失蹤的嚮導杜納（Douna）叫了過來。我們騎馬路過位於卡納多瓦（Kanadowa）的別墅群，然後穿過幾塊屬於哈努阿巴達（Hanuabada）居民的園圃後，進入了一個狹窄的溪谷。溪谷裡布滿了被燒焦的野草，寂寥地長著幾棵露兜樹和鐵樹。四處都是奇異的樹木。身處在熱帶地區中如此有趣的地方，感到一陣純粹的滿足。上山的路頗為陡峭。有好幾次母馬停步不前；最後我只好自己爬到了山頂，在那兒，陸地上迷人的景致一覽無遺……我騎馬沿著一條小溪谷向山下走，路過幾塊圍著柵欄的土著園圃，接著又轉進一個橫向的山谷，即使騎在馬背上，那裡的草也高過了我的頭頂。我們見到了阿休亞，看見幾個提著魚網狀袋子的婦女；還有幾個手持長矛的裸體野蠻人。見了拉奧拉（La Oala），瓦哈納莫納（Wahanamona）iduhu 的酋長。他們已經在幾處地方點燃了火堆。真是一幅非凡的景象。時而通紅、時而發紫的火苗如綢帶一般，向山腰的方向蔓延；在或深或淺的寶藍色煙霧中，山體的顏色如同一顆拭亮的黑色貓眼石那樣變幻莫測。從我們眼前的山腰開始，火勢一直向下延伸進入山谷，吞噬著那些高大挺拔的野草。大火咆哮著，像夾雜著閃電和熱浪光的颶風一般向我們直衝過來，所到之處留下的灰燼被緊隨其後的狂風捲裹著攪進空氣中。小鳥和蟋蟀在煙霧中驚慌逃竄。我走進了火焰的強光裡。不可思議的壯景——像是某種徹頭徹尾瘋狂的災難，狂飆著向我衝來。

打獵一無所獲。阿休亞的園圃在霍赫拉（Hohola），〔在去那兒的路上，〕我第一次近距離地觀察了土著的園圃。它們被柵欄圍住；香蕉、甘蔗、芋頭葉子和〔……〕。那有幾個女人很美，特別是那個穿紫羅蘭色長袍的女人。我和阿休亞一起逛了他的園圃並參觀了房屋內部。遺憾的是，當時我沒帶上煙葉和糖果，和那兒的人套起交情相對困難。回去的路上，看見當地人在分割一頭小袋鼠。騎馬經過一片樹林，讓我想起澳洲的灌木叢。枯草叢中偶爾夾雜幾棵桉樹和鐵樹。幾英里之後，我已經疲憊不堪，左腿都麻木了。我堅持騎到了主路，得知和城鎮尚有很長一段距離之後，感到有些煩心。接下來的路程中，我根本無心眷戀美景，儘管我相信它們肯定很美。主路繞著山麓，在鐵樹叢和棕櫚樹之間蜿蜒曲折，沿途經過了一些土著房屋（馬來人的，玻里尼西亞人的？）。回城的路順暢得多（沿著沙灘飛奔）。在政府大廈觀看了網球，還喝了點啤酒。步行回家，很疲憊。正是那晚，我待在家裡，開始寫這本日記。

九月十九日，星期天〔原文有誤：星期天應該是二十日〕

晚起後寫了幾封信。晚飯後，疲憊，又睡了兩小時。又寫了幾封信，之後沿著通往村裡的小路散步。晚上，鬼使神差地，我居然去拜訪了辛普森博士（Dr. Simpson）。我心情沮喪，行動遲緩，有氣無力地慢慢爬上山坡。那裡的音樂讓我想起很多：玫瑰騎士[21]、探戈舞蹈，「藍色多瑙河」。我和麥格拉夫人跳了探戈舞（跳得一般）和華爾滋。心中最陰暗的憂鬱難以揮散。

一九一四年九月二十日，今天，星期一

做了個怪夢；同性戀情，對象是我自己的分身。經常有這種奇怪的自慰般的性欲；有一種念頭，想親吻一張和我一樣的嘴唇，和我的曲線相同的脖頸和額頭（從側面看）。起床後很累，慢慢地調整好狀態。去見了貝爾，我們聊了聊土著勞作的事情。然後在中央法院見了阿休亞。午餐後又見到阿休亞。然後給奧馬利做了報告，和他一起去見了麥克格蘭（McCrann）。到家之後給母親和哈林

卡（Halinka）寫信。上山……

九月二十七日，星期日

截止到昨天已經到此地兩周了，但我不敢說生理上已經完全地適應了這裡。上周六和阿休亞的遠足讓我過度勞累，到現在還沒完全恢復。失眠（不是很嚴重）、心臟負荷過重、精神緊張（這點尤甚），到目前為止似乎只有這些症狀。我感覺這個狀況的根本原因是極易疲倦的心臟導致的缺乏鍛鍊，加之大量密集的腦力勞動。我必須多做運動，特別是在涼爽的早晨和傍晚。砷化物是不可缺少的，但我絕對不能加大奎寧的用量，每九天服用十五粒應該就足夠了。至於我正在做的事情，我的民族學探索強烈地吸引著我。但是目前存在兩大缺陷：(1)我現在和當地的野蠻人接觸太少，對他們的觀察還不夠充分；(2)我不會他們的語言。關於第二條，雖然我現在正盡全力學習莫圖語，但語言的困難將非常難以克服。這裡極致的美景對我並沒有太大影響。事實上，我發現莫爾斯比港的周圍地區甚至可謂荒涼。我的陽臺被〔藤條〕纏繞，擋住了五分之四的〔視線〕，所以我只能從它的兩端欣賞海景。地面布滿石子，凹凸不平，各種垃圾散落四周，看上去就像一個一直堆到大海的垃圾場。這裡房子的四周都被格子棚架的走廊環繞，走廊到處都是開口。儘管如此，周圍的大海和丘

21《玫瑰騎士》是德國著名浪漫主義音樂家史特勞斯最負盛名的作品之一，歌劇將當時的浪漫主義與激情的懷舊氣氛結合。玫瑰騎士在舊時奧地利相當於現代社會的紅娘。當時，奧地利上流社會人士主要通過「玫瑰騎士」來傳達愛情。——譯註

陵都美麗非凡。這種景象獨一無二，特別是從通往村子的那條路的方向看去，風景被幾株棕櫚樹和紅樹框了起來。清晨，所有的一切都被一層薄霧包裹。大山在霧裡時隱時現，淡粉色的影子映襯在藍色的天幕上。海面微波蕩漾，漣漪絲絲，斑斕的波光伴隨著海面的不斷移動更加熠熠生輝；海水稍淺處，在綠松石般的植物之間，你甚至能看到深紫色的礁石上長滿了水草。當海浪平靜，微風撫平海面時，海水倒映著天空和陸地，它們的色彩可以從寶石的深藍色變幻成煙霧彌漫的群山才有的柔和粉色。而起風的時候，風將大海表面的平靜打破，把海底的景致、群山和天空的倒影攪渾在一起，海面泛著獨特的碧綠色，偶爾點綴著幾點深藍。過了一會兒，不知是太陽還是微風把迷霧驅散了，群山的輪廓便清晰可見起來；此時海灣深處的海水泛出深藍色，淺灘處則是藍綠色。天空向萬物灑下一片蔚藍。但群山的美妙剪影繼續在這片純淨的藍色中閃耀，如同在碧海晴天中沐浴一般。直到下午，迷霧才完全散去。山體上的影子變成更深的藍色；群山呈現出一種奇怪的鬼魅感，彷彿某種黑暗的力量統治著它們，和永遠沉靜安然的大海與天空形成了鮮明的對比。傍晚，天空又被一片薄霧遮蓋，夕陽紫色的光芒渲染著各種形狀柔如羽毛的雲朵，雲層排列得異常美麗。某一天中午，一些遠處火堆的濃煙飄入空中使得萬物都蒙上了一層輕柔的陰影。我當時因為太累而不能盡情享受這視覺的盛宴，但這些景色絕對獨一無二。總之，這裡的風景比其他地方更像沙漠，容易讓人想起蘇伊士地峽（Isthmus of Suez）的景觀。各種最熱烈的顏色，帶著一種我尚不能言明的某種節日的特質，一種過分精鍊的純粹和奇異的特質在這裡肆意狂歡——那是一種類似於寶石在陽光下閃爍出的瑰麗色彩。

過去幾天的日子異常單調乏味。二十一日，星期二〔原文如此〕

阿休亞在法院忙了一天。於是找來伊古阿（Igua）[22]幫我整理行李。周二晚上，感覺虛弱不堪，根本不想去找辛普森博士。周三早晨，阿休亞從十一點就開始忙碌。下午去拜訪了奧馬利，他也沒什麼有意思的事情對我講。我見到了漂亮的科瑞（Kori），她皮膚光滑，紋身精美；儘管藏在古銅色肌膚下，這種 des ewig Weiblichen〔永恆的女人味〕依然迷人。周四早晨和阿休亞待在一起；下午去了趟村子；很累。晚上貝爾來找我，我們討論了當地的土著。周五早上遇見漢特先生[23]，和他共進午餐，下午我們閒聊了一陣；我累得嚇人，什麼也做不了。哦，對了，前幾天晚上我還洗了一些照片；今天，即使是洗照片也讓我疲憊。周六早晨，漢特來訪；他這次又起了很大的作用；之後和阿休亞待了一小時；接著去見了貝爾，不請自來地到長官那裡吃了午餐。午餐後，我讀了點滕內爾（Tunnell）和莫圖語語法。晚上在帕戈山（Pago Hill）散步——感覺恢復了點體力；和斯坦福·史密斯聊天。很早入睡……政治事件並沒有影響到我；我盡力不去想它們。我有一個夙願，希望波蘭的命運能夠有所改善。至於鄉愁，我很少為之所困，在這點上我感到很驕傲。我仍然愛著〔……〕——但不太自覺，也不甚明確。我對她所知甚少。但在生理上——我的身體又很渴望她。我會想念母親〔……〕有時〔……〕

22 一個來自伊利瓦拉的莫圖「廚子」，他以口譯者的身分和馬林諾夫斯基去了邁魯。

23 很可能是羅伯特·漢特（Robert Hunter），一八八〇年阿密特—丹頓（Armit-Denton）探險的隨同。

邁魯（Mailu），一九一四年十月二十一日〔原文如此〕

種植園，河邊。

星期六〔十月二十四日〕

到昨天為止，我到邁魯已經一周了。這一周內，我非常缺乏條理。我閱讀完了《浮華世界》（*Vanity Fair*）及整本《羅曼史》（*Romance*）。我割捨不下這些書；它們就像毒品一樣讓我難以自拔。然而，考慮到惡劣的工作條件，而且對於短短一周的時間而言，我也確實做了一些事情，成果也不算太差。我不喜歡和那個傳教士住在一起，特別是因為我知道什麼東西都得我來付錢。這個人的〔白種人〕「優越感」讓我感到噁心。但我必須承認，英國人的傳教工作有一些積極的方面。但如果這個人是德國人，毫無疑問，他會更徹底地令人生厭。這裡的人得到了很大程度的禮遇和寬容。這個傳教士和他們一起打板球，你也不會覺得他太過肆意地擺布他們——一個人想像中的生活總是和現實相差太遠！這是一個四周圍繞著珊瑚礁的火山島，頭頂著一方永遠蔚藍的天空，包裹著一片寶石般深藍的大海。在海岸線一側有一個巴布亞村莊，海面上零星地停泊著小船。我喜歡把在棕櫚樹林之間的生活想像成一個永無止境的假期。當我從船上望去時，就是這種感覺。我感到快樂、自由、幸福。但這種感覺只能維持幾天，之後我便逃到了薩克雷（Thackeray）[24]小說中描述的倫敦勢利小人們身邊，緊隨其後在大城市的街巷中遊走。我渴望待在海德公園（Hyde Park）或布魯姆伯利

（Bloomsbury）[25]——我甚至開始欣賞倫敦報紙上的廣告。我無法全身心投入自己的工作，無法接受我的自我囚禁，更無法將之利用到極致。這就是過去幾周發生的事情。

莫爾斯比港。我最後一次去是九月二十七日，星期日。我中了滕內爾的魔咒，一天中有連續好幾個小時都在讀他的書。我暗暗發誓再也不讀小說了，但這誓言只能保持幾天，我便又開始墮落了。那周內最重要的事情是我去看了看拉洛基（Laloki）〔莫爾斯比港旁邊的一個小島〕。周二被長官邀請赴晚宴——格里姆蕭（Grimshaw）小姐和德里希夫人也在那兒。我們計劃在周四或周五離開。那段時間我一直沒有機會和阿休亞一起工作，因為他在忙波尼斯科尼（Burnesconi）的案子，這個人把一個土著「綁起來在空中吊了五個小時」。我對這幾天的記憶有些模糊；只知道自己精力不是很集中。哦，對了，我想起來了：星期三，在錢皮恩家吃的晚餐；晚餐之前，見了那個傳教士一面。前一周周日，我和長官一起吃過午餐，漢特上尉也在那兒，我讀了點巴爾貝·多爾維利（Barbey d'Aurevilly）的小說。阿休亞也不在家。我去見了奧馬利，然後去找傳教士，他帶我乘船去了趟鎮上。我記得那天晚上，夜幕正在降臨村莊，引擎在船身下旋轉，發出時強時弱的悶響；氣溫很低，深海上浪花四濺。

24 前面提到的《浮華世界》的作者，英國著名小說家。——譯註
25 英國倫敦中北部的居住區，因在二十世紀初期與知識界的人物，包括弗吉尼亞·沃爾夫、E. M.福斯特及約翰·梅納德·凱恩斯的關係而聞名於世。——譯註

周三，身體很不舒服，於是打了一針砷化物，準備修整一下。周四早上，默里派伊古阿和杜納送給我一匹馬，我們在村子裡見了個面。我騎馬從傳教站（Mission Station）後面經過，穿過滿是園圃的山谷，途中遇見成群結隊的土著，他們有的在地裡勞作，有的正往回村的方向走。溪水旁是一個分岔口，從那裡望去，美妙的景致一直延伸至大海。我騎著馬向山谷下走——山腳下有一小叢樹林，非常棒的樹蔭；我感到一陣對熱帶草木的渴望。隨後，我們冒著酷熱進入山谷。同樣枯萎的灌木；矮小的鐵樹和露兜樹——前者跟木本蕨類很相似，後者長著奇怪的毛茸茸的葉球〔……〕——它們讓乾枯的桉樹構成的遠非異域風情的景致顯得不再那麼單調。草木枯萎，透出金屬般的棕色。強光照射到四處，賦予這片地區一種奇特的冷酷和矜持，這種景致又最終使人疲憊。當接近濕地時——所謂濕地只是一條乾涸的小溪——或到肥沃一點的土地時，你能看到稍勝一籌的零星綠意。瓦加納（Vaigana）河像一條綠蛇蜿蜒地流過烤焦的平原，在鬱鬱蔥蔥的植物之間劃出一條細長的割痕。午餐；阿休亞告訴我一些關於各個領地邊界的情況。（拍完兩張照片後）我們騎馬穿過平原。阿休亞指給我看兩塊土地之間的邊界線；是一條直線，並沒有依循自然地形。我們騎馬爬上一座山。我和阿休亞爬到山頂上，畫了一幅地圖——他打的草稿。我面前的平原被瓦加納河橫穿而過，右側是乾涸的沼澤，沼澤後方是巴魯尼丘（Baruni Hills）。遠處，綿延的山脈一直延伸到莫爾斯比港海灣。好不容易才畫好地圖。我們沿著一條狹窄的山谷下山，左手邊是一片高高的棕草，在陽光下隨風擺盪，不停地閃爍和變幻著顏色，時而血紅，時而絳紫，就像一隻無形的手在撫摩天鵝絨一般。阿休亞組織了一次小型狩獵。我們進入了阿蓋爾塔布（Agure Tabu）的灌木叢——一條渾濁的小河緩緩地流經樹林，我在那第一次見到了西谷椰樹。阿休亞跟我說，此情此景之下，應該進行一次禱告，不過飲用這裡的水和食用這裡生長的西谷椰子或其他植物是很危險的。我們進入了一片向拉洛基兩邊的狹長地帶延伸的密林，那裡有許多參天的八果木——在它們寬大的根基上生長出極高的樹幹——還有一些美輪美奐的藤蔓植物……我們涉過一條長滿高大燈芯草的河流。在河的另一邊，我們騎馬沿著一條小道前行，兩邊長滿大樹、藤蔓植物和灌木叢。我的右側是河流；左側的園圃時隱時現。河岸上有個定居點，四間小屋坐落在一片平整乾燥的土地上。中間有一株小樹，上面長著紫色的樹莓，正在變成嬌豔的紅色。幾個土著；孩子們在廣場上成群的豬之間穿梭嬉戲。我們穿過一個種著香蕉、番茄和煙草的園圃，回到河邊。在河邊，阿休亞偷偷地跟蹤了一條鱷魚——未果。回去的路上，我沿著河岸走，甘蔗樹的利刺劃破了我的鞋子。在家裡，我與戈阿巴和伊古阿坐著聊了會兒天。

第二天（星期五）

我很早便起了床，但仍沒趕上標誌著狩獵開始的演說與口號。和阿休亞去了河對岸，那裡居住著從瓦布克瑞（Vabukori）來的土著。哦，對了，我頭一晚上已經去過那裡了。在一個平臺上，人們正在火上燻烤小袋鼠。香蕉葉製成的床，樹枝則用來靠頭。婦女們在石油桶裡烹煮食物。匆忙建造起來的小平臺充當了臨時的儲藏室，非常有趣。我給一些儲藏小袋鼠的平臺拍了幾張照片。長官到了。給幾個拿著網和弓箭的獵人拍了幾張照片。我們邊走邊聊，經過一塊園圃，穿過草地，繞過村莊，又從樹林裡過去，還途經了一個長著紫色蓮花的池塘。我們在樹林外停了下來；我徑直走向捕網和兩個土著坐在一起。這裡的火光不如之前看到的獵人們的火焰壯美，火苗基本上看不見，都是濃煙。風從火堆的正面吹來，柴火劈啪作響。一隻小袋鼠跑進了網子，掙扎了一會兒才掙脫，然後逃回了樹林裡。可惜我沒抓拍到這一幕。而在我們右手邊，一隻小袋鼠已被殺死。阿休亞殺死了一隻boroma（豬）。我們穿過這片荒漠往回走。可怕的煙霧和熱浪撲面而來。與長官、德里希夫人共進午餐；聊了聊體育運動。他們告辭較早，大概兩點。我留了下來，之後就睡覺了……

第二天早上（星期六）

我起床頗晚，跟著戈阿巴和杜納去了園圃。我觀察了怎樣挖土和包裹香蕉樹，還追趕了一頭〔鹿〕。在芒果樹下面午休；給一些婦女拍照。午餐（木瓜）；睡覺。醒來後去河裡洗澡——非常舒服——之後鑽進了樹林裡。天然的樹蔭之下別有洞天。一棵巨大的樹幹撐起了一塊似乎懸空的樹墩——一棵八果木。我們來到一塊空地，那裡土著們圍坐成一圈，邊切小袋鼠肉邊烤。他們先切開袋鼠的肚子，然後扔掉〔內臟〕，再烘烤它的皮及其他部分。黃色的煙霧升起，飄入叢林。我們往回走的路上聽到了小袋鼠們跑開的聲音。阿休亞比我們早到。我們交談了一會兒（前一天我們聊了兒童的遊戲，但不幸的是，我沒做筆記）。

星期天我們很早就動身往回走，原路返回，一直走到淺灘，然後穿過阿蓋爾塔布，繼續步行穿越一片狹長的平原，然後到達一個塵土覆蓋的高土堆，它的外觀有點像一面〔牆〕。在土堆腳下，我們又轉了個彎，看到了種著墨西哥大麻的（劍麻）種植園。我站在一座小山上，草繪了另一幅地圖。山上的景色很美，霍布柔崖（Hornbrow Bluff）和勞斯山（Mt. Lawes）。突如其來一陣疲憊。我騎在馬上，悄悄地打瞌睡。阿休亞射中了一隻小袋鼠。到達霍赫拉的時候，我已疲憊至極。得知紐幾內亞地區（N & G apparatus）已經混亂不堪，我更加心煩意亂。我們從霍赫拉的法官（由哈迪〔Uhadi〕iduhu 的酋長）那裡得知了以前遍布於克塔普阿三（Koitapuasans）的景象。餘下的路途無甚新意。在莫爾斯比港，我看到一張杜布瓦夫人（Dubois）約我喝茶的請帖。她的丈夫（一個法國人）給我的印象是：聰明、令人愉快。我們聊了聊莫圖語。晚上在家裡度過。

星期一，十月五日

與阿休亞一起工作，給默里打了電話。直到星期三（？）才去見他。道德底線不時崩潰。我又撿起了小說。陣陣的沮喪。比如，肯德勒（Candler）對印度及他回到倫敦的描寫，會勾起我對倫敦和N.的無限思念，想起我在倫敦的第一年如何先住在薩維爾街（Saville St.），後來又搬到上馬里博恩街（Upper Marylebone St.）的情形。我發現自己老是想念T.[26]，太過經常的想念。分手對於我來說仍然是一種痛苦，就彷彿從白晝瞬間墜落到暗無天日的黑夜。我腦海裡一遍遍重放在溫莎（Windsor）時和回去之後的那些點點滴滴，回味我那時候的確定無疑和安全感。還有那時我的鄭

26 手稿裡的這些大寫字母實際上是一個帶圈的n、a和t。全文將以大寫字母來代替這些符號。

重決定，屢次三番地下定決心，要和她永遠在一起。正式分手——從三月二十八日星期六持續到四月一日星期三，以及那時我的猶豫不決——星期四晚上、星期五、星期六，不斷輪迴——所有的這一切，都痛苦地不斷重現。我仍然愛著她。我依然記得我從克拉考回去之後的幾次見面。

我很少想到戰爭，缺乏細節的報導讓人們更容易將這整件事看得無關緊要。我不時地練習舞蹈，嘗試潛移默化地將探戈注入阿什頓夫人心靈中。月光柔美，灑在麥格拉夫婦家的走廊上——和這些凡夫俗子在一起，讓我厭煩透頂，他們對那些使我興奮不已的事物居然無動於衷，而那些事物是如此地富有詩意。我對炎熱的反應很不穩定：有時我感覺難以忍受——即便絕對趕不上我在「奧索瓦（Orsova）」[27]、可倫坡（Colombo）和康提（Kandy）時候吃的苦；有時候我又堅持下來。雖然我身體不是很強壯，但是頭腦卻一點都不遲鈍。我睡眠規律，食欲旺盛。雖然有時也感到疲憊，可這在英格蘭的時候也一樣；我依然覺得我現在的狀態比那年夏天好很多，即那個國王舉行加冕禮的炎熱夏天。

典型的一天：晚起，然後刮鬍子，手裡拿著一本書去吃早餐。我坐在弗若蘭（Vroland）與傑克遜（Jackson）對面。收拾齊整，然後去中〔央〕法院，在那裡我給了阿休亞很多香煙，好和他待在一起。然後午餐；午休；之後去村子。晚上待在家裡。我從沒晚上去過哈努阿巴達。山丘背後，棕櫚樹的縫隙之間，閃耀著海洋和天空的絳紅反光，鑲嵌在一片寶藍的陰影之間——這是令人較為開心的時刻之一。夢想自己在南海永遠定居，等我回到波蘭的時候，這一切將在我腦中留下怎樣的回憶？我在想那裡現在正在發生什麼，想到母親，感到自責。偶爾，我也會愈發苦澀地想念斯坦斯，懷念有他在身邊的日子。但我很慶幸他不在這裡。

十月九日，星期五

傍晚的時候我出去散步——本想去拜訪辛普森博士，但「韋克菲爾德」號（Wakefield）輪船駛入了港口。我不得不振作起來，準備啟程（哦，對了，我還沒算那一大堆浪費在攝影上的時間）。星期六我去政府大樓吃午餐，在那兒討論了一下準備寫給阿特利．漢特[28]的信。下午待在村子中。

十一日，星期天

打包行李；很晚才見到阿休亞，然後和他一起去了傳教士那裡，步行回來。星期一，整天都在打包行李；將它們搬運到「韋克菲爾德」號上；見銀行家；寫信等等。下午去了政府大樓，在那兒又見到默里長官，拜訪了傳教士，接著與伊古阿一起回到家。行李收拾完畢。夜裡睡在「韋克菲爾德」號上。

十月十三日，星期二

一大早啟程。空氣不是很清透，遠處的群山只能隱約看到輪廓，近處的風景稍微清楚一些。村

27 可能是指他一九一四年夏天去澳洲的航行，穿過蘇伊士河和紅海。
28 阿特利．漢特（Atlee Hunt），C. M. G.，澳洲國土管理部門的秘書，他在馬林諾夫斯基從這個部門獲得田野工作的資金資助事情上起了重要作用。

落：圖普色類阿登（Tupuseleiadeng）等等。到達卡帕卡帕（Kapakapa）後，上岸轉了一圈。整個旅途中，我都有一種不太真實的感覺，並沉浸在莫泊桑（Maupassant）的短篇小說裡無法自拔。卡帕卡帕的小房子都建在結實的木樁上面，遠遠地立在海裡。房頂和牆壁連成一體，所以這裡房屋的形制與邁魯村莊中的一樣。每一個氏族占有幾間房屋，不同氏族之間的房屋都彼此分開。站在海岸上，我朝暗礁的遠端望去，遼闊的海面令人心曠神怡，這是我在莫爾斯比港無比想念的美景。我們繼續航行——平地上立著露兜樹和乾枯的灌木——我望見遠處一簇簇的椰子樹——胡拉阿（Hulaa）到了。我們拋下錨；殘陽如血，給人遺世獨立之感。第二天早晨，到達卡瑞普魯（Kerepunu）後我才起床。河口景致不錯，延伸進內陸的群山連綿起伏。兩岸的海灘上長著好看的棕櫚樹。一些乘客上了船；其中有一個半盲的老人，一個本地商人，力薦我找時間去探訪卡瑞普魯。船駛過珊瑚礁。波浪起伏的大海；我感到筋疲力盡。直到船行駛到阿若瑪（Aroma）才開始感覺好點。在那兒我下船上岸休息，巡視了一下那裡的小村子。這裡房子建造得很好，與哈努阿巴達的房子不可同日而語；房屋的露臺是用白色寬大厚實的木板做成的。人們通過地板上的一個小洞進入屋子內部。村子被一圈籬笆圍起來，或者更準確地說是一圈木樁。——過了阿若瑪，我們進入了降雨區。向維勒魯普（Vilerupu，或許是貝勒魯普〔Belerupu〕）前進——那是一個長滿油亮濃密紅樹林的奇妙地區，深陷的海灣內側是參差不齊的懸崖，這裡的村子都恰當地建在山上，背後的遠方是綿延的大山——這一切構成了一個壯美的整體。我和那個商人一起下船，坐當地土著的小船到達對岸。在那兒，我和一個〔患 sepuma 病的〕警察聊天，但他對任何事情都一無所知。這是一個全新的村子；它從存在伊始就已被白人深深地影響了。孩子們看見我就跑開，保持著固定的距離。我喝了點椰子汁就回到了船上。夜晚很美。第二天，我們離開了這片峽灣。旅途頗為順利；我讀了哈里森小姐[29]關於宗教的論著。這部分行程讓我立馬想起在日內瓦湖（Lake of Geneva）上的乘船遊覽經歷：兩岸鬱鬱蔥蔥的植物，浸透了藍色，倚靠著群山形成的屏障。身處於這些景色中，我無法心無旁鶩。這種景色和我們奧克薩（Olcza）城的塔特拉斯山（Tatras）〔屬於喀爾巴阡山脈的山〕的不完全一樣，在那裡，你只想躺下，用身體擁抱自然——那裡的每一個角落都在低語，允諾給你某種神秘的幸福。但是，對人類而言，這裡奇異的碧綠深淵是充滿敵意、遙不可及和陌生的。美輪美奐的紅樹林在近處看，其實是一個陰暗的、惡臭的、黏滑的沼澤，在樹根交錯和泥濘的土地上，連三步都走不了；在這裡，你不能碰任何東西。叢林幾乎不能進入，裡面滿是各種污穢和爬行動物；悶熱、潮濕、令人生厭——蚊子和其他討厭的昆蟲和蛤蟆到處都是。「美是幸福的承諾」（La beauté est la promesse de bonneheur）〔原文拼寫有錯誤〕。

我已經記不清從貝勒魯普到阿包（Abau）一路的景色了。阿包本身就很美——一個頗高的多石島嶼，從那能看到一個寬闊的海灣，一個環礁湖[30]，湖的四周都被紅樹包裹。遠處，青巒疊嶂，群山聳立，卻又一絲不亂地沿著主峰的脈絡層層遞進。阿密特（Armit）〔阿包的地方法官〕很友好、隨和，但不是特別優雅，甚至有點粗野。我和他先在他家聊了一會兒，然後上山和犯人們聊了一會

---

29 可簡・愛倫・哈里森（Jane Ellen Harrison），英格蘭考古學家和古典主義學者，*Prolegomena to the Study of Greek Religion*, *Ancient Art and Ritual*〔書的作者，她還有一些其他影響廣泛的著作。

30 由窄長的沙壩（島）、沙嘴或岩礁等同海洋分隔開的海濱淺海灣。——譯註

兒……回來睡得很好。早晨，我上了船。輪機長建議我在邁魯上岸的事上，要強硬些，我照做了；然後離開了駕駛艙——哎，真丟人！——船在駛入莫古柏〔岬〕（Mogubo Point）的時候，我開始嘔吐。德莫林斯閣下（Hon. De Moleyns）專門登船告知我那個傳教士還沒有到達邁魯。在邁魯和去莫古柏的旅途十分有趣。雖然上岸的時候心情有點煩躁，但卻因來到此處而喜悅不已。我上岸後和警察打了招呼，將自己的行李搬上了岸，五分鐘後，傳教士的船出現在海平面上。於是我的眉頭完全舒展了。邁魯的環境：到處布滿了狀如雲山、拖著長長枝條的檉柳，還有石松的松針和落葉松的剪影。

在巴克斯特海灣（Baxter Bay）的低地以上，靠近莫古柏的方向，我們的船經過一個地區，那裡的山如尖塔一樣高高聳立在海上——這讓我想起了馬德拉群島（Madeira）。亞馬遜〔海灣〕（Amazon〔Bay〕）和邁魯之間有兩座沙灘上長著棕櫚樹的珊瑚島，它們憑空出現在海面上，就像沙漠裡的海市蜃樓。邁魯地勢很高（乍一眼看去）；山上長滿草，沒有樹，險峻，大概一百五十米高〔五百英尺〕。山腳下的平地長滿了棕櫚樹和其他樹木。其中有一種奇怪的樹，寬葉，果實形狀如同中國燈籠。我在「韋克菲爾德」號上的旅伴是船長，他是個矮胖的德國人，挺著大肚皮，野蠻，一路上三番五次地虐待和凌辱巴布亞人；輪機長是一個粗俗的蘇格蘭人，傲慢無禮；麥克迪恩（McDean），一個眼睛有些斜視但高大英俊的英格蘭人，愛咒罵澳洲人，卻喜歡巴布亞人，不過總體上來說很討人喜歡，並且多多少少比一般人有教養；艾爾弗〔雷德〕．格里納韋（Alf〔red〕Greenaway），一位年長和藹的貴格會教徒——現在回想起來，我特別後悔當時沒和他混熟，要不然肯定比現在這個愚蠢的薩維爾[31]對我更有幫助。在這些人中，斯莫爾船長（Small）和我最為意氣相投，他藝術興趣廣泛，並且很有教養——可惜好像嗜酒如命。我對他們都厭煩透頂，特別是船長和輪機長。德莫林斯是貴族之子，雖是一個酒鬼和流氓，但挺友善，當然絕對受過良好的教育。

我在邁魯經歷的日記：十月十六日，星期五

我見到了薩〔維爾〕夫人，她只是漫不經心地跟我打了個招呼。我又和薩〔維爾〕打了招呼，當時對他很有好感。他很慷慨地邀請我晚上去他家吃飯，更讓我好感倍增。下午我和一個警察去了趟村子和園圃；我參加了晚禮拜，儘管用一種野蠻的語言嘶吼聖歌的情景非常滑稽，但我還是努力對這種荒誕的鬧劇產生了點好感。晚上和他們一起過。

十月十七日，星期六

上午薩維爾帶我參觀了島嶼——去了插旗杆的地方、村子、園圃，然後穿到丘陵的另一端，在那兒喝了點椰汁，我還觀看了toea（白色臂環）的製作過程。我們轉過海角，沿著傳教區的海岸散步。晚餐後，我讀了一會兒書——至此我還一無所獲，一直在等薩維爾承諾給我的幫助。

31薩維爾（W. J. V. Saville），當時在邁魯工作的倫敦會士，他的文章A Grammar of the Mailu Language, Papua一九一二年發表在《皇家人類學會雜誌》（*Journal of the Royal Anthropological Institute*）上。

十七—十八日

整個周末都浪費在等待薩維爾上，絕望地等待之餘讀了《浮華世界》——讀完後徹底地困惑了，我簡直忘記了自己身在何處。我在扭札科帕內（Zakopane）[32]便開始讀這本小說，那年春天，五月時我在迪茨維基（Dziewicki）那兒待了六天，書就是從他那裡借的；斯坦斯那時在布列塔尼（Brittany）[33]，我住在塔克（Tak）家。但如今，蓓姬・夏普（Becky Sharp）和愛米莉亞（Amelia）[34]的際遇卻並沒有讓我感懷過去的時光。那段過往現在對我來說如同一片迷霧。星期一（十九日）早晨，我跟薩維爾明言我在那裡的停留是有期限的，卻被他對待此事的粗魯態度惹得極端憤怒。我對他能夠付出的友善和無私已經不抱任何幻想，從那時候開始，這種醒悟，加上他對我工作漫不經心的態度，已足以令我對他恨之透頂。——哦，對了，星期天晚上，我坐上一艘小船想到蒸汽船上去，途中由於對舷外托架操作錯誤，船翻了。雖然聽來無甚緊要，但事實上我真是九死一生。好不容易才爬上已經傾覆的船，後來終於被遊艇撈了起來。回來後和薩維爾一家人依舊（發自內心地）和睦相處，我換了衣服，對整個事情一笑置之。我的手錶和衣服口袋裡的一些皮製品都被水泡壞了。

星期一，我去了趟村子，試著做了些調查，但困難重重。升起一股對薩維爾的厭惡。星期一晚上，老人們在傳教站進行了一次集會（conclave）。星期二晚上觀看了舞蹈，極其震撼。在沒有月光的漆黑夜色中，在篝火的映照下，一群野蠻人步調一致有節奏地舞動著，其中的幾個人還戴著羽毛和白色的臂圈。

星期三早上，我搜集了一些關於舞蹈的材料。大概在那時候我讀了《羅曼史》。康拉德（Conrad）細膩的情感從字裡行間流露而出；總體上講，這是一本與其說「有趣」不如說讓人「揪心」的小說（廣義的「揪心」）——我仍然想念著T.，仍然愛著她；這與我對Z.的愛不同，這不是一種讓人無法自拔的愛；那種愛情讓人失去創造力這種基本的自我價值。這是一種對她的身體的著迷，是對她如詩般氣質的沉醉。福克斯通[35]的沙灘上，夜刺骨地冷。關於倫敦和溫莎的回憶。那些被荒廢的時光——我們去往帕丁頓（Paddington）[36]的路上，還有由於赴經濟學院而失去的和她共度良宵的機會——都讓我心如刀割。我所有的遐想都朝她飛去。除此之外，還有幾刻我非常沮喪：由於與卡佳（Kazia）和萬德佳（Wandzia）散步時討論的問題；或由於巴黎的回憶，以及法國的點點滴滴，後者對我有莫名的魅力，因為它們和T.之間有某種神秘的聯繫；或許還有關於Z.的回憶，途經諾曼地的白日旅行，從巴黎到楓丹白露（Fontainebleau）的那一夜晚——和奧古斯特·Z.（August Z.）在華沙的最後一晚，和諾斯包姆小姐（Nussbaum）的散步……最後，我開始感到從靈魂深處迸發出一

---

32 波蘭城市。——譯註
33 法國西北部地區。——譯註
34 蓓姬·夏普與愛米莉亞是小說《浮華世界》裡的角色。——譯註
35 福克斯通（Folkestone），英格蘭肯特郡的一個城市，距法國加萊港僅有四十公里的航程，幾百年來一直是個商貿往來不斷的繁榮海港都市。——譯註
36 英國倫敦西敏市（City of Westminster）的一個地區。——譯註

種對〔母親〕的強烈思念。

我決定開始堅持每天寫日記。

十月二十九日

昨天早上很晚才起床；我雇了奧馬加（Omaga）〔一個邁魯報導人，也是村子的治安官〕，當時他在露臺下面等我。早餐後，我去了村子裡，在一群製作陶器的婦女旁見到了他。我和他之間的談話讓人頗不滿意……在街道的正中央，一個女人正在畫畫。帕帕里（Papari）[37]加入了我們；我們再次談起月份名稱的問題，可帕帕里一無所知。我有些氣餒。晚飯後，讀了會兒《黃金傳說》（*Golden Legend*），打了會兒瞌睡。四點起床，去海裡泡了會兒（我想游泳），下午茶。五點左右到村子裡。我和卡瓦卡（Kavaka）討論了喪葬儀式；我們就坐在村尾的棕櫚樹下。夜裡和薩維爾聊英格蘭南海岸，從拉姆斯蓋特（Ramsgate）聊到了布萊頓（Brighton）。這讓我想到了康沃爾郡和德文郡[38]的民族和人口（康沃爾郡、德文郡的土著居民，蘇格蘭人）特性的分離。我有些鬱悶。讀了幾頁謝爾比列（Cherbuliez）的《佛蘭多·波爾斯基》（*Vlad. Bolski*）[39]——書中勾勒的那個精神獨特的女人讓我想起了熱尼亞（Zenia）。我哼著小曲，興高采烈地朝村子走去。和卡瓦卡的談話頗有收穫。觀看了富有詩意的美妙舞蹈，聽了一段蘇阿烏（Suau）〔東邊的一座島〕的音樂。舞者們圍成一個小圈；兩兩之間面向而立，手中高舉一面鼓。歌曲的旋律讓我想起庫貝恩（Kubain）的輓歌。回到家後，浪費了大把時間翻閱《笨拙》（*Punch*）周刊[40]。T.的影子揮之不去。間或想起和斯坦斯之間的真正友誼，特別想念他在去錫蘭（Ceylon）[41]的路上創作的美妙樂曲。

十月二十九日（三十日下午所寫）

早上八點之前一起床就開始寫日記。薩維爾把我的信件送來的時候，我正在振筆疾書。N.的來信（五封），還有幾封來自澳洲的信。梅奧夫婦和［李宋夫婦（Le Sones）］的來信有趣而和氣，給了我莫大享受。還有一封戈爾丁夫人極其友善的來信。斯坦斯的信則讓我深為反感，但同時我也為自己的行為沒有達到無可指摘的完美而自責，並且深為反感和痛恨他對待我的方式。我之前對他的好感幾乎全被他的來信毀掉了，我甚至覺得我和他之間再也不可能和解。我還知道，無論我犯過多少錯，他對我都太過冷酷。他無時無刻不顯示出一副苦難深重的偉大姿態和神色，還愛以深刻、成熟、公正、睿智的口吻進行說教。他對待我的態度中沒有一絲情誼——不，客觀地說，在是非對錯的天平上，砝碼始終向他傾斜……我為自己最重要友誼的破裂而感到心灰意冷，這是我讓自己承

37 帕帕里是Banagadubu分支氏族的首領，他能預測天氣。馬林諾夫斯基將他看作朋友和紳士。

38 康沃爾郡（Cornwall）、德文郡（Devonshire），都在英國西南部。——譯註

39 維克多・謝爾比列（Victor Cherbuliez, 1829-1899），作品有《拉迪斯勞斯・波爾斯基的冒險》（*L'Aventure de Ladislaus Bolski*）。

40 英國幽默插畫雜誌。——譯註

41 即現在的斯里蘭卡（Sri Lanka），首都為可倫坡。——譯註

擔主要責任後的第一反應。接著，我感到人格減等（capitis diminutio）[42]——一個被貶低了價值、沒有用處的人。朋友不是加法——僅僅在數量上增長，朋友應該是乘法，能讓別人的價值成倍增長。很遺憾——這段友誼的破裂，絕大部分原因在於他咄咄逼人的妄自尊大，和他缺乏對別人的體恤，完全無法諒解他人——儘管他對自己特別寬容。然後我讀了N.的幾封信，它們是我同過去連接的唯一線索。還有《泰晤士報》，是梅奧夫人寄給我的。我心情低落地去了趟村子。在卡瓦卡的屋裡討論了一下葬禮的問題；研究了一會兒椰子鏟（sago spade）。下午開始讀「波爾斯基」，一口氣讀到了五點。在村子裡待了半小時，被小說和斯坦斯的信弄得心情壓抑。晚上，我覺得心煩意亂；儘管如此，我還是和薩維爾制定了一個研究計劃，然後我去村子裡找卡瓦卡和帕帕里。經過長時間的談判，才把他們叫出來，之後我到家中。最終把月份的名稱弄清楚了。晚上沒有閱讀就直接入睡了。

十月三十日

起床很晚，九點，然後直接去吃早餐。早餐後，讀了幾期《笨拙》，然後去了村子。跟卡瓦卡一起工作真不順利，他有點懶惰，做事不情不願，我自己也不在狀態中。午餐的時候，我和薩維爾談了一些民族學問題，之後瀏覽了報紙。散步。繼續跟薩維爾聊民族學和政治問題。他是個自由主義者——這下我還覺得他比較稱我心意。

德瑞拜（Derebai）〔一個內陸村莊〕，十月三十一日

我先寫了日記，然後試著綜合整理我的調查成果，同時回顧了一下《筆記與問詢》（*Notes and Queries*）[43]。遠足的準備。晚餐時，我盡量把談話引到民族學問題上。晚飯後，與維拉未（Velavi）閒聊了一會兒。又看了會兒《筆記與問詢》，然後裝好相機。接著我去了村子；月色明亮的夜晚。我非但沒有感到筋疲力盡，反而很享受這段路程。在村子裡，我給了卡瓦卡一些煙草。因為當時那裡沒有舞蹈或集會，我就沿著沙灘一路走到了奧羅柏（Oroobo）。非凡的旅途。這是我第一次在月光下欣賞這裡的植被。非常奇妙和富有異國情調。這種異國情調輕輕地撕破了熟悉事物的面紗，將心情從平淡無奇的日常生活中引開。它雖足以摧毀常態的知覺，卻不足以創造一種全新的心境。走進了叢林。突然覺得很害怕，不得不努力使自己平靜下來，試著省視內心：「什麼是我的內在生活？」毫無理由自我滿足。我現在做的工作與其說是創造力的表現，不如說是自我麻醉。我並未試著將之與更深層的緣由聯繫起來，或去梳理它。閱讀小說簡直就是災難。上床睡覺，不純潔地想了想別的事情。

---

42 在羅馬法中，要能在政治經濟和家庭等方面享有完全的權利能力，成為一個享有完全人格的人，必須同時具備自由權、市民權和家族權三種身分權。如果三種身分權中有一種或兩種喪失或發生變化，便成為人格不完全的人，在羅馬法上稱為「人格減等」。——譯註

43《人類學筆記與問詢》（*Notes and Queries on Anthropology*），第四版，倫敦，一九一二年。

十月三十一日

清晨，薩維爾叫醒了我。起床剛穿好衣服就開早飯了。然後吃早餐、打包行李、出發。海上晨霧彌漫，陸地若隱若現。氣船晃得很厲害。我的頭也暈暈乎乎。我們向覆蓋著蔥鬱繁茂植被的雄偉群山靠近。峽灣、溪谷、如燈塔般浪漫聳出海面的峭壁。在一片小海灣的盡頭有一個小村莊。村莊背後是覆蓋著茫茫荒野的連綿丘陵——我坐在陽臺上，九重葛在一片綠色植物組成的背景中閃耀，海面也是綠色的，鑲嵌在椰樹林之間熠熠生輝。

十一月二日，我在邁魯寫完這個記錄

我帶著伊古阿和維拉末一起到村中去。進村之前，我聽到薩維爾正在和一名土著教員做秘密交易，並聽到了他對警察的辱罵。我心中對傳教士的厭惡又加深了。村子建造得很差。房屋排成了頗不齊整的兩列，相比於邁魯，這樣形成的街道，既不美觀也非筆直。在村中央豎立著一個禁忌標誌，是一道用乾樹葉裝飾的小門，頂著一堆白色的貝殼。我試著學了點東西，搜集了點材料——但一無所獲。我第一次想發笑。我和一個叫波尼奧（Bonio）的憤世嫉俗的小夥子一起穿過村莊。碰到了薩維爾，他正在拍照片。村裡唯一還算體面的房子屬於那個警察，走廊的頂部雕飾著鱷魚圖案。我回去吃午餐。然後在教堂裡打瞌睡——算不上午睡。我和伊古阿、維拉末、波尼奧及那個得 sepuma 病的小夥子一起去參觀了園圃。我們穿過叢林：巨大的有「支墩」（Buttresses）的樹木，爬著藤

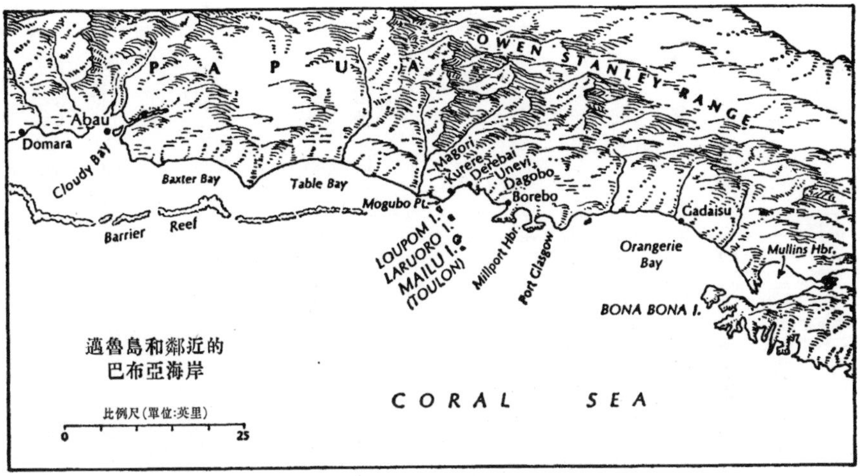

邁魯島和鄰近的
巴布亞海岸

蔓植物的灌木叢。這裡的森林沒有奧拉羅（Orauro，我和薩維爾去過的傳教區種植園）的森林陰暗和潮濕。我詢問了這些樹的名稱和用途。一片小的香蕉樹園。身在其中，你可以看見周圍山丘的綠色斜坡不時地從樹葉間露出來，其餘的地方則是密密麻麻的灌木叢。我們穿過一條泥濘的小河。河那一邊的斜坡上有一片園圃。我們路過一塊燒焦的空地時，我停下來休息了一會兒。空氣濕熱，但我感覺還好。我開始向上爬，穿過過度生長的園圃和那些幾乎無法通行的小路。慢慢地，一幅壯景逐漸呈現：綠茫茫的一片；漫山遍野生長著密林的陡峭峽谷；遠遠望去海面變成狹長的一條。我詢問了土地劃分的問題。如果能夠找到舊的土地分配系統，並將今天的土地分配方式作為一種調適的結果來研究，肯定能得到有用的結果。我感到很累，但我的心臟沒問題而且氣也不緊……小峽谷頂著一座小山，從山上我曾看到過這座村子——它比看上去更為寬闊和了無生氣。我一面往上攀登，一面享受著身旁兩側以及遠方海上的美景。我們從另一面下了山；芳香彌漫；盆地峽谷的迷人景色——

盆地上方是德瑞拜山（Derebaioro）〔Derebai Hill〕。我的腳都走麻了，幾乎無法繼續前進。我們一下山，就穿過了一個童話般的叢林。我被別人背著過了河。在村子裡〔……〕，我坐在海邊。晚餐；非常疲倦；月光下孩子們玩火的圖景很美。睡得很不好，有跳蚤。

十一月一日

上午去了趟村子，在那裡發現了豬。這讓我開始思考禁止養豬的荒謬性以及不許在村中採礦的禁令；還有我想給長官的建議；以及我和阿休亞的遠足等等。我有點疲憊，但尚能忍受。乘船去了柏瑞波（Borebo）〔米爾波特海港（Millport Harbor）西部淺灘上的一個村子〕。濃霧使人無法欣賞沿途風景。我去了村子，去了趟dubu。我以最快的速度搜集了這裡大量湧出的信息。回去吃晚餐。晚餐後沒有睡覺。拍了四張照片。然後我又回到村裡搜集材料。非常睿智的土著人。他們對我毫無隱藏，也不對我撒謊。心情舒暢地漫步到達勾柏（Dagobo）和尤內維（Unevi）〔這是兩個鄰近的村子〕。啊！——我太鍾情於這片神奇的土地了：岩石那鮮明的色彩凸顯在青翠的草木中，深邃的峽谷上方聳立著奇峰異石。通往（達勾柏）尤內維村的小路，沿途風景令人歎為觀止。海岸的一邊是棕櫚樹、灌木叢，以及叢生的紅樹林；另一邊則是碎石岩壁。村子非常小，也很糟糕；不是[44]建成兩排（哦，對了，柏瑞波雖貧瘠不堪，但有五個禁忌門（taboo gate），dubu立在街道中間，每個aura[45]都有自己的dubu）。尤內維所在的環形地勢非常奇特，土丘堆成尖塔，上面覆蓋著植被；尖塔之間有一條狹長的溪谷，溪谷的盡頭是一面陡峭的山牆，夏日雨量大時有瀑布傾瀉而下。乘船回來的路上，面對大自然的鬼斧神工，我默默禱告了上帝。晚上感到特別疲憊，絲毫沒有再去村子的欲望。半夢半醒之間禱告完畢；睡覺。整天都腳踏實地地度過，和諧而積極，絲毫沒有沮喪心情的困擾。海濱直立著高大的棕櫚樹，如長頸鹿般低垂著樹枝——為這兒險峻的地貌鑲上了可愛的邊框。

十一月二日

在劇烈的頭痛中醒來。在船上靜躺著沉思。自我主體意識的喪失，意志的消泯（血液從大腦流走了？），僅僅靠五種感官活著，軀殼（透過印象）直接與周圍環境交融。有種感覺，船上咔嗒作響的引擎就是我，船身的移動也是我在移動——是我[46]而不是船隻在乘風破浪。並非暈船。上岸的時候感覺人都垮了，並沒有立馬上床休息，而是去吃了早餐，然後看了看配著戰爭圖片的報紙。尋找關於波蘭的新聞——什麼也沒有。很疲乏。一吃完晚飯就直接上床睡覺了，從二點睡到五點。之後感覺不太舒服。我坐在海邊——並未感到突如其來的沮喪。斯坦斯的問題折磨著我。實際上他對我的態度真的令人難以忍受。其實我當著羅吉的面說的話並沒什麼錯，反而是他不應該糾正我。他的那些抱怨毫無道理。他表達自己的方式總是預先就已經排除了一切和解的可能。友誼壽終正寢。

---

44 原文有下畫線。
45 邁魯語，指父系氏族，和dubu的第二個意思一樣。
46 原文有下畫線。

沒有斯坦斯的札科帕內！尼采和華格納的破裂。我尊重他的藝術、傾慕他的才華、仰望他的個性，可我不能忍受他的性格。

——唉，好幾天都沒寫日記了。從旅行回來以後——星期一——休息了一整天。三日，星期二，還是感覺不太舒服。早上去了趟村子，結果一個人也沒遇到，滿肚子氣走了回來，本打算回顧一下自己的筆記，但實際僅僅看了會兒報紙。隨後的一天（四日），我讓伊古阿去村裡看看有沒有報導人，結果又是空無一人。待在家中。哦，不[47]，那是星期四。我不記得星期二的事了。無論如何，星期四我得知格里納韋已經到了。我去到村子，格里納韋和一些土著隨從正在一艘 oro'u[48] 上，我們一起返回了傳教所。下午我們一起去了村子，我向勞拉（Laura）〔發了一通牢騷〕，接著我們討論了一下服飾及其他細節問題。第二天早晨（六日，星期五），我們去了格拉斯哥港（Port Glasgow）。那幾天，我一直覺得身體不好。幾天來我一直在讀《基度山恩仇記》（*[The Count of] Monte Cristo*）。去格拉斯哥港的途中還是覺得不舒服——於是我就看這本小說。我們駛過一個有人居住的島嶼，它看起來很像邁魯，然後沿著長滿植被的海岸線行駛了一段。我感到筋疲力盡，甚至沒有力氣欣賞景色，只能陷在這本垃圾小說中。即使是在海水更加平靜的峽灣地區，我也無法回歸到現實裡。我感覺腦袋昏昏沉沉——嗜睡——在等待上茶的同時，繼續在船上閱讀。然後我們靠岸，在種植園的庫房旁登陸。村中的房子有的屋頂凹陷，有的屋簷下還有牆，不是[49]邁魯房屋的造型。我試圖用莫圖語召集了幾位老人過來。其中有一位老人面容和善，目光炯炯，雙眼充滿平和及智慧。上午，搜集信息的工作進展順利。我回到船上，在那裡吃完飯，然後讀書。大約五點的時候，又上岸，坐在海邊的陰涼處。搜集工作沒有上午順利。這個老人開始對有關葬禮的問題撒謊。我有些氣憤，起身離開，到周圍走了走。霧氣繚繞，空氣潮濕悶熱；西谷椰樹。到處都是園圃，樹木的枝丫指向植被覆蓋的斜坡及山頂。綠意如洪水般傾瀉而出。本該悠閒的漫步，我卻無法享受。開始往山上走——迷人極了。酷熱。山坡上的美景。偶爾飄來的奇妙花香；花朵在樹上綻放。一種深入智識的惰性；我總是陶醉於過去，比如那些印在回憶裡的經歷，而不是享受當前，我想這跟我目前所處的悲哀狀態有關。回去的路上很疲憊。選了一條和來路稍有不同的路——感到不安；擔心自己迷路，又有點煩躁。晚上，坐在棕櫚樹下。伊古阿、維拉未；討論他們的古老習俗。維拉未讓我大開眼界：關於 bobore[50]，關於戰爭等等。睡得很不好，一頭豬攪得我無法入睡。昏昏沉沉地醒來。上船繼續讀《基度山》。薩維爾和漢特出現了。我接著讀書。我們去了米爾波特海港。長滿樹木的海濱，讓我想起了克洛韋利（Clovelly）——但這裡的環境多麼迥異啊！那裡有一些你無法在此體驗的東西。我們駛進米爾波特〔海港〕……然後繞了一圈去了另一個村子。回來後，我們爬上了薩維爾的老房子。我感覺糟糕透頂，一步也走不動了。無與倫比的景色。東邊，密密麻麻緊湊著樹木的海岸線包裹著多少有些彎曲的內灣；右邊，高聳的群山，彷彿懸掛在海灣之上。清新強勁的海風。回去的路

47 原文有下畫線。
48 大的雙木舟，有螃蟹爪帆，是當地最好的航海船。
49 原文有下畫線。
50 邁魯地區的有外延支撐物（outrigger）的獨木舟，每艘都屬於一個家族。

上，我開始嘔吐。在汽艇上讀了一會兒小說，到晚上就把《基度山恩仇記》讀完了，對天發誓，我再也不碰小說了。

八日，星期日

早上和格里納韋聊天，之後我們一起去了教堂，然後一起去村子裡研究女孩們的紋身。回來。和哈登等一幫人見面。晚餐後，我們一起去了村子，走之前我先給哈登看了我的筆記。在村子的時候，哈登和他女兒無所事事：他——〔待在〕船上；她——抱著貓閒逛。我們回到家中——在晚餐後拍照。晚上，在星空下拉手風琴。——九日，星期一，哈登和他家人一起去了種植園。我和格里納韋去了村子。下午在家中午睡——我和格里納韋都起得很晚。晚上，我步行去了村子。我禁止他唱聖歌，因為哈登讓我不勝其煩。村子裡也沒人跳舞。於是我們打道回府。他們在一旁打撞球，我則仰望星空。——十日，星期二，和哈登一起去村子。我同格里納韋、普阿那（Puana）及其他人聊起了葬禮和驅魔術。我們乘船回家。下午我和格里納韋又去了村子，在船上工作了一會兒。晚上，我和薩維爾聊起了巴布亞人的包辦婚姻，其實這毫無必要。十一日，星期三，晚起。早晨覺得很難受，於是打了一針砷化物和鐵。收拾行李。下午我們乘著小木筏去了村子。離別的情緒如童話般感傷，華麗的黃色船帆伴隨著我們的旅程。拉若羅（Laruoro）〔附近的一個小島〕，莫古柏的照片。德莫林斯這個混帳東西——貴族之子——喝醉了。我萬分疲憊，什麼事也幹不了。

十二日，星期四

上午，先是格里納韋，然後和蒂姆蒂姆（Dimdim）聊了聊船的問題。下午又和蒂姆蒂姆聊，然後和格里納韋聊；然後散步；晚餐；睡覺。——情緒和心境：對哈登的憎惡，因為他總是惹我心煩，還總和傳教士們密謀著什麼。嫉妒他，因為他搜集到了很多標本。總體的感覺，無法抑制的麻木感。但讀完《基度山恩仇記》之後的幾天，工作狀態不錯——十一月十二日那天，異常活躍。早上我泡了個澡，之後完成了不少任務，頗有成效地記錄和整理了很多信息。

十一月十三日

前一夜睡得很好，早上很早醒來，寫日記，然後很早便去一個小村子（同查理〔Charlie〕和瑪雅〔Maya〕一起）搜集信息。搜集信息頗為困難，即使並非一無所獲。天氣非常炎熱。我開始感覺難受。回來的時候幾乎昏厥。在幾個棉花袋子上打了個瞌睡。然後吃晚飯——吃太多。一直睡到四點半。之後我開始為去庫瑞瑞（Kurere）〔亞馬遜灣上一個邁魯小村落，靠近莫古柏岬，是邁魯的一個殖民地村落〕做準備。出發前，和蒂姆蒂姆進行了一次訪談，我越聊越沒耐心——最後乾脆合上了筆記本。德莫林斯閣下宿醉得厲害，因為前天他把威士忌喝了個底朝天。格里納韋在早晨離開。——我晚上又去了庫瑞瑞，還不是很累。走路過去很輕鬆。燈籠的光映照在棕櫚樹林上，使它們幻化成了某種奇特而美妙的穹頂。海濱上，一些紅樹被連根拔起，殘椿橫在海岸邊。巨大漆黑的房屋排成一行。舞蹈。Tselo[51]——我在這聽過的最美的音樂。我對藝術及科學的好奇心都得到了滿足。儘管如此，這其中有很大一部分是遠古人創造的，其時間可以追溯到石器時代。這讓我開始思考起習俗的極端僵化。這些人遵循著某種特定的舞蹈及音樂形式——一種滑稽和詩意的刻板結合。我感覺，變化只能是緩慢而漸進地產生。誠然，兩種文化的接觸肯定會對習俗的轉變有很大的作用。

一九一四年十一月十四日

晚上。我和「混蛋」（Dirty Dick）坐在一起，我們剛談過話。現在他正在讀雜誌上的散文或短篇故事；我則任自己陷入突如其來的沮喪。由之而來的困惑感就如山間繚繞的迷霧，被風撩撥著，東一塊西一塊時不時露出遠方。在我的四周，穿過層層疊疊的黑暗，地平線彷彿遙不可及般在遠方升起，還伴隨著追憶；它們隨風飄蕩，如同另一個世界的影像，散落在山腳下的迷霧中。——今天，我感覺好多了。有幾刻感到心情灰暗和困倦，就跟閱覽室的感覺一樣。但總而言之，沒有昨天那種讓人全身麻痹的絕望的疲倦。——今天，有好幾刻，我能毫無雜念地飽覽這裡的美景。今天查理和蒂姆蒂姆都去了阿里若（Anioro）島。我也決定去。在黃色的船帆下，小船伸展著雙翼，無以言表的美妙旅程。我認為能夠在這樣的木筏上乘風破浪，跟大海如此近距離接觸的人是很強大的。海面如同一塊巨大的綠松石——只是更為通透——紫色的群山在遠方若隱若現，就像將影子投射在濃霧上一般。在我身後，越過海岸上的大片叢林中，有一座覆蓋著茂密森林的金字塔一樣的山丘高聳著向天空傾斜。在我前方是一條閃閃發光的金黃沙灘，沙灘上懸浮著棕櫚樹的輪廓，就像直接從海裡生出一般。一座珊瑚島。海水在木筏條木之間的空隙中輕輕拍打——大海透過這些狹縫窺視著船上的人，水沫在船舷飛濺。遇到一個沙丘，男僕們撐著船繞開了。海底清晰可見——紫色的水草在半透明的綠海中招搖。邁魯就在遠處——那是一座宏偉的火山，在煙霧繚繞中氤氳成一個模糊的輪廓。一座小村莊——幾棟修建得很精緻的邁魯式房子，以及幾間毫無特色又搖搖欲墜的棚屋。裸露的沙灘上面長了幾棵樹——其餘的部分就是一些灰色的小屋；深色的房柱支在連綿的黃色沙灘上。村子被圍在一個大柵欄中——儘管如此，豬還是能在房屋之間自由穿梭。查理和幾個老年人磨制了幾塊石器。在我面前，他們使勁地敲打黑曜石——我也磨了一面。他們給一個男孩剃了頭。我吃了一個椰子，然後睡覺去了……疲倦。之後我們隨意聊了聊maduna[52]，舞蹈以及房屋等。一陣騷動——兩艘獨木船出現在海面上。男僕們衝向小船，奮力向獨木船划去。身邊的喊叫此起彼伏——七嘴八舌的建議。獨木舟裝著伸出船舷的撐架——滑過海面時就像拖著一個奇怪的影子。遠處，白色的浪花拍打著珊瑚礁。西邊的天空，點點猩紅從烏雲中透射出來——一種怪異的陰暗——如同病人臉上突然出現的紅暈，一種死亡的徵兆（就像臨終之人的回光返照，扭曲的面龐）。我一屁股跌坐到獨木舟裡——以一種很不平衡的姿勢——然後朝lugumi[53]划去。船帆沒有張開。我們隨著波浪飄向岸邊。頭頂上是陰暗的雨雲。我們只能朝西北方向去，因為伊古阿說這是要刮laurabada（東南強風）的徵

51 指的是maduna慶典上跳的小型舞蹈。
52 邁魯語，指年度慶祝宴會，當地社會生活的主要事件。
53 含義見書後「當地術語索引」中的oro'u。

兆。晚上和「混蛋」待在一起。——

描述：(a)白人們。1. R. 德莫林斯閣下，綽號「混蛋」——一個愛爾蘭新教徒貴族的兒子，一個受過嚴格訓練的尊貴人物。只要手邊有威士忌，便會醉得像海綿一樣。酒醒後（我親眼見他喝完最後一瓶威士忌的時候）頗為矜持，舉止優雅令人側目，還非常高貴。不過他讀書不多，智力不高。2. 艾爾弗〔雷德〕・格里納韋「阿拉普」（Arupe）——來自拉姆斯蓋特或馬爾蓋特（Margate）——工人階級出身——非常和氣並富有同情心的一個粗人；隨時把「該死的」掛在嘴邊，說話時會省掉h音，和一個土著女人結了婚。在有身分的人，尤其是女性的陪襯下，他顯得特別不自在；絲毫沒有離開紐幾內亞的念頭。(b)有色人種。蒂姆蒂姆（歐萬尼〔Owani〕），現代版的俄瑞斯忒斯（Orestes）——他精神發狂殺了自己的母親。緊張兮兮、毫無耐心——不過很聰明。——和德莫林斯在一起的日子不修邊幅——不刮鬍子，總是穿著睡衣，生活烏七八糟——住的屋子連牆都沒有——只是三個用隔板隔開的露臺——對此他還興味盎然。不過這比起在傳教所的生活已經好很多了，更加滋潤，有一群男僕們服侍，當然自得其所。

一九一四年十一月二十九日

科瓦頭（Kwatou）。這段時間腦子一直不是很清醒。十一月十五日，星期日，我很早就起來開始忙了。本想整理一下筆記，臨動手時又發現毫無心情。大腦也不聽使喚。十一點左右，薩維爾（拉長著臉）。感覺很糟糕，無心工作。和「混蛋」聊天。晚飯過後感覺更糟：上床睡覺。五點，不想去薩維爾家：躺在木板上，旁邊就是棉花袋子和一堆海參，我感到噁心、孤獨和絕望。起身，披著一條毯子坐在海邊的一節圓木上。天空如乳液般渾濁，像是混進了某種雜物的液體。——日落的餘暉慢慢擴散，逐漸給大海鋪上一片變幻的金屬光澤——瞬間施予這個世界某種夢幻般美麗的魔咒。海浪拍打著我腳邊的沙礫。孤寂的夜。面對豐盛的晚餐，我提不起一丁點胃口。

星期一早晨：大海頗為躁動。我躺了下來，沒去欣賞莫古柏和邁魯之間的迷人景色。我在家坐著讀報；疲憊，沮喪，害怕就此沉淪：我的大腦已完全缺血。「混蛋」在午餐前就離開了——十七日星期二早上，薩維爾也走了。我嘗試著——雖然也不是特別勉強——瀏覽了一下筆記。讀了吉普林（Kipling）的小說。心情低落的日子，毫無希望的工作，讓我想起了在英格蘭的那個夏天。當時我肯定糟糕透頂，幾乎放棄了所有田野工作的念想。那時我還特別自滿於去南邊做調查的計劃。我試圖讀點小說來排遣絕望。很可能是暈船，加上在莫古柏受了點涼，讓我的健康出了問題。——十七日〔十八日〕星期三，試著去村中做點事情，但我特別謹慎，對自己的體力還是沒有信心。晚上接著讀吉普林。細膩的作家（自然是不能跟康拉德比），一個令人欽佩的人。他的小說讓我對印度漸漸產生了興趣。——星期四感覺好些了，於是開始鍛鍊——那幾天晚上我都失眠，並感覺整個身體都緊繃而無法鬆弛。這幾天感覺前所未有的舒暢，特別是服用了奎寧後的那天（星期五？）。但之後的一天又舊病復發。生活的主要調劑：吉卜林，偶爾對母親的強烈想念——真的，如果能和母親保持聯繫，我可以不顧一切，我低落的情緒也不會有太深的基礎。——總之，我開始感到不那麼絕望，儘管一切如常。我最後一次注射砷化物是在十八號——大概是十二天之前。間隔了這麼長時間！那段時間，我沉陷在《吉姆》（*Kim*）的魔力之中——一本非常有趣的小說，其中有很多關於印度的信息。薩維爾不在的日子，我和薩維爾夫人的相處倒是不錯。她要活躍得多。有幾次她還和我談論民族學的問題，還有一次甚至為我翻譯了〔Yenama〕。——薩維爾二十三日星期一（？）回到家。——是的。去薩瑪賴（Samarai）[54]的日程提前了。星期一早上我去了趟村子，和達格伊（Dagaea）〔分支氏族首領〕一起調查孩童遊戲和孩童撫養問題。下午對村子做了一次人口和譜系統計。薩維爾與阿密特私下勾結的行為，還有他們針對那些不歡迎傳教的人的迫害讓我深為反感。我在腦中組織了一番反對傳教的論辯，還仔細設想了一場真正有效的反傳教活動。論辯是：這些人給予的，對於野蠻人而言是無法企及的。無論是在物質還是在道德上，他們都在不間斷且無情地摧毀掉了土著人的生活樂趣；他們毀掉了土著人心理層面上的理智本身（raison detre）；並且他們所毀著任何陳舊的東西，製造著新的需求。無疑，他們帶來的僅是荼毒。——我想同阿密特及默里討論這個問題。如果可能的話還有皇家委員會（Royal Commission）。——阿密特答應帶我「巡視」他的轄區。這讓我特別安心和高興：他可能在里戈（Rigo）一帶也會這樣做。——二十五日，星期三，收拾行裝。頭腦有些混亂，感傷，焦慮。對已逝時光的追悔，對前方路途的惴惴不安。我總是夢回故鄉。沖洗和整理了一些照片。發現一張很早前在自動調色紙上沖洗的T.的照片。她看上去一臉憂傷——難道我還愛著她？——讓我感到沮喪。我回味著和她一起在暗房中沖洗相片的心情，那個昏暗的下午，她丈夫最終發現了我和她的事情，她再也不能和我在一起了。——那時愛得熾烈——我在她臉上看到理想女性的化身。再一次，她距離我如此之近，她又成為了我的[55]T.。——她如今在做什麼？她究竟離我多遠？我還在她心中占有一席之地嗎？——星期三我沒有去村子，睡得很早，睡眠很差。

十一月二十六日，星期四

早晨五點起床——心情舒暢。我發誓以後都要早起。——我們啟程了。回望邁魯——山脈蜿蜒，分外妖嬈。然後我躺了下來，一動不動的有四五個小時。還好沒錯過太多，因為船外霧氣沉沉。我又暈船了，但沒有嘔吐；雖難以忍受但是還未達到絕望的地步。船行到波納波納（Bona Bona）〔橘園灣（Orangerie Bay）東端的一個島嶼〕附近時，我起身坐在甲板上，頭痛得厲害。雲霧繚繞的小山，乾癟，不是特別好看。我們航行到伊蘇勒勒海灣（Isulele Bay），景致不錯。讓我想起拉戈迪加爾達（Lago di Garda）的山脈——覆蓋著綠色植被的寬闊山梁。里奇（Rich）是一個友好、直爽、快樂的人——我覺得和他相處肯定會比和薩維爾更愉快。我起身去吃午餐。里奇殷勤地接待了我。總體而言，薩維爾令人非常不快。午餐後，談了很久政治話題，等等。里奇帶我下樓，在那裡我翻了幾期《泰晤士報》——沒有任何東西能將我引向民族學研究。下午五點左右，我去了趟村子，藝術層面上，我不得不承認這個新文化圈（Kulturkreis）帶給我很大衝擊。但總體而言，這個村子並不很讓我喜歡。棚屋——老樣式，曲形的屋頂——誠然比邁魯的房屋要更加有趣和漂亮。但其中缺乏一定的規劃，村子之間頗為分散。這裡的居民粗暴又固執，他們的嘲笑、注視和謊言讓我多少有

---

54 巴布亞紐幾內亞最東南角米爾恩灣以南的小型港市，位於距巴布亞陸地海岸約五公里的薩瑪賴島上，是重要的種植園和礦業中心，出口椰乾、咖啡、可可、珍珠貝等。——譯註

55 原文有下畫線。

些洩氣。參觀了三種樣式的房屋——這些事情今後都要親歷其為。——晚上在里奇那兒吃了晚餐，之後我下樓去看書，很晚才睡。早上起床，很晚才去吃早餐，之後和一個薩摩亞人的兒子做了一些工。非常勞累，全身發麻。伊蘇勒勒酷熱難當。午餐後，上床一直睡到四點，然後又工作了一小會兒。晚上，斯莫爾船長，打撞球，和薩維爾發生了口角。二十八日，星期六，四點，我們再度出發。我一直躺到六點才起床。迷人的風光。瓦爾德斯泰特環礁湖（Lake Waldstadt），U型底部的沿岸長滿枝葉繁複的棕櫚樹。我們穿過蘇阿烏運河（Suau Canal）。我暗自忖度，如果能夠永遠住在這裡將是一件多麼美好的事。鬼斧神工的火山岩，輪廓嶙峋，顯然是最近才形成的——它們或隆成脊狀，穩穩地刺入峽谷，或聳成高峰，堅挺地屹立在山頂——隨後陡然朝海洋傾斜，深色岩石一直延伸進深海。我坐在那兒，哼著小曲欣賞。我的大腦已經被暈船弄愚鈍了，雖沒有享樂主義式的感受，但我的雙眼卻在這美景之中迷醉。過了蘇阿烏，山脈變得越來越低，並向左靠。遠處，米爾恩灣（Milne Bay）遠端高聳的山脈依稀可見。珊瑚礁如從仙境中降臨，在深處的海水中向上張望著。羅吉阿（Roge'a）的輪廓在遠處慢慢顯現出來——激動——我在太平洋上的新篇章。這段旅途，我一直都坐在甲板上。

到達科瓦頭。阿貝爾[56]讓我想起了東·佩佩·杜克（Don Pepe Duque）。可怕的困倦。坐在露臺上，隨手翻了翻查莫斯[57]的書。樓下在玩板球。可愛甜美的孩子們。順便提一句，他們一家人其實很像里奇一家，給我的印象相當不錯。——午餐，然後去了羅吉阿。和蕭博士（Dr. Shaw）聊了一會兒，他是一個蟑螂收藏家。最終我決定待在科瓦頭。和薩維爾重歸於好，他提出幫我檢查一下手稿。在阿貝爾家中晚餐。和阿貝爾聊了聊野蠻人和毛利人。晚上和早上都在船上度過。面前是藍色的波濤——更確切地說，是平靜的淺灘；身後是內陸中爬滿植物的丘陵；左面是羅吉阿的頂峰，幾座零星的小屋點綴在棕櫚樹之間。我的正前方是這座島嶼的綠色穹丘。一切如此美好，心情如此舒暢。——今天早上我弄丟了一枚髮卡，是在桑蓋特（Sandgate）時我讓T.佩戴的那枚。忽然又感到沉重，一種我仍舊愛著她的感覺襲來。

二十九日，星期日，我在家中寫下上面的文字

疲乏再度襲來的感覺。大約十一點左右，薩維爾和艾里斯（Ellis）來找我聊了一小會兒。然後大約十一點半，我才緩緩起身，明顯感覺身體虛弱。和阿貝爾一起去做禮拜。我們坐在一個矩形的小教堂裡，或者不如說是一個貌似大廳的門房中。撲鼻的惡臭。漫長的禮拜，讚美詩唱了一遍又一遍。我覺得很累並且極度消沉。禮拜過後，阿貝爾將瓊尼（Johnnie）介紹給我，他是阿貝爾最得力的報導人。——然後我去吃午餐。午飯過後，我和伊古阿、尤塔塔（Utata）及桑亞瓦納（Sanyawana）一起划著木筏去薩瑪賴。我們從離羅吉阿很近的區域經過。透過毫無雜質的清澈海水，我看到木槿和閃爍著綠光的〔……〕礁石。棕櫚樹彎腰越過灌木叢圍成的藩籬，將枝椏伸向海

---

56 原阿貝爾（Rev. C. W. Abel），倫敦教會的牧師，一本叫*Savage Life in New Guinea*（無日期）的小冊子的作者，馬林諾夫斯基這樣描述它：「雖然很膚淺並且通常不可信，但是寫得很有趣。」

57 報導人查莫斯（Rev. J. Chalmers），巴布亞灣沿岸的一個傳教士，*Pioneer of Life and Work in New Guinea*（一八九五）一書的作者。

面。它們上方的山勢不算險峻，這些淺山的陡峭山麓被高大的樹木和底下的低矮灌木嚴嚴實實地包裹著。丘陵和雄偉秀麗的密林一片深綠，清透的海水一片亮綠，天空定格成永恆的晴朗，大海則是一片深邃的蔚藍。海平面上，遠處是群島的模糊輪廓，近處的海灣、溪谷和山峰則清晰可辨。陸地上的高山——每座都如此壯偉崎嶇，卻異常和諧優美。——在我面前，薩瑪賴慵懶地享受著這個周日的午後時光。等待。我去見了〔C. B.〕希金森（Higginson）〔薩瑪賴島的地方法官〕，他雖然禮貌地為我提供了幫助，但接待我時卻頗為草率。然後我下去找蕭博士，可他居然不在家。他之前總是謙恭地邀請我過來探望他。回來的路上我遇到了所羅門（Solomon），並和他談論了民族學的植物（ethnological plants）〔原文如此〕，我鼓勵了他一番，還承諾與他合作。接著我們一起去拜訪了拉姆塞（Ramsay），我對他印象頗佳，他的接待也頗為熱情。——然後見到了蕭博士，定要留我吃晚餐；席間我妙語連珠，自我感覺極好。很晚才回去，男僕們已經等得饑腸轆轆。之前就開始下起傾盆大雨（這是我為什麼沒有回來吃晚餐的原因）。當晚屋頂開始漏雨，驚醒了我。我割傷了左腳大趾。上午和薩維爾一起工作，之後他陪我去了薩瑪賴。他叫我等到十二點，這讓我很不快，因為蕭博士邀請我去吃午餐。我十二點多才趕到薩瑪賴。希金森給我〔介紹了〕一下監獄。尼科爾（Nikoll），一個鼻梁淤紫的老人，陪我參觀。去時犯人已經排成一列；我為下午的調查挑了幾個人。中午在蕭博士家的午餐真是無聊至極：巨大多汁的鳳梨非常酸。我和蕭一起去了醫院，然後是監獄。剛開始我有些無精打采，後來逐漸恢復精神。查理是個很令人愉快的人，雖不如阿休亞聰明。大概六點左右回到家中。薩維爾七點來訪。——

十二月一日，星期二

早晨一如既往地和薩維爾一起工作，我試著對他以禮相待，並盡量避免摩擦，但這並非易事。比如有一天——就是那個星期二，我必須坐木筏去鎮上。薩維爾說借我汽艇，但又不告訴我要等多久。我告訴他，那樣的話我還是划木筏好了。他立即回答說他不能把木筏給我。在整個協商的過程中，我一直壓著脾氣。——星期二早上我在監獄裡工作了大概一個小時。肖又邀我去吃午飯，我們商量在周四去埃布瑪（Ebuma）逛逛。然後我回到監獄。兩個來自羅塞爾島（Rossel Island）的男僕——庸人。四點的時候我去找拉姆塞，一直到六點，我們都在研究石制工具。在此之後，有個夥計（海蘭德（Hyland））答應送給我一些古董，結果他失信了，我從他那兒什麼也沒得到。——星期二晚上，我記得薩維爾來了，要不就是我去了他那兒，反正我們聊起了康拉德；我揀了本《青春》[58]。——星期三，一艘政府捕鯨船來接我。我第一次揚帆航行。深深折服於風力的無情、冷靜和神秘。船員由十人組成——我感覺自己就像一個大人物……接近晌午才到監獄——準備好工作時更晚。午餐是三個巧克力棒，我繞著小島參觀時解決掉了。從一條布局精巧的小路上看去，太平洋上東南方向的景色宜人。時不時有一種感覺，當我們身處在文明環境中觀望大海時，景致會更美妙。——下午待在監獄中。有一陣騷動。兩架驅逐艦風馳電掣般駛來。我能夠看到上面的英國國旗。去了拉姆塞家——他不在。去了海邊，和一個水手聊天。然後用晚餐，美味而愉快。我喝了啤酒，和傳教士們爭論。

58《青春》（*Youth*）也是約瑟夫·康拉德的作品。——譯註希金〔森〕贊同我的觀點，而內勒（Naylor），一個獐頭鼠目的可憐傢伙卻為他們辯護。——他把我帶下捕鯨船。披著月光，我去了科瓦頭。

一九一四年十二月三日，星期四

我和薩維爾正在工作，「莫倫德」號（Morinder）到了。我坐捕鯨船過去。問明了「莫倫德」號何時離開。在監獄裡，我見到一個剛從德屬紐幾內亞回來的警察和六個毆打傳教士的犯人。造訪了大船。德國人殘酷的面容……我和薩維爾的告別還不錯（早上，因為汽艇的使用和費用，我和他又鬧得很不愉快）。和那個警察聊天。來自德屬紐幾內亞的土著們強壯又有活力。我很晚才去肖家裡吃午飯。在那兒我遇到了斯坦利（Stanley），一個吃皇糧的地質學家。他很友善、親切，只是略顯粗魯。我們商量好第二天一起去考察岩石。之後我和「我啥也做不了」博士（一個高傲的女人，科瓦伊〔Kiwai〕的主要警衛員）去了埃布瑪。我提議乘遊艇兜風。我們先去了羅吉阿，又去了沙里巴（Sariba）〔一個鄰島〕。有幾個時刻，洶湧的大海讓我有點畏怯。我們回來了。美妙的夜。我回到了我的大捕鯨船上。之後我去找艾里斯聊天，一起埋怨了一通薩維爾。我真的後悔對薩維爾那麼寬宏大量。隨後艾里斯來到我這裡，天南海北地跟我聊了一陣。

星期五早上，〔因為以前〕和奧繆勒（Aumüller）有過交情，我坐著木筏去了薩瑪賴，他請我吃了午餐。之後和斯坦利在拉姆塞家做工；查理沒來。從斯坦利那裡學到了很多，挺喜歡他。和奧繆勒吃午飯。露臺的視線很好。聊到德國，戰爭——還有什麼？又回到拉姆塞家。隨後遇到海蘭德，又被教導了一番。晚上和萊斯利（Leslie）[59]聊到那個據稱患了性病的捕鯨人。在薩瑪賴讓我感覺賓至如歸。回到科瓦頭——我感覺渾身無力，於是倒頭就睡，沒等艾里斯來。我不時發現自己還對薩維爾心懷憤懣，另外一件讓我生氣的事是居然沒人告訴我露比（Ruby）會去邁魯。

星期六，我乘木筏去了趟薩瑪賴，那時天色還早。沿著一條在烈日下烘烤的小街，白色的沙礫四處都是，我躲在一棵碩大的無花果樹的樹蔭裡，從教堂和教區長管區一直走到斯坦利的房子，他遠遠看見我就跑出來迎接。我同時雇傭了查理和兩個囚犯。我們在黑曜石斧頭上有新的發現，還發現斧頭有實用的和儀式的這兩種分類。真正對自己目前所做的事情感起興趣來。中午本想在萊斯利的旅店吃午餐，但在那裡我碰到一個酒鬼想請我一起吃飯，所以我不得不找了個藉口脫身。結果是我坐在海邊的長凳上大嚼巧克力和餅乾。下午回到斯坦利家，海蘭德和我們一起工作歐拉卡凡人（Orakaivans）來了，認出了黑曜石斧頭。晚上，我順道去了醫生那裡一下；然後和伊古阿划船去了科瓦頭。

星期天。幾乎沒空收拾行李，我借了醫生的船，並第一次掌舵。船行進得很慢，因為在風中我操作不熟。「我啥也做不了」博士在碼頭接我。我們先經羅吉阿，然後取道薩里巴，向右搶風行

59 薩摩亞島上一個旅店的業主。

駛便進入了小海灣。這次大海讓我有些喪氣——有點作嘔。多布[60]的小夥子們都非常帥氣並討人喜歡——他們唱著歌，讓伊古阿心情大悅。我們觀察了房屋，我溜進墓地，途中我的鋼筆失而復得。回去的行程更為快捷。在博士家吃的晚飯。因為自己沒有木筏而感到心煩意亂。我懷疑這些男僕被薩維爾教唆過，跟他有所密謀。斥責了看上去貌似謙恭順從的阿瑞薩（Arysa）。這讓我心情稍稍平復了些。伊古阿收拾行李，我看書。

十二月七日，星期一

和艾里斯一家及那個叫黛比小姐（Darby）的老姑娘道別，我不太喜歡她，因為她總讓我想起薩維爾。天氣很好——大海浸潤在陽光裡。我們也向薩瑪賴地區揮手道別了。回到了科瓦頭（那個混蛋海蘭德騙了我，他根本沒有在伯恩斯．菲爾普那裡給我留下任何包裹）。總體來說，我不太喜歡這次旅行，還有這些男僕。蒂阿布布（Tiabubu）拒絕和我討論占星術，讓我心情變得很糟。於是我跑到甲板上看風景——幾乎都快忘了它們的模樣。沒去看那讓我想起Castel dell' Uovo〔那不勒斯〕的連綿群山。蘇阿烏的美景〔……〕：右面，天邊一片峻峭的群山；左面則是若干小島。蘇阿烏看上去風光秀麗。在岸上我遇到一群講英語的人：比噶（Biga）和巴納萊恩（Banarian）〔以前是個警察〕。然後去了環礁湖。湖面景致迷人，入口非常狹窄，幾乎繞成一個環形。平坦的湖岸上長滿高大樹木，身後層巒疊嶂，輪廓絕美。海濱上，我坐在一個食人族的gahanap上，與因圖阿嘎（Imtuaga）聊天，他是一個雕刻大師。精力很好。我們回程時，天空已經星輝閃耀；我和男僕們聊起星星，他們划槳。——過了一會兒，比噶和巴納萊恩跑來跟我聊天，可我那時候已經非常睏了。

第二天去那烏阿布（Nauabu）。身後一馬平川，從這個角度看去，蘇阿烏海峽沒什麼趣味。某一刻，視線豁然開朗，能看到環礁湖；隨後又是寬闊的淺灣，嶙峋的火山岩峰和尖利的山脊高聳其中。農場灣（Farm Bay）乍看之下平淡無趣。但隨著我們駛入，景致越發動人。遠處一座高山上奇峰高聳。近處海岸上一線棕櫚樹肅然而立。

一九一四年十二月十九日，邁魯

今天我感覺好多了——為什麼？可能是之前注射的砷化物與鐵到現在才開始生效？終於到了邁魯，但我真的不知道，或不如說不能預見我到底要做什麼。一切都不確定。我來到一片荒涼之地，有一種不久之後就會離開的感覺，但同時，我又必須開始一種新的生活。

我將按照時間順序，逐一地系統記錄下所有發生的事情。到達那烏阿布時，因為海上的顛簸，我有些疲倦，但尚不致暈船。每次靠岸我都會感覺無精打采。在那烏阿布，我感覺自己被籠罩在亞赤道植物的光芒中，並深深為之折服。這裡的景物以一種近乎幾何線條般肅穆的簡潔姿態鋪展：半圓形的海灣，金字塔般的兩座山峰，西邊的海岸線筆直地伸向大海。棕櫚樹林之間四處都是小巧的

60 多布土著，多布（Dobu）是當特爾卡斯托群島（D'Entrecasteaux）中的一個島嶼。

房屋。快登岸時布（Boo）弄斷了一支船槳。——在種得極為規整的低矮椰樹林中，佇立著幾座土著教員的房屋。一個骨瘦如柴的薩摩亞女人請我去吃椰子；桌上鋪著桌布，擺著一些花，屋子裡到處掛著花環。——我走出去，一群人，有幾個說洋涇濱英語的小夥子。我去了〔里阿魯（Rialu）〕，薩姆度（Samudu）出門迎接我。一個 gahana 都沒有了（全被傳教士們毀了！）；也沒找到一座墓碑。〔我發現〕一座房子的形制是米西馬（Misima）的「龜甲」樣式。彎腰走進去。好像只是個儲藏室——「芋頭房」。我要到一個戰船頭部的雕刻——「船首」。薩姆度，高大，和善，殷勤，說一口流利的英語和莫圖語。我們走到達古希亞（Dagoisia，查理）的船附近，他從婁蓬（Loupom）〔靠近邁魯的一個小島〕駛來。隨後，房屋測繪，〔土著們〕正在那裡準備盛宴。華麗的房屋，裝飾精美，正面立著圖騰動物的雕像。——在一個棚屋的角落裡，我看到了 bagi[61] 等物。——Sobo，一個禁物，最初我以為它和「讓豬豐產」（pigs plentiful）這種豐產儀式（Intichiuma）[62]的要求有關，但事實上它的目的僅僅是將豬群吸引到 so'i[63]。——但無論如何，這是一項重大的發現——這是這裡唯一的宗教儀典形式。——我沒帶相機，只好再找機會拍照。午飯過後去睡覺，起床後全身乏力。薩姆度還沒來，只得自己划船出去，泡了個澡。晚上出去了一趟，但村裡沒人跳舞。只剩下疲憊。生平第一次，我聽到吹海螺的刺耳長鳴——kibi——夾雜著豬的嘶聲叫及人的咆哮聲，在這寂靜的夜晚，給人一種好像有什麼殘暴的罪孽正在施行的感覺，讓人突然想起那些——陰暗而罪惡的——早已被遺忘的食人儀式。——我回來時已疲憊至極。

十二月九日

早餐過後，給伊古阿買了一個墊子，付了點小費給那個薩摩亞婦女，然後我們像朋友一樣道別。啟程。——我不太記得沿途的風景了——農場灣上的高山不停向後移動，擋住了蘇阿烏。伊蘇道（Isudau）〔伊蘇伊蘇（Isuisu）？〕看起來不怎麼喜慶。一條狹窄的沙灘，沙灘兩邊是紅樹林，散發著腐爛水草的惡臭。村口是教員的房子，我和我所有的「裝備」都「停」在了那裡。進入村子。樹下、船邊、露臺上坐著很多人。還有很多豬。人們都穿著盛裝，有幾個人鼻子上穿著骨質飾物——僅限於婦女。有幾個人脖子上戴著 bagi 和 samarupa[64]，手持烏木棍。那幾個正在哀悼的人剛在身上塗抹了一層顏料——他們像煙囪裡的煙灰一樣黑得發亮。我跟「大佬」——Tanawagana（酋長）寒暄了一番。回來之後又幾次出去看他們怎樣搬運豬。下午又去了一趟，還和湯姆（Tom）及巴拉瑞（Banari）聊了會兒天，兩人以前都是警察。我抓拍到一張豬正在被拉進來的照片。四處閒逛了一陣，買了幾件稀奇的小東西。星期四早上，我穿著睡衣散了會兒步，將船裡裡外外觀察了一遍。這是一艘來自阿莫那（Amona）的 amuiuwa[65]，雕刻得精美絕倫。我走在人群中時沒引起一點注意力。——都忙著為豬的事情和軍士吵架。——我記得這是我第一次邂逅西克斯彭斯（Sixpence）和傑納斯（Janus）的下午或晚上，二人後來都成為我的摯友。星期四下午，我繼續四處走動和觀察。

---

61 貝殼底部磨片串起的項鍊，通常很沉重。

62 一種用以增加氏族圖騰物種的澳洲巫術儀式。

63 Bona Bona人舉行的慶典宴會，基本上和maduna相似。

64 女人使用的貝殼項鍊的設計。

65 伍德拉克島（Woodlark Island）居民製造的一種獨木舟，在整個米爾恩灣地區都有使用；也叫vaga。

十二月十一日，星期五。早晨我觀察了一個有趣的用Sinesaramonamona進行的償還儀式（ceremony of payment），之後我跑到tanawagana家裡，坐在豬群旁邊等了一陣，可什麼也沒發生，無聊透頂。下午又去了，盼望能看到儀式性的屠宰。可是好像根本沒有這樣的東西。——大概四點，我坐木筏去了趟伊蘇勒勒海灣。如夢如幻的午後時光，光影變幻莫測。在我前方，一面巨大的綠色山牆浸泡在金色的陽光中，光芒拂過植被邊緣，穿透樹葉的縫隙，照在沙化的岩壁上非常刺眼。海面平靜；海水的深藍向四周蔓延。靜謐的下午，愉悅的心情。我覺得自己如同在度假，如空氣般自由。里奇友好而熱情地接待了我——毫不拘束於禮節。我在山腳下散了步。山邊的景致如童話般美好，玫瑰色的落日餘暉充斥著山坳和海灣。傷感襲來，心中《崔斯坦與伊索德》（*Tristan and Isolde*）式的情緒噴湧而出：「鄉愁」。我在腦海中喚出了諸位故人的容貌：T. S.，吉尼亞。想到母親——母親是我唯一真正關心和擔心的人。當然，還有我自己的人生和未來。——回到里奇家裡。晚飯。返程。尤塔塔和維拉未抬著我穿過一片紅樹沼澤。

十二月十二日，星期六

早上拾掇一番後（醒得很晚）就去了趟村子。村裡空空蕩蕩。里奇也來了。他送出些煙草，得了幾頭豬。我們倆將魚研究了一番，里奇夫人拍了些照片。——然後我們三人一道乘木筏回去……下午，討論so'i，羅爾（Laure）擔當翻譯。我和維拉未一起繞島航行了一圈。晚上，在繁茂的紅樹林中漫步時，我的情緒極佳。——樹木攀爬匍匐在多石的小島上，其間的林間空地滋潤潮濕。晚飯時間，「雜種」（Bastard）遲到了。他們在一旁打撞球。我則全神貫注地聽一個品質很差的留聲機傳出的音樂《雙鷹旗下進行曲》（Under the Double Eagle）及一些末流華爾滋。睡覺。第二天在里奇家吃早餐，他很熱情地邀請我在那兒多留一陣子。和孩子們一一作別。花了1/-在一個薩摩亞人手裡買了一把扇子。

比起周一和周三兩天，法伊夫灣（Fife Bay，我看到一些有墳地的小島）上的波濤更加洶湧。我們經過一個深水灣，男僕們不知道該往哪裡走。我們問了一個划著小船的人。右手邊是斯洛斯洛（Silosilo）。一個弧面平整的環形海灣，入口狹窄。讓我聯想起山間的湖泊〔……〕。我們向左一轉，才發現斯洛斯洛就處在這裡唯一的一片山谷底部，山谷上方就是那座君臨天下般統攝這裡全部風光的巨大金字塔狀高山。乾枯的樹葉從兩棵高大的紅樹上飄落到海裡，與那烏阿布的景觀一樣，好像樹木展開雙臂迎接著前來度假的遊客一般。——一座新房子，或不如說是一座dubu，裡面瘦骨嶙峋的骯髒人形隱約可見。Tanawagana的家，左邊是另一座dubu，裡面端坐著一個真正的行屍走肉，Kanikania。我見到了西克斯彭斯，並說服他組織了一次damorea[66]。一些女人頭上插著羽毛。之後第一頭豬被送來了，這些女人都出門迎接並開始跳舞。這場表演鼓聲悅耳，裝飾炫目，我看得津津有味。——午飯和午睡（在dubu中？）後，我去了岸邊。Damorea。記下了旋律和主要特徵。女孩子身上沒有塗飾。西克斯彭斯也唱了幾首歌，還有別的小夥子——唱得不是很標準。夜幕降臨之前，我去了dubu，決定在那過夜。一夜難眠。

66 南米爾恩灣地區最流行的一種女性舞蹈；在maduna慶典時會跳，也是一種頻繁的娛樂活動。

十二月十三日，星期日

醒來後全身僵硬，感覺像是在十字架上被釘了一夜。——完全無法動彈。雨水，烏雲——一次純正的羅馬式淋浴。〔我划船到內陸〕，在西谷椰子樹林中散了會兒步：洪荒時代的椰林：〔就像〕埃及寺廟的遺跡：龐大的，或者說巨型的樹幹被紋路分明的樹皮和苔蘚緊緊包裹，奇形怪狀的旋花和藤蔓植物糾纏著將樹幹團團抱住，短而堅硬的枝丫愣愣地支起幾片樹葉——強勁、遲鈍，幾何圖形一般怪誕。這片椰樹沼澤帶給我的震撼無法用任何言辭來比擬和形容。伴隨它的還有一陣令人窒息的悶熱。我參觀了叢林中的幾處棚屋，還鑽進了一座廢棄的房子。回來；開始讀康拉德。同蒂阿布布和西克斯彭斯聊天——轉瞬即逝的興奮。之後再度被委靡擊敗——幾乎沒有力氣提起精神讀完康拉德的小說。不用說，有一種可怕的怨念，陰暗如籠罩四周的天空，在我的內心翻騰攪動。我把視線從書本上移開，不敢相信自己正身處一群新石器時代的野蠻人之中。我在這裡平靜地坐著，而世界的另一端〔歐洲〕卻戰火紛飛。我不時會有一股為母親祈禱的衝動。任人宰割的感覺，以及那種感到在某個鞭長莫及的地方可怕的事情正在發生的痛楚，統統讓人無法忍受。怪獸般可怕但又無法抗拒的必然性，以某種極為個人化的方式降臨在我身上。無可救藥的人類樂觀主義則賦予了它善良溫柔的一面。人類內心主觀的情緒波動——伴隨著對勝利的渴求這個永恆主題——被外化和客觀化為一個善良、公正的神靈，對其信徒行為的道德面極為敏感。良心——它的最大作用在於將已經存在的罪惡通通歸咎於自己——則幻化為上帝的勸戒。真的，我關於信仰的理論很值得重視。當護教論者將自己所有的精力花在和宗教最危險的敵人——純粹的理性主義做鬥爭時，他們忽略的正好是這點。宗教的敵人訴諸純智力的策略，試圖證明信仰的荒謬，因為這是唯一能夠削弱信仰的方法。然而，對信仰的情感基礎進行考量，既不會摧毀宗教，也不會鞏固和增加其價值。信仰根基的撼動，只能來自對它的心理學本質的理解。

星期天下午，我什麼也沒做。和詹姆斯（James，土著名字「特提提」〔Tetete〕）很早就回來了——在卡羅卡羅（Kalokalo）時，他幫我找了一座大房子住。我很難說待在那座房子中的幾天是讓人舒服的。惡臭、煙霧，還有人、狗、豬的嘈雜聲。再加上我確定自己是在那幾天開始發燒的，所有的一切都讓我躁怒不安。在那座大房子的三個晚上睡得很不好，一直都感到十分疲憊。星期一清晨，和維拉未上船前，我喝了點可可汁。當時做了些什麼已經記得不太清楚了。總之，早上一般也沒什麼活動，下午才開始有了些樂子。這幾天老有一些活動和豬有關。星期一下午——damorea？星期二——？星期三，那些豬終於被趕到了tanawagana那兒。外面有人在爭吵——幾乎快打起來了——是關於拉倒一棵椰子樹的事。raua[67]舞。一幫看上去真正野蠻的人闖入人群，讓人們驚恐和緊張得面容失色的情景令人印象非常深刻。這樣的表演以前總會引起衝突，對這點我感到毫不意外。在此之前，我和村中木匠進行了一次很有用處的談話，他給了我很多有價值的解釋。——總體而言，那幾天本可以卓有成效的——我本來可以獲得大量的重要信息——卻因我缺乏精力而全成為泡影。白天熱浪襲人，我光是躺在平臺上就已經中暑了。星期一的大半時間我都只能癱坐在那個平臺上，幾乎什麼都做不了。星期二下午，我和西克斯彭斯去了趟他的小村莊，在那裡我拍完了

67 一種模仿狗的舞蹈，在maduna慶典上表演；在這個慶典所表演的舞蹈中算次等重要的。

當天的最後三張照片，在返回海灘的時候遇到了一隊人馬朝我直衝而來，領頭的是tanawagana；他們送給我一頭豬。我試圖把豬還給他們，可根本不可能。當天（星期二）他們開始跳damorea，但我當時已經被那頭豬煩得受不了，再加上疲憊難耐，所以就回dubu睡覺去了。接著聽到了憤怒的吼叫。提阿布布告訴我很可能是林中野人（bushman）來了，在拆毀棚屋和破壞棕櫚樹林。我聽到幾聲像「Hurrah！」的喊叫，回應它的是「Wipp！」。第二天我發現了同樣的事情，才知道原來是他們將豬拴在一根長木柱上，然後木柱從一塊平臺上伸出，用來扳倒淺灘上的紅樹。

星期二上午我繞到左面，小灣的後方，看見那裡有人正在煮西米，並不停地用一根槳一樣的棍子攪拌。星期三上午，我將kuku（煙草）帶到了tanawagana那裡，然後首領又巧言勸誘，把我帶去了卡尼卡尼（Kanikani）。星期三下午最為緊張忙碌：raua舞要在那天達到高潮。可很不幸，那天整個下午我都感到無比痛苦。低燒以及可怕的悶熱折磨著我。星期四早上我們去了達胡尼（Dahuni）。斯洛斯洛的遠端，是一個寬闊的海灣；右邊（西邊）則是一面巨大的峭壁，垂直懸掛在一片狹窄的帶狀地帶尾端，峭壁頂上是加多加多阿（Gadogadoa）島。幾艘船從邁魯駛來——我們越往西走，就看到越多的蟹爪帆船。我們繞到了另一個淺灣中，和那面峭壁擦肩而過後，就進入了波納波納灣（Bona Bona Bay）。波納波納如阿島（Bona Bona Rua）像手臂一樣伸入海中的眾多半島，令我想起了喀爾巴阡山脈的山麓小丘——諾伊塔格（Nowy Targ）遠端是奧比多瓦（Obidowa）。四處都是空地——灌溉不均勻裸露出來的貧瘠地塊，上面雜草瘋長——讓我莫名其妙地想起了科皮妮卡（Kopinica）的山坡之間的某條峽谷，就在去摩斯凱歐（Morskie Oko）的那條老路附近。——在我右手邊是通往穆林斯港（Mullins）的必經之路，古巴諾噶（Gubanoga）。北方是平坦的海岸，上面一片帶狀的繁茂植被，濃厚得無法穿越，緊貼著凝乳般的藍色海岸線一直延伸到天邊；到處可見的棕櫚樹，就像是在綠帶子上被某種利器鏤空出來的色彩明快的幾何平行線。右邊是廣闊的海灣和長滿植被的群山。我們駛進了達胡尼灣。非常疲憊。隨手翻起一本三年前的《圖片》（*Graphic*）雜誌，其中的美圖讓我心情舒暢。睡了會兒覺。下午，散步。第二所dubu中坐著幾個訪客：兩個邁魯人和兩個波羅瓦伊人（Borowa'i）〔穆林斯港地區的一個內陸部落〕——正從大木盤裡拿芋頭吃。波羅瓦伊人長相獨特：澳洲原住民的臉型，頭髮柔順，鼻子跟猴子的一樣，面部表情猙獰。——還是無法全身心地工作，我回家以後和伊古阿、布及尤塔塔乘船出去了。我們看到了邁魯的lugumi，我靠近觀察了一會兒。在深藍色天空的背景下，黃色的船帆顯得尤其美麗，穆里斯港的淺灘在遠處若隱若現。回來的路上，划槳很費力。晚上，我買了幾樣物品——肇建「新型博物館」：一些家用物品。

第二天上午（十二月十八日，星期五）天空明朗乾淨——但遠處穆里斯港有些模糊，因為那邊正刮著風暴。橘園灣在眼前則清晰可見。和男僕們產生了點小摩擦，他們簡直要造反了。在煙霧之中，我們沿著平坦的綠色海岸前行——平地那邊是一片起伏的丘陵。噶帶休（Gadaisiu）；那邊的種植園看上去陰鬱而死氣沉沉。和梅雷迪斯（Meredith）共進午餐。其間聊到格雷漢姆一家（Graham）及紐幾內亞地區一年四季的氣候。——坐木筏去了趟村子；村子看上去很破敗，幾乎空無一人；高大的房屋按照蘇阿烏島的形式修建，其中有幾間尤顯殘破不堪。我們繼續前行，一團白霧從山後升起，毫不猶豫地直端端向我們逼近，就好像在背後有狂風鼓動一般。顯而易見，海洋那端的季候風吹到這裡遭遇南風，被攔腰截斷了。白色的霧氣悄悄從神秘幽深的峽谷中彌漫出來，繚繞在幾座小山上：此景只應天上有。白巴拉（Baibara）島。與阿瑞薩爭吵；狂怒。我沿著一條曲折的小道前行，兩邊長滿了纏繞著藤蔓植物的棕櫚樹；卡特夫人和卡特（Catt）；二人喋喋不休；我看了他的帶插圖文稿；認為我難以從他那裡學到太多關於土著農業方面的知識。我們去沙灘上散步；他對種植園熱情溢於言表，我十分欽佩。他帶我參觀了他的老房子並給我講一個蛇的故事——他到底帶多少人參觀過這棟房子，到底講了多少遍這個故事呢？走到沙灘上，我們談到了傳教士——有些摩擦；驟然對他興趣全無。我們往回走；晚餐；和卡特夫人討論，她倒是很討人喜歡。很晚才上床睡覺，睡得很不好。

早上感覺不太舒服……達巴（Daba）來了，然後我們坐船去了墓地。岩石的平臺上有成捆的白骨，發白的骷髏散落四周。有一個骷髏上還連著一隻鼻子——非常駭人。我詢問了有關葬禮的習俗。當時男僕們卻在一邊大喊大叫，還吹著號角。我對他們忍無可忍。我們和卡特道別。——海岸崎嶇，覆滿低矮植物。環礁湖的入口處有兩塊岩石，墓地就在兩塊岩石之間……遠山更顯高大，綠意濃鬱。可惜那天霧重；看得不太遠。我們到了格拉斯哥港，這裡看起來就如仙境——一道逼仄的峽灣，兩側是斯芬克斯像般的高塔直入雲霄，高大的山環繞四周，龐大的主山脈〔歐文斯坦利山脈（Owen Stanley Range）〕的陰影懸浮在遠處的天空中。我一登上岸——突然覺得渾身乏力——就立即回到了船上。船在歐拉羅（Euraoro）附近停靠。這是個地表沙化多石的小島，上面立著幾棟殘破的小屋。——我們到達邁魯。我感到一陣突如其來的空虛：未來還是一個問號。不久之前我還在計劃自己在邁魯的活動——對經濟活動的描述和拍照，包括園圃和家裡，試著搜集全部的技術物品製成標本，等等。——在邁魯等待啟航，浪費了很多時間。感覺還好；顯然我已經習慣了船上的顛簸。寫日記。六點左右去了趟村子，四處散香煙，還訂購了一個 oro'u 模型。

哦，對了，為迎接我專門收拾出來的傳教站小屋讓我頗為愉快，也讓我對薩維爾的怒氣有所緩解。七點左右我回到家，得知「伊利瓦拉」號已經靠岸。我划木筏出去兜了一圈。和默里及格里姆蕭聊了一會兒。和長官閣下共進晚餐，相談甚歡。我們的立場和過去一樣仍然相同；談話隨意友好，而且總是我給談話添姿加色，而又不顯唐突。——讀了四封信——一封來自梅奧（親切而友善）；一封來自A. G.〔艾爾弗雷德・格里納韋〕，信中轉彎抹角地提起兩百鎊那筆錢，語言雖然簡短，但顯然經過了精心組織；另外兩封信來自N.，第一封乾癟而簡略，看來是被我的沉默激怒了。第二封是回信，熱情誠懇地回應了我從凱恩斯和〔莫爾斯比〕港寄去的幾封信和幾張照片——這些就是我和善待我的那個世界之間的全部聯繫。然而我必須承認，我在這裡遇到的人總體而言都性情和善，並至少在表面上非常好客，讓我覺得周圍都是朋友。沒有被排擠的感覺。即使「半途」遇到的人——里奇一家、卡特一家、梅雷迪斯——都很有人性（human），都成為了我的「熟人」。在薩瑪賴，蕭一家，希金森一家、拉姆塞一家，還有斯坦利，大家都對我很好……伊古阿到那條船上[68]去了。今天早晨，他帶著哭腔告訴我說，他的「叔叔」坦馬庫（Tanmaku）剛剛去世了——之後便放聲大哭起來。

68指「伊利瓦拉」號。——譯註。

今天在家裡坐了一整天，寫日記，修剪指甲，為攝影做準備——今天是二十日，星期天。下午在海裡洗的涼水澡令人神清氣爽，然後游了會兒泳，曬了會兒太陽。我感到強壯、健康，還很自在。好天氣，加上邁魯的相對涼爽，也讓我精神振奮。大概五點左右，我徒步去村子的路上遇到了維拉未。用十根香煙，我預訂了一個砸西米椰子的石頭和一個船模。——回到家——手指痛得厲害。坐下來讀戈蒂埃[69]。維拉未、布，和尤塔塔就像是我的「隨從」。晚上睡得很糟；頭疼得睡不著——手指也瘦疼了一整夜，顯然在洗澡時又被感染了。

昨天，二十一日，星期一，一整天都待在家。上午和下午，普阿那；我們聊了聊捕魚。——下午有一段時間——一陣強烈的沮喪；孤獨感壓迫著我。讀了點戈蒂埃的短篇故事讓自己輕鬆，雖然仍能覺察到它們的空洞。母親、歐洲的戰爭，像一場看不見的夢魘，讓我感到無比壓抑。我想念母親。也偶爾思念托斯卡（Toska），經常翻看她的照片。有時我甚至不敢相信竟有如此完美的女人——工作進行得一點都不順利。

十二月二十二日，星期二

早上普阿那來了，主動提出帶我去庫瑞瑞[70]。再一次，我坐上那葉扁舟，在周圍島嶼和山脈組成的美景中穿梭前行。我們在四點左右到達，並被安置在傳教站裡。我的腳很痛，鞋都穿不了。在村子裡我不時會遇到熟人，然後大家會寒暄一番。我們走出村子——左手邊遠處，有一隊人正沿著海岸線跳舞。只能聽到陣陣節奏多變的鼓聲和歌聲。我湊近那隊人又仔細觀察了一遍：最前面的兩個人扛著幾棵小芒果樹；樹上掛著某種樹葉編成的花環，樹的末端被後面的兩個人扛在肩上。在這四人身後跟著兩個「首領」裝扮的人，身上塗著煙灰，畫著圖案。然後是一群又唱又跳的人，有的背著鼓，有的沒有。旋律頗為悅耳。舞蹈：高抬膝蓋單腳跳起，然後換另一隻腳。有幾個舞姿是他們彎腰將背朝向芒果樹，環繞在其周圍就像在崇拜它一樣。——走到村口附近，他們遇到一群穿戴各種飾品的女人，她們頭上頂著白鸚鵡羽毛做成的王冠；跳著豬被拉來時所跳的舞：雙腳輪換著跳躍，但好像膝蓋沒有男人跳舞時抬得高。每個人的表情都很嚴肅，很顯然，這是一次慶典，但卻沒什麼奧義不能外傳。再說，「演出團」的大部分人都是演員。那群女人「入場」後，寬大的eba71被鋪了開來；所有人席地而坐——主要演員坐在第一排——然後一邊嚼檳榔一邊繼續唱歌。歌曲依然動聽；我懷疑所有的施咒用的都是同一組旋律。嚼完檳榔之後，芒果樹被砍成短節；稍後，他們用eba將這些短節包裹起來，用作施於豬的符咒。之後，我回到傳教站和這群野蠻人討論了一番。晚上——非常疲憊——沒睡好——牙疼。村子中一直有人在跳舞……

69 戈蒂埃（T. Gantier，一八一一年至一八七五年），法國浪漫主義詩人。提倡「為藝術而藝術」。主要作品有詩集《琺瑯與玉雕》（一八五二年），小說《莫班小姐》（一八三五年）等。——譯註

70 一場oilobo的節日即將在那裡舉行。這次節日總是在年末舉行，並且人們需要禁食以便為當地時間的節日作準備，大概是在兩個月之後。

71 露兜樹製成的蓆子。

星期四上午我們去了莫古柏岬。由於沒有一絲風，我們決定在那兒過夜。坎貝爾．考利（Campbell Cowley）穿著得體，活力充沛，給了我極好的印象。午餐。而後和他閒聊。我讀了會兒大仲馬（Dumas）。〔……〕我獨自坐在沙灘上，想了想家鄉、母親、還有上一個平安夜。那晚我們聊了很多，C. C. 講了很多關於非洲的故事；圍獵大象。——他是艾爾弗雷德．C.先生的兒子，我在布里斯本時就已認識他了。我挺喜歡他，一個典型的澳洲人：開朗、坦誠、豪邁（他在我面前毫不隱晦自己結婚的動機）、粗魯。我倆對薩維爾都毫無好感。星期五（聖誕節）和星期六，我一直心無旁騖地讀大仲馬。星期六下午普阿那來了，然後我見到了蒂姆蒂姆。乘著月光，我們返回了邁魯。二十七日星期天和二十八日星期一，我繼續讀大仲馬。

二十九日星期二、三十日星期三、三十一日星期四，生病發燒，牙痛難忍。

一九一四年一月十六日，星期五
〔原文如此——正確的時間應該是一九一五年一月十五日〕

一日（星期五）到七日（星期四）我的工作進行得還不錯。皮卡那（Pikana）[72]、普阿那和達格伊跑來看望我，我和他們聊了一陣。普阿那其實很聰明，也比想像中開朗。他們和帕帕里給我提供了一些很有意思的材料，我覺得自己對gora（即：禁忌）及親屬問題的認識更加深刻了。有一天，我和普阿那、布還有其他幾個人爬到山頂上去了——我幾乎是被拖上去的。早上醒來（很晚，大概九點），我大聲呼喚著要可可汁。照例來講，普阿那一般會早早坐在房子附近，然後過來和我說話。

皮卡那下午來了一兩次。村子裡滿是人，幾乎所有的人都待在家裡。他們每晚都要跳舞——現在更是盛裝打扮，戴著羽毛，畫好文身，等等。可怕的熱浪——有時候我感覺自己很悲慘。大概在五日星期二，風向變為西北風——信風變化的節奏——氣溫驟降，但天空明淨，大海湛藍，地平線上升起一層薄霧。你立刻就會感到更有活力……風向轉為西北之後，我把床挪到窗口……以便呼吸新鮮空氣。坐在窗邊，看著外面的棕櫚樹和龍舌蘭（有兩株就在窗戶正下邊開花），木瓜樹，還有一種開滿紫花的奇怪小樹，聞起來像精鍊的安息香，紫色的花朵如同在蠟質中鑄過型。透過樹木的縫隙能隱隱看到大海。——午飯後和晚餐時我讀了庫珀（Cooper）的《拓荒者》（*Pathfinder*），讀得倒是很愉快，但總覺得它少了點詩意的狂熱，那是我年輕時讀波蘭語版本時所深有體會的。不幸的是，刮起東風後，幾乎所有人都離開了邁魯。我本想和他們一起走，但一番討價還價之後，他們不接受我提出的價錢，這讓我憤怒至極——對那兩個警察及這裡大部分的居民——也讓我徹底灰心。並且這裡真的是一個鬼影也沒有。星期四我開始讀《布拉熱洛納》〔《布拉熱洛納子爵》，大仲馬著〕，而且真的是一口氣讀到星期三還是星期四晚上。大仲馬，隨便你怎麼說，還是有一定魅力的。他的東西最終能牢牢地把我抓住，雖然無疑還有很多缺點——例如他對過去時代的虛構就有些蹩腳。阿拉密斯（Aramis）[73]最後居然成為一個徹頭徹尾的混蛋，根本就不符合邏輯。——那幾天我一起床便捧起書，吃飯的時候都沒放下，一直讀到半夜。中途只有在日落的時候，我才把自己從沙發上拽

72 一個中年邁魯報導人，和奧馬加（Omaga）及他的家人共用一套房。馬林諾夫斯基認為他很貪心與世故。

73 大仲馬作品《三個火槍手》中的人物。——譯註

起來，去海邊走了一小會兒。當時我頭中一直嗡嗡作響，眼睛和大腦也〔……〕——但我仍然繼續看啊看，一刻不停地看，就好像想把自己讀到死。我發誓，讀完這本垃圾小說之後，我在紐幾內亞不會再碰任何閒書。

十三日，星期二

我終於停止看閒書——或者不如說我把書讀完了。星期三，晚起，上午去了趟村子，拍了幾張照片。在村裡調查找不到人幫忙，於是乾脆回去讀M.寫來的信。早在沉迷於大仲馬的那段時間之前，我就已經開始閱讀和整理N.寫給我的信了，到現在還在看。有時我很想將自己的人生經歷寫下來。過去的所有時光，都顯得那麼遙遠和陌生。寄宿學校；斯勒博津斯基（Slebodzinski）——格洛欽斯基（Glowczynski）和哥爾斯基（Gorski），和瓦塞爾貝格（Wasserberg）待過的布科維納（Bukovina）——什瓦斯特（Chwastek）和攻讀博士學位前的準備等等——這些人和事彷彿已經與我毫不相干。星期三發燒，星期四也是——很虛弱，雖然只有三十六點九〔攝氏度〕，但仍覺得筋疲力盡。星期二還是星期三晚上，我吃了奎寧，星期三早上又注射了砷化物。很不舒服的一夜——失眠，伴隨著服完奎寧後那種典型的頭疼。昨天（星期四）重新開始做筆記。目前我只和伊古阿一起工作。下午，翻了一下莎士比亞的書，頭疼。上午讀了一遍諾曼・安吉爾（Norman Angell）和勒南（Renan）的東西；下午一覺睡到五點，起來後拖著疲憊的身體去了趟村子，感覺像要死了一般。村民們正在為 maduna 裝飾一間房子，在屋子周圍掛滿了香蕉。我回去時天色已晚，又嚇到一個被我叫作「猴子」的小男孩；他被驚嚇時會發出奇怪的尖叫；我用煙草賄賂他，說服他陪我走一段路，然後我會突然消失在灌木叢中，他就開始驚聲尖叫。晚上我又出了問題，什麼也沒讀進去。我時不時會有一種想聽音樂的強烈渴望，有時我甚至覺得自己確乎是聽到了，比如昨天的《第九交響曲》。——我還愛著T.，還思念著她。她的身體近乎完美，如此聖潔，但我也知道，我和她在精神上並沒有什麼共同之處，這點不像和Z.之間的心靈相通。但我對Z.已經不抱有任何性愛的衝動了。如果現在我可以在她們兩人之間選擇一個作為伴侶的話，在純粹本能的驅使下，我肯定會毫不遲疑地選擇T.。很大一部分原因，是我隨身攜帶的那些絕美照片。

一九一四年一月十七日，星期六〔原文如此〕

又是一夜無眠，雖然服了溴化鉀鎮靜劑，但在喝了幾杯茶後，感覺還不賴；但是感覺心臟有些虛弱。讓我們靜觀其變吧！昨天上午，我在伊古阿、維拉未協助下研究了當地食物。維拉未做事亂作一團。之後我和維拉未玩了會兒摔角。午飯（木瓜）後，讀了點里弗斯的東西，翻了翻希爾·韋切爾（Hill Vachell）。天空烏雲密布；清晨時男僕們突然大叫「啟航，噢！」，原來是「韋克菲爾德」號到了，還有一個艦隊的oro'u。下午，大概三點，我的體溫升到了三十六·九，差點三十七度。這種狀態已經持續好幾天了，並且還伴隨著頭疼，腦子也昏沉沉的。閱讀里弗斯和廣義的民族學理論，非常有用處，因為它們給了我一種前所未有的工作衝動，讓我能夠以一種完全不同的方式從自己的觀察結果中受益。——我至今仍對紐幾內亞政府中的某些民族學相關的官職念念不忘。我猜想哈登更想讓萊亞德[74]做這份工作。——約下午四點，由於發燒、頭疼和大雨，委靡不振，儘管如此，我還是去了趟村子。四周的群山像深藍色的寶石，青白色的雲朵堆積在陰霾的天空，在這片暗淡的色調中，只有大海閃爍著祖母綠的光芒。空氣潮濕悶熱。上面滿是矮小的棚屋〔即住行兩用的房船〕Lugumi，就停在ogobada〔ogobada'amua[75]？〕旁邊。罕見的低潮。一大群人在海邊撿frutti di mare〔一種小貝類〕。我坐下來觀察婦女們做rami[76]和織毯子。雨水越發密集。我坐在露臺上；先是在萬維艾（Vavine）家裡，後來跑到另一個坐滿小女孩的露臺上觀察，「爐子裡有火」，她們正在煮食物。我在街上走了走，回來繼續在露臺上坐著。疲憊。夜幕降臨。房屋在落日隱去留下的微弱餘光中依稀可見；雨水匯成小溪，沿著街道的中央悄悄流淌。對音樂的饑渴，例如「崔斯坦與伊索德」。回到家後，讀里弗斯，然後是希爾。躺了很久也無法入睡。性幻想……但我相信自己正變得越發專一。我只想念一個女人，那就是T.——除此之外別無他人。但我的理智又迫使我將T.排除在外——她只是「那個唯一」的臨時替代者。情欲之事對我來說已經開始變得陌生。我只在想起九月十日在奧克薩的那晚時，才會禁不住一陣顫抖；溫莎、維克倫堡街（Wecklenburgh St.）的回憶。

我想起了〔齊特（Chilt）〕農場上那間房門緊鎖的小屋。我絕對還愛著她……

一九一四年一月十八日，星期日

鍛鍊完畢，我（慢慢）調整好自己，滿肚子氣去了趟村裡，因為他們居然開了一個天價租給我一艘oro'u——二十根香煙。潮水漲滿了，水面很高——新月。去的時候打算拍一些不同類型的照片。

村中，節日前的活動：煮西米，剝椰子。我想拍照——幾次都沒控制好，氣得直罵。之後用遠焦拍攝。大概十二點半時回到家。讀了一會兒里弗斯，吃午餐，洗照片。大約四點，帶著相機又去了村裡。拍了兩張全景照——兩張oro'u船的照片及五張舞者的照片。之後我觀看了巴拉舞（bara）[77]。我感覺自己又發燒了，頭暈目眩，疲憊不堪。回到家後，天開始下雨。在家中讀了一會兒希爾——害怕用眼過度，於是九點半便上床睡覺了。睡得很好——我沒喝茶，這是件好事。——里弗斯式的問題開始困擾我。直到現在我才重視起它們來。昨日天氣晴朗，視線遠及波納波納島和加多加多阿島，主峰都籠罩在雲霧中。大海泛著金屬的綠光，平整得就像建築上的飾板。現在邁魯人都回來了，我對默里長官也沒那麼厭煩了。但是，這場雨讓人無法自拔地壓抑。今天早晨起床後，看到屋外的瓢潑大雨時，我甚至有一種瘋狂的念頭，想要不顧一切地立刻逃離這裡！做了一些輕鬆的健身運動。再一次的，我開始滿懷詩意，並想要動筆寫下幾首，但卻不知道該寫些什麼！

一九一五年一月十九日，星期一〔原文如此〕

昨天臨近中午的時候，皮卡那來了。費了好大力氣——因為他很睏，哈欠連天，我自己也頭疼

74 萊亞德（J. Layard），人類學家，*Stone Men of Malekula*（一九四二年）一書的作者。
75 Gauma（大網）的名稱，由邁魯的氏族莫埃爾烏（Moar'u）擁有。
76 女人穿的草裙。
77 邁魯地區的一種舞蹈，起源於胡迪灣（Hood Bay）的卡瑞普魯（Kerepunu），當時流行於巴布亞；也是從西邊傳入邁魯的幾種舞蹈的統稱。

得非常厲害，感覺很糟——擠牙膏似的從他嘴裡得到一些關於親屬制度的材料。到十二點半時，我已體力不支，於是去睡覺。午餐（沒有胃口）後，頭疼繼續，我注射了砷化物和鐵。拿起里弗斯來讀，但看不進去只得放下，又揀起勞倫斯・霍普〔Laurence Hope，筆名 Adela F. C. Nicolson〕的詩集。四點左右掙扎著起身下床——頭疼，行動無比遲緩——然後和伊古阿去了趟村子。叫上奧馬加和庫帕（Koupa），我們坐在 Urumodu 下，討論了一番法律關係的問題。大約六點半時，再次筋疲力盡。回到家喝了點白蘭地和蘇打水；頭疼、溴化鉀鎮靜劑、按摩、上床。入睡〔……〕。半夜，刮起一陣強風，我從夢中驚醒。黎明的時候我夢到了我的夢中情人們——吉尼亞、T.和N.，她們睡在一間房裡，彼此之間隔著波浪狀的鐵隔板。夢境發生在札克帕內[78]與紐幾內亞之間的某個地方，我悵然若失。我拿著一塊紙板，想要將最後一扇窗戶也蓋上！——天氣又變了。從清晨到現在天空都烏雲密佈，但是晚上沒下雨。黎明時分才下起了瓢潑大雨。這些天我再沒有被渴望所侵襲，但昨天的詩卻讓我落淚。它們無疑是上乘的作品。

一九一五年一月二十日，星期二〔原文如此〕

昨晚睡得很晚，今早十點才醒。前天本來約好了奧馬加、庫帕和其他幾個人，可他們都沒來。讓伊古阿去村子裡看看怎麼回事——無功而返。我再次感到很惱怒。翻了一下筆記；整理了一遍。發現我在山頂上繪製的一小幅地圖不見了。我感覺明顯好多了（星期天注射了一點砷化物），雖然還是亢奮和易怒。下午瀏覽了C. G. S.〔塞里格曼〕和里弗斯的書，並為去村子準備了一番；皮卡那到了。我本想和他一塊兒研究bara舞，我用東西（模型）抵押以做交換，但他根本不理解，搞得一團糟；我發起怒來，朝他大吼——當時的氣氛很緊張。我們大約五點的時候一起去了村子。村裡的人表演了幾段舞蹈。——開始下雨。我在奧馬加的房簷下躲雨。無與倫比的日落。整個世界都浸潤在磚紅色中：你甚至可以從空氣中聽到和觸到這種顏色。天空泛著詭異的藍，在這片濃厚的磚紅色的縫隙間隱約可見。遠處的高山上懸著幾朵白雲——那種類似波蘭暴風雨天氣中的雲團——樹木在山坡上星星點點地閃爍。我獨自站在停靠著lugumi的海邊，茅屋旁的一個小女孩一直望著我。光線逐漸暗淡——我當時在想什麼呢？思考這些白色小雲團的形成原因；暗想這是一個斯坦斯繪畫的機會；但我沒想家，也不想念波蘭。當我身體健康、有事可做、不委靡不振的時候，便不會處於一種不停懷舊的狀態。——晚餐後，我讀了〔普雷斯科特的〕《征服墨西哥》（*Conquest of Mexico*）。約十一點上床，但久久不能入睡。通常在這種情況下我都會想「女人」。關於T.，我想起去年冬天的那幾天。星期二，最後一次講座的日子。三月十七日去了溫莎，三月十八日——到達溫莎並返回。晚上，「國會晚宴」；星期四是母親的命名日[79]，K.和卡西亞（Kasia）來探望我們；星期六：在亞歷山大宮（Alexandra Palace）聽音樂會：巴哈（？）和K. & K.——然後是二十二日星期日，仲裁法庭（？），德比（Debr.）和普魯斯（Prusz.）的官司。我們先在櫻草花山（Primrose Hill）見面；

78 向南距克拉考約六十五英里，是位於喀爾巴阡山脈的一個休養型城市。

79 對命名日的慶祝是基督教國家從中世紀就有的一項傳統。在希臘、克里特、塞浦路斯，人們往往共同慶祝命名日，而不是每個人的生日。東正教會依據《聖經》，把一年中的每一天都聯繫著特定的某一位或幾位聖徒。如果某人以某位聖徒命名，在他或她的命名日，所有有著相同名字的人將舉行慶祝活動，他們會得到禮物，還有精美的食品和點心。——譯註

最後走到與阿德萊德路（Adelaide Rd.）平行的小路上。然後我們乘巴士回家（格雷旅店路〔Gray's Inn Rd.〕）。我想起我們到達聖潘克勒斯（St. Pancras）的時候，我問她是否喜歡這個地方——「不——〔……〕那是去探望加德納[80]一家（？）的時候，當時我正忙著趕火車！」那是最後一次見面。後來星期三我們本應見面——因外部阻礙沒能得見！接著是星期五，去伯爵宮滑雪場（Earls Court Skating）遊玩。三月二十八日，星期六，《第九交響曲》——那天我們之間氣氛緊張，我氣得想咆哮，態度也十分傲慢。她努力克制自己，我則被激怒了。然後是星期天：思念，悔恨和羞惱。星期一她來我家，穿著一襲紫羅蘭色的大衣，裘皮領子，正面是黑白色的方格圖案。我坐在鋼琴邊彈唱Uber allen Gipfeln[81]。中途三次停下來和母親說話；我愚蠢而不懷好意地向母親提起她的工作、她對丈夫的協助。出來時我送她到門口——我們朝著對方怒吼；我則提醒她星期三的承諾。那個週三早上，我心潮澎湃滿懷熱情地給她打電話——她卻滿不在乎。我懇求她；後來在小園圃見面；氣氛低沉；但沒有相互指責。她的冷漠讓我也心涼了。昨天晚上我在想，如果當時我把她硬拖進我的房間，誘惑她，勸服她，懇求她，甚至強暴她，那麼一切都會往好的方向發展。但我沒這麼做，所以四月一日又是非常苦澀失望的一天。昨晚，我一面忍受著一夫一妻念頭的侵襲，一面為那些不純潔的想法和欲望感到厭惡。這是出於孤獨和靈魂淨化的需要，還是僅僅源於熱帶的瘋狂？

一九一五年一月二十一日，星期三〔原文如此〕

昨天早晨，我六點就起床了。（在整個身體虛弱以及隨後的時期中，我都在九到十點之間起床！）洗了個澡，讓自己清醒（我很少在早晨洗澡，總共不過兩三次）。清晨新鮮清爽的空氣讓我精神倍增，像往常一樣，後悔自己沒堅持在破曉時起床。去了趟村子，希望拍幾張bara舞不同階段的照片。我給出了一些半截香煙，於是看了幾段舞蹈；然後拍了幾張照片——但效果很不好。拍照光線不足，因為他們不肯長時間擺造型，曝光時間也不足。——有幾刻我對他們非常憤怒，特別是我給了他們說好的香煙後，他們居然四散離開了。總之，我對這些土著的態度無疑是傾向於「消滅這些畜生」。很多事情上，我都處理得不太準確，表現得也很愚蠢——比如去多馬拉（Domara）時，如果我肯付兩鎊，他們肯定已經帶我去了，結果我又痛失了一次良機。——拍完照片後〔……〕我吃了早餐，又回到村中。路上決定去趟莫古柏。到了村中，我待在庫帕家，派伊古阿去打聽這事，他回來告訴我皮卡那願意同行。我回到家就和他們一起出發了。海面遼闊而清澈，徜徉其間我又一次感到自由和幸福。我和皮卡那談起繼承的問題——但進行得不太順利……從拉若羅到莫古柏的途中，我坐在船頭——眼前是長滿蔥鬱樹木的峭壁，一直向內陸延伸，峭壁在左邊開了一個口，馬格里（Magori）遺世獨立般屹立在柏瑞波河邊天鵝絨一樣的平原上，四周環繞著一片丘陵。我能看到中央山脈高聳的山脊。——今天低沉的積雲就像華蓋一般籠罩著它們，大雨從中傾盆而出。右邊是晴朗的天空晴朗和清透的大海——景色連成一片，一直延伸到波納波納島。海風輕柔。我和伊

80 這很可能是指阿蘭・亨德森・加德納博士（Dr. Alan Henderson Gardiner），當時著名的考古學家和埃及古物學者，他曾是馬林諾夫斯基的朋友。

81《流浪者之夜歌》，歌德所寫的一首著名詩歌，幾個作曲為之譜曲，最著名的是舒伯特。

古阿討論了一下園圃的問題，非常有意思，應該深入研究！還沒到莫古柏，我就由於海浪顛簸而疲憊不堪。考利不在家。我隨手翻了一下他買的雜誌。〔晚些時候〕我跟他聊起了戰爭，還有莫爾斯比港的事件（弗里斯〔Fries〕用他的左輪手槍殺了一個人）；以及阿密特和他支持教會的政策。最後我讓他幫我預留一個「韋克菲爾德」號的艙位。總體而言，我們之間的談話給我的印象不是很愉快。——我們動身往回航行。勁風大浪。靠近拉若羅的時候，我們駛入了暗礁區。他們掉轉船頭，我非常害怕；頗為駭人的碎浪在暗礁四周重重拍打，船帆上都是洞，而我們還必須穿過這些碎浪。好在天氣很好，風不算大。伊古阿安慰著我；第一次我們操作失誤，沒有順利通過，只好退了回去，第二次每一個步驟都恰到好處，終於成功了。在回邁魯的路上，浪花飛濺——我渾身都濕透了。回到邁魯，我與皮卡那討價還價，除了六根煙草外，我什麼也沒多給他。我再一次對這幫土著感到憤怒。晚上，讀《征服墨西哥》。很快就入睡了。做了幾個奇怪的夢。其中一個是我夢見自己正在重新驗證〔菲爾鮑姆博士（Dr. Felbaum）〕和貢普洛維奇（Gumplowicz）的那些化學發現，當時我正在讀他們的書，或者確切地說，是從書本裡研究他們。我在實驗室的一個角落裡，那有一張桌子，一些實驗器材，〔菲爾鮑姆博士〕坐在那兒。他做出了六項發明；他研究化學：我看見自己面前有一本攤開的書，就讀了他的研究。接著是貢普洛維奇；他有自己的問題。——在夢裡，各種經歷不可思議的飛速切換，來自我們各種心理情節結合而成的焦慮。典型的表現就是，我們會有感官體驗：我們能在夢中看到、聽到（？）、觸到（？）、聞到（？）。

一九一五年一月二十二日，星期四〔原文如此〕

昨天很晚才起床——九點。吃完早餐，寫完日記後十點鐘去了村子。我首先進入了一棟Urumodu房，觀察他們吃東西，自己也吃了點。但我發覺當時的氣氛不太適合討論理論問題。派人去找維拉未和他的父親——結果他們沒來。然後又派人去找奧馬加，他來了，我數落了他一頓，給了他半根香煙，然後我們一起去找「一位老人」。半途遇到肯尼尼（Keneni）。事情進行得很順利。一點左右我回到家。午餐，輕微頭疼，想睡。讀《征服墨西哥》，躺下休息，哼著小曲。四點的時候奧馬加和肯尼尼來了，我同他們坐在地板的一個墊子上商量事情；進展頗為順利。之後和奧馬加回到村子。陸地上的景色美得不可思議。我們所在的海岸深深地埋在陰影中，這裡的空氣也或多或少染上了陰影的氣息。我極目遠眺——柏瑞波附近的海岸一片翠綠，顏色如同綻放在春日陽光中的嫩芽。那片新綠的上方是一面白雲砌成的壁壘，翻過壁壘，大海閃爍著刺眼、優雅、凝重的藍（這是一種可遇不可求的景象，好似從活人眼中閃現的光芒——這就是這裡大海的色彩有時給人的感覺）——一種奇妙的景象。我不禁疑惑，這些色彩從何而來？是源於光影的對比和黑暗的消退（由於熱帶地區日落時間太短）？抑或是因為黃道帶光（zodiacal light）[82]太強，太陽照射出的強光將另一片海岸也染成金黃？……在家，頭疼，我哼著吉尼亞的歌——吉普賽和烏克蘭的調子。去了傳教站，並送了一些禮物。那裡的男孩和女孩舉止可笑，或許還懷著敵意。我回到家，仰望星空。換了〔相機的〕底片，沿著海岸散步，有幾刻感到神經緊張。星光閃耀，這種景象沒有讓我感到宇宙的浩渺，

82 因行星際塵埃對太陽光的散射而在黃道面上形成的銀白色光錐，一般呈三角形，大致與黃道面對稱並朝太陽方向增強。總的講來黃道光很微弱，除在春季黃昏後或秋季黎明前在觀測條件較理想情況下才勉強可見外，一般不易見到。——譯註

倒是這種「熱帶夜晚的點綴」讓我的靈魂欣喜起來。——很久不能入眠。我夢到了旅行——我娶了T.——但不是一個情色之夢。我同樣也想到了和E. E.一起生活，住在一個花園環繞的宮殿中。——晚上感覺很不舒服，但不虛弱。

一九一五年一月二十三日，星期五〔原文如此〕

我在自己的領域越來越「輕車熟路」了。毫無疑問，如果能在這多待幾個月——或幾年——我將會對這裡的人更加瞭解。但是作為短期的停留，我已經盡了最大的努力做了力所能及的事情。對於在如此糟糕的環境中自己完成的事情，我已經足夠滿意了。——砷化物的藥效非常好。今晚我做了一個試驗。我服了十粒奎寧，凌晨時感到十分難受。顯然，奎寧的藥效並不好，對我毫無幫助——那它對紅血球會有負面作用嗎？我懷疑砷化物是否是對付瘧疾的特效藥呢？如果是，對於阿爾卑斯山脈國家來講，它的價值何在？

昨天早上七點我步行去村落。拍了幾張 lugumi 的照片——從澡堂後面取景。我發現這是一個拍邁魯（村莊）的絕佳地點。然後我回到住所，叫上奧馬加一起去了肯尼尼家——還有皮卡那。我對皮卡那視而不見，不加理睬。結果他自己開始跟我搭話——他出人意料地好。我們談到園圃，談到「Bittarbeit」〔園圃工作的自願交換〕等等……早餐後，我帶著一卷煙草去了村子，給 lugumi 拍照，然後……買東西。我猜我通常付的錢會比物品的實際價格高很多，但我在買東西之前總是會先討價還價一番。午餐後，躺下，讀《征服墨西哥》。兩個小夥子給我送來 oba'ua——用貝殼做成的小斧頭。四點左右我去到村裡，買了兩根帶羽毛的竹棍；之後我在海邊和肯尼尼及他的家人坐了一會兒。蒂尼（Dini），卡瓦基（Kavaki）的兄弟，也來了。肯尼尼〔他們的叔叔〕和蒂尼隨我一起回家，給我描述了一下樣品。晚餐後，異常口渴——喝了一些蘇打水——接著疲憊襲來——換了相機底片；我走到海邊，天空中星星閃耀，西邊掛著一彎新月。我獨坐在那裡，也沒想太多，倒是一點都不想家；心無雜念地任自融入這片景色之中，我感到一陣無名的快樂。艱難地入睡，夢到了在紐幾內亞做調查的可能性。

一九一五年一月二十四日，星期六〔原文如此〕

昨天，星期五，感到虛弱不堪。從下午到晚上我都經受著那種典型的體力不支，連生活中的瑣事——比如整理底片、將物品排放整齊等等——都變成了髑髏地（Golgotha）[83]的龐大十字架。昨天中午注射了砷化物和鐵，從今天中午開始感覺漸漸好轉。昨天早上和平時一樣起床。照片：造船過程；街道；四個婦女。絕大部分的照片效果都很差。奧馬加〔帶來〕考利的信。十點左右，奧馬加和肯尼尼來了。我們聊了聊禁忌以及它同巫術儀式的關係。午餐後，我等了會兒皮卡那，暗自慶倖他沒來，於是看起《墨西哥》來。非常疲憊。費了好大力氣（今天，此刻，下午，我一點都不覺得睏，

83 耶穌被釘死之地。——譯註

並且迫不及待地想穿衣出門等等——無論代價如何，這正是砷化物起的作用：值得感激和燒高香）。我揀選了一些給肯尼尼兒子的藥（他腿上有一塊膿腫）後就出門了，我準備用這藥品換一些天堂鳥的羽毛。他沒有從他的藏身之地出來。於是我去了蒂尼家，在那裡我們聊了聊編織籃子的問題。很早便回來了，異樣地疲憊；坐在鋪著ogobada的一塊小岩石後面看日落。很虛弱。晚餐時塞得太多。然後我忽然靈感迸發——寫了一首詩〔……〕。伊古阿邊給我做了做按摩，還用悅耳的莫圖語給我講故事，一個謀殺白人的故事。他還告訴我，如果我也像那個白人那樣死掉的話，他還不知道自己該怎麼辦呢！伴隨著糟糕的感覺，我睡著了。心情不太平靜。今早，感覺完全提不起勁。幾乎是爬到村子中的——典型的麻木和困倦。我試圖從阿巴烏（Aba'u）那兒要幾塊石頭……快到中午時，奧馬加來了，跟我講了他的黑巫術的秘密。午餐後，讀《墨西哥》——此時此刻（下午四點），我覺得還行，準備去趟村子。今天中午，我用香波洗了頭，洗了澡，然後排空了肚子——所有這些都讓我感覺不錯。

二月三日，星期三

〔登上〕「普流利」號（Puliuli）——我準備去卡帕卡帕。繼續寫中斷的日記。一月二十三日星期六快過完時（之前我的日記一直將日期提前了一天）：去了趟村子，遇到儀典性的舞蹈正在進行——抓拍了一些照片。然後走到海濱，看到一群婦女在對其中一個生病的女人舉行某種奇怪的儀式。——我回去了——在晚上？——這幾天中，我總愛長時間仰望星空。——二十四日星期天，我起得比較晚，去村子的時間也相應比較晚。七點左右，「啟航，噢！」——長官喊道；我飛速收拾了一番，跳上一艘前往「伊利瓦拉」的獨木舟（真怕我到達的時候會渾身濕透），在船上我遭到明顯的冷遇，人們神情呆滯，態度冷漠拘謹。我靠自己一步一步登上船——裝上行李，和所有野蠻人及傳教站那些抽噎的人道別。剛開始我和長官坐在一起，後來跑去了船尾——逃離長官讓我暗自高興，一種自由的感覺——就像要去度假一樣……午餐時又隨便寒暄了幾句。讀了幾篇雅各布（Jacob）的中篇小說。早上我爬到桅杆上去待了一小會兒，自由的歡樂感中夾雜著恐懼和壓抑，因為我喪了「膽」。下午，我再次爬了上去。四五點左右，我又爬上去了，那會兒我們剛過多馬拉，駛進了一片珊瑚礁，處在一個長滿植物的沖積帶附近。從桅杆上，我能看到水底，還感到船身在石頭上剮蹭。於是，我趕緊下去幫忙。絕望：想到可能丟失我的東西及我的材料。我挺同情長官和小默里[84]，對這艘船本身感到極度失望。我現在總算明白這對船長來說意味著什麼了。船左躲右閃扭著卡到了湖底的一個位置上，就像一個〔肚子疼的〕人的姿勢。後來——直到現在在「普流利」號上——我還對這次與湖底的可怕接觸心有餘悸。當時我連忙幫著拉纜繩——幸好我們最終逃脫了厄運。晚上其餘的時間：晚餐，和長官閣下及默里聊天。格里姆肖當時在發燒。一個讓人喜歡的傢伙。——我還讀了一本愚蠢的小說，其中的一兩段文字還行。

84 萊納德·默里（Leonard Murray），默里法官的侄子和私人秘書。

二十五日，星期一

睡眠很差。很早便起床。爬上桅杆。日出。觀看雲彩漸漸覆蓋整個地平線。隨著太陽升起，它們也消散了。這些雲彩顯然在陽光照射範圍的邊緣形成，是非常密集的低積雲。最終，太陽穿破雲層升起。早餐；長官閣下給人感覺他心情不佳。上午，看書，和伊古阿聊天，之後和默里閒聊了一陣，提出了一些他以前沒思考或輕視的觀點。在胡拉阿附近，我們碰到奧馬利；格里姆蕭給我上了一堂關於航海理論的課。——船過胡拉阿之後，天氣開始變得悶熱。海岸上空烏雲密布，雲層閃爍著鐵一般的黑色或暗藍色光芒。我又爬上了桅杆，遠遠地看到了一艘冒著濃煙的荷蘭汽船；我們繞過了一片礁石。〔莫爾斯比港〕的入口附近躺著「歡樂英格蘭」號輪船的殘骸。一場傾盆大雨遮住了所有視線。不一會兒，我們到達了港口，陽光穿透雨簾，萬物都閃耀著彩虹的斑斕。很快夜幕就降臨了。我跑去探望阿什頓夫人，但那間房子已經沒人了……喝了些啤酒去睡覺。半夜傳來陣陣怪物般的咆哮聲。第二天發現是一大群酒鬼，其中一個戴眼鏡的傢伙讓我想起了羅斯教授（Los）和伯尼．齊布爾斯基（Bernie Cybulski）；還有一個身材高大且膚色淺黑的人，他正要去參加一場已經開庭的審判，等等。——我與一個讓人舒服的芬蘭人同住一屋，他是一個水手。那個胖船長不是個酒鬼，倒是和我意氣相投；他還給我看紐幾內亞西部的地圖。

二十六日，星期二

早上起床後感到疲乏和不安。伊古阿遲到了，我自己費力重新打包了行李。我被波蘭來的信深深打動了。哈林卡在信裡提到母親，斯坦斯提到〔Strzelec〕。中午我去了錢皮恩家，和貝爾聊了很久。給斯特朗博士[85]打了電話並約好晚上和他見面（二月四日，里戈。我坐在蚊帳中寫下上面的這段記錄，耳畔滿是笑翠鳥〔laughing jackasses〕[86]和蟋蟀的鳴叫）。下午，我先在伯恩斯．菲爾普的店裡搜尋了一番，然後和伊古阿去了村子。探望了阿休亞的妻子們。我（昏昏沉沉地）去了伊利瓦拉；坐在村裡讀哈林卡的來信——有好幾次都感覺周圍的世界不存在了。我們坐上一艘小船，駛到了從胡拉阿來的lakatoi[87]——在那裡看到了一種奇特的水上家庭生活景象；他們送給我了一條魚。阿休亞還沒回家，我徒步往回走，很晚才回到斯特朗家……天南海北的談話；但斯特朗的學識並沒讓我敬佩。例如：他不知道merchi並不是莫圖語「盤子」的意思；他關於真正的巴布亞精神的理論也沒讓我覺得多高明；他關於vada（巫師）的看法不太充分；關於巫術性質的看法也是如此。我喝了點啤酒，在傳教的話題上有些情緒激動。

二十七日，星期三

上午，輕微頭疼，源於兩杯啤酒後的宿醉。收拾了一下行李。四點時和伊古阿及官方捕鯨船上

85 斯特朗博士（Dr. W. Mersh Strong），塞里格曼經常提到他，主要研究紐幾內亞內陸說洛洛（Roro）語的部落民。

86 笑翠鳥，又名Laughing Kookaburra，是澳洲東部的翠鳥科的一種食魚鳥，身長有四二—四六釐米，嘴長八—十釐米，是翠鳥家族中體型最大的一種。以其鳴聲似狂笑而得名。——譯註

87 莫圖語，指船，把三艘以上的獨木舟捆綁在一起而成的一種當地的船。

的朋友們一起去了趟村子……晚上去了辛普森博士家，他卻不在。之後去了杜布瓦家。杜布瓦非常討人喜歡，而且還很有智慧……

二十九日，星期五

上午和阿休亞在一起。之後去了赫伯特家……見到了赫伯特小姐和那個護士，那個護士讓我隱約想起了赫爾．喬什娃（Hel. Czerw）。我和她調了會兒情。聊到了戰爭；我試圖用廉價的悲觀主義來展示自己的優越感。晚上在辛普森博士家，喝雪利酒，談論戰爭。晚餐時聊了會兒澳洲。聽音樂。我不停說話，非常興奮。《玫瑰騎士》、Preislied〔《名歌手》〕、《軍隊進行曲》都讓我無比激動。喝了很多啤酒，離開他家往回走的時候已經醉了。

三十日，星期六

上午，和阿休亞在一起。伊古阿不再來了。跟長官道別；感到有點失望，因為他沒帶我一起走……晚上我去見了「混蛋」，然後同一個人及他妻子去了趟醫院，之後又去了布坎南（Buchanan）博士家〔一場橋牌遊戲激戰正酣〕。兩大杯冰啤——純粹的享受！回家的時候又醉了。

三十一日，星期天

讀了N. 馬基維利的書，去了趟村子。古爾哈（Gurha）警官。為哈納哈提（Hanahati）的狩獵作準備。下午，讀馬基維利，寫信。在某種高尚的精神感染下，我出去散了會兒步；思考愛情，想念T.。我本想去杜布瓦家，再去阿什頓家，結果他們都外出了。回來，與麥克格蘭和格里納韋聊天。

二月一日，星期一

上午和阿休亞待在一起。十一二點左右，我去看望了斯坦福．史密斯——不過之前我先去了趟肯德里克（Kendrick）的家，然後才是S. S.家，他許諾給我一艘船用。接著，下午我去見了錢皮恩，跟他講了澳洲政府允許我留在紐幾內亞的承諾。——我很清楚，不管這項研究後來的結果是什麼，政府都會支持我。對此我非常高興，也正因如此，整個下午我都一事無成。沒去村子裡；寫了幾封信，讀馬基維利。晚上我興奮又緊張，在海邊散了會兒步，然後拜訪了阿什頓一家，我們擺弄了一陣留聲機。然後我又沿著海邊散步，去了「混蛋」家。——那幾天我一直在讀馬基維利，他的很多觀點都讓我印象極為深刻；而且，他和我有很多共同點。他在很多方面都與我很像：一個英國人，卻有著完整的歐洲式心智以及歐洲式問題。書中對伊莎貝爾（Isabel）的態度的描述是，愛與理智的默契滲透、交織在一起——這立即讓我想起Z.馬格瑞特（Z. Margaret），還有她永遠的被動，所有的肯定、期待，以及「預見」，和她在拒絕或質疑任何事、任何人時的徹底無能……這其實是我自己的空虛所產生的一個具象，這種空虛只有在想到T.時才能排解。這本書將我從對T.的思念中逃脫，取而代之的是對Z.的回憶。儘管如此，我還是想用盡所有的力氣，動員全身每一根汗毛，去感受T.。今天（二月五日），我又夢見了她。

二月二日，星期二

一上午（還有前一天），我一直都沒有「普流利」號的消息。十點，阿休亞，孔阿瑞（Koiari）。阿休亞問我要許諾給他的15／—。收到S. S.的信，我們正要去拜訪他。打電話——在銀行，打給政府代表團，報告他們我要遲到了；然後打給錢皮恩，他說如果需要可以給我派艘船。從一點（喝了兩杯香蒂酒，頭疼）到三點，我在麥克格蘭的旅店，費了好大力氣才做好準備。我把從伯恩斯·菲爾普那裡和家裡帶來的東西歸置到一起，上了船。他們升起一面藍旗，我坐在「自己的船」上——強烈感覺到這艘船是單獨為我航行——看著他們操作。揚帆航行的狂喜。我們折回去取帶給英格里希[88]的兩個包裹。在折回（掉搶[89]）前，我們先朝一個小島的方向航行了一段。——坐在船上觀望，心情愉快。在甲板上感覺沒事，但一下到船艙，我就開始暈眩了。現在海岸線的綠色已經連成了一片，美妙無比。快到塔烏拉瑪（Taurama）的時候，夜幕降臨；我們乘著月光繼續航行，舵手變得很緊張。我得承認，我有點害怕暗礁，再次刮壞船底的可能性讓人不安。當晚睡得很輕。半夜被帆桁與桅杆的碰撞聲吵醒。走上甲板。明月當空；舵手如雕塑般紋絲不動，臉龐如同獸化的佛像；直直地凝視著眼前的黑暗。我們慢慢靠近陸地，沿著它航行；風轉為了西北方向，但是風力很輕。——早晨（二月三日，星期三），我們沿著綠松石般的低矮海岸航行；海岸另一側聳立著一片高地。風刮得強了點，我們輕舟快船，加速繞過了塔瓦艾（Tavai）。我寫完日記，收拾好了自己的東西。一艘小船靠近我們，船上坐著一個警察和一個翻譯。我們上了岸，觀測了一番dubu，一些地方有破損，但房屋的柱子卻雕刻得異常美觀。英格里希騎著自行車來了。我們的談話令人不快——我建議他將自己的收藏品標準化、系統化，但他頗不以為然。當他在店裡翻箱倒櫃時，我只能在一旁乾等……烈日直接打在我們身上，酷熱難耐。散散步令我心情好轉了些，這是一項很好的鍛鍊。道路沿途都是椰子樹、雞蛋花、含羞草，朱砂般鮮豔的花朵中透著冰冷，宜人的花香混雜著陣陣惡臭。四處是籬笆和喬木，就像英國的公園；耕種。我們去看了傳教站，又去了英格里希的房子，和政府所在地的小山。斯坦利是個和善的老頭；午餐後，他帶我爬上山去了趟政府代表團大樓。我非常疲憊，就去睡覺。關於英格里希：我們都不喜歡傳教士；他提了幾個頗為合理的觀點。總體上來說，他和我意氣相投。晚上和斯坦利吃飯，談論戰爭。蚊子異常兇猛，我都快瘋了；還有跳蚤，噁心得不得了。不過我睡得挺好。

四日，星期四

感覺糟透了。整個上午都昏昏欲睡，看了點晦澀的故事……

---

88 英格里希（A. C. English），里戈的一個政府官員，他與邁魯人聯繫緊密。馬林諾夫斯基曾計劃在阿休亞的幫助下在里戈的辛那烏霍洛（Sinaugholo）部落搜集材料。

89 掉搶（about ship），航海專用術語，意味改變航向。——譯註

五日，星期五

上午感覺很糟糕：虛弱、懶散、嗜睡，鮑勃．漢特（Bob Hunter）的昏睡病。（凌晨天快亮時，我夢到了母親。在馬薩克維斯卡〔Marszalkowska〕街一五三號斯伯坦斯基〔Szpotanskis〕家的大房間裡，裡面擺放著寬大的床和衣櫃等等。很奇怪，母親有點依賴斯伯坦〔Szpot.〕和拉齊〔Lach.〕，她占了一些小便宜。我們聊了聊某次去北美的旅行）。起床後，磨磨蹭蹭地寫完日記——站在陽臺上，我可以望見青綠的草場和山坡——那種景色很像春天裡歐洲中部的山谷。十點左右我下樓，洗澡，和斯坦利一起摘椰子，然後我們沿著一條漂亮的小路向郭莫爾（Gomore）村的dubu走，小路被大樹的陰影罩著，兩邊長滿灌木，灌木叢中還開著白色小花，散發著和Z.的香水一樣的味道。村裡的房子漂亮高大，帶有兩個露臺，每棟大概都有兩到三「層」高。我們坐在dubu附近的警察家中，鄰村的人都跑來看我們。我們聊了禁忌宴（taboo feast）……我和狄克（Diko）把村子走了一遍，然後去了英格里希的家……汗如雨下，感覺心臟衰弱。但我在村裡和英格里希家的工作進行得還不錯。回來的時候頭頂天空的色彩令人嘖嘖稱奇。內心平靜，我感覺相對好些了——比之前要好得多，而且我感到一種熱帶式的歡樂，就像喝多了烈酒一樣，沉重和刺激同時存在——讓你感覺眼前一亮的同時又使你周身癱軟。在傳教站前的樹叢中碰到阿休亞和伊納拉（Inara），他們正在採集椰子。我們聊了一陣，我跟伊納拉說了幾句，他滿頭金髮，皮膚白皙，不過態度極其傲慢。他的下巴有點突出，讓我想起了茲維日涅茨（Zwierzyniec）〔克拉考的一個區〕的M. S.和M. O.。我對他也充滿了同情……儘管椰子殼的可怕臭味不斷襲來——我還是坐著跟阿休亞交談了一會兒。大約九點上床睡覺。睡得不錯。

六日，星期六

我想，今天我感覺好點了。七點半才起來，起得晚了。早餐後，與庫阿瑞莫度布（Kuarimodubu）來的男人們討論問題，他們是和一個警察一起來的；一陣西北狂風刮來，把我們從平臺前端趕到後面。我不時會感覺很疲憊，尤其在午飯後；這之後，我剛捧起一本關於爪哇（Java）的小冊子，疲乏就緊跟著襲來。那一刻我立即變得煩躁不安。總體而言，這裡的人〔辛那烏霍洛人〕非常招人喜歡，其程度與邁魯人相比不可同日而語，而且更好相處。他們可以毫不拘謹地談論所有事情，而且莫圖語說得特別流利。毫無疑問——特別是有了阿休亞的協助——我在這裡一個月搜集的材料肯定要比在邁魯六個月搜集的還要多。——昨天，我奮力地工作了五小時，成果頗豐。四點半左右去找英格里希；到他那裡時，他正要坐一輛四輪車準備離開。很顯然，他認為我的遲到是對他的冒犯。我也感到很惱怒、氣憤，也覺得自己被冒犯了，得給他點臉色瞧瞧。然而我想起斯特朗常說的：「他只會讓別人遷就。」於是內心一陣輕蔑，暗自認為不值得對他發火。儘管如此，在散步的時候，我還是假想了一番我們會對對方說些什麼等等，結果好幾次，我又動起氣來。回到家，又出了門，去了趟庫阿瑞莫度布，然後在一個環境優美的地方坐了一會兒——這讓我想起了在布里斯班見過的那種景色；周圍的聲音聽上去就像水流同時從千萬個細口瓶中傾瀉而出（笑翠鳥），但可惡的蚊子總是會來破壞這種安逸的〔氣氛〕。晚上，我和阿休亞閒坐了一會兒，聊了聊白人，特別是白人官員，然後又討論了土著人的性事問題。阿休亞告訴我，孔阿瑞有過亂倫行為。晚上，狂風大作——我不禁懷疑我們到底怎樣才能回到港口？

七日，星期日

上午一如往常：早上七點起床；早餐；寫日記；與阿休亞和其他人工作。得知「普流利」號已經到港。四點左右去見英格里希——派阿休亞去了嘎巴嘎巴（Gabagaba）。英格里希很冷淡地接待了我；他正在妻子的幫助下給球棒編號——我提議幫他做一個編目。後來他的態度有所緩和，開始幫助謀劃未來的工作，幫我，等等。他這種人很典型（跟我一樣）——他不會做自己不感興趣的事情，只會依據當時自己的需要來認同和欣賞他人。神奇美妙的紫色浮雲懸在蒼白的海藍色天空；殘陽如血，一條狹長的海灣在餘暉下波光閃爍。一坳淺淺的山谷中，擠滿了茂密的植物；我喜歡從他的露臺望去的風景——一種典型的種植園氛圍。往回走的時候，有幾刻很怕 gaigai（蛇）。順路去了斯坦利家，他在一旁高談闊論，我則一邊翻閱一篇戰爭史文章，一邊連連點頭表示肯定。開始下雨後，阿休亞回來了。我讀了個愚蠢的出版物——《巴布亞時報》（*Papuan Times*）。晚上我夢到了一個皮膚雪白的情婦。總之，我在這感覺挺好：有政府的庇蔭；有與我關係友善的里戈人；有優美的環境；還有良好的健康狀況。

二月八日，星期一

七點左右起床。上午，成群結隊的女人們；人們都外出採集椰子。我平時的報導人都來了。稍後，馬嘎尼美若[90]也來了，這人有種傳教士一樣的漫不經心，我當時很不喜歡他。我們的討論倒是非常活躍，馬嘎尼美若很主動，特別在講述古老傳說的時候。午飯後，我們討論了巫術。馬嘎尼美若和其他幾個男僕在談到這個問題時顯得有些害怕，或是窘迫。阿休亞是個非常得力的助手。大約四點，我衝到英格里希家，迅速高效地幫他將藏品分類整理完畢。在他家吃了晚飯。晚餐前，我在陽臺上走了一會兒，有幾分鐘精神十分集中和莊重，但卻被我對土著姑娘們和英格里希家女僕的強烈性衝動攪壞了。我迷失在這片景色中。小山谷四周環繞著低矮的丘陵，其後的遠山依稀可見，甚至能看到中央山脈。這座房子被環繞在一片樹幹發白、樹葉閃亮的高大樹木中，透過樹林的縫隙，能看到種植園和長滿林木的山坡。西面的視野更為寬闊。在一小塊海面上，天空如同烈焰一般閃耀——映襯著低矮環山的黑色剪影。文學般的意象；在這番景致的美妙中，我再次發現了女人的動人，或說是我在追尋這種動人之處。一個絕色的美人正是自然之美的象徵。情感上的微妙躊躇；對真理的探求。在感受美時，我要努力掙脫掉肉欲快感的枷鎖。——在一片漆黑的夜色中，我和狄克回到家中。我非常喜歡他。我們談到了情人（sihari[91]）：「性非常美好，很多精液，很好。（Gagaia namo, usi ranu ia lao, namo herea.）他給我演示了當他們想和一個姑娘性交（gagai）時的〔姿勢〕：

90 馬嘎尼美若（Maganimero），里戈地區的一個土著民，馬林諾夫斯基稱他為一個特別聰明的人。

91 莫圖語，指情婦。在《*The Natives of Mail*》裡是如此解釋；而在馬林諾夫斯基的莫圖語詞匯表中，有他手寫的旁註「sihari——坐在女孩膝上的習俗」。

莫圖和里戈地區情侶之間的坐姿[92]……我和他去了廚房。露臺上躺著一條蛇。我們在廚房的臺階上坐了下來……我問他這裡的人知不知道同性戀。他說不知道，這是「壞習慣」（Kara dika）。然後說，「不要跟我聊這個話題，睡覺去吧。」因此，lau hereva henia lasi. Dohore ita lao mahuta〔我便再也沒多問什麼。過了一會兒，我們就回房了〕。

一九一五年二月九日，星期二

很晚才起床——阿休亞去了嘎巴嘎巴。馬嘎尼美若和其他幾個朋友來了。我感到〔筋疲力盡〕。（早餐後）和阿休亞一起〔尋覓〕煙草，然後觀察了一陣伊克洛（Ikoro）（附近的一個村子）來的一幫人，那裡的居民說一種與辛那烏霍洛語不同的方言。他們的鼻子與貝南（Benin）〔一種西非文化〕青銅人像的鼻子很相似，頭髮鬈曲但不毛糙。阿休亞說，這種直髮能在這些區域找到：胡拉阿、巴包（Babau）、卡瑞普魯和內陸，但不是內陸深處。他們還將白色〔織物或貝殼〕製成的珠鏈彎曲成環狀掛在腦後，從左耳掛到右耳。和馬嘎尼美若聊了聊——但因為身體疲乏且談話不停被打斷而進行得很慢。午餐在斯坦利家吃的。然後打包行李（阿休亞打的包，我在一旁打瞌睡還是讀書來著）。然後 kekeni（女孩）來了，我們派她們去取籃子。但話不投機；中間好幾次因為他們思想狹隘或無法理解我，讓我非常惱怒。我（在心裡）跟里戈那些舒適、極其漂亮的房子道了別。——地平線上蓋著一層厚實的植被。這讓我想起錫蘭的某些景色——雖然那裡其他的景色更美麗，也更具有雕塑感。但是，就植被的整體特徵而言，這裡的景色可能在別處也能看到（比如英格蘭等地）：

繁茂的森林之間，靜躺著一片翡翠般的草地，四周被樹木環繞……我覺得很興奮，而且身強力壯，於是就徒步往村子走。不知道是因為砷化物的療效，還是因為里戈宜人的氣候，總之我異常神清氣爽（上一次注射砷化物是在一日或二日，我應該把日期都記下來，這樣可以發現最佳規律）。我們摘檸檬的時候，我被螞蟻咬了（在里戈的時候，蚊子兇殘無比，特別是傍晚時分，或者有幾隻鑽進蚊帳的時候）。我疾步走向村落時……聽見遠處傳來了 bara 的旋律，更確切地說是 koalu 的旋律。他們的舞蹈很蹩腳；下過雨後，凹凸不平的地上滿是泥漿，他們在上面既不能 Schwung（旋轉），也不能動作幅度太大。他們只是踏著泥漿扭動；loa 既沒有邁魯式舞蹈的野性，也缺乏那種輕快。只是三四個女孩在圍著男孩們跳。白天時的藝術效果——絲毫沒有；夜晚，在火炬跳躍的光影中舞蹈，其魅力都差不多；不過這裡街道寬闊，到處都是樹木和 eva 柱子上投射出神秘陰影，這種魅力倒是被放大不少。我坐在警察家高高的門廊上，聽馬嘎尼美若和英格里希分別解釋歌曲和舞蹈的含義。每支舞似乎都有自己的 badina[93]，只不過邁魯人不知道而已。koalu 舞最初源於卡瑞普魯，現在流行於紐幾內亞的整個上流社會（beau monde）。一個來自內陸（gunika）（gunika haine）的妓女還是離異的女人吸引了我的注意——gagaia ura（想與她做愛）[94]！我和狄克從村子出發去了嘎巴嘎巴。我再次感到身強力壯；有點厭倦這幫野蠻人了，渴望投身於自然的懷抱。我已經開始集中精力並放鬆自己！未來的計劃……走在路上，我高大的影子落在路邊的棕櫚樹和含羞草上，叢林的各

92 在馬林諾夫斯基的邁魯研究中，他寫到：「莫圖人的約定俗成的求偶方式是男孩子坐在他的情人膝上。」
93 莫圖語，指事物的根源或因由。
94 莫圖語，ura指希望，欲望；gagaia指性交。

種氣味混雜成了一種特殊的味道——綠色keroro（一種樹）花的微弱而細膩的香氣，急遽生長的繁茂植物分泌的濃郁汁液；雞蛋花——氣味強烈如同薰香，輪廓雅致而清晰——一棵樹姿態婀娜，綠色的樹冠上鑲嵌著白色大理石般的繁花，微笑著揮灑下金色的花粉。腐爛的樹木，散發出的氣味時而如臭襪子或女人經血，時而又似正在「發酵」的佳釀一樣令人迷醉。我試著勾勒出一幅全景：大海寬闊、明快而閃亮——礁石上方浸著一層翠綠的海水，青藍的天空掛著幾條細雪般的雲絲。叢林中空氣悶熱，混雜著一種特殊的氣味，像音樂一般滲入肌膚，浸潤周身。遠山的線條和群島的輪廓看起來都姿色平平。快到嘎巴嘎巴之前，我們碰到了一群女孩，便與她們同行。我在漆黑的海邊坐了會兒；在黑夜的侵蝕下，村子的輪廓很難分辨。我們的船穿梭在露出海面的一片樁子中，算是一種繞著房子的防護柵欄，我不禁為自己能如此近距離的接觸「湖上住宅建築文化」（lakedwellings culture）而欣喜若狂。真情實感——在這太平洋上的威尼斯——海水拍打著木樁的聲音……我和警察談論了卡帕卡帕的習俗。隆比（Lombi）人和辛那烏霍洛人很相似。他們對內陸的友好態度可能正是源於他們對該地區襲擊的有效防禦。

十日，星期三

睡得很好：月華如水的冷夜。五點起床，阿休亞開始收拾。我大步跨過幾個平臺，就上路了。「普流利」號揚帆啟航。彼此道別。在風吹船帆的獵獵聲中，Mirigini（北風）漸漸停了（這一部分是我星期四下午坐在湯姆．麥克格蘭的露臺上寫的）。上午，我感覺很好。十一點左右，刮起一陣guba（強風）——烈日炎炎，萬里無雲，狂風毫無阻礙地掠過海面，——不一會兒我就頭暈目眩，幾次想嘔吐。然而，從登船到狂風刮起後的很長一段時間，是這段行程中我尤為享受的部分。我回到船艙，四仰八叉地栽在枕頭上，船頭每掉搶一次，我就將枕頭換到床的另一端。吃完早餐。風力很強，甲板都被海水浸透了，我的座位也被濺濕了。我挪到船尾，披著舵手的斗篷坐在馬桶上。卡帕卡帕的遠端鋪展著一串樹木蔥鬱的矮山，矮山上滿滿地覆蓋著一層白色茅草（rei kurukuru）——這片地區和里戈周邊區域很相似，只不過從遠處看去輪廓不甚清晰，也就沒有里戈迷人。過了嘎巴（Gaile）背後。船行在海上的任何時刻，我們都能遠眺到內陸，遠處一連串紛亂的山脈此起彼伏，五英里，種植園〔……〕。然後是剛才看到的矮山，堆積成一座高峰，裹在野草中，靜躺在蓋里穿插錯落著向天邊延展，最終融入和消失在中央山脈中。我們慢慢駛向了一處高地的斜坡，高地的形狀我們從遠處就已看清：一面高牆，大約有一千五百米高〔五千英尺〕，上面蓋滿植物，溝壑縱橫——很像卓哈瓦（Drohawa）溪谷中綠意盎然的山麓。這面高牆顯然遮蔽了身後所有的景物，君王般地俯瞰著這片土地，腳下匍匐著一片低矮的丘陵。我們一直搶風行駛，甲板上的積水四處飛濺。又一次頂風轉向後，我們便到了蓋里，接著又轉了一次向。那時我開始難受起來，太多細節都記不得了，只是貫穿始終的是，我間或有一種快樂主義式的情緒，彷彿正在「度過我一生中最快樂的時光」。到了圖普色類（Tupuseleia）——巴拉考（Barakau）就隱蔽在一座拱起的小山後；我們又頂風行駛了幾英里；大約三點半時，我們拋下錨；我坐在甲板上，有些失落。圖普色類就像一座建在水上的嘎巴嘎巴；屋頂上覆蓋著茅草，房子從屋頂到基底都渾然一體。看上去就像一堆堆乾草立在藍色的環礁湖上。新蓋的房子上（kurukuru草）如同一堆金色的（黑麥）稻草，被風吹雨淋的其他房子則呈現出舊草垛的灰白。退潮的時候，房子高高地立在結實的木樁上。房子開間狹窄，屋頂的排水槽看上去就像一隻奇怪的鼻子從捲裹的皮毛中伸出；這種「室內」空間的逼仄給人一種荒涼寂寥／毫無生氣的奇怪（stimmung）〔感覺〕——類似於威尼斯環礁湖的憂鬱感——這是一種背井離鄉的他鄉異客或失去自由的囚犯才能體會的心情。在昏暗的屋頂下，古銅色的人影恍惚，白色的雙瞳在幽暗中忽閃忽爍，結實的胸膛不時穿過黑暗，刺人眼目——maire（一種新月形的珠貝）。在村子內，從街道——或確切地說從水渠——看去，這裡倒是稍微有些生機。露臺上擠滿了人；很多鳳尾船（gondola）[95]；哭叫的孩子和狂吠的狗……我決定在村子裡過夜。在極度的疲倦中，我睡著了。然後……我、警察及另一個野蠻人在一艘大船（「雙獨木舟」〔double canoe〕）上航行……我疲憊無比，湧起一陣「恐尖症」（pointophobia）（對尖利物體的緊張和厭惡之感——「stichophobia」[96]？）的感覺。很晚才吃晚飯，其間我和阿休亞討論了 vada 和 belaga，事實上，在以前 vada 是一種公眾人物，他的穿著總是與眾不同，等等。我們談到 vada 的入會儀式；還有 babalan[97]，治療的方法等等，還有阿休亞何時去找 dogeta（醫生）和 babalan。——晚上我睡得很香。過夜的地方在「湖上住宅」中：外面是尖叫的孩子、狂吠的狗、從四米〔十三英尺〕高的地方向下撒尿的聲音。上午，潮漲得很高：「乾草堆」不再立在高高的樁子上，而是像直接漂在海面上了，將它們低垂的茅草鬍子浸在了海水裡。清晨的圖普色類很是宜人。村子後方是連綿起伏的丘陵，零零星星的樹木枝丫向四方奇特地延展；這些獨自生長的巨樹看上去就像匍匐在土地上的碩大蜘蛛。西邊——現在被太陽照著——一直延伸到塔烏拉瑪的島嶼和海灣的山丘沐浴在夕陽中。村子後方就是略微傾斜的高地，上面的溝壑清晰可見。昨晚的光線變幻莫測：浸潤著這個季節獨有的深黃。

二月十一日，星期四

在「普流利」號上，將枕頭擺放在最舒服的位置。我頭朝船尾躺著，每當船「掉搶」一次我就變換一次方向。和阿休亞討論了巴布亞的「科學」：關於礁石、雲、風的命名。我們談到了太陽和月亮，萬物的起因；還有koiaras。我們經過了塔烏拉瑪；我還在水面上的一個廁所中直接向海裡方便。過了塔烏拉瑪是普瑞（Puri），然後是瓦布克瑞和山上的基拉基拉（Kila-Kila）。今天感覺沒那麼糟糕。我們繞過馬努巴達（Manubada），然後一路航行到伊利〔瓦拉〕。我走到船頭——帆船真是一項非凡的運動！午餐只吃了一點；男僕們〔在莫爾斯比港〕將我送上岸。——住在麥克格蘭的旅店；我穿戴齊整（有點累），去見了錢皮恩——奧馬利和錢皮恩——兩人都很和善。回到旅店，寫了點東西，吃了晚飯。外面開始下暴雨。去拜訪……夫人：我們聊了聊〔普瑞德蘭（Priddlam）〕；她這人特別粗俗，讓人難以忍受。然後去了杜布瓦家，他家很多人，我和杜布瓦用法語交談了一會兒。回到旅館後，在和麥克格蘭聊天時，得知了在奧爾里克斯事件（Oelrichs affair）中「政府」所持的令人不快的態度，我對此感到非常煩惱。

95 也就是貢多拉，威尼斯特有船型。——譯註

96 尖利物恐懼症的正確英文是Aichmophobia，文中的pointophobia和stichophobia應該是作者忘記了正確的拼法而自造的詞。——譯註

97 指當地一種治療者，或藥師，通常也是通靈者。

一九一五年二月二十二日，星期一

在迪克亞斯（Dikoyas）〔伍德拉克島或姆如阿（Murua）島北岸的一個村子〕。我住在一個棕櫚葉拼成的帳篷裡，顫顫巍巍的地板則是由木棍綁在一起組成的。帳篷的開口正對著六十米〔大約兩百英尺〕開外的村子，就在斜下方，看上去就像被我捧在手中。矮小的棚屋直接搭在地上——看著就像大地被一股莫名的潮水沖開後，又將裂口粗糙地縫合一樣。進到村子後，我在高大〔茂密的〕叢林裡神清氣爽地走了走，就像在康提一樣——我又開始感到健康，身體每一個部分都很舒服……過去幾天，我的健康狀況並不太好。疲憊、乏力、還有我特有的神經緊張：恐高、厭惡尖利的物體。——從星期四到星期二，我都待在海港。我和阿休亞基本上什麼事情也沒做。我本來計劃星期六和他去孔阿瑞，但得知「莫魯度」號（Monudu）（因為「馬斯那」號〔Marsina〕船的遺骸問題而晚到了）可能在周一到達，所以就沒去找阿休亞。星期六下午，和斯坦福．史密斯聊天，他沒完沒了的政治見解讓我無法忍受，還老用（將來時）條件句，以第一人稱開始，而且絲毫不謙遜。星期六晚上在辛普森博士家聽留聲機，但疲勞及〔酒精的副作用〕（星期五在杜布瓦家吃飯的時候，喝了雪利酒及三大杯冰啤）讓我無法真正地享受音樂帶來的快樂。星期天一整天都感到很委靡。看吉普林的小說，比我在邁魯讀的那些差多了。星期天晚上應斯特朗邀請去他家吃飯，花了兩小時。——接著去見了錢皮恩，我和他〔相聊甚歡〕。哦，對了，星期六（還是星期五？）早上，我和布拉梅爾[98]去了博物館，我們「秘密」地說了一通當地殖民狀態的「壞話」。——星期一上午在伯恩斯．菲爾普那兒將行李包了個裡三層外三層，才辛辛苦苦地把它們弄回來。下午本來想寫信，但是錢皮恩給了我幾封吉拉尼提（Giulanetti）親戚的信讓我翻譯。然後又跟著他去了趟他住的小山上。〔H. A.〕西蒙斯（Symons）〔伍德拉克島的常駐法官〕來了——相互認識了一下。晚上在斯特朗家，我們聊了各種各樣的話題，就是沒有聊民族學。星期二上午，匆忙收拾齊整，然後跑到阿什頓夫人家，然後去銀行，去杜布瓦家；將東西搬到船上。

旅途中：第一天（星期二）工作。讀了塞里格曼；列了一個文章題綱，論述的是莫圖人和辛那烏霍洛人。午餐——對布拉梅爾很生氣。與西蒙斯聊天。下午又工作了一小會兒，但沒太多激情。紐幾內亞的海岸被濃霧和細雨包裹了起來。下午我們經過了胡拉阿，卡瑞普魯。上午（下午和晚上我讀了一本借來的吉卜林的書）大約七點時，海灣的群山上都下起了雨。我推測那會兒我們是在米爾波特海港附近。埋頭看小說——我的健康狀況顯然不是很好。早餐後（不，早餐前[99]）我們從船上可以看到蘇阿烏。我看到了農場灣入口處的金字塔形高山。厚實的雨簾遮蔽了山的景色，又將它以另一種形式凸顯出來。濕潤的植物散發著天鵝絨般的光輝，深深的影子看起來美妙絕倫，而被雨水沖刷的岩石顏色則更顯烏黑，透過雨簾看遠山的輪廓，就像現實的影子投在了屏幕上一般迷人。——橫穿蘇阿烏的通道被雨水沖壞了；但即便如此，一切看上去都非常美妙。我沒看到環礁湖內部的景色。——雨勢逐漸減弱，蘇阿烏沐浴在雨後的陽光中。我捧著一本書（吉卜林的）坐

98 布拉梅爾（B. W. Brammell），中心區常駐地方法官。
99 原文有下畫線。

下，遠眺莫底瓦灣（Modewa Bay）和美麗的巴克林（Bucklin）海角，我想我甚至看到有母牛在上面吃草！羅吉阿漸漸從地平線上出現了，遠遠看去就像一座金字塔。我們到達了薩瑪賴。我被海王（Neptune）折騰得受不了：頭疼加全身無力。風很大，博士的船並沒有立即出來迎接我們。我向他問了好。然後和牛頓[100]聊了很久。上岸。和博士及他的妻子一起吃了午餐。這一次肖夫人給我的印象更為深刻——一位了不起的女人，一個頗具美學造詣的人才。下午，從郵局到希金森住處，再到教區長的住宅。泛泛地聊了一下。牛頓送給我一本書。在島上四處看了看。去拜訪了博士及他的妻子，和他們一起回到船上。晚餐——對蕭夫人熱情無比——幾乎都要愛上她了。我們閒坐著，結果一個曾經騙了蕭博士一些錢的討厭倫敦佬插了進來。我提前上了岸。大概九點左右，去了教區長的住宅處，和牛頓聊了聊政治，在主教家的夜晚相當完美。清晨，看郵件，見希金森，讀吉卜林的書。與蕭博士、牛頓等人告別。圖思（Tooth）的漂亮女兒（哦，對了，上午去了醫院）。

去姆如阿的行程〔伍德拉克島〕：下午一點午餐。我們穿越中國海峽（China Straits）時，我從船艙到甲板上走了走。逃離現實的念頭像一個毫無新意的魔鬼，再一次將我按到甲板上坐下來看書（吉卜林：《山中故事》）。然而我周遭的一切太不可思議了！大海出奇地平靜，船兩側是青藍的深淵。右邊是薩里巴島凹凸不平的海岸，大大小小的島嶼上長滿了高大的樹木；左邊是遠山的剪影——米爾恩灣的海濱。更遠處，海岸線在兩邊漸漸消失；左邊只剩下東峽（East Cape）雲霧繚繞的峭壁，就像地平線刺向空中的利劍；右邊，一些黯淡的形狀若有若無地從那片永恆的青藍海中浮現出來，逐漸幻化為火山岩，尖利，金字塔似的聳立著，另一些則化身為平坦的珊瑚島：島上魑魅的森林飄浮在一片正在融化的藍色天空中。這些景致一個接一個地逐漸清晰，又默然消失。天色慢慢暗沉——只剩下雲上磚紅的斑點——東邊是一片平坦的珊瑚礁島嶼，金黃的沙灘上傲立著一棵棵巨大的樹木，映襯著冷青色的天空和大海——不禁讓我想起了維斯瓦河（Vistula）的沙洲。晚餐。我讀了一會兒書便早早上床了——美輪美奐的天空。很晚才睡著——已經能望到姆如阿了——只是景致並不特別。紅樹林環繞著環礁湖——南邊是蘇洛嘎（Suloga）的群山；我們面前立著一座小山：庫魯馬道（Kulumadau）。花了很長時間才靠岸。坐汽艇遊了一圈，內河邊都是高大的樹林；船庫，裡面有幾個警察。回到船上；我和西蒙斯一起上了捕鯨船，沒靠人拉，全憑自己爬上去的。累得厲害，令人窒息的悶熱極難忍受。之前在紐幾內亞從沒感到這麼無力……我徹底喪了志氣。去見了塔阿非（Taaffe）「博士」。然後去了殖民政府（M. G.）辦公室。西蒙斯不是很友善。夏龐蒂埃（Charpentier）以牧師的身分接待了我。我們聊了一些關於土著的話題，但主要還是關於政治的。大約六點去吃晚餐，見到了穆克里希（McCliesh）。之後又去了夏龐蒂埃家；碰到一個喝醉的英格蘭人和兩個矮小的猶太人；我喝了一些啤酒，也醉了。夏龐蒂埃跟我聊了很多土著的事情，但我忘得一乾二淨。然後睡覺，睡得很好，但是感覺糟糕透頂——汗流浹背，對自己的懶惰也厭惡透頂。去拜訪了夏龐蒂埃，聊了關於技術的話題……回家；徹底筋疲力盡。讀吉卜林。忽然一個警察帶著一群男僕出現在我面前。那會兒我累得一步都邁不動了。然而我還是收拾整齊準備工作；在夏龐蒂埃幫助下——他試圖說服我，讓我相信政府的協助有百害而無一利——我跟著男僕們出去了。實在太累，一有空就靠在〔莫爾頓（Moreton）〕和另一個男僕身上。我們在森林裡停了下來，男僕們

100 亨利・牛頓牧師（Rev. Henry Newton），紐幾內亞教會的助理，塞里格曼和馬林諾夫斯基都提到了他。

幫我扛著東西。不可思議的蠻荒之地……看上去就像康提版的《霍頓夫人的馬車》（*Lady Horton's Drive*）。蕨類植物像長在樹上的枝狀大燭臺；巨型樹木的樹幹龐大無比；腳下的灌木毫無節制地瘋長。黑暗、陰鬱、奇特。我舒服地倚靠在兩個男僕身上四處參觀。過了一會兒，我們走到了一片乾枯的叢林裡。再次能和紐幾內亞的男僕們獨處，尤其是獨坐在棚屋內，穿過〔棕櫚樹〕的蔓葉望見村子時，我感到欣喜若狂。又一次看著男僕們衣冠不整的樣子，又一次坐在離他們幾步之遙的地方。那晚，儘管我特別累，但我還是和奧斯（Aus）聊了聊〔……〕。然後去村子裡拜訪了一位老人。

星期日早上，科學會議。然後是宴會；之後我躺在床上讀蕭博士的文章，頭疼……星期一（整晚傾盆大雨，從房頂漏下來滴到床上）暴雨，我又坐到kaha上同〔莫爾頓〕及那個老人商討。午餐後，我又讀了會兒書，頭很疼。愜意地沿著海濱走到斯皮馬特（Spimat）。砷化物和咖啡因〔徹底讓我清醒過來〕。同阿麼雷（Ameneu）一起從〔……〕走到W……然後走到挺立在珊瑚礁邊的寬闊叢林中。小路上滿是盤繞纏結的樹根，一直向前延伸——簡直是一個不可思議的美麗公園。我們跨過〔盤根錯節的〕樹根、潮濕的岩石，穿過半腐朽的樹林——我們一直走，直到從樹枝的縫隙裡看見波光粼粼的大海，聽到海浪千篇一律的澎湃——這些響聲迴盪在山間和林中，混合成一種模糊的嗚咽。我想起了文特諾（Ventnor）。巨樹上爬滿旋花、常春藤、匍匐植物；我穿過一個環形的山谷，一直走到海邊。海天昏暗成一個顏色，堅實的沙灘卻潔白如舊。海灣小而淺，被陸地上的兩座矮山抄手環繞——看去就像兩堵密不透風的樹牆。沙灘上長滿各種樹木和棕櫚，沙灘上空的椰樹和其他一些樹的樹冠從背景的一片油綠中跳離出來，就像離群索居的浪子。心情極佳。阿麼雷高興得聲音都變了，我也是。我們觀察了奧斯的 waga[101]。然後返回。不時感到疲憊，但程度不嚴重。晚餐吃的烤香腸和南瓜，與奧斯聊到鬼怪和 rabu。——今天（星期二，一九一五年二月二十三日），梅瓦德（Mewad）很早就把我叫醒了。

三月一日

上了「馬斯那」號，我們越來越靠近凱恩斯。今天我的頭有點脹，但總體感覺身體還行，精力也不錯。目前最重要的事情就是在澳洲期間不能浪費光陰，而是要最有成效地利用它們。我必須寫一篇關於邁魯的文章——或許還可以寫一些別的地方，但邁魯的文章是最緊要的。我應該在力所能及的情況下盡量參觀博物館。這樣才不會虛度！我必須給阿特利·漢特一份詳盡的報告，這樣才好打動他。過去幾天雖然感覺不太糟，但我還是沒好到可以投入工作的地步。讀了點牛頓的書——與萊昂斯（Lyons）聊天。事實上，我沒有和克雷格小姐（Craig）和內維特夫人（Nevitt）調情，並非我有意而為。我本打算追求後者，卻被兩件事情搞得很懊惱：⑴她在到達凱恩斯之前便要下船；⑵她無比愚蠢，也不能真正吸引我。我必須分清事情的輕重緩急。二十三日，星期二，上午在家工作，效率不高。沃斯（Waus）〔顯然這裡是奧斯的另一種拼寫〕有一個朋友，他給了這個朋友一件

101 泛指初步蘭群島上一切能航行的船隻，也指大型的組合獨木舟

bagi，又和他聊了一會兒[102]。上午我和土著討論了可怕的鬼怪和葬禮。心血來潮決定再多留一天。下午，我去了他們取水的小溪。走在蕨類植物之中——就像有蕾絲花邊的洋傘。小河在密實的植物中蜿蜒。我沿著河岸在類似蕨類植物的樹叢中穿梭。枯朽的樹幹架在小溪上方，暗綠的溪水在石間流過，緩緩〔向下傾斜〕的河堤上長滿植物——從一面僅能窺見一角的陡峭崖壁上，溪流從中間艱難地流出來。我向上爬——某種混合著碘和硝酸鹽臭味的松脂黏在了我的脖子上，灼到了我。我繼續向前走，到了一個荒廢的園圃——看到小溪的又一個分支——彎腰，兩手摸索著，我鑽進了黑暗的叢林。回來的時候有點累（我去探望了生病的阿麼雷）。第二天（二十四日星期三），我起得很早，準備停當，就去了村子〔……〕去庫魯馬道。紐瓦德（Newad）和另一個男僕攙扶著我，其他幾個則幫我扛行李。好在及時趕到。下雨了。雨勢見小之後，登上一艘船——因順利上路而偷偷竊喜。航行——午餐——最後船起錨。我坐在船尾，望著蘇洛嘎灣（Suloga Bay）——美景盡收眼底。連綿的群山上鋪蓋著厚實的植被，蔚藍的海面上漂著一根根綠色的綢帶，原來是較淺水面下的珊瑚的折射。我們先向西面航行。北邊是低矮的紅樹林環礁湖，南邊是蘇洛嘎上的群山——這裡是以前唯一產石器的地方。——我們順著平直的河道前行，兩岸堆積的珊瑚尤為引人注目，到處都是被一串串白色浪花捲裹的綠意。我感到神清氣爽。大海開始更加洶湧澎湃。我和布拉梅爾合作完了一個計畫，為博物館添了點藏品。我們聊了很多事情——頗有趣味；總體上講，我跟他相處得很好。

晚上，對內維特夫人欲火中燒。於是我下去找她——發現她和鮑爾（Ball）一家正待在船艙裡。第二天（二十五日星期四），早晨六點，在一夜煎熬之後醒來——發現我們正在穿越中國海峽——黎明的輝光穿過熱帶叢林灑在大地粉紅的胴體上；海面散發著釉瓷一般的藍色光芒。薩瑪賴〔盆地」的景色十分美妙。羅吉阿，狀如西藏的氈帽，內陸的丘陵則圍成了氈帽上的一條美麗緞帶。我和蕭一起上了岸，吃早餐，取了一個寄給比迪（Biddy）的包裹和一封給安德森（Anderson）的信。和鮑爾繞著小島散步。迷人的景色。大海穿著節日的盛裝，海岸的曲線優美得無可挑剔，浪花輕輕拍打著，在微微傾斜的棕櫚樹下堆起一層銀色的泡沫。我很想給N.寫信，還在心中構思了一封（一九一五年三月三日）——將我在這裡經歷的妙處告訴她。有幾刻，我產生一種對她的強烈同情，並渴望同她建立友誼。但男女之情仍然只為T.留。——碰到牛頓，和他一起去了教區長管區——在那裡，心情愉快地和他們夫婦閒聊了一會兒。去探望希金森，他得了瘧疾。和他聊了一會兒我就回去了，走之前告訴了他警官的事以及我擅自索要椰子的事。我叫上蕭博士吃午飯，又去邀請了牛頓一家，他們非常禮貌地接受了邀請。——午飯吃得索然無味；飯後我們坐下來聊了一會兒。和他們一起返回教區長管區，我收到一件禮物：一個獨木舟船頭雕刻。船啟程了——女伴同行——克雷格小姐。我坐在船尾——浸潤在陽光之中薩瑪賴港灣從面前經過；看上去很美——泛著金光的青蔥樹林，寶石一般湛藍的海面。羅吉阿背後，幾面峭壁高懸在寬闊的海面之上。到達蘇阿烏之前，天已經黑了。我們駛過朝海的一面。和布拉梅爾聊天，然後和博羅斯（Burrows）——一個從薩瑪賴來

102 這顯然是馬林諾夫斯基第一次意識到「庫拉（Kula）」制度存在的證據。「庫拉」是這個地區一種複雜的交換制度，後來成為《西太平洋的航海者》一書的主題。在此書中，他在四七七頁中寫道：「一九一五年初，在迪克亞斯（Dikoyas）的村落裡，我聽到了海螺被吹響的聲音，村落裡一陣騷動，然後我看到一個大的bagido'u贈予儀式。當然，我問起了這個習俗的意義所在，他們告訴我說這是探望朋友時的一種交換。那時我根本不知道自己見證了一次生動的展示，最終，我才發現這就是『庫拉』。」

的人——聊天，非常有趣和愉快。我和他討論了一些可能的探險，以及最終的合作，搜集民族學數據的項目等等。

二十六日，星期五

沿著紐幾內亞的海岸行駛：清晨濃霧緊鎖。桌子岬（Table Point）。完成了導論部分，交給了布拉梅爾和博羅斯。在胡拉阿時我四處張望，幾次試著朝克雷格小姐的方向看去，均以失敗告終。倒是成為了內維特夫人的好友。和博羅斯聊了很久。晚上，到達莫爾斯比港。我站在駕駛臺上，看著我們的船駛過暗礁夾縫之間的航道。接著拋下錨。港灣的海面十分平靜。杜布瓦夫婦。喝了點啤酒，很晚才睡覺。

二十七日，星期六

由於蚊子和蚊帳的困擾，睡得很差。通過港口時，文件遇到一些問題。我從貨艙裡將自己的東西搬上岸。麥克格蘭、阿什頓夫人、錢皮恩、阿休亞、長官閣下〔默里〕——我又一次感到疲憊和狀態不佳。啟航。我坐在後面眺望海港，圖普色類背後起伏著連綿的群山——風景終歸還是可人。有點輕微暈船。進艙。晚上——

二十八日，星期日。上午——？

讀了點〔牛頓〕的東西。晚上想起斯坦斯，於是提筆給他寫信。我不時會感到興奮；我已經到過了紐幾內亞，並且做了很多事情。對於更好的工作成果，我也指日可待——有頗為明確的計劃。因此[103]——情況並不像我剛到這裡時預感的那樣無藥可救。並且和剛到相比，我的狀態也沒有變糟。現在我是一名更稱職的水手，腳力也更為強健——距離不再讓我恐懼。——望著大海，我感到心中充滿了快樂。沒錯，這一切尚未結束；但相較於以往的恐懼與疑惑，我已經取得了勝利。

三月一日，星期一

通往凱恩斯的沿途風光美妙絕倫。從清晨開始，海岸上一直雲霧彌漫。我們貼著峭壁駛過，海浪在岩壁上拍打出層層浪花。群山的輪廓越來越清晰——玫瑰色的身影映襯在綠色的海面上。有的山體還帶著岩石掉落時砸出的痕跡。在左面，高聳的群山頭頂著壯麗的山峰，看上去就像教堂的塔尖。右邊則是連綿美麗的群山。小鎮處在群山之間的空谷中，背靠一個小山岬還是舌狀沙嘴。全然沉浸在這片美景之中。這種景色讓我隱約想起巴勒莫（Palermo）。山上覆蓋著繁茂的植被。這一次我對那些最初讓我非常著迷的紅樹林視而不見。博士彬彬有禮。軍事管制。沿著海岸漫步。去年

103 原文有下畫線。

九月我也曾漫步於此，但此時我感覺自己強壯了很多。回到船上——如果不是船延遲啟航，我可能已經錯過了。啟航；這次我沒有欣賞景色而是選擇了同鮑爾夫婦喝酒。然後我讀了牛頓的文章（我恪守自己關於小說的承諾）。接著，下午和萊昂斯一起工作，但實際上，大多數時間我們都在講哈登和L. M. S.的壞話。晚上，喝了三杯啤酒。結果，周二（三月二日）我還在宿醉和發燒——懶怠，大腦貧血，乏力。上午，我開始整理手稿——但到最後感覺筋疲力盡。下午讀了一本小說（雅各布），到甲板上欣賞奇妙的降靈航道（Whitsunday passage）[104]。晚上，一直讀小說（插一句，這本書還不賴），〔達到了犯睏的預期效果後〕，服了十粒奎寧，十點左右就睡覺了。

三月三日，星期三

並沒有太大的好轉。大腦仍舊貧血，可能與大腦與視神經之間的典型性血液阻塞有關。上午和萊昂斯一起工作。下午……我讀了更多牛頓的東西，一有空就盤算在澳洲停留時要做的事情；別的時間則思考關於邁魯的文章。晚上和大夥聊天，十點前便上床睡覺了。糟糕的一夜，跳蚤肆虐；船一直顛簸。

三月四日，星期四

今天感到情緒頗為低落。輕微暈船。想對這次航行做一個總結。其實這些美景讓我心中充滿了一種似曾相識的快樂。當我凝視它們時，所有的一切都在心中迴盪，如同聆聽一場交響樂。而且，對於未來，我滿腹規劃。——海納百川，與天同色。間或地，粉紅的山體輪廓從薄霧中閃現，在這鋪天蓋地的湛藍中，它們就像真實世界的幽靈，又如那些充滿活力的青春少年還未成形的思想。在這薄霧中，你僅能勉強辨認四周散布的小島的模糊輪廓——它們彷彿朝著某個未知的終點前行，神秘而孤獨，完美無瑕——自成一體。

四周的海面上漂浮著珊瑚島，如同在平靜的海面上滑行的巨大木筏。偶爾，這些景致也會呈現出生動的模樣，融進〔赤裸裸〕的現實世界。這時，一個蒼白的剪影搖身一變成了一座佈滿岩石的島嶼。巨樹立在衝擊而成的海灘上，遠遠看去就像從海平面上拔地而起。山坡上叢林密布，偶爾幾棵大樹如高塔般從中聳立，其間還有或白或粉的岩石從植被中探出身影。

一九一五年八月一日——在中斷了五個月之後[105]

在歐馬拉卡納（Omarakana）[106]。這麼長時間都沒有寫日記真是太遺憾了——今天是個重要的日子。昨天到今天，我終於理清了長久以來一個隱隱約約的想法，之前它一直徘徊在那些混亂的願望、

104 由降靈群島最北端的一片島嶼組成的航道，位於澳洲昆士蘭，由庫克船長在一七七〇年發現並命名。「降靈」是一個宗教節日，用於紀念發現的日子。——譯註
105 這是馬林諾夫斯基第二次田野調查的唯一記錄，這次調查自一九一五年五月到一九一六年五月，都在初步蘭群島進行。
106 初步蘭群島中最高酋長（the Paramount Chief）所居住的村子。

夢想和不安之間——現在終於現身了——我一直在認真思考同N.結婚的事。即便如此，我還是不太確定。但我想見到她，看看這是否可行。從明天開始——不，今天開始——我要開始寫另外一本日記，還要把過去那五個月的空白補回來。如果最終我與N.結婚了，一九一五年三月和四月將成為我情感生活中最重要的月份。《伊維琳·伊尼絲》（*Evelyn Innes*）給我留下了極其深刻的印象，這是康拉德的一本巔峰之作。

第二部分

一九一七年—一九一八年

日復一日，無一例外，我要按時間順序記錄下我生活中的事件——每天都要有對前一天的記述：對事件的反思，對道德的評估，我生活主線的定位，以及之後一天的計劃。

整體計劃最終將取決於我的健康狀況。目前，如果身體允許，我必須獻身於工作，忠誠於我的未婚妻，努力達成為生活和工作增加深度的目標。

星期日，一九一七年十月二十八日，在南回歸線上

對之前幾周的回顧[1]：

九月我去了趟雪梨，為的是搭上「馬斯那」號【去莫爾斯比港】。最後一個晚上和埃希[2]在我的房間度過。周三收拾了一下行裝；和保羅、赫蒂[3]、莉拉[4]共進午餐，埃希也在。回來的路上，莉拉回家了，我則和埃希同路。在車站喝了點茶，聊了聊特佩恩（Teppern）和安・德爾布拉德（Ann Delprat）分手的事情。米姆（Mim），道別。

〔去雪梨的〕旅途。我告訴了大夥兒我要去的地方。感覺很好，一想到不久就可以重新在廣闊的天地中生活就感到高興……雪梨：得知船已滿員，很懊惱。伯恩斯・菲爾普（B〔urns〕P〔help〕）[5]；查理・赫德利（Charlie Hedley）。軍隊。反感雪梨這座城市。

歸來（碰到了一群土著和混血兒）。保羅在車站接我。在法蘭西斯餐廳（Café Francais）吃午餐；埃希祝詞：「長命百歲」；音樂會，與兩位貝克（Peck）小姐一起；聽的是布拉姆斯（Brahms）；晚上在貝克家度過。周日在庫勒（Khnuer）家（希金斯〔Higgins〕法官）；晚上和米姆及埃希共度，

然後和她們一起走回城。

我在墨爾本住下來，好像要在那兒住一輩子似的。我待在家裡，第一個周四晚上Zlotko（意思是「金子」，對埃希的愛稱）來看我。我通常在晚上四點到八點和她待在一起。我對她十分依戀，非常喜歡有她陪伴。我也不能再懷有過去那種陀思妥耶夫斯基式的情緒——某種暗藏的反感或敵意，混雜著強烈的依戀和興趣。那段時期（去阿德萊德之前）我心情不好，有時不得不「逃離自我」。我猜想，自己對她的感情源於她智識和人格的魅力，而不是強烈的性欲。

從雪梨回到墨爾本一直到再次出發的這段時間中，我的研究頗為順利，主要集中在社會經濟學。我讀了《股份和股票》（*Shares & Stocks*）以及Ely. 寫的經濟學的教程——期間我同斯賓塞[6]見了一

---

1 第二本日記的其中一個章節被放在本書最後，它被馬林諾夫斯基稱為「回憶日記」。這裡是最開始的記錄，寫於他第三次遠征到達紐幾內亞之後直到離開之間的這段時期，其實是唯一和過去的「回憶」有關的部分。我們考慮到它展現了馬林諾夫斯基在墨爾本遊歷的情況，也包括一些人名和情景——這些內容在第二本日記中被反覆提及，所以在日記本身開始之前插入這些記錄。「回憶日記」的其餘部分主要包括一些社會學理論和未成形文章的題綱。這些內容的絕大部分在本書中被略去了。

2 埃希·曼森，墨爾本大學的化學教授戴維德·奧姆·曼森（David Orme Masson）爵士的女兒。當時她是墨爾本醫院的一名護士。一九一九年和馬林諾夫斯基成婚，一九三五年去世。

3 保羅（Paul）和赫蒂（Hedy）是維也納的保羅·庫勒（Paul Khuner）夫婦，馬林諾夫斯基一生的摯友，他們那段時期正在墨爾本。

4 莉拉（Lila）或雷拉·貝克（Leila Peck）（馬林諾夫斯基兩種拼寫都用）。還會提及米彌·貝克（Mimi Peck），二人顯然是姐妹。

5 下文簡稱B. P.。——譯註

6 沃爾特·鮑德溫·斯賓塞（Walter Baldwin Spencer）爵士，著名的英國民族學家，和吉倫（F. J. Gillen）共同發表了一些重要的關於澳洲土著的專著。他在馬林諾夫斯基早期的工作中給予了鼓勵。

面，又拜訪了阿特利．漢特，被弄得方寸大亂：周三見了斯賓塞，周四再次專程拜訪他，同時在當天給漢特寫了一封信。埃希周日看了這封信（那天晚上我和庫勒夫婦在一起）；第二周的週二，漢特又來了。接著的周四，同埃希和米姆在庫勒家。第三個星期的周六早上，我得知十九號就要出發。我感到筋疲力盡。同米姆和布朗（Bron.〔布朗尼羅維斯基（Broniowski）〕）散步。晚上住在庫勒家。

周一，埃希來到庫勒家；我感到有點虛弱；睡覺，然後她和保羅來看我；我們聊了會兒；我讀歐．亨利，保羅朗讀了沃爾特．帕特爾[7]的摘錄。埃希醒了，起床。在草地上聊天。我送她到醫院。第二天早上，Zlotko來看我，主動來的。周三——？周四下午我們見了面，那天早上Zlotko來住處找我，中午我和米姆一起吃飯（路過醫院，米姆說我們動作得輕點，免得驚動了埃希！）。

下午，四點左右，我們決定去墨爾本港。端坐在前車廂。新的環境給了我們新生活的感覺。〔埃希〕餓了；我們和幾個年輕的水手喝了會兒茶。去了海邊。美輪美奐的日落；我們計劃一起乘帆船去南美旅遊（假設我們已經訂婚——這種情況不多）。海面上金黃的底色映襯著變幻莫測的雲彩，遠方船隻的輪廓若隱若現。我們沿著海灘走到了聖基達（St. Kilda）。夜幕降臨。搭火車回城。在巴黎餐廳（Café de Paris）吃最後一頓晚餐。又為了取一把涼傘返回墨爾本港。在一二八號只停留了一小會兒。——她去了夏羅妮，我去了庫勒家。

第二天赫蒂和我去了一二八號，收拾了行李；保羅採購了各種物品（為了早點見到埃希，我就匆忙收拾了一下行李）……下午……和埃希一同去了軍營，在那兒我等了很長時間，一個紅頭髮女孩兒仔細核查了我的准行證[8]。然後去看望阿特利．漢特，他顯然心情不錯（漲工資了？）。埃希在公園等我，見面後我們一起去了植物園（前天我給她買了一把涼傘）；那天我們在傳教士站

（Missionary House）裡買了一些蕾絲。在公園中，喝茶，繞著池塘散步，岸邊綴滿紫藤花；我搭了晚上的火車，她給瑪利安（Marian）買了套和服。在庫勒夫婦家裡我喝了點酒，冷嘲熱諷，得罪了米姆。最後一刻見到布朗尼羅維斯基；回家，我們〔將她〕送到夏羅妮，一路閒聊。

周六，E. R. M.[9]來了；我們最後一次在一起。我們將行李裝好（她穿著紅色和服）。我去了趟藥房，巴克哈斯特（Buckhurst），午餐（接了個電話，是壞消息）；我趕到一二八號，E. R. M.還穿著睡衣，她飛快換好衣服；我打電話給莫利（Molly）；我們出門；鎮定下來；回來；我的摯愛傷心無比，我也非常沮喪。見到保羅和赫蒂；與這家人道別；乘了輛馬車去墨爾本醫院。我很平靜，彎下身來把所有東西捆好。困難的是郵遞包裹……

雪梨荒涼而陰鬱。維多利亞港，宮殿牌咖啡燙且澀口。我坐下來寫作；卻因沮喪無法專心。我去了港口，給埃希和庫勒寫了信。但我還是沒有特別情緒化。晚上十點左右回去睡覺。周一：見B. P.，銀行；車站；軍營；再次見B. P.；和赫德利吃午餐……晚上我在米切爾（Mitchell）圖書館待了一會兒。第二次給E. R. M.寫信。睡覺。周二早上登船；採購；和布朗尼羅維斯基老兄吃午飯。

離開：商店的背面——文明世界的最後一瞥。橋上站著很多女人。為眼下未知的航海旅行而憂心忡忡。航行在雪梨灣中，我突然感到無比孤獨，想念E. R. M.。到了晚上我已經和二副成為朋友，

7 沃爾特·帕特爾（Walter Horatio Pater, 一八三九至一八九四），英國作家，藝術和文學批評家。——譯註
8 在第一次大戰中，作為奧地利國民，理論上馬林諾夫斯基在英國領土內是敵國公民。
9 埃希（Elsie）的簡稱，下文會反覆出現。——譯註

我們聊起了N. G.[10]……還有上一次遠航。我再度被N. G.吸引；駛向那裡的念頭讓我歡欣。

周三無甚可述——我和一位海軍軍官成為了朋友，閱讀，寫了一點東西。我有點輕微暈船。周四：下午四點左右，我們駛入莫爾頓灣（Moreton Bay）[11]。平靜的旅途。我沒顧上四處觀察，光顧著說話了。我看著月光下的河流，想起了英國協會，斯坦斯，馬克爾恩（Mackaren）和迪金森小姐（Dickinson）。被遺棄的陰暗碼頭；龐大的灰色運輸船。收到梅奧夫婦的消息；開車過去；給E. R. M.電報。

在梅奧家裡，豪邁地介入關於宗教的討論。然後我們又聊起了政治以及梅奧在工人中的活動。我睡得不夠，還容易醒。早上，簡短的交談；我給E. R. M.寫信。我們出發，和他們在皇后大橋附近告別。我搭了輛電車，買了點覆盆子汁；到船上；大約下午一點再次出發；河裡有很多墨魚……

到凱恩斯的旅途（周五到周二）：給弗雷澤和加德納寫信；和大家玩了會兒橋牌；我感覺還好，但沒有創作的衝動。凱恩斯：我向兩個人做了彙報；呼吸到熱帶的第一口空氣。周二到周四，去往莫爾斯比港：暈船，什麼都沒吃，不停嘔吐；頭疼，但並未感到無比絕望；只是感覺虛弱，但「尚可忍受」。

在莫爾斯比港，去看望斯特朗；那頭豬竟然沒請我在他屋子裡住下。於是我在他的走廊中自己搭了個「帳篷」。可怕的炎熱；早晚都待在他的走廊和屋子裡。寫信；一到晚上就開始渴望喝一杯白蘭地。對於我待在他這兒這件事，斯特朗毫不掩飾他的憤怒。總體而言，這樣做讓人不舒服，也是很不明智。〔博阿格（Boag）〕和氣多了，但也很不正常。關於這兩個人的空洞無知，他們對戰爭的態度，對女人的態度，他們生活的目標，我有很多想法：他們擁有無數可用的資源，卻無所作為；他們把正常的生活弄得亂七八糟，還沒把絕佳的機遇利用起來。

薩瑪賴。一九一七年十一月十日

昨天我六點半起床（之前一天睡得很早）。我讀了一段自己的日記（以前寫的一個片段），以及歐·亨利的一個短篇小說。有幾陣無比熱烈地思念E. R. M.，我在腦中喚起她的樣貌——一種直接的情感衝擊：她在圖書館樓梯間碰見我的情景，她早上來看望我並叫我起床的樣子，等等——大概十二點左右我走出門，繞島走了一圈。腳下滿是泥濘——下雨天，冷颼颼的，風從山上吹下來（或許夾雜著雪？）。吃了午飯，和所羅門聊了會兒。午睡，被叫喊「卡友那」號（Kayona）〔一隻船的名字〕的聲音吵醒——我將它錯聽成「伊塔卡（Itaka）」。我走到岸邊，B. P.，以及B. N. G.（威爾克斯〔Wilkes〕先生，他跟我提起托馬斯〔Thomas〕，並給了我幾張照片，還讓我找一天晚上拜訪他）。然後去醫院，我在腦中想像著親吻了「護士長」，她看起來很迷人。泰迪（Teddy）·〔奧爾巴赫（Auerbach）〕用他搞笑的土語告訴我關於金礦、股份和所有權的事。我又繞島走了一圈（碰到兩個來自邁魯的人）；晚飯，與所羅門和侯普（Hope）船長聊天，後者提出一個悖論，即所有的生意都是一場賭博，而我則將社會主義定義為從生意中將賭博根除。這幫以其熱帶特有的懶惰（和

10 紐幾內亞。——譯註

11 太平洋一小淺海灣，凹入澳洲昆士蘭省東南岸，為布里斯班港的門戶。——譯註

無禮」令人反感的人！晚上我去了醫院，泰迪．〔奧爾巴赫〕大講特講關於「受覲禮」的故事……整個過程中我卻在下意識裡期待著被介紹給護士認識。九點，他和幾個人一起離開，我一直坐到十點半，同……夫人調情，她倒不蠢，雖然太沒修養。我在腦中撫弄她，脫去她的衣裳，計算著要花多長時間把她弄上床。在此之前我還有一些關於……的淫蕩想法。一句話，我在精神上背叛了〔埃希〕。道德層面上：好的一點是，我沒去讀小說，可以更有效地集中精神；壞的是，在腦中和護士做愛，又起了……的淫蕩念頭。另外，我還有一個可怕的癖好，即在腦中同那些糾纏我的流氓們爭辯，「教訓」他們，尤其是默里。（我想像著）這種教訓以諷刺挖苦的語氣出現在一部巨著的前言中，出現在皇家學會[12]緊接著默里的講座之後我自己的演講中，出現在針對他兄弟的評論中。我還同斯特朗、B. P.、坎貝爾（Campbell）等人爭吵，激怒他們。——不過，我也知道這有多荒謬，下定決心停止這種行為。

今天一早上都在徒勞地等待著「伊塔卡」號。我意識到如果我能控制自己不時的精神錯亂，真正與世隔絕，真正決心開始堅持寫日記，我待在這裡的時間就不會被浪費——並且這樣做也是為將來考慮：E. R. M.是我的未婚妻，更重要的，只有她，再無他人，為我而存在；我不能再看小說了，除非是生病或處在深度抑鬱的狀態下；我必須預見並預防上述任何一種情況。我待在這兒的目的是為了民族學調查，我不能去想「報復」或「懲罰」，我不能把斯賓塞、默里或其他任何蠢貨看得太重。

一九一七年十一月十一日，星期日

昨天：早上我寫了幾句，「思考」了一會兒，時間就荒廢了。大約十一點左右我去找B. P.——一個盒子不見了。然後去找B. N. G.，買了鞋子、果汁。泰迪．A（Ted A.）[13]對我「很無禮」，我有些生氣，但忍住沒發火；回到家，給布拉梅爾寫信，吃午飯；給船長和泰迪看了我的手冊；小睡了一會兒；給雷拉（Leila）和〔稅務局〕寫信；我去了斯皮勒（Spiller）家；船長在那兒，正對著薩瑪賴的居民謾罵。然後我獨自在島上走了一圈，有點累，肝火旺。我不時跑跑步，晚上吃得很少，感覺不錯。去看望亨頓（Hinton），一個年輕的倫敦佬，面容英俊而坦蕩，下流笑話講得巧妙詼諧，並且「熱愛音樂」——他還會自編自唱多愁善感的情歌！

我第二次走遍全島。金星懸在羅吉阿上空。我試著集中精神回憶並總結過去二年的事。對E. M. R.最基本的感覺，對她深刻的信任，以及堅信她會給我寶貴的意見並寬恕我一切罪惡的信念，我將這一切都想清楚了。所以我會向她坦白，告訴她那些「深埋」我心裡的經歷。我渴望擁有英雄般、戲劇般的經歷，這樣就可以把這一切都告訴她。接著我開始熱烈地想念她，那種熾烈的激情幾乎讓我燃燒。Meeresleuchten〔波光粼粼〕：一道金綠的光芒在波浪中出現又緊接著消逝，神秘而慵懶。

12 皇家學會（Royal Society），全稱「倫敦皇家自然知識促進學會」，是英國資助科學發展的組織，成立於一六六〇年，並於一六六二年、一六六三年、一六六九年領到皇家的各種特許證。學會宗旨是促進自然科學的發展，它是世界上歷史最長而又從未中斷過的科學學會，在英國起著全國科學院的作用。——譯註

13 即泰迪．〔奧爾巴赫〕。——譯註

回到家，寫信給埃希——道德層面上我無可厚非。我不斷提醒自己對L.和E. R. M.的態度有著根本的區別，以此來壓抑自己對於L.的下流想法——一陣突如其來的對保羅和加地維加（Jadwiga）〔赫蒂的波蘭名〕的思念——我幾乎擺脫了關於「迫害」的念頭：我足以應對每一件平緩而來的事情。下定決心：今天寫完關於墨爾本的回憶，為了自己。

星期一，一九一一年十一月十二日

昨天，寫完日記之後，我散了一小會兒步。空氣很清新，略微有陣冷風，但是陽光很熾熱。感覺不錯，需要運動，跑了幾步。早飯後我打算著手寫回憶日記。我磨蹭了一會兒，翻了一會兒雪梨《信報》，看了看插圖。我把我的文稿從「船長」那兒要回來，拿給了亨頓。船長說當地土著沒什麼意思，是一群沒風度的下等人。——接著，我以題綱的形式開始寫回憶錄，期間幾次被打斷。還寫偏了題。大約十二點半，做體操，我覺得自己體力充沛。可怕的炎熱。午飯過後我讀了斯文博瑞〔波蘭語斯溫伯恩（Swinburne）[14]的雙關語，意為「灰色的豬」〕。我躺了一會兒，但沒有睡著；我嘗試趕走那些淫蕩的念頭。三點起床，和泰迪一起等「伊塔卡」；天氣即使對泰迪而言都酷熱難耐。我筋疲力盡，什麼事都幹不了。寫信：給梅奧夫婦，給波爾（Bor〔……〕），和埃希。我洗了個澡，去斯皮勒那裡和他聊了沉船和斑疹傷寒症。然後在島上走了一圈：很多人；男孩兒們在吃椰子，吹長笛。對我而言，薩瑪賴這些半開化的土著天生令人反感和乏味；我沒有一丁點兒研究他們的欲望。我想起了埃希，記起了我們最後一次在一起時談論的那些關於社會主義者的話。晚飯，在走廊上和船長聊起了英國的政治。他情緒激動地謾罵阿斯奎斯[15]，吹噓他與斯馬茨及博塔[16]的私交……等等等等。還有他為保守主義的辯護。我點頭表示同意，然後發表了一段反德國的長篇大論（其實我這樣做很蠢）。同旅館老闆的三個女兒閒聊。聊她們去大陸的短期旅行，她們的蘭花，她們的看法：那個將所有花都畫下的女人，等等。晚上我輕輕拍了下女侍者的肝臟〔原文如此〕……卻沒有給埃希寫隻言片語。我很快放鬆地睡著了。

精神：最重要的是當內心定力不夠時，預防鬆懈的狀態，排解內心的空虛。就像昨天下午無所事事時那樣，或者昨晚毫不自覺地將時間浪費在無意識的淫念上（同女人交談）。我應當清醒並明確地感受自我，遠離現在的生活狀態，它們對於我毫無意義。形而上而言，注意力的渙散，樂於閒聊，熱衷征服，這些傾向標誌著內省自身真實靈魂的力量之減弱。一個人不應該容忍這種退化。我該怎樣為埃希和她的書描述薩瑪賴？如畫的風景，如詩般錯落在海洋中的島嶼，和這裡悲慘的生活如此矛盾。

14 斯溫伯恩（Swinburne, 一八三七年至一九〇九年），英國維多利亞時代最後一位重要的詩人。——譯註

15 赫伯特・亨利・阿斯奎斯（Herbert Henry Asquith, 一八五二年至一九二八年），自由黨領袖，一九〇八年任首相。一九一〇年，提出限制上院權力議案，一九一一年八月為上下兩院通過，結束幾百年來貴族院的否決權。第一次世界大戰爆發後，直到德軍入侵比利時，國內輿論譁然時，他才宣布參戰。一九一五年五月，阿斯奎斯容納保守黨人、工党人士組成聯合內閣。由於戰事失利，一九一六年十二月被迫辭職。一九二五年被封為伯爵。——譯註

16 斯馬茨（Jan Christiaan Smuts, 一八七〇年至一九五〇年），南非和英聯邦政治家，軍事領袖，除了內閣成員的身份，他還在一九一九年——一九二四年以及一九三九年——一九四八年間擔任南非共和國的首相。博塔（Louis Botha，一八六二年——一九一九年），南非共和國第一任首相。——譯註

星期二，十一月十三日

昨天：我在島上逛了一圈，然後坐在一張長凳上寫了日記。有一點疲倦；眼皮和腦袋感覺沉重（奎寧的作用？）。在家中，我寫下了墨爾本的回憶。十點半去找B. P.，讓波頓（Burton）找斯坦斯丟失的盒子。在亨德森（Henderson）那裡喝茶（早茶），看蘭花和蕨類植物。斯密斯（Smith）夫人——可憐的人——同我聊起達爾文港和埃希——我提過她的名字。然後回家，閱讀塞里格曼的民間傳說，午飯前打了會兒盹兒；午飯後睡了一覺；三點半洗了個澡，然後又看了會兒書。我沒力氣寫完日記。在四點半或五點起身，在島上逛了一圈。午飯後，熱烈地思念E.。「如果我能起身走到她那兒，我就馬上動身。」到了下午思念不減。四點半左右我讀完了塞里格曼，虛無縹緲的憧憬，像這島嶼一般，禁錮了我的身心。起床，四處走動，尋找隱藏在角落中的東西——所有這些都是為了逃避自己，從一個牢籠逃到另一個牢籠。

晚上我和泰迪聊了會兒，決心等待「伊塔卡」號，這樣可以在多布找到男僕。我和他去了趟醫院。哈特利（Hartley），一個和氣的人，跟我們講了尼爾森（Nelson）的事情，包括他怎樣擺脫貧困，又怎樣無望地等待自己的妻子，和每隻到這兒的船打聽她的消息。我到島上散步；夜空星光閃耀，海面粼粼波光。回到住處——腦子裡一直想著埃希；我寫信給她。——滿懷激情地寫下我對她的愛——強烈，深沉，滲透到每一個毛孔——這就是我生命中最主要的元素。我將她當作我未來的妻子。我感到了一種深邃的熱情——建立在精神的依戀之上。她的身體就像愛情的聖物。我想告訴她我們訂婚了，我想讓所有人都知道這件事。但是我和N. S.的過去——我也衝動而幼稚地向她求過婚——提醒我該放慢速度。——我依然冷靜而鎮定。酷熱並沒有使我筋疲力盡。我將自己暫時困在薩瑪賴的日子看作是不可避免且值得的，只要我能利用這段時間整理思緒，做好民族學調查的準備。我已經擺脫了那些讓人分心的淫念和膚淺的調情衝動，比如想認識這裡每一個迷人女人（尤其是護士長）的渴望；簡言之，我正在試圖克服那種「Vsiekh nye pereyebiosh！」式（俄語，字面意思是：你總不能睡她們所有人！）虛無縹緲的慽意。想法：寫回憶日記意味著要大量地反思：日記是事件的「歷史」，對於旁觀者而言，這些事件完全是可以理解的，但同時，寫日記要求作者廣博的知識和徹頭徹尾的練習；要從不同於理論視角的角度觀察事實；即便是同一個觀察者來寫，不同的寫作過程會導致完全不同的觀察結果——更別說有多個不同觀察者的情況了！這樣來講，我們不能說存在客觀的事實：是理論造就了事實。由此可以得出，「歷史」是無法作為一門獨立、不受干擾的科學而存在的。歷史是從某種理論視角對事實的觀察；事件依時間順序出現，歷史則是利用理論解釋事實。——我身後的生活散發著乳白的光芒，一束混合著多種色彩的光芒。一些東西觸動並吸引了我，另一些東西卻逝去了。我對E.的愛情曾經是其中頗為黯淡的一束微光，現在則變得絢麗生動。我智識上的志趣（科學工作；社會學項目；同保羅探討）反而顯得沒那麼耀眼了。那些野心，那些積極行動以及精準表達自己思想的欲望，在回憶中甚至更為灰暗。

星期三，十一月十四日

昨天早上我的日記寫得很順利，我精力集中，情緒穩定。E. R. M.依然與我同在。我沒看小說，而是讀斯溫伯恩。我都快能背出她的來信和電報了，但還是一遍遍地看她的照片。下午睡了會兒覺，讀塞里格曼；洗澡；散步。感覺精神很好，一口氣爬上山，整個過程中時刻不停地想著埃希。晚飯過後，坐下來和忠誠的詹姆斯（Truthful James）以及楊（Young）夫人聊種植椰樹和橡膠的事。然後去了萊斯利的旅館，在那兒我碰到一個年輕人，和他在島上逛了逛。我們喝了點薑汁汽水；接著我去了亨頓家，看了下他的龜甲。然後回家，給E. R. M.寫信。

今天：我六點半起床，「開船了！」七點半時「馬庫姆博」號（Makumbo）靠岸了。我在島的背陰面走了一會兒。給N. S.和E. R. M.寫了封信，檢查了一下其他信，添了幾筆，封好。用掛號信給E. R. M.寄出去。登船。希爾曼（Hillman）船長請我喝紅葡萄酒和蘇打水。同博羅斯將軍討論德國式「管理」。他稱讚他們系統化且高效的醫院和對當地土著福利的關心。我對此頗不以為然，轉而讚揚了自由主義（laissez faire）。他進而提起德屬紐幾內亞的聖心教堂[17]，又表揚了天主教佈道團。——然後回城；同泰迪和希爾曼船長喝了點薑汁汽水。然後回到船上，把包裹給麥克格蘭，寫信給庫勒夫婦。和希金森及將軍談論自然現象等等。然後吃午飯；聊起民族誌。我們看了一下德屬紐幾內亞的地圖。他跟我講了自己的經歷，和各種不同島嶼上土著的多樣性以及德國殖民者的故事，尤其是多莉・帕金森（Dolly Parkinson）、她的母親和姨媽的事情。三點半回到家，和拉姆塞閒聊。然後又去船上；同哈斯（Harse）醫生及將軍談論德國式管理，俄國，以及戰爭。

星期四，十一月十五日

昨天：五點我在島上逛了一圈，感覺需要做一些運動；坐在長凳上寫下日記。從船上下來後還有點興奮，精神無法集中。走到海岬邊眺望大海。E. R. M.依然與我同在（但是我已經完全忘記了散步時都想了些什麼！）。哦，對了——我還是非常鍾愛大自然。前一個晚上：銅綠色的沙里巴像毒瘴般懸浮在海上，海面上粼粼的酒紅色波光夾雜著零星的淺藍，倒映著粉色的浮雲和綠得讓人驚歎的天空。——昨晚：海天一色，藍得深沉，群山閃爍著或深紫或銅礦石般深藍的微光，山頂上空兩三片浮雲不斷在金色、赭色和粉色之間變換著色彩。——我希望她在這裡。回到家我用留聲機聽了「哦，我的男孩兒，進入我夢鄉」，無可救藥地渴望繁華的生活。可惜E. R. M.不能同我縱情起舞，這太糟了。諺語說：「跳舞步伐一致的人無法和平相處。」我碰到了亨德森夫人，博迪（Baldie）和安妮（Annie）。交談——我試圖表現得風趣點。又是女人！——晚飯過後，和侯普船長聊天，其間他費盡心力地向我表達他的好意。然後我畫了梳子的草圖。玳瑁狂。同一個和我一起來這裡卻住在B. P.那兒的年輕人在島上走了會兒，相互抱怨了一通薩瑪賴人的冷漠，然後他跟我講了他自己的

17 聖心教堂（Sacre Coeur）是一座拜占庭式的建築，以圓形頂為主，最高的圓頂是巴黎第二高點，僅次於艾菲爾鐵塔，建於一八七五年至一九一四年，一九一九年舉行獻禮儀式。——譯註

故事。——同女人們聊了聊天。我上床睡覺後，一直想著埃希。做夢：在M. H.的一角，我在等去布萊頓（墨爾本的一個郊區）的電車。我一直留意著——車來了嗎？在角落裡我上了車。遺憾的是只有我一個人，E. R. M.不在那裡。我幻想著回到墨爾本的那天，她將在車站接我，然後我們又會在前排並肩而坐。

想法：今天早上：關於民族的（national）有意識行為之理論。一個國家自覺的集體性行為。這個理論是和埃希第一次談話時我告訴她的：將「英格蘭」、「德國」等看作有「欲望」和「誤算」能力的國家是毫無意義的[18]。我要為E. R. M.寫下這個理論！

計劃在皇家學會內組織嚴肅的科學討論會。避免那些混雜、半通俗、沒有任何研討環節的會議，這些會議既沒普及科學，也不會給出任何明確的答案。我們需要：明確基本問題，共同努力；所有人——或者至少是代表們——都參與討論。

星期五，十一月十六日

昨天：早上寫回憶日記。十一點和H. U.小姐喝茶；談到在圖萊（Tule）島的一個教士，有了孩子後被逐出教會；後來他結了婚；當地人為他建了個種植園；結果他變得非常富有後，又被教會重新接納。（神父〔……〕）高夫頓（Gofton）夫人給我講了一個種植園主的故事：他醉酒後誘拐了一個十四歲的當地女孩兒，並強迫她留在身邊；兩年內他給她買了很多東西：留聲機、汽車等等。結果她迷戀上了這個男人之後，他卻去了南方，娶了一個白種女人；這個黑人女孩兒對此很憤怒，衝到他家搶走了汽車……等等。那個白人太太知道了這一切後，離開那個男的，又回到了南方。——然後我去探望希金森，給他複述我的所聞，聊了會兒；他去海關〔倉庫〕拿東西。和波頓聊了西澳洲可怕的熱浪以及他在薩瑪賴隱士般的生活方式。這是一個面容奇特、肩膀寬闊、身材高大的人，有著良好的教養。午飯過後我翻了一下支票簿和埃希的來信，擬出了一張我們見面的時間表。——四點左右裝備好相機，準備給伊萊（Eli）和史密斯（Smith）夫婦拍照……晚上我去見亨頓；玳瑁；然後我拜訪了威爾克斯，他給我看了無數的照片，卻一口水都沒給我喝！……那些我曾決心克服、粗糙而模糊的情欲一陣陣向我襲來。我想起了E. R. M.，但刻骨銘心的思念卻變得遲鈍了。我幾乎想放棄前進，放任自己留在薩瑪賴，畢竟，我在這兒還不算浪費時間！

星期六，十一月十七日

我從未思考過初步蘭群島之行，我一直假裝沒有這種可能性。昨天早上在回憶日記裡寫到E. R. M.，集中精神重溫了一遍和她在一起的那個秋天。十一點的時候我去檢查那些拿出來曬乾的照片，接著和女人們喝了早茶。在此之前我逮住了埃弗里特（Everett），跟他約好下午出海。我同馬奧尼（Mahoney）夫人和一個從羅塞爾島來叫奧斯本（Osborne）的人聊了一會兒。他們不情願透露給

18 原文有下畫線。

我任何信息的樣子很滑稽。我暗自想，這應該是出於懶惰和某種空虛吧？——我和埃弗里特喝了一杯；他談到了庫拉[19]，並堅稱米西馬島[20]不在庫拉圈中，只有帕納亞提（Panayati）和帕納坡姆坡姆（Panapompom）；圖比圖比（Tubetube），瓦里（Wari）以及羅吉阿〔……〕，午飯過後我出發了；坐在機動船上，我感覺世界「為我所有」，而同時身心又「漂泊不定」。壯麗的景色，熱帶的灌木叢，濃密的樹蔭，木槿花綻放如火如荼。我坐在一間土著房屋前，那裡正在準備so'i。感覺有點恍惚，這是我身處新鮮而陌生的環境中且周圍都是土著時總會有的感覺。外部的世界（花園，房屋的結構，so'i的準備工作；過度擴張的村莊，村落的布局）——所有這些刺激著我，但我只感到無力——這樣短暫的拜訪是沒有意義的，除非我能在這裡待上一段時間。這裡的地貌，我在這兒的生活狀況——並不有助於研究。在薩瑪賴我束手無策。我在這裡調查究竟是為了什麼？探索他的〔土著居民的〕生活中的主要激情在哪兒，他的行為動機、他的目標是什麼（為何一個男僕會「被雇傭」？是否每一個男僕，在一段時期過後，都要「被解雇」？）。他最本質的、最深層的思維方式是怎樣的。在這裡我們不得不面對自身的困境：我們自己的本質思維是怎樣的？我們回到了阿道夫．巴斯蒂安[21]的困境：Universalgedanke，Volksgedanke〔普世思維，民族思維〕，等等……

晚上躺在床上……我想到，在生理上，E. R. M.是我的摯愛。精神上，我已經開始在薩瑪賴「安定下來」：玳瑁；女人；散步；窗外的景致——所有這些都浸潤在我對E. R. M.的思念中，對我而言已經足夠。但是我偶爾會想念她，想見到她，告訴她我有多麼愛她；我浪費了太多時間，和她在一起時卻表現得不冷不熱——幾天前我突然想到自己或許再也見不到她了，這讓我無比絕望。而就在昨天，我還在試圖回想幾周前自己趕赴阿德萊德時的冷漠甚至憎惡情緒。——我不能集中精神。日記我寫得太少，閒聊的時間太多，我都不是我自己了。昨天從沙里巴回來之後我特別想看小說。每當這種時刻我都會感到一陣對E. R. M.急切但膚淺的思念。如果她在這裡，我會開心嗎？

我必須調整好狀態，靜下心來寫日記，我必須讓自己更為深刻。我的健康狀況良好。是時候打起精神走自己的路了。要克服毫無意義的失誤以及瑣碎精力損耗，等等，走好[22]你自己的路！

19 庫拉，一個紐幾內亞東部和周邊群島眾多部落中男人們之間的複雜交換系統，成為了馬林諾夫斯基《西太平洋的航海者》（一九二二）中的主題。庫拉自身是一個複雜和嚴格規定的禮物交換形式，在不同村落的固定夥伴之間進行。基本的禮物有兩種類型：臂鐲（mwali），由圓錐形貝殼製成鐲子戴在男人的上臂，以及項鏈（soulava），女人佩戴，這些物品在庫拉交換系統之外通常不具備任何價值，然而，精美珍貴的臂鐲或項鏈擁有自身的名字和歷史及相關傳說，對它們的佔有可以提升所有者甚至他所在村落的威望。但這些飾物並非永久性的占有，它們總會在某個時刻被贈予他人，用於交換同等價值的別的飾物。

庫拉交換活動在某種程度上只限於某些特定社區之間（比如Sinaketa和Dobu之間），交換活動透過獨木舟（waga）進行，可以覆蓋很廣的範圍，也有內陸庫拉交換。在庫拉交換中有公認的「交換線路」，而拜訪村落在接待村落中會按照前者允許的方式進行交換。例如，一個Omarakana的男人在拜訪Kitava島（Kiriwina以東）時獲得了一對臂鐲，那麼當一隊來自內陸Sinaketa的庫拉交換者拜訪Omarakana時，這個男人會用臂鐲交換Sinaketa夥伴的項鏈，Sinaketa獲得了臂鐲，隨後用臂鐲和來自Dobu的庫拉夥伴交換。然而在整個過程中，並沒有發生Omarakana和Dobu男人之間的直接交換。交換圈中部落的生活和庫拉緊密相關，在某種程度上，庫拉交換影響了參與社區的幾乎全部生活。馬林諾夫斯基筆下的庫拉和其相關活動已經成為民族誌歷史上的里程碑。但在這次田野調查之初，他並未意識到庫拉的重要性，一直要到一九一五年至一九一六年的在初步蘭的那次調查中，他才對庫拉交換產生興趣。

20 巴布亞紐幾內亞路易西亞德群島（Louisiade Archipelago）的火山島。——譯註

21 阿道夫·巴斯蒂安（Adolf Bastian，一八二六年至一九〇五年），德國民族學家，研究興趣是土著心理學，提出了「民族思維（folk-ideas）」的概念，他認為他在廣泛的調查中觀察到的風俗相似性的原因就在於此。

22 原文有下畫線。

星期日，十一月十八日

昨天：早上金吉爾（Ginger）來了，我跟他聊了聊，講好價錢；雇傭了他。我取了照相紙；回來，寫日記；在B. N. G.買了香煙和果凍。然後寫回憶日記。E. R. M.。午飯過後把頭髮剪了；看了本愚蠢的雜誌（其間每翻一頁我都想到E. R. M.）。又回到寫作；有「伊塔卡」要來的信號；和泰迪一起爬到山上；製作梳子；晚飯；和高夫頓夫人交談；枯坐，開始想念E. R. M.。在島上散步；有時我感到平靜和愉快，但有時又在絕望地思念E. R. M.和嚮往「生活」。我掂量著自己的命運；如果我回不去，她肯定會嫁給別人；我想到了查爾斯（Charles），又想起自己對待他和她的過去的態度真是相當得體的。我在一條長凳上坐了一會兒；星星；我思考著客觀的真實世界：星星、海洋和讓人類迷失其中的無限虛空的宇宙；當你融入客觀真實世界的瞬間，當天地不再是一個舞臺而成為一次表演的剎那——這些時刻才是真正的涅槃（nirvana）。然後我又想到自己或許再也見不到她了，便又被絕望俘虜。我在黑夜裡輕聲呼喚她的名字；我希望能夠親口告訴她我想讓她成為我的妻子；我設想著怎樣向她父母宣布這個消息，如果他們願意現在見我，我也在所不辭。我給她寫了一封充滿激情的信。

決心：冷靜地，而不是咬牙切齒地，寫回憶日記，把這作為首要的工作。日記的要旨在於回顧過去，形成對生活更為深刻的理解（我是在昨晚散步時想到這點的）。但為了達到這個目的你必須堅持寫日記，並且以一種有條理的方式對事件進行回憶。

你必須斬除肉欲，毫無保留；只留下對E. R. M.的愛（昨晚我想到了L. P. 等人，然後清醒地意識到自己一面在熱情洋溢地給羅絲〔Rose〕寫信，一面又同時想著那些骯髒的事情。讀著我寫給E. R. M.的信，相信她永遠不會懷疑我——當我意識到這點時，淫欲自動消失了）。

星期一，十一月十九日

昨天：早上下了雨，其餘時間天空則一直陰著；目前還未感到酷熱。有時幾乎忘記自己身在熱帶，自我感覺很好。儘管如此，仍感覺精力大不如前。早飯過後（頭隱隱作痛，腦子發脹），我躺了一會兒。然後寫回憶日記。E. R. M.。十點二十分頭痛有片刻緩解，就隨手撿起本雜誌翻閱，儘管打心底感覺無趣，我還是一直看到十一點二十分。再也無法忍受後，決定去散步調整狀態。我認為我應該給E. R. M.寫些更為理智的信，告訴她我的疑慮（這些疑慮往往在這樣的時刻出現：想起她的身體缺陷、想起並分析自己對她不時的反感）；我也應當描述一下自己的冷淡帶來的情緒低潮，以及跟其他女人調情或有淫念時的道德淪落感。——散步時我身體狀況非常好；我需要多走動走動（早上我做了不少運動）。早上，我先徒步爬上山，又徒步走下來。坐在長凳上休息了會兒。奧斯本來了。我們聊起羅塞爾島。這次他給我的印象比第一次見面好了點，我對他興趣大增。他說了一些有意思的東西。我「自吹」了一下語言天賦，等等。我們在耶拉吉里（Yela Gili）走了一會兒。午飯過後我一直睡到三點。沐浴（全身疲軟；頭更疼了）。然後同男僕們及奧斯本聊起了耶拉吉里。我繞著島慢慢走回家；日落；給E. R. M.寫了幾句話。晚上，打牌；談論政治。我被這些人談論布魯斯[23]和默裡時的激烈情緒逗樂了；我還喜歡泰迪說話時用的那些髒話，那時安妮布魯斯正躺在隔牆的另一端（我們聊到了杆子）。

精神：看雜誌是對生命的可怕浪費。我生理上足夠強壯，可以克服注意力渙散並遏制那些自己不能容忍的精神狀態。同時，此刻也是我擺脫惰性、擺脫軟弱的最佳時間。昨天我做了三件相當無聊的事：我讀了些愚蠢透頂的東西，連垃圾都不如；我跟大家一起的時候無精打采；還和他們喝了酒；另外，對高夫頓夫人和博迪的態度過於放縱。我對她們大獻殷勤，所作所為赤裸裸地表現出我那些最原始的欲望。

決心：你不能讓自己屈服或放棄反抗。你已經浪費了生命中太多美妙的愛情。如今你必須忠誠於它。避免任何和女人交往時可能產生的淫欲，不要再將她們看作特殊的朋友。這樣做不會有任何結果——實際上如果發生什麼了，對你而言反而是場災難。不要再尋花問柳了。如果女人有這個意思，對我而言是場災難。

附錄：昨天午後散步時，我分析了一下自己陀思妥耶夫斯基式情結的原因。我想最主要的原因是，因為選擇服從於我，因為同我締結了人身的關係，她失去了那種絕對的高貴所具有的魅力，以及那種因為遙不可及的客觀魅力……我同時想到了 N. S.，並生出一絲同情。畢竟，對我而言，我和她的關係是不可能有結果的。我不會因為任何東西、任何人而放棄 E. R. M.。

星期二，一九一七年十一月二十日

從昨天晚上開始，直到今天，由於成功地做了幾把梳子，我都一直處在興奮的狀態中。我有一種藝術家般的陶醉，這有點像寫詩。——另外，我還竭力給史密斯和我在這兒碰到的每個人留下個好印象。而且，我和女人們很合得來，第二次和她們打撲克，並且毫無疑問，我被高夫頓夫人迷住了，她的風格無疑是馬爾尼・曼森（Marnie Masson）式的。我想到了她的「靈魂」。毫無疑問，和她在一起的這兩小時中，她對我而言是一個「女人」。克服自己的這個弱點，顯然將是一個漫長而費力的過程！

昨天：早晨清爽但是寒冷；鍛鍊；刮鬍子。然後我看到了希金森[24]；他已經做好去〔沙里巴〕的航行準備，出發時間推遲到了周二。我回到家想寫回憶日記，打算之後再做一會兒玳瑁。結果從九點開始直到一點我一直在幹這事，期間我碰到史密斯，他給了我一些挺好的建議。下午我又開始做這事，然後金吉爾打掃的時候，下樓給E. R. M.寫了封信。五點去找史密斯，我們打算創作一種新式巴布亞風格。——晚上我畫出新的草圖；然後去找史密斯；然後和女人們打撲克。我不停恭維高夫頓夫人，拜倒在她無可置疑的魅力下。然後我們聊了會兒天，吃了點螃蟹（泰迪暗示這是職業酒吧女招待的作風，她裝作沒聽見）；和泰迪說了會兒話後我就睡覺去了。躺在蚊帳中考慮新的設計。

23 布魯斯（W. C. Bruce）是當地居民武裝警隊的指揮官。
24 薩瑪賴的常駐治安法官。

星期三，二十一日

總體而言，我在薩瑪賴賓至如歸。我一點也不想離開，不過要走時候我肯定也會很開心。一個月夜，當我走到碼頭時，感到自己很享受這一切：熱帶的氣息，漂浮著船隻的海面，製作玳瑁的計劃，專心寫日記的念頭。——過去的幾天中我幾乎沒有想念過E. R. M.。我感覺很好而且很強壯。泰迪、船長等人總惹我發笑，我挺喜歡他們。我喜歡楊夫人的家人，這裡的旅館讓我感覺像在家一樣。他們為我準備早茶和下午茶。高夫頓夫人給我講關於旅館的故事，等等。我和他們又玩了玩撲克牌。儘管如此，我仍然沒有忘記，E. R. M.是這個世界上唯一真正懂我並且毫無私心愛著我的人。每當我發現某個處境的可笑之處，或當我在日記中思考深刻的問題時，她實際上都在我的潛意識中陪伴著我。

昨天：起床頗晚；興趣索然地寫完日記。早飯過後，不想去沙里巴（惰性！）。我碰到哈里森[25]並定下了與他同去多布的計劃。然後去找希金森，想盡辦法得以脫身，將事情扔給泰迪。喬治・哈里森說他們可以帶上我。我心裡暗暗高興。午飯過後我就躺了下來，花了幾乎一下午的時間為埃希設計了一款新式梳子。和奧斯本先生喝下午茶。五點在島上逛了一圈。我試著調整心情，擺脫藝術家式的自我陶醉。我思考了（？）。我意識到E. R. M.是我最好的朋友。晚飯我吃了木瓜和鳳梨，泰迪談到了庫拉，說帕納亞提和帕納坡姆坡姆從來不在庫拉圈內。晚飯過後我將草圖畫完並複製了一份。去找史密斯。奧斯本大聲朗讀了〔布爾沃—〕萊頓[26]的《札諾尼》（*Zanoni*）中的一章。（奧斯本：第一印象，精瘦的小個子，用充血的雙眼狐疑地看著你，你甚至可以確信他前一晚肯定喝了酒。事實上，他是一個通神論者；每天都會一動不動地盯著太陽升起；素食者；相信土著擁有神秘的知識）。然後史密斯給我削了一把梳子。我對自己的傑作感到很滿意。十點回來，和博迪夫人坐了一會兒，看人家打了一會兒撞球。斯托奇（Storch）船長。我走到碼頭。泰迪和H.船長在我房間裡討論了一通當地人的薄情寡義。

精神：我正處在一個身體健康卻無法集中精神的時期。酷熱絲毫沒有讓我感到難受。

星期四，二十二日

昨天：很晚才起床。早上在玳瑁上浪費了一點時間；漫不經心地寫日記。十點到處找玳瑁和工具。和女人們一起喝早茶；十一點從博廳（Bunting）那兒以低價買來了玳瑁。他跟我提到庫拉。接著我寫了一點回憶日記。下午我在酒吧中打了會兒瞌睡。天氣很熱，酒吧沒人；藤條椅。混沌的生活樂趣（joie de vivre）：純粹的真實，自由享受生活氣息的可能性。一大清早就開始跟把玩玳瑁的誘惑做鬥爭。下午寫回憶日記到四點時，因為被叫去〔看〕梳子而擱筆。寫日記的時候很是思念E. R. M.。地方官來了，和默里打了會兒網球。我剛開始有些生氣，然後站起身來，散了一會兒步才讓自己平靜下來。第二次環島走了一圈；壯麗多姿的日落。羅吉阿：嵌著金邊的深邃藍綠色。然後變

25 當地的一名商人。

26 布爾沃—萊頓（Edward Bulwer-Lytton, 1803-1873），英國政治家、詩人、劇作家、小說家。——譯註

成絢爛的粉紫。沙里巴則是一片閃耀的酒紅；藍色的海面上，伸出棕櫚樹粉紅的主幹。——散步時，我休息了一下腦子，像聆聽音樂一般感受著周圍色彩和形態，而沒有去表達或描述它們。這一路上，E. R. M.都在我的腦海裡如影隨形。為了舒展筋骨，我跑了跑步，感覺頗有活力。晚飯過後，我被樂曲吸引，和他們一起跳了跳舞。吃得太飽，有點累。我又在島上散了會兒步。思考生存技能的基本問題。月亮和金星同時出現在羅吉阿的上空。「一些人的存在能揭示宇宙的本質；而一些人的存在則將之遮蔽。」像埃希，她的存在賦予大地一片沉靜的安寧，而另一些人則使其充斥著毫無意義的喧囂，或者最多是一團黏稠的多愁善感〔的傲慢〕（奧繆勒——我明白他為何會熱愛薩瑪賴了）。接著我嘗試著融入大自然，排除那團糨糊般毫無意義的雜念……我坐在一張長凳上，旁邊就是火藥庫，嘗試達到「靈魂的安寧」。但我無法集中精神，因為在腦子裡我正和希金森爭執：如果他催我去馬卡姆博（Makambo）我該說什麼（威瑞貝利〔Verrebely〕〔……〕三個月）。與此相關的政治討論。我繞著島走了兩圈。想念著E. R. M.，同時為N. S.感到痛心疾首和懊惱。我意識到，現在，我也開始為一些小事而快樂，就像那個可憐的女孩曾經那樣。失去了她我感到無比懊悔，但我知道這是唯一的結局。我為埃希寫下這個等式：N. S. = C. E. M.或歐內斯特（Ernest P. K.）。她會怎樣想？她會希望和我，一個卑微的局外人，一起待在這裡嗎？之前我曾經想過寫信告訴她我的過失，告訴她我還在繼續寫日記，告訴她我想她寫信給我，同時讓她認識到生活的重點和自我批評帶來的問題。今天早上洗澡的時候，我發現自己在有意無意地思考（澳洲關於保險套的新法規），然後我告訴自己英國人最主要的弱點就是他們的生活缺乏「層次」——他們的人生軌跡是一條單一的路線。一件事來了又去，被另一件事取代，這就是人生！他們缺乏內省，缺乏連續性的系統化。記得提醒

E. R. M.這些問題。

星期五，二十三日

一個月之前我在雪梨上船。從周一到周二，我的精力超級充沛，停服奎寧。昨晚感覺有點遲鈍，嗜睡，今天也是；而且咽喉還有點痛。今天我感覺身體和腦袋都很沉重——特定的重力會在赤道上有所增加，這是我之前待在熱帶地區時就有的典型反應。話說回來，我今天早上又吃了點砷化物，晚上吃了點汞，給喉嚨加了點吸入劑。感冒可能是昨晚患上的，因為即使在蚊帳中我都能感到冷風吹，而且我不應該光著身子睡覺。

昨天：六點起床，伯尼（Bernier）先生來了；我搬到侯普船長隔壁的一間小屋住。高強度的鍛鍊。早餐，日記。八點，見到博廳。開始向他解釋我想要什麼；感到一陣不快，因為感覺這是在貶低甚至褻瀆自己的工作。然後我開始同他的男僕談論多布、圖比圖比、帕納特（Panaete）的庫拉。他給我的資訊充滿矛盾，這很典型；但據以前的經驗來看，這些東西還是很有用。十一點喝茶；我看了看梳子（的工作進度）。晚些時候我頂著可怕的熱浪，自己動手做了會兒梳子。幹到了十二點四十五分，在吃午飯前休息了一會兒。飯後，從努阿阿特（Nua'ate）來了條獨木舟；兩個人把它拖到海灘上，和金吉爾一起量了尺寸；我研究了一下它的內部；碰到一個患象皮病的胸部下垂的女人。工作到一半時，我突然興趣全無，就草草地又做了會兒，也沒什麼激情。四點我就回去了（早上我收到來自莫爾斯比港的郵票，並弄好了泰迪的梳子）。我不時會想到寫信給

E. R. M.。但是做梳子和閒聊占據了我的時間。散步。默里閣下對我很和藹。我告訴他我得病的事。可是我說話有點快，略顯傲慢。我都不像自己了。沒有自尊。太黏人了。除了我的健康，他根本沒有提到我的工作或其他嚴肅一點的事。萊納德（Leonard）讀了我的作品，禮貌地稱讚了一下。他的語氣很懇切，幾乎是在恭維我的作品。我跟他談到我的健康，談起我在墨爾本的朋友們，還恭維了一番澳洲人。然後我們一起回來，我跟他講起庫拉，他提起了hiri[27]的例子以及別的一些貿易形式。我說到了經濟的重要功能。——在這之前他提到了巴頓船長[28]的文章。他還說如果我去初步蘭群島，他們能為我支付去那裡的費用。面對這些進展，我顯得禮貌而誠懇，就像「什麼都沒發生」一樣。我有些得意；無論如何，這些提議緩解了那些讓人不舒服的個人緊張情緒，並給了我一點信心——如果申請延長滯留日期，我有可能會得到批准。我〔有點過度興奮了〕，甚至在腦子裡同萊納德．默里談論起了我工作的重要性。但是我很快控制住了自己的這種妄想，提醒自己老默里對每個人都是微笑相待，甚至對那些他頗有微詞的人也一樣。萊納德．默里或許正直一點，但也沒必要將他培養成文明人。我試著控制自己，提醒自己，名垂青史就在眼前，在這群人身上花費精力只是對我工作的侮辱。晚上我同泰迪散步時聊了會兒天。睡眠不差，但可能又著涼了。——如上所述（Ut supra）。

今天：我六點半起床，感覺很糟。我沒有做太激烈的運動，出於惰性。散了一小會兒步，在長凳上寫了日記。早飯過後同伯尼先生聊天，他是法國人，我們聊了聊數學教育，還有他住在巴黎也叫馬林諾夫斯基的朋友。他從新加勒多尼亞（New Caledonia）來，旅行到過很多地方，喜歡戲弄人，也富於同情心，很有教養。一袋檳榔果要了我15/-。九點我去見希金森；為旅途做準備。十點半我乘著一艘小船去波沃（Bow）。美輪美奐的海洋，浪花潺潺，拍打著小船，周圍一圈是起伏的山丘。洋流和海風令人心曠神怡。我有一些驚慌，但克制住了。我在腦中暗暗盤算著在羅吉阿的工作。一群等待〔托熱哈（Toreha）〕的土著。我們朝著科瓦頭的方向航行。看到幾艘船。我畫下了船上的裝飾。科學和藝術的興趣的結合（例如對玳瑁的狂熱）。大船的規模。下雨。我坐下聊天。有點疲倦，對自己的工作興致冷淡。這種瑣碎的工作真是出力不討好。這些村子也毫無特點。我應該給這些村子拍些照片，為將來對紐幾內亞的描述做準備。——我坐在一間「傳教化」（missionarized）的房子中，同一群人交談。回來。感覺良好；有點冷，空氣潮濕；天空和海面灰暗；山是藍色的，籠罩著薄霧。厄里瓦拉（Elewara）從格里姆蕭（？）小姐家回來。在監獄的院子裡同赫頓（Headon）先生談話。他允諾第二天給我一艘好船，並准許我同囚犯們交談。我幫泰迪取回梳子（15／－！）並聽取了關於我自己梳子的建議。晚飯過後我同奧繆勒聊了聊威瑞貝利。我表達了自己的看法，為當局舉措辯護了一番。然後和亨頓、戴維斯（Davis）和安妮聊了一會兒；和泰迪安排了檳榔的事情，然後坐下來給E. R. M.寫信，但是我太累了，所以我只寫了日記。現在去睡覺。

27 Hiri是莫爾斯比港附近的莫圖人和巴布亞灣的部落之間進行的貿易航行。莫圖人駕著船（lakatoi），帶著陶器和貝殼飾品等船貨，同巴布亞人交換椰子和用來製作划艇的重型獨木舟。

28 巴頓（F. R. Barton, C. M. G.），塞里格曼的 *The Melanesians of British New Guinea* 一書的合作者；他關於hiri的描述在《西太平洋的航海者》中有引用。

星期日，二十五日

昨天我沒有做任何記錄（太糟了！）。但因為我周五就記下了當天的事，這也情有可原。現在我必須交代一下昨天發生的事。

昨天：周六二十四號，我剛起床時感覺很好，但不一會兒就感到筋疲力盡。沒有例行鍛鍊，而是去散了會兒步，給E. R. M.寫了封信，坐在一根長凳上遠眺羅吉阿。希金森路過。蚊子很煩人。我還沒被感情衝昏頭腦。我想了想當天的計劃——完成羅吉阿的waga；划艇的比較研究；但是我感覺自己的想法越發不清晰了。我還認為在寫日記的時候，應該進一步挖掘事物的深刻含義……原則是：在記述外部事物的同時，寫下自己的感受和本能的反應；更主要的是，要對生存的形而上學性質形成清晰的觀點。當然，培養自己寫日記會對我的生活造成影響。——早飯過後我做好準備，和查理、他的小兒子、兩個囚犯、〔戴維斯〕，還有金吉爾同行。有風，我們行駛速度很快；我有一搭沒一搭地和查理聊天，同時享受著航海的樂趣。躁動的灰藍色大海——波浪起伏的海洋，在深沉的灰藍之下有一種無盡的冷漠。暗綠的矮山。羅吉阿被包裹在一張西米樹、椰子樹和檳榔樹織成的深綠色柔軟植被中，其間點綴著灰色的低矮房屋。我們從科瓦頭的對面逆流而上；我拍下了一艘小船和waga的照片；然後我去了前一天去過的房子。和查理聊了聊庫拉和島嶼之間的貿易。然後吃午飯，測量waga，給它拍照；當時快下雨了，我心中暗暗咒罵金吉爾未得允許就擅自離隊。我去了朝東的一面；查看了一下waga。帕納亞提和其藝術氣息。回來的路上；男僕們划船；金吉爾表現出很同情的樣子。——回來已經很累了；給E. R. M.寫信；晚飯，我感到無比煩躁。同高夫頓夫人閒聊，給她看梳子。卡特．薩維爾（Catt. Saville）夫婦。我去找史密斯，他教我如何使梳子變彎，然後我們討論了設計的問題。接著我回到家，準備上床睡覺，麻木，疲倦，煩躁，幾乎沒有情感的起伏（但是一想到有信要從南邊寄過來，我還是興奮了一陣）。——泰迪來了把我拉到樓下；我們一起喝了點薑汁汽水並在碼頭上散了會兒步。我們打算去斯姆斯姆（Simsim）看看，等等。還有伊瓦（Iwa），噶瓦（Gawa），等等。很晚才睡；淫念一陣陣地襲來，但是我強忍住了。我更多地是在思考我的設計，而不是E. R. M.。

星期一，二十六日

昨天我被一陣所謂狂躁的情緒襲擊，有點發燒。生理和心理上都懶得動彈。比如昨天，我沒丁點心情、也沒半點力氣去散步，連在島上閒逛都不願意。更別提工作，甚或給E. R. M.寫信，或者翻閱我的民族學筆記。更甚的是，我極度易怒，男僕們的喊聲和別的一些噪音在我聽來尤其可怕。道德上的強直感也大幅降低。情感也很遲鈍——我不像平時那麼強烈地想念E. R. M.。對淫欲的抵抗力降低。對世界形而上學的思辨完全變成一團糨糊：我不能容忍獨自面對自己（being with myself），我的思想將我拉回世界的表面。面對世界，我控制不了什麼，也創造不了什麼。很想讀些垃圾作品；漫不經心地翻了一本雜誌。我渴望身處在不同的人群中。

昨天的事件：六點半起床，顯然沒有睡飽。刮鬍子，計劃整理已有的資料，給E. R. M.寫信，寫日記。在早飯之前和之後，寫日記。不是特別專心。侯普船長打斷了我（同我談論禁止從英國寄錢來的規定，以及他反英和反澳的長篇大論）。隨後我決定到島上散步並寫信給E. R. M.，但是又覺得一陣煩躁，索性去找史密斯。他告訴我他把我的設計寄給了他兄弟看看；我突然有些驚慌地想到，我自己的設計，我提供的想法，肯定會被他用來牟利。但我很快就不去想了。回到家；晚飯過後坐下來畫了一些草圖。船隊竟然扔下我走了。我態度鮮明地表達了我的憤怒，即便我在心裡寧願待在這裡，畫幾幅草圖，寫一點東西。西面的天空陽光滿溢。深藍的雲層時捲時舒。安妮和W.夫人在家。前一分鐘我還陷在對E. R. M.「誠摯」而「深切」的思念中，後一分鐘就不由自主地對姑娘們毛手毛腳。然後，精神的宿醉。在這種狀態下我沒法兒給E. R. M.寫信。讀了本雜誌。薩維爾和拉姆塞來了。晚飯過後（有些諷刺的是我們聊起了泰迪的遠航）。我在門廊中坐了會兒，走到碼頭邊，派金吉爾去沙里巴。凝視著壯美的墨藍海面，海平線閃耀著青銅色火焰般的光輝。我跟男人們聊了一會兒；其中一個，麥克勞（McCrow），他的聲音非常文雅，口氣像極了牧師，可咒罵起來又跟一個大兵沒有兩樣。他說起了「南部十字架」[29]中兩個成員之間的一次激烈爭鬥；隨後他談到了維爾納（Werner）以及他被殺害的過程；以及尼爾森船長和班亞拉（Banyara）之間在招兵買馬問題上的過節。我們聊起了宗教；這些人全都是無神論者，不相信上帝，站在理性主義的角度審視聖經。總體而言，他們的觀點很合理。前一天我還和泰迪・奧爾巴赫討論到宗教的問題，他還提起了約瑟夫・麥卡比（〔Joseph〕McCabe）〔知名的英國理性主義者〕和羅伯特・英格索爾（〔Robert G.〕Ingersoll）〔美國演說家和作家，不可知論者〕。——為何一些傳道者成功了，而另一些沒有呢？——然後眾人討論……我走到樓上，坐在走廊上。淫念。我試著將它們趕走：「將自己沉浸在有深度且形而上學的人生之流中，在那裡你不會遭暗流衝擊，也不會隨波浪輾轉。在那裡沒有任何東西存在。在那裡我就是我自己，我擁有自己，我獲得自由。」不幸的是，這條箴言——即便很有力量——卻遠遠不夠。淫欲……我琢磨著怎樣溫柔地奪取少女的貞操……不需要像莫泊桑所描述的那樣野蠻。——當我陷在超出想像的淫念和對通姦的欲求中無法自拔時，我想起了E. R. M.——如果她……我將有什麼感受？……疲倦；煩躁，睡覺，睡得很不好。——多次醒來。今天早上我腦子一團迷糊的醒來——典型的奎寧副作用：憂鬱、呆滯、灰暗的一天。大片的平整雲朵橫鋪在大陸上方。——今天早上我決定用盡所有力氣來控制這種狂躁的心情。不看小說，不讓自己閒下來。去思考自己要做的事並著手進行；做好準備並完成它們；寫必須要寫的信，如果這些都做完了，做一兩把梳子。

星期二，二十七日

今天是被困在薩瑪賴的最後一天。我必須打起精神，搬運我的東西，列一個行李清單，寫幾封信，等等。雖然不至於懶得動彈，但我也不介意趴下來看看小說。我常常想起E. R. M.，但這種思念卻並非絕對的忠貞。我仍然將她看作我未來的妻子，試著勸慰自己她的確是最適合結婚的人。我想起了托斯卡，想起了從Fitzaroy大街十六號到美科倫巴格（Mecklenburgh）大街六號的情景，心

29 有一支天主教布道團以此命名。

中暗想她是一個多麼出眾的情婦……今天午休時我夢到了T. R. Big旅館，汽車，我在不同的房間中尋找她；她穿著黑色的襯衫，繡花的長褲，散發著迷人的魅力。她不想要我，躲開了我求愛的攻勢。我在夢中如此深愛她。這種感覺仍然存在。

昨天的事：早上寫日記。早飯過後我試著整理自己的生活；我列了一張要做事情的清單；我決定回顧我散亂的民族學筆記，給E. R. M.寫一封信。但身體感覺不太好；我畫了幾幅畫；十一點半當我試著動筆的時候，被早茶（打斷了），然後我見到薩維爾。我還一直計劃要寫信給他，正想著這事時就看到了他的背影。我向他打招呼；顯然我們雙方都有點尷尬，客氣得有點過頭。我們去了他們的房子（〔……〕馬奧尼夫人）。在那兒我們聊到了我寫的那本關於邁魯的小冊子；我自謙，他讚賞，不是特別真心。然後是一連串的解釋：我說起自己的健康狀況，我的受迫害妄想症（persecution mania），等等，還告訴他我的脾氣可能沒有預想中那樣變好。他們顯得有些敷衍，不過我想我們的道別還是比較和氣。我許諾送他一本我的小冊子。午飯過後，疲倦；我讀了一會兒小說，打了瞌睡。三點起床，去找希金森，史密斯；我包裹好為E. R. M.做的梳子。回來已經很累了。在島上散步，想著——？喝過茶後，去找薩維爾、史密斯——他們出門了。我給P.和H.（保羅和赫蒂）寫了封信。非常疲倦，腦子都轉不動了。——同薩維爾夫婦交往最大的特點，就是我在貶低自己的工作和批評自己的行為時表現出的毫不手軟。他則沒這麼心胸開闊，但是他讓我確信他已經盡最大努力幫助我了。——總而言之，一整天，在智識上我的腦子空空如也。我把弄著給E. R. M.的包裹，心裡想著薩維爾，我想給他看弗雷澤的信。

星期三，二十八日

昨天我的健康狀況有所好轉。感覺好點了，特別到了下午以後。輕微的頭疼——我活動了幾下疼痛就減輕了。到晚上已經明顯緩和。夜間出了很多汗（？）。我今天再也不喝那麼多水了，保持這種飲食。

昨天的事：早上我處理了一下手中的事情（希金森、奧繆勒）；然後，見到馬奧尼夫人和薩維爾，給馬奧尼夫人看了些照片，她很感興趣，答應盡全力幫助我。薩維爾稱讚了一番我的照片，我也恭維了他的，有些昧著良心。但毫無疑問的是，他擁有上乘的獨木舟。午飯過後，小睡。泰迪告訴我裝載船貨的事。同金吉爾、伯尼蓋（Bonegai）一起，我從海關將我的東西裝上船。登船後泰迪分發了白棉布。然後我又把從B. P.波頓那裡帶來的東西和託運單上的東西搬上船。我翻出了我的（？）野炊烤箱。我找到了那些之前以為丟失的亞麻布，或許還找到了桌腿。優比有比（Ubi'ubi）〔馬林諾夫斯基第一次去初步蘭群島時帶的一個當地廚師〕。同薩維爾夫婦去了科瓦頭，並和薩維爾制定了在邁魯開展工作的計劃。我很高興能再航行到多布；同時讓我雀躍的還有它的荒誕色彩。午飯前我讀了會兒彭伯頓（Pemberton），做了會兒體操。晚飯過後（所羅門現身了）去找史密斯；「Sail'o」的錯誤警報；我們繪製了圖樣，他顯然有所進展，而且思如泉湧。回來已經很困很乏了。對L……的淫念。儘管窗外醉漢在高聲喊叫，不過我還是順利入睡了。泰迪和侯普討論著上帝的存在以及「短吻鱷崇拜」。

今天早上我感覺明顯好轉，心口還有點緊。清晨愜意涼爽，刮著西北風。昨天下午我試著理清自己的情緒並在自己煩躁情緒發作時分析自己的心理狀態；自然而然有些空虛和慵懶，對周遭的敏感程度也降低了；膚淺的聯想或乾脆頭腦空空；形而上學思考能力完全缺失。

星期四，十一月二十九日

我想，只要注意身體，我會感覺良好；顯然我的身體需要持續穩定地吸收砷化物！清晨空氣中有絲涼意，刮著西風，天氣不錯。船已經靠岸等待出發了，我今天早上聽到它排放蒸汽的聲音。不過從走廊上看不到，因為被一棵樹擋住了。我走到中國碼頭後，看見了「馬斯那」號，灰色，龐大；上面的船艙我在三十個月之前住過，聯想起N. S.。泰迪將我們出發的時間改到今天晚上十二點。

昨天的事情。我將在gahana寫的筆記抄了一份。十點見到史密斯。然後和高夫頓夫人閒聊了一陣，她請我喝了一杯。十一點見到薩維爾；我們將關於bara'u（男性巫師）的那段仔細看了一遍。這次他表現很大方，告訴了我不少有趣的細節。一點，吃午飯。酷熱，倦怠；我躺了一會兒。三點給格雷漢姆送去一個量杯。一個叫瑪麗的混血女孩兒在洗澡，我盯著看了一陣。同比利．普利斯特（Billy Priest）談論了一會兒坎貝爾。我走到樓下的露臺上，畫了幾幅草圖。去找史密斯；沒找到，憤怒，抱怨「愚蠢的英國佬」沒有鋼絲鋸或任何有用的工具。晚飯過後同高夫頓夫人閒聊了一陣，她談論任何事情都很情緒化，但我挺喜歡她，將她看作是一個「美化版的馬爾尼．曼森」。七點半去找薩維爾。他滿腔怒氣地問我關於「髒抹布」的事。給我看他的筆記。他覺得那是對他的冒犯。我們聊了會兒戰爭；他說話技巧很笨拙：「其實你還不算真正被困在這裡。」我很尖銳地回擊了他。

而她，一如往常優雅，沒那麼笨拙。——我抱著一點怒意回到住處。我意識到，他是一個粗人，一脫去偽裝，就可能會激怒我，而且我也無法將他作為一個純粹而簡單的工具對待。作為一個能力有限的跟班，他會和我對熱帶的印象和幻覺聯繫在一起，也因此喚起了我的一點友誼。但是作為一個人，他是令人厭煩且卑劣的：一個可憐的菜販，因為自視甚高，膨脹成一個可憐且可笑的君王。我想到了E. R. M.，她的氣質與我如此自然地投合，就像我的樂土一樣。——傾盆的大雨，寒冷的西北風橫掃過走廊。我睡得很香。

星期一，十二月三日

西納克塔（Sinaketa）〔博雅瓦（Boyawa）島上的一個村子，屬於初步蘭〕。喬治[30]的露臺。左邊有一些棕櫚樹，香蕉樹和木瓜樹。土著的房子，椰樹葉蓋的屋頂，紅樹木搭成的牆。幾件破爛的家具，一堆sapisapi（乾草）。至少有兩百隻貓或狗。今天早上被狗吠和土著聊天的噪音吵醒。

過去幾天的事：

30 喬治・奧爾巴赫（George Auerbach），初步蘭群島上的一個商人，馬林諾夫斯基的朋友，在很多方面給予過他幫助。顯然泰迪・奧爾巴赫（Ted Auerbach）是他的一個親戚。

星期四，十一月二十九日

船到了。早飯過後寫信給E. R. M.，不知說些什麼；試著給她翻譯一些筆記。描述自己在性上的不檢點有些困難。去看了幾次是否有來信。大概十一點收到信：保羅；電話激怒了我；因為想念E. R. M.陷入痛苦；（米姆・W.的信有些隨意）。E. R. M.——我讀得很快，不是很專注。N. S.——不知該寫些什麼。雪梨的來信中有些「暗示」，我卻沒感到不快。——午飯過後，我寫信給N. S.，給保羅（草草幾句），然後和各種人聊了一會兒。快到晚上的時候，我將自己的東西收拾齊整，將它們送到「伊塔卡」上去。九點泰迪說他準備好了。我寫完給E. R. M.的信，然後坐小船趕上泰迪。港口浸潤在一片月光之中。「馬斯那」號的身軀顯得灰色而龐大。我走到〔輪船〕前端，躺在一張船帆上；中國海峽；我睡著了。

星期五，十一月三十日

黎明時分在靠近東峽（East Cape）[31]的地方附近醒來。岸上的棕櫚樹和岩石在水面的倒影。〔……〕大自然和它真實的氣息給人奇妙的感受。比維比維斯（Bwebwes）山像一頂帽子，扣在諾曼比〔島〕（Normanby）頂上。船上髒得難以形容。睡覺。神清氣爽的醒來時，船已駛近〔優比（Ubi）〕。看了E. R. M.上一封來信。開始寫作。草草繪下群山和島嶼的輪廓。同男僕們聊了聊諾曼比和多布的民族誌。道森海峽（Dawson Straits）。我原先的印象被糾正了。到了那兒，正對著的是弗格森〔島〕（Fergusson）的陡峭堤岸；近處則是一座小島，以及一片爬滿樹木的山丘。我們在島嶼和山丘中航行。地平面很低，上面長著園藝植物和灌木；海峽入口極窄，有點像環礁湖。繼續航行，視線逐漸變得開闊：在另外一邊，首先看見的是高山構成的陡峭海岸線，然後高山漸次變低，連著一片漫長而寬闊的低地；右面是峭壁和高峰組成的一面〔高〕牆。再轉一個彎；就能看到多布，還有死火山；布瓦尤烏（Bwayo'u）就在左手邊，多布的地平面上方是遠處諾曼比的山脈。我爬上舷梯，欣賞著這美妙的地貌。日落；我下來後，洗漱更衣，去找斯科利芬（Scriven）。——金子在翡翠碗中融化的光彩（Effect of gold melting in a chalcedony bow）。我們聊了聊多布的美景，以及民族誌。他提到「庫拉」時節期間他們放置祭品的兩塊石頭[32]。買了一本語法書。回到船上。拐走了奧吉薩（Ogisa）[33]。開始朝布瓦尤烏駛去。我再次爬上了舷梯。再次靠岸，金吉爾拿著燈，同其他男僕一起，我們朝著跳舞的人群方向走去。月亮掛在頭頂的棕櫚樹、檸檬樹和麵包樹林間。村莊很不規則，房屋都建在木樁上，但修得很不結實。我仔細檢查了幾座房屋，被告知每次新房建成之後都有一次慶典。獨木舟是博雅瓦形制的；但沒有 kalipoulo[34]。我回到船上睡覺了。

---

31 馬林諾夫斯基在他對「庫拉」地區的粗略調查中寫到了這個村子，參見《西太平洋的航海者》，三八至五一頁。
32 按照傳說，那兩塊石頭，Atu'a'ine和Aturammo'o，是兩個被變成石頭的人。
33 一個在這次遠征中一直與他同行的土著。
34 初步蘭出海捕魚用的大獨木舟。

星期六，十二月一日

清晨，我們繼續航行，經過多布。海峽盡頭，兩邊都聳立著高山，看起來很美。太陽慢慢升起。我和男僕們閒聊，收集了一些古迪納夫（Goodenough）和弗格森島的地理信息，我們慢慢朝雲層背後的卡亞他普（Koyatabu）[35]靠近。奧菲勒茲（Amphletts），從我們面前的海上升起。我時不時會掌一下舵。寫作，讀 E. R. M. 的信。吃過午飯。四點到了古馬斯拉（Gumasila）。因為美景而欣喜若狂。陡峭的山崖上鋪著一層濃密的植被，其間零星地點綴著幾座房屋，這種景象美得讓人難以置信。山腳下，棕櫚樹屈身朝向水面，彷彿在逗弄自己水中的倒影。欣喜：我聽到「科瑞維納」（Kiriwina）這個詞〔初步蘭的另一個名字；嚴格地說應該是波優瓦（Boyowa）北邊的一個省〕。我做好準備；泛著灰粉色的低矮房屋。拍照。感到這裡屬於我：是我，我會來描述甚至成就它們。岸上：滑稽的柵欄；木樁上破舊的房屋；〔……〕。女人們跑開了。每座房屋下面都擺著製作罐子的工具，還有做好的黃色赭石罐。——我試著跟他們交談；他們要麼跑開要麼說謊。乘獨木舟：四到六種木材製成，體型很小，外觀類似 kalipoulo，但是他們叫它 kewo'u。我們劃到瓦托布烏（Watobu'u）。卡亞他普清晰可見，壯美的輪廓。瓦未馬（Wawima）和瓦托布烏漸漸從視野中消失，躲到了卡亞塔布（Kayatabu）背後。天空一片陰霾，只在卡亞塔布上空有一圈夢幻般的積雲，從裡到外被點亮了，彷彿中央有一團火焰一般，看上去像是一群女巫正圍著一個燃燒著魔鬼之焰的陶罐舞蹈。真實事物有時會給人童話般的印象。這片地區是昆士蘭（Queensland）海岸上最美的部分，但這裡沒有那種蠻荒感——那種毫無規則的魅力。在這裡我能感受到明顯充斥其間的生命氣息。

在這裡我可以卸下行裝和包裹。——我望了一眼西南方向的美景。古馬斯拉陡峭的岩壁。然後我望了一眼納布瓦格塔（Nabwageta）和比利巴羅阿（Bilibaloa），想比較哪一方最美。——到了比利巴羅阿——一面峭壁，海浪拍打其上；我們緩緩駛入，各種景致的輪廓變得越發清晰，波浪的聲音也更大了；下錨。吃飯。我乘了艘小艇上岸；勞累。我們經過一個村莊；開著〔……〕的玩笑。月亮升起來了。我們回來：岩石，黑暗中樹林的輪廓。村莊很荒涼。只有一種木材。破敗的房屋，樹幹看起來跟梯子一樣。我觀察了一間房屋的內部：兩個lagim[36]。我們穿過水面到達瓦托布烏。在那裡我等了一會兒；紅樹林中有一間被丟棄的房屋。大鼓。我敲了敲。回到船上。

星期日，二日

我起床時感覺很糟。灰色的天空。瓦托布烏和瓦未馬舒展的身形。我畫下了各種不同景觀的輪廓。納布瓦格塔。柔和的矮山，沙灘上的村莊規模頗大。牆壁也是石頭砌成。矮小的房屋零星分布在樹林之間。女人們沒有躲開。我買了三個小玩意兒。一個老婦在樹下做著一個小玩意兒。起風，下雨了。我們離開。遠眺——在西邊矮山的上方，你可以看到灰色的海面。雲從頭頂湧過……波優瓦的方向有一朵烏雲。興奮——我的計劃正在成形。然後我躺下打了會瞌睡；下雨了（在展開帆、

35 弗格森島北邊的一座大山，即使遠在初步蘭都能看到，被視為一座聖山。
36 帶裝飾的隔板，於獨木舟兩端橫隔出兩個小艙。

捲起遮陽棚之後）。金吉爾給我鋪好床。我坐在一張捆捲起的帆上。有點累，但並沒有喪失鬥志——我正在抑制看小說的欲望。奧菲勒茲漸漸遠去了。我的骨頭疼得很厲害。——我們草草吃了晚飯。泰迪擺弄著發動機，也不想說話。我們抓了一些魚。——小島出現了。我渴望到達目的地，雖不甚急迫。海面變成深綠色。之前若隱若現的纖細地平線，變得越來越濃密，就像是一支粗頭的鉛筆畫出的那樣。接著那條線漸漸有了立體感，色彩也越發明顯——一種明亮的灰綠。男僕們報了一連串地名：納諾拉（Nanoula），雅布阿奴（Yabuanu）（？），〔木瓦（Muwa）〕。棕櫚和其他不知名的樹好像從水中長出一樣：瓦庫塔（Vakuta），吉瑞布瓦（Giribwa）；我們身處在一片環礁之中。卡亞樂烏拉（Kayleula）寬闊的〔航道〕；整個島嶼都在我面前了。我和泰迪聊起了很多事情：關於韋特[37]，關於反德，奧斯本，斯戴德的《評論回顧》[38]。我洗漱，穿好衣服，準備好見喬治。坎貝爾的捕鯨船。我們欣賞了一番木瓦濃密的植被。——沙灘上有三間房屋。我們划著小船靠岸。喬治穿著黃色的襯衫和卡其色的褲子。房子就建在水邊上。土著和婦女們穿著印花棉布衣服，站在正面的露臺裡。屋子背面的露臺（看不到大海！）是喬治自己用的。喬治對我很和善，在我面前無情地訓斥了泰迪：因為他把船弄丟失，還沒能在薩瑪賴買到需要的東西，等等。他跟我講了布魯多[39]的故事，這個人怎樣低估了自己的損失云云。我讀了會兒《公報》。嗜睡。

星期一，三日

果瑪亞（Gomaya）[40]，我給了他一些香煙；他還向我討要更多。消息：吉類維亞卡（Gilayviyaka）[41]和姆塔巴魯（M'tabalu）[42]死了；托烏魯瓦（To'uluwa）[43]和巴吉多烏（Bagido'u）[44]還活著。對瓦庫塔一無所知。臉有點像狗的果瑪亞，讓我覺得很有意思，對他很感興趣。他對於我的好感出於功利目的，而非發自內心。午飯過後我們乘著「伊塔卡」離開。我同喬治聊了一會兒。再一次地，我來到了綠色的環礁之中，滿眼都是熟悉的景象——卡亞樂烏拉，環礁及其邊緣的溝渠；卡瓦塔瑞阿（Kavataria）；洛蘇亞（Losuya）。我們朝岸邊駛去；看見了我曾經在上面踱步的碼頭，滿腹的空虛和惆悵，往南望去，是囚犯們工作的船隻，檳榔樹，「栽種」的果樹；〔……〕。坎貝爾現在看起來不像以前（或者我預期的）那麼令人憎惡了。在對威廉（William）的審判中〔他充當了法官的角色〕；我等待著，緊張又不耐煩。——交談很融洽，即便他提出的是瑣碎的反對意見；不過他最終還是在沒有擔保人的情況下給簽約雇傭了我的男僕們。——我們的船駛向了古薩維塔

---

37 西奧多・韋特（Theodor Waite, 一八二一至一八六四），德國人類學家，「原始思維」的早期學者，他篤信種族平等及環境的負面影響。他最主要的著作是*Anthropologie der Naturvolker*。

38 指威廉・托馬斯・斯戴德（William Thomas Stead）的*Review of Reviews*（創刊於一八九〇年）。

39 拉斐爾・布魯多（Raffael Brudo）夫婦，初步蘭的法國珍珠商，和馬林諾夫斯基成了很要好的朋友。

40 一個西納克塔人（Sinaketan），他是馬林諾夫斯基在科瑞維納的首批報導人之一，在《野蠻人的性生活》中被描述成一個臭名昭著的惡棍。

41 酋長的一個兒子，他和其父親的一個妻子之間的戀情成為了一個重大醜聞。

42 卡薩納伊（Kasana'i）的年老酋長。

43 吉業維納（Kieiwina）省的酋長，因此是初步蘭的最高一級的酋長，住在歐馬拉卡納，是馬林諾夫斯基很看重的一位朋友和報導人。

44 托烏魯瓦的姐姐最年長的兒子，因此是酋長身分的法定繼承人。他兩年前對酋長最喜愛的兒子戲劇式的驅逐在《野蠻人的性生活》中有所描述。

（Gusaweta）；陷入了淤泥中。從特亞瓦（Teyava）來的獨木舟把我的東西載走了。晚上我們在著名的彎道附近航行。比利[45]已經去過吉瑞比〔Kiribi附近地區中漢考克的一個交易棧〕。我檢查了一下自己的東西，回到船上，然後繼續朝岸邊駛去。

星期二，四日

早上在古薩維塔這裡吃早飯。我將自己其餘的東西搬下船；計劃到羅布阿（Lobu'a）找泰迪；上岸。我穿過特亞瓦。在這幾天中（從到達一直到今天[46]，星期五）我的感官都不甚敏銳，並且我對當地居民的第一印象很模糊。這是一種精神上的昏沉；第一天晚上我聽到了村子裡遠遠地傳來一陣walam（叫喊）的聲音。然後我在比利的露臺上見到了他們；來自這些村子和內陸村子的熟人們。但我的反應不是很強烈。——在古薩維塔，我搬出行李，開始整理。四點半左右比利到了。喬治之前告訴我的關於他的那些事情——即便是明顯的詆毀——破壞了第一次見面的印象。他說話有鼻音——看起來年輕而健康。我們聊了聊攝影、珍珠、威瑞貝利以及戰爭。我們晚上坐在一起聊了很久。

星期三，五日

整天都感覺很虛弱，看垃圾小說。它們也沒能讓我輕鬆，我對當地居民也提不起興趣。甚至不想同比利說話……

星期四，六日

早上，我同卡梅隆（Cameron）聊了一陣。看了一下他的相機。然後（帶著醉意）讀完了《釀酒師的百萬橫財》（*Brewster's Millions*）〔George Barr McCutcheon（喬治・巴爾・麥卡琴）的一本小說〕。然後收拾行李。比利去了諾曼・坎貝爾（Norman Campbell）家。晚上我和比爾聊了一會兒。帶著一絲勉強，我去了趟圖克瓦烏克瓦（Tukwa'ukwa）村。簡直不能想像在那兒我能做什麼。我同其中一個土著搭上了話，坐下後，有一群人圍過來。我邊和他們聊，邊試圖理解他們的語言。然後我提出來談談kukwanebu（神話）。一個老婦就開始說。他們沉默了一會兒之後，開始相互交談——一陣可怕的吵鬧聲。接著一個男人開始大聲說話——幾乎是在喊叫了，說著些不堪入耳的東西，然後整個村子開始爆笑。笑話不斷地被傳來傳去，所有人都在笑。我覺得有點低俗。回到家中。和比利說話。服用了比往常多的奎寧和甘汞。

45 比利・漢考克（Billy Hancock），初步蘭區域的一個商人，馬林諾夫斯基的一個密友，在馬氏待在古薩維塔的時候經常去其住處。在一九二〇年代他在薩瑪賴神秘消失了。他的妻子直到一九五一年還待在西納克塔。

46 指寫下這段日記的當天。——譯註

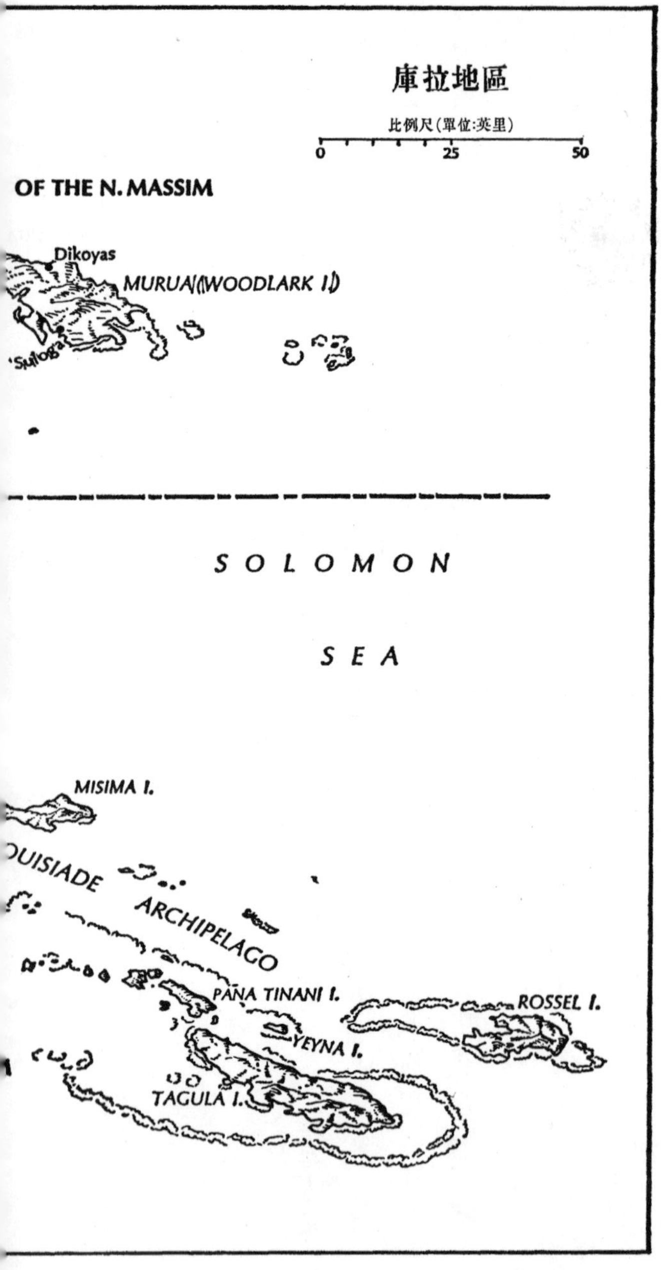
庫拉地區
比例尺(單位:英里)
0
25
50
OF THE N. MASSIM
Dikoyas
MURUA (WOODLARK I.)
Suloga
SOLOMON
SEA
MISIMA I.
LOUISIADE
ARCHIPELAGO
PANA TINANI I.
ROSSEL I.
YEYNA I.
TAGULA I.

THE NORTHERN M
TUMA I.
Kiriwina
KAYLEULA I.
TROBRIAND IS.
I WEST BRANCH OF THE N. MASSIM
(THE TROBRIAND NATIVES)
KITAVA I.
BOYOWA I.
IWA I.
II E
VAKUTA I.
KWAYAWATA
GAWA I.
III THE AMPHLETT NATIVES
AMPHLETT IS.
NABWAGETA I.
GUMASILA I.
DOMDOM I.
GOODENOUGH I.
KWATOUTO I.
MT. KOYATABU
Collingwood Bay
FERGUSSON I.
SANAROA I.
D'ENTRECASTEAUX ISLANDS
Dawson Str.
DOBU I.
IV THE DOBU NATIVES
Goodenough Bay
NEW GUINEA
NORMANBY I.
MT. BWEBWESO
East Cape
Milne Bay
MAILU I.
Orangerie Bay
V WEST BRANCH OF THE
BONA BONA I.
Gadogadoa
Silosilo
File Bay
Farm Bay
SUAU I.
ROGE'A I.
SAMARAI I.
SARIBA I.
SIDEA I.
BASILAKI I.
TUBETUBE GROUP
PANAY
S. MASSIM
WARI I.
THE SOUTHERN M
CORAL SEA

星期五，七日

早上（前一晚傾盆大雨），船隻出海到博馬普烏（Boymapo'u）附近捕魚。我看到了三角形的魚網。接著我聽見了ta'uya（海螺號角）。三條船從瓦庫塔回來。我去了趟村子，看了一下soulava（項鏈）。覺得這些行為都不像自己了，更像我弟弟。聊了聊庫拉。早飯。漫不經心地收拾行李。晚上繞道奧利維列維去圖克瓦烏克瓦。鍛鍊。〔奧吉薩〕提著燈；他很害怕。回來。在上面的村子裡，土著給我看了魚網，跟我描述了捕魚。Kukwanebu。荒誕的感覺沒那麼強烈了。強烈地意識到自己關於捕魚的資訊極端不足。回到家裡，和比爾聊了聊，他指出我文章中的幾處錯誤。

星期六，八日

起床很晚，感覺虛弱，服了點灌腸劑。大概十一點的時候出門；我聽到了喊叫；〔從〕卡普瓦普（Kapwapu）〔來的人〕正帶著uri（芋頭）抵達特亞瓦。我同土著坐了一會兒，聊天，拍照。回家。比利糾正和補充了我筆記中關於wasi[47]的記錄。在特亞瓦，一個老男人說了一大堆關於魚的事情，但是我沒有太聽懂他說的話。然後我們挪到了他的bwayma1[48]，還有lili'u[49]。他們一直在問我關於戰爭的事情。——晚上我同警察談到了bwayma'u，lili'u和yoyova（女巫）。我很討厭他們的笑聲。比利又告訴了我一些有趣的事情。吃了點奎寧和甘汞。

星期日，九日

睡得很好……我感覺不錯。比利說我們最好立即出發去吉瑞比，當天下午就出發。我飛快地收拾好行李（我對繪畫〔kens〕的興趣比做民族誌更大，對打理行裝這種事情更是毫無興趣）。我列了一張清單，寫清楚自己需要的亞麻布以及〔流浪〕生活必需品。午飯過後我匆匆收拾好東西，三點二十分我們出發了。我很累，但是還有一些殘存的生活樂趣。我盯著如青草般鮮綠的水面，紅樹林深綠色的婀娜倒影，飛魚，水底的植物。到達；房屋被棕櫚樹環繞；紅樹林枝葉的空隙在樹幹之間留下斑駁的陰影。房子附近有一個bwayma；緊鄰著一間錫鐵皮茅房。一團亂麻。我想給這個景象拍照。伊魯梅多（Ilumedoi）忽略了我的存在。我走到一片沙灘上，給E. R. M.寫了一封信，但語氣不是特別熱情。我回來吃午飯。然後同比利交談。晚上和伊魯梅多及莫里阿斯（Moliasi）[50]坐了一會兒；後者給我展示了他腿上的可怕膿瘡。我們談論了bwaga'u[51]，以及yoyova，還有姆塔巴魯逃走的老婆們，還有卡薩納伊（Kasana'i）沒有統治者的事實；還有挖蘑菇，關於〔……〕

47 沿海村莊與內陸村莊之間植物食物和魚類的交換。

48 初步蘭倉庫，有時帶一個有屋簷的坐處，或平臺。詳細描述見《珊瑚島花園與其巫術》。

49 科瑞維利安人（Kiriwinian）真正的或重要的神話。

50 一個第二等級的酋長，提拉淘拉（Tilataula）地區的酋長，傳統上是科瑞維納的托烏魯瓦的大敵人和最大競爭對手，馬林諾夫斯基在《西太平洋的航海者》中把他描述成「一個老流氓」。

51 施展最主流黑巫術的巫師；通常每個村子裡有一兩個。

odila[52]。我只能聽懂一半莫里阿斯的談話。閒聊無休無止，我完全無法入睡。

星期一，十日

早上我寫完了給E. R. M.的信，複核了一下關於kayasa[53]的論文和筆記，列了一張現存問題的清單。我跟幾個包括來自樓亞（Louya）和布瓦德拉（Bwadela）的土著坐了一會兒，聊了聊kayasa以及去歐卡由羅（Okayaulo）的事[54]。但是他們的資訊很模糊，而且他們說話的時候也不夠專心，將我「撂在一邊」。下午我們再次交談（記不起來說了些什麼）。我貪婪地讀《駛向無政府狀態》（*Wheels of Anarchy*）〔馬克思．彭伯頓（Max Pemberton）寫的一篇小說〕，同時感到對這些土著與日俱增的厭惡。和米克[55]談起這事，英雄所見略同。當他像維斯皮安斯基[56]一幅畫中的阿基里斯一樣蹲坐著的時候，很有「地中海」風情。希臘—土耳其的菜餚。〔你可以〕「聞到兩英里以外那家該死的旅館的味道」。米克的世界主義式的觀點，「該死的德國佬打不完的仗」。米克在我的民族誌調查中幫助了我。「kayasa在所有該死的市場上都一樣。」當我提到伊魯梅多和mulukwausi[57]時，他說：「他們不吃內臟，只是聞聞。」總而言之，我們喜歡米克。——藍灰色的大海，熱風，海洋的溫暖氣味；裸露的黃色棚屋；岩石上粉色的房屋，房頂上褪色的瓦片。——星期一晚上我看完了小說；和比利聊天；同伊魯梅多和一個喋喋不休的女人談起了——？我仔細聽了他們的談話，但是我沒法很清晰地辨識出他們的語言（吃了三克甘汞和一點瀉鹽）。

星期二，十一日

〔吉尤佩羅（giyopeulo）〕來了。我看了一下並畫了一幅 pwata'i[58]的畫。同圖博瓦達（Tubowada）〔來的土著〕聊了一會兒。極好的人們——我能立馬感受到他們的資訊在品質上的不同。早飯過後和一群來自瓦庫塔的土著聊了聊 milamala[59]——在〔吉尤佩羅〕背誦他關於圖達瓦[60]的 lili'u 之前。但資料收集不甚順利〔……〕。下午我坐在露臺上寫瑪利安的故事，五點，我划船出去逛了一圈。晚飯過後我同〔吉尤佩羅的〕兒子們交談了一陣，被他們提供的資訊的高品質震驚了。他們嚴肅認真、一絲不苟且邏輯分明地為我解釋了 kayasa 的特性以及集體勞作的情況，還順便

---

52 樹叢，與耕作地相對。

53 娛樂，包括有女人參加的競賽性、強迫性的舞蹈、取樂，不在舞蹈季節舉行；也指契約事項。

54 這是南波優瓦地區的三個村莊，據說那裡的女人在除草的季節裡會舉行kayasa的狂歡儀式。因為有這種傳說，其他村莊的男人們在那個季節不會冒險去那裡。

55 米克・喬治（Mick George），一個長年住在初步蘭的希臘商人。馬林諾夫斯基經常住在他家裡。

56 斯坦尼斯拉夫・維斯皮安斯基（Stanislaw Wyspianski，一八六九年至一九〇七年），波蘭劇作家、畫家和詩人，同時他還是室內裝飾和家具設計師。他是一位愛國作家，在青年波蘭運動中創作了一系列具有象徵意義的愛國戲劇。他將現代主義和波蘭民間傳統及浪漫主義成功地結合在一起。——譯註

57 會飛的女巫。

58 大的稜形食物容器，裝著小型kuvi（大甜薯），上面擺著檳榔果仁和甘蔗。

59 年度節日，靈魂此時回歸，這段時期初步蘭群島民享受繁榮的巔峰；也指磯莎蠶，會在某次月圓之時出現，以此用來確定節日的日期；蟲的出現有時和靈魂的抵達相聯繫。

60 圖達瓦（Tudava）是《珊瑚島花園與其巫術》第二卷中記述和分析的一組故事中的英雄。

糾正了我的語法。然後他們其中一個人背誦了一遍多科尼坎[61]的 lili'u，比之前的任何人做得都好。從奧菲勒茲回來之後，我立即決定要去圖博瓦達。我同比利閒聊了一陣然後就睡覺了。——比利告訴我的事：布魯多沒有 kaloma[62]；他去了薩瑪賴，花高價買了一串廉價的珍珠項鏈。諾曼．坎貝爾徹底「破產」了，甚至他的船都被合夥人奎恩（Quinn）沒收了。比爾是中間人：布魯多不敢離開卡瓦塔瑞阿，又不能在 Boymap'ou 躺著傻等。坎貝爾甚至不知道怎樣買煙草。比利給他送去了一些〔vidu〕；但他沒有把它們縫在一根皮帶上，而是直接送給了他。N. C. 態度很好，沒有敵意，滿足於得到的那點萎葉。他在走廊上拖著身子〔……〕來回走動。他的老婆則盡其所能地偷竊。人們都記得他曾經是一個魁梧的年輕人，強壯而且有活力，卻很溫柔。我被徹底震撼了。想起 E. R. M. 曾提過的〔……〕：就像一條大蘇格蘭犬。我想了一下他所有的可能結局。我心中總是惦記著比爾的基本問題：他和瑪麗安娜的婚姻；他對自己孩子們的寵愛。他將瑪麗安娜作為土著來對待，總愛強調她古銅色的肌膚。今天我意識到，這種做好最壞準備的做法對他而言，可能再明智不過了。有時我試著——或者更準確地說是有一種〔傾向〕，從他身上尋找我對文明世界和白種女人那種嚮往的映射。我一直想弄明白是什麼造就了今日的他。他曾經在鐵路服務系統中工作過；裁員；曾經和兩個維多利亞人在礦場上共事過；接觸了一下又離開了；到了布羅肯希爾鋅礦（Broken Hill）〔在澳洲西南方〕或者查爾斯塔地區（Charles and Towers）；從 C. T. 到 N. G. 又到金礦區，在南尤達（Yodda）地區損失了一千六百鎊，花了四百六十鎊。回來的時候還剩一百四十鎊。建起了這個地方。B. H. 說了喬治．奧爾巴赫的一些壞話。提到了 G. A. 拒絕還給他的六十鎊，還推測 W. H. 遇到了經濟困難。同樣，據說 G. A. 曾經說過自己要在特亞瓦和圖克瓦烏克瓦開一個法參站，以此來報復米克在西納克塔買椰子核的行為。比利威脅他說要遷往卡奴布梅克瓦（Kanubumekwa）。

星期三，十二日

很晚才起床，正要開始寫日記，比利來叫我。我們出門。我一直都感覺很累。相機也顯得很重。我責備自己沒能掌控民族誌調查中的各種狀況，比利的在場有點阻礙我。畢竟，他不像我那樣有志於此，實際上他覺得這一切都很傻。我貪圖欣賞美景（有時候是想像的美景）的癖好再次跟我開了一個玩笑。——在如此遙遠的距離，E. R. M. 對我調查的協助起不到作用。相反，我感到自己正在扮演一個錯誤的角色，我必須要寫信給 E. R. M. 告訴她我對自己很失望。下午我給她寫了一封信，休息了一會兒，然後自己划小船出去。在奧布拉庫（Oburaku）：我們去了〔頭人的〕屋子（托瓦凱斯〔Towakayse〕地區的）。在那裡，我們坐在 bwayma 中，烤活豬。錯綜複雜的感覺——感到這種行為很殘忍，心中有些憤怒。切開豬肉，聽到了一些解剖學上的詞彙。然後我們給一群戴著鼻骨（nose-sticks）的人以及養著豬的 baku[63] 拍了一些照片。我搶拍了幾張男人們切豬肉的照片。然

---

61 多科尼坎（Dokonikan）是科瑞維納民間故事中最為人熟知的怪物。

62 海菊蛤製成的、穿著小孔的小圓片，穿在一起做庫拉中的項鏈；在庫拉範圍內，幾乎所有有價值的物件或藝術作品都用kaloma裝飾。

63 初步蘭村莊中心的寬敞空地，外圍是一圈用於居住的茅屋、內圍是一圈芋薯倉庫；酋長的房子在baku中，一部分用來作為跳舞的場所，另一部分原本用作墓地。

後我們坐下來享用美食。我在村子裡逛了一圈，想找一個地方搭帳篷。我們吃了香蕉，喝了椰奶。然後是 sagali[64] obukubaku[65]。瓦諾伊吉瑞維納（Vanoikiriwina）。我碰到幾個熟人，一個從庫多卡比利阿（Kudokabilia）來的男人，曾經給我帶過雞蛋，他穿著女士睡衣。沒人從歐馬拉卡納或卡薩納伊來。Sagali，所有的村子都涉及了。在這個儀式中，能感受到社會的紐帶聯繫：整座島是一個整體：卡亞樂烏拉和別的島沒被涉及，除了卡塔瓦（Kitava）和瓦庫塔。——然後開始下雨了。我們坐在〔頭人的〕bwayma 中。我給村莊照了一張全景照。兩艘獨木舟。比利離開了。我坐下畫了一張〔……〕。同托古古阿（Toguguа）一起坐他的船回來。坐在獨木舟中，我很享受獨處的感覺。然後一股對民族誌調查的強烈失望情緒又回來了。我划船時想到了 E. R. M.，想到了她對亞拉（Yarra）〔墨爾本的一條河〕上船隻的熱愛。——回到家中，和米克一起吃晚飯，他重複聲明科瑞維納從未有過這種 sagali，然後找了各種藉口為沒有給我找來香煙開脫。在走廊上的一張躺椅上打了會兒瞌睡。八點上床睡覺。我睡得很好；夢中我遠離初步蘭以及民族誌調查——但是去了哪裡？——對了。兩天前我開始讀《黛絲》（*Tess of the d'Urbervilles*）。這將我拉到 E. R. M. 身邊。「青春不再」。想到了我對她有多大責任。我將她看作我未來的妻子，帶著某種堅定和自信，但是缺乏激情。我會經常想起 N. S.。我給比爾看她的照片。很可悲，我像一個孩子那樣愛她，但我沒有什麼錯覺，而且我相信她如果和我在一起不會快樂；反之亦然。一首《薩姆森和黛莉拉》（Samson and Delilah）裡的曲子讓我想起了她。那句「不要走」的歌詞躍入我的腦海，我頓時有些恍惚和惆悵。我經常渴望文化的氛圍——保羅和赫蒂〔庫勒夫婦〕以及他們的家（想到這裡幾乎讓我落淚）；E. R. M. 和 M. H. W.，以及那種氣氛。這些在莫爾文（Malvern）[66]的快樂日子會回來嗎？——貝多芬的曲子。我無比想念P.和H.。

星期四，十三日

七點左右起床，喝了早茶；和米克聊天，告訴他我們十一點要離開；在椰樹下寫過去幾天的日記，然後回來。布魯多回來了，沒有拿到vaygu'a[67]。Br.是一頭豬。以前這裡有很多商人，他們會晚上聚在一起「吃喝嫖賭」。他告訴我他有多疲憊；給我看他的身體有多瘦削和虛弱。他甚至不能走去上茅房。然後是關於大茅房之必要性的討論。他給了我一艘划艇。我收拾好東西，同瑪麗安娜處理好事情。身體感覺棒極了。土著的獨木舟，浸滿了水。我們換到划艇上。到達。我找了個地方搭帳篷。波蒙恩（Bomeran），一個警察，和幾個男僕幫了我一把。我端詳了一番帳篷，然後審視了一下村子。親眼看著帳篷被搭起來，帶給了我一種滿足感。就像野餐帶給我的快樂那樣。伊魯梅多和他的兄弟也在那兒，他把我介紹給他們。我給了他們三根香煙。吃了點香蕉。然後我給村子畫了一張平面圖，伊魯梅多的一個兄弟幫了不少忙。我回來後，檢查了一下帳篷，指揮他們卸下包裹。然後散步，想到E. R. M.；走到水邊做了一會兒瑞典式體操。感覺很好；即便空氣就像土耳其

64儀式性食物分配。
65顯然是指baku的某個部分。
66英國城鎮。——譯註
67當地的貴重物品，用來顯示及維持地位。

浴一樣，我也沒感到壓抑或者灰心。第一次在科瑞維納漫步〔……〕。E. R. M.的影像出現在我的眼前。我想給N. S.寫信中斷所有的聯繫。我回到住處——拖著身子回來的。吃了晚餐。然後去觀看一次晚間聚會。就在我身邊——大概六米之外——是iwalamsi[68]。我聽到的主要是，「Latugo, gedugedo bigadaigu」——一種類似音樂的單調合唱——對他們肯定有催眠的效果。然後去了托瓦凱斯。在那裡，他們要在我的逼問下才願意開口說話。我談到了poulo（出海捕魚）；然後兩個人的kukwanebu。我極度想睡覺。回來，喝咖啡。上床睡覺，但是一閉眼就看見玳瑁梳子，以致一直不能入睡。那天晚上下雨了。bulukwas（豬）在我的帳篷四周閒逛。

星期五，十四日

下雨。六點半起床。我在村中逛了一圈，觀察了幾群土著。回來；喝下早飯；在走廊上和警察及幾個土著閒聊。然後回到我的帳篷：幾件具體的事：修改村莊的平面圖，抄寫民族誌筆記；我只做了一部分，雖然感到體力很好，但很反感做這些事情：這種工作不能提起我的興趣。還有，下了一場傾盆大雨；雨水滲進了帳篷，成了幾條小河。Pilapala（雷電或霹靂）還沒停止，所有這一切讓我神經緊張。十二點有幾個土著從維雷利瑪（Vilaylima）和奧薩婆拉（Osapola）來。我們聊了聊螃蟹，等等。這次見面讓我感到很無聊，進行得也不順利。兩點我點了午飯——雞蛋和可可。我想到了保羅以及E. R. M.。我帶著痛苦思念著文明世界；一邊在亞拉河上划船，一邊看報紙，關於墨爾本的細節。莫爾文的房子現在想起來就像人間天堂一樣。那段日子中和他們朝夕相處，我無疑是快樂的（除了陀思妥耶夫斯基式的心情和生病之外），特別是那段時間快結束時，我尤其渴望在墨爾本待到四月再走。戰爭肯定會結束，墨爾本田園牧歌式的生活也會被打破；懊惱和悔恨。——我休息了一下午；在村中散步。——做mona（芋頭布丁）的準備工作。四點半時觀看了烹飪芋頭。扔下麵團；興奮；buoysila urgowa。我從〔一口鍋〕走到〔另一口鍋〕。這種興奮的氣氛和buoysila urgowa 讓我癡醉。四處走動和長時間站立讓我很疲倦，「我被疲憊擊潰了」。〔凱塔布（Kaytabu）的〕Sagali。我坐在一個來自西納克塔的年輕女人的bwayma中。——回到了〔雅思提尼（Yasitine）〕。黃昏。灰濛濛的天。深藍色濕潤的霧氣從棕櫚樹叢中升起，給灰色、棕色或赭色的房屋披上一層溫暖的基調。村莊被包裹在黑暗之中，顯得更小巧而緊湊，在空曠的天地中若隱若現。我在自己的帳篷中躺了一會兒。划著小艇，我並非沒有畏懼：可能找不到村子，可能擱淺，還有一些「東西」可能從黑暗中爬出來。E. R. M. 會喜歡看到我現在這樣。當我看到女人們時，我以E. R. M. 為標準來衡量她們的胸部和身材。回來，吃了頓很簡單的晚餐，躺在床上同一個從瓦庫塔來的警察及一個穿著lava lava[69]的當地人聊了各種事情（poulo、tova'u[70]），以及關於多科塔（Doketa）和嘎貝納（Gabena）的事。他知道〔吉布侖（Giblen）〕，蘇貝塔（Subeta）和〔阿斯（Arse）〕。我睡得很好，雖然害怕會感覺虛弱（下午過度興奮的反應？）。吃了點複合瀉藥。

68他們叫喊（walam的動詞形式）。

69玻里尼西亞—斐濟的外來語：圍腰帶。

70意同tauva'u，來自南方島嶼的邪惡人形怪物，會招來瘟疫。

星期六，十五日

早上六點左右，兩聲震耳欲聾的 walamsi（叫喊）的喊叫（金吉爾說他們在沙里巴並不像這樣持續地號叫）。我起身。六點半船開走了。我在紅樹林中大便；這是我唯一真正同大自然的交流！……樹木高大，枝葉堅硬閃亮，樹蔭濃密，投在覆蓋著腐葉的土地上。我身體感覺很好，而且這種感覺持續了一天。早飯過後（茶和餅乾），九點到十一點進行〔村莊〕人口調查，然後回來重新畫了一張村莊平面圖。人口調查：我坐在一張椅子上，由 gwadi[71] 抬著在村中走。gwadi 們還提供了當地居民的名字。有一些名字，即便是在哀悼期，他們也能叫，但如果這些名字是 kala koulo kwaiwa'u[72]，他們就不能叫了。十二點我坐著划艇出去了：帳篷裡面很冷，但外面有太陽，很熱。我划到紅樹林附近。感覺強壯而健康。十二點四十五分，吃米克送來的〔Galuluva〕和麵包。我（吼叫和咒罵著）教金吉爾怎樣油炸食物。我吃了一個豬油炸的煎蛋捲。躺下（沒看小說）。三點半我開始〔在人口調查的基礎上〕著手梳理宗譜。托烏魯瓦來了，N. G.[73] 比他先到。給了他一些香煙。我問起他的朋友。吉類維亞卡死了。另一些來了——卡魯馬維沃（Kalumawaywo）[74]〔米才戴利（Micaidaili），奧瑞卡帕（Oricapa）〕。最後提到的這個人是最有「人」樣的。在任何情況下，他都非常令人舒服。他很會說話，眼神明亮，總帶著謙遜的表情。他是科瑞維納的第一紳士。托烏魯瓦來了。我們像老朋友一樣打了招呼。他恭維了我一番，但其中帶著一絲同情。他站在我面前，帶著一半嘲諷、一半遷就的態度，談論著我的成就。開著我們的庫拉之行[75]的玩笑。然後，在帳篷中，同迪帕帕（Dipapa）、肯諾瑞阿（Kenoria）[76]交談。我獨自去了瓦維拉（Wawela）。天氣悶熱，但是我感到精力充沛。大自然吸引著我。〔……〕giyovila（酋長的妻子們）；肯諾瑞阿很美，有一副好身材。有一股「拍她肚子」的衝動，但是克制住了。晚上划了一會兒船，睡得很早。

星期日，十六日

睡到很晚。Taparoro〔（tapwaropo）？[77]〕（很短），在我的帳篷附近，托姆瓦亞・拉克瓦布洛[78]和另外幾個土著。收集的關於poulo的資訊很不錯。午飯之前划了一會兒船。午飯過後兩點，村子的人口調查。五點左右，筋疲力盡（神經衰弱）——幾乎動彈不得。我去了科瑞布瓦（Kiribwa）

71 成人之前的男女孩童的通稱。

72 逝者親屬的哀悼行為（比如一個寡婦的兄弟；哀悼期間，此兄弟不會說出逝者或此寡婦的名字）。

73 諾姆瓦納・古亞烏（Namwana Guya'u），托烏魯瓦最年長和最喜愛的兒子，歐馬拉卡納的領袖人物。雖然他被驅逐到了另一個村子，他還是經常回來探望自己的父親。

74 在《珊瑚島花園與其巫術》一書中被描述為一個強健、高效的園丁。

75 在其之前的初步蘭調查中，馬林諾夫斯基曾經說服托烏魯瓦帶著他參加一次到卡塔瓦島的庫拉遠征。在航程行駛到一半的時候風向變了，所以獨木舟不得不返回。馬林諾夫斯基感到托烏魯瓦認為是他的存在帶來了壞運氣。

76 托烏魯瓦的兒子和女兒。

77 禱告，特指傳教士方式的禱告。

78 托姆瓦亞・拉克瓦布洛（Tomwaya Lakwabulo），「預言者」，是馬林諾夫斯基的主要信息報導人之一（參見《野蠻人的性生活》）。

（tomakava[79]和 yamataulobwala[80]）。米克抱怨了一番，非常悲觀。一間荒廢的房子，一艘孤獨的小船——景象相當悲涼。E. R. M. 的書，我讀了幾篇斯蒂文森（Stevenson）的文章。划船回去。同一個人聊了聊 poulo，以及這兒附近做 mona 的計劃。我划得很賣力，感覺很好（我在科瑞布瓦吃了一個巨型的豬裡脊）。八點左右喝了一點檸檬汁，去了科瓦尤提利（Kway〔utili〕）。巫師（Bwaga'u）划船。我坐下來，男人們告訴我關於 katoulo[81]、silami（疾病）等等的事。村裡的警察是很好的報導人。十點回到我的帳篷，洗頭髮。睡得很香。

一九一七年十二月十七日

六點半起床。在村中閒逛。我坐下來聽了一曲 walam，同一個來自〔瓦凱斯（Wakayse）〕的老年男人聊了一會兒。然後經過奧吉乃（Okinai）、奧盧朗（Oloolam）回到帳篷（我試圖買兩個 lagim）。瓦尤洛（Vayoulo）被帶來了。托姆瓦亞・拉克瓦布洛被車載來了。T. L. 給了我一本圖瑪（Tuma）[82]語的詞彙書。這些詞語喉音很重。然後是 baloma[83]。接著納姆瓦納・古亞烏回來了。我像往常一樣將小船拖出去划了一圈。午飯過後我〔帶了〕一點黃色棉布，提起了 baloma。我做了一個小 sagali，那瓦維勒（Navavile）[84]。我受夠這幫黑鬼們（nigger）[85]了，也受夠了自己的工作。我獨自徒步穿過 raybwag[86]。滿是水。我感到很強壯，很有活力。我涉水前進，但淤泥迫使我停了下來。在行走過程中體力分散了我的注意力，所以我並沒有思考太多事情。熱帶，對我而言已經完全失去了它奇異又陌生的特性；我不信自己能在其他地方感覺這麼好。划小船；我感覺精力相當充沛，以至於剛划回來我又把它划出去了。然後燉了點香蕉（絕妙的發明）。走路去找那瓦維勒。那時候我已經很累了。晚上，暴風雨，但很快又睡著了。——膝關節的風濕幾乎消失得無影無蹤——有時我都覺得自己的腿完好無損。

一九一八年十二月十八日〔原文如此〕

七點起床。冷風——我多穿了件襯衣襯褲（溫度＝二十四點五度〔大概七十六華氏度〕）。翡翠色的天上釘著月季色的斑塊；海天一色，反射著青色的光芒。——早上我重讀了這本日記中的幾頁，然後開始想念E. R. M.，P. & H.，以及米姆。我決定：筆記要更有規則，要改善方法。昨天

---

79 外人；在初步蘭群島上通常講到父親和其家庭間的關係時使用。

80 意思不確定；yamata指關心，照顧；tau是一個指男人的詞、或前綴；bwala是一種房子或某種架構。

81 自然原因造成的小病痛，或者說在當地人觀念裡這是自然原因的結果，但同時也是施展巫術的絕佳對象。

82 波優瓦西北部的一個島嶼，也叫幽靈島，死者的靈魂住在那裡。

83 人的精神或靈魂，在死後離開肉體。

84 來自奧布拉庫的一個報導人。

85 《韋氏新國際詞典》，第二版，第二個釋義為：「不規則或不嚴格地指代任何一個膚色較黑的種族的一位成員，例如東印度人、菲律賓人、埃及人。」這個詞是歐洲人常用的口頭語，馬林諾夫斯基寫作時用於指稱當地土著，他們其中的很多人，與美拉尼西亞人一樣，顯然並非黑人。

86 島嶼四處的珊瑚脊；上面有被森林覆蓋的小塊沃土。

散步的時候我想到了自己書的「序」：簡・庫班瑞[87]從實在的方法論者的角度，米克洛霍—馬克雷[88]從新類型民族誌的角度，馬瑞特[89]作為早期民族誌的探索者對比的角度。我想到了自己現在對於民族誌工作和土著們的態度。我對他們的厭惡，我對文明的渴望。——早飯過後，我瀏覽了一遍筆記，加了點註解並調整了一下。不太順利，疲憊不堪並且有點不清醒。在此期間有好幾次速度慢下來。想像中的P. J. Black（由格林伍德〔Greenwood〕模仿的？）板著一副石頭般漠然而遲鈍的面孔。十二點，太陽出來了，我乘船出去。我的頭疼和困倦因運動一掃而空。有一些關於社會學以及里弗斯等等的泛泛想法（將它們草草記在書後）。午飯過後（炸魚——我的烹飪發明）將它們簡略地寫下來，大概三點去了〔圖布瓦巴（Tubwaba）〕並做了人口譜系調查（一點也不好玩！），然後和那個警察一起去了盧布沃拉（Lubwoila）（sapi[90]）——我很累，但腳步輕快並且感覺很好。然後把船划出去。在半途中，我停下來，仔細一聽，聽見船底沙沙作響——恐懼。天黑下來，我想起了N. S.以及我必須[91]給她寫的那封信。天色很暗——雲層反射著攙著雜質的棕色，海面上飄著一層雨霧。西邊pilapala發出隆隆巨響，伴隨著kavikavila[92]的閃爍。悲從中來。我想到了E. R. M.——如果她在這裡，我能從渴望中解脫，能不再憂鬱嗎？筋疲力盡。躺下。土著們來了，卡弟拉庫拉（Kadilakula）和納尤瓦（Nayowa），還有其他幾個人。我說起了poulo、wasi、gimwali[93]等等。很晚才睡覺；讀了幾封斯蒂文森的信。

一九一七年十二月十九日

七點起床。昨天，躺在蚊帳裡，淫穢的想法：〔H. P.〕夫人，C.夫人，甚至W.夫人……我想即使E. R. M.在這兒也不能滿足我。關於C. R.的淫穢念頭：這個男人〔色瑞安（Ceran）〕的信條是，讓一個女人失貞實際是在幫她的忙。所羅門・何士邦（Solomon Hirschband）。我甚至想到了勾引M.。然後把這些淫欲釋放掉……今天七點起床——懶散；我躺在蚊帳中，渴望看書而不是工作。起床巡遊了村子一圈。早飯。gimwali。我決心徹底杜絕所有的淫蕩念想，專心工作，今天之內完成人口調查，如果可能的話。九點我去了凱塔布，在那裡我和一個長鬍子的老年男人一起做了人口調查。單調乏味，愚蠢的工作，卻必不可少。快要結束時我已經累壞了，喘著粗氣。然後划小船離開。午飯——螃蟹和黃瓜。現在我每天吃的東西是：早上，椰子；中午相對豐富，還總有新鮮食物。晚上吃得很少，香蕉拼盤，momyapu（木瓜）；有一次我吃了很多魚，卻沒感覺身體不適。有點便秘（碘或砷化物？）。下午（吃螃蟹花了我兩個小時！），三點，在obukubaku做人口調查。五點和一個凱塔布（木瓦魯薩〔Mwanusa〕）的年輕人以及莫洛瓦托（Morovato）[94]去了瓦維拉。我感覺身體

87 簡・庫班瑞（Jan Kubary）是*Ethnographische Beitrage zur Kenntnis des Karolinen Archipels*的作者。
88 尼古拉・米克洛霍—馬克雷男爵（Baron Nicolai Mikluho-Maclay），俄國探險家和民族學家，曾在一八七〇年到一八八〇年間幾次遠征到紐幾內亞，馬來半島，以及菲律賓。
89 馬瑞特（R.R. Marett, 一八六六至一九四三），英國人類學家。
90 花園的除草、清理。
91 原文有下畫線。
92 可能指閃電。
93 以物易物，與禮物交換相區別。
94 《野蠻人的性生活》中提到的一個可靠的報導人。

不太輕便，害怕走路會讓我勞累。但結果恰好相反；當我看見大海時快樂地喊出聲來：透明的海水一直向遠方延伸，在天邊染上了鋼鐵一般的光澤，海面上有一串黑白夾雜的碎浪——波浪拱起變成黑色，然後變成白色的泡沫——這個景象營造了一種節日的氣氛，而這正是我在這片環礁湖上所懷念的。一片椰樹林，微微彎曲的海灣，加上綠油油的植被，看上去就像沙灘上聳起的圓形露天劇場。海岸線朝著瓦庫塔的方向一直延伸到遠方，露兜樹枝葉寬闊，沿著岸邊生長。我們坐船去的。我想起了E. R. M.，感到這種景色和她之間有一種神秘的聯繫，特別是看到了那串細碎的波浪之後。想到還要在這裡生活，我感到很高興。

瓦維拉的街道很寬敞。克瓦拉山（Kovala Koya[95]）就在我的正前方。穿過街道，我給帳篷選好位置——就在村子的一端，棕櫚樹下。我需要babayva一塊odila。有兩三個被遺棄的obukubaki。這個荒涼的村子呈現出一派淒涼的景象。一個卡塔瓦式的小屋。納古阿魯瓦（Naguayluva），住在一座獨立的小屋中。晚上有點累，但不至於筋疲力盡，我將一首華格納的曲子改成了一曲小調，歌詞是「親我屁股」，這趟走了mulukwausi。我試圖擺脫我的隨從們，但是他們顯然很緊張，再說道路狀況確實也不好。托馬卡普（Tomakapu）馬不停蹄地直接去了村莊。趕走螢火蟲的小伎倆（raybwag的螢火蟲頗為壯觀）。差點掉進水裡，但是一個黑人拉了我一把。暴風雨正在醞釀。遠方傳來風雨聲，不可思議的雨簾像一片幕布一樣懸在海面上，漸漸逼近（昨天在划船的時候我想到了E. R. M.和我們的社會學計劃；我想到我其實沒有權利強迫她和我在一起，因為我們的角色顛倒了：我的犧牲通常是女人所做的，而她的則是男人所做，因為是她而不是我，置自身於危險的境地）。昨天，從瓦維拉回來之後我有一些民族學的想法，但是我記不清它們具體是什麼了[96]。這些想法會對普通理論的「味道」有些影響，而我的具體觀察就能拌在其中了。大概九點，我放下蚊帳，同尼尤瓦（Niyova）[97]閒聊了一會兒。入睡有些困難。

星期四，十二月二十日

我六點起床（五點半就醒了）。感覺不是很有活力。在村子裡巡視了一陣。托馬卡普向我解釋了關於他房子附近的神聖小樹林的事。下了一整晚的雨，到處泥濘。每個人都待在村子裡。警官九點來找我，我們開始工作。十點半他們決定去參加一個poulo，我也跟著去了。在尤薩拉・嘎瓦（Yosala Gawa）房中正在進行megwa[98]。我再次感到與真正的大自然同在的喜悅。坐在一條船中，我觀察到了很多，學到了很多。在平常的氣氛、風格中，我觀察了他們的禁忌。還有狩獵的技術，這通常需要數周的研究。寬闊的視野帶給我喜悅。我們繞著環礁的這個部分巡遊了一圈——一直行駛到了吉瑞比，還有博馬普烏。海魚衝出海面，在空中劃過一道弧線，然後跳到網中，這種景象非常奇妙。我同他們一道划槳。我脫去上衣，享受了一次日光浴。海水誘人，我想洗澡，卻沒這麼做——為什麼？因為我缺乏活力和衝勁，這點讓我受累不少。想到這裡我開始感到有點疲倦，饑

95 Koya指的是山丘或高山。
96 Naturmyhtus，Naturkontakt，Naturcolker〔自然宗教，同自然交流，原始人〕〔馬林諾夫斯基的註腳〕。
97 奧布拉庫的土著，被馬林諾夫斯基視為一個優秀的報導人。
98 巫術的統稱、巫術程序。

餓。這片廣闊視野帶來的魅力被絕對的空虛感所取代。我們〔借道凱圖維（Kaytuvi）和可瓦布洛（Kwabulo）〕回來；〔托沃瑪．卡塔貝魯維（Towoma Katabayluve）〕在waga停靠的河口處。——比利那兒的一艘小船，上面有〔我的鞋和燒水鐵罐〕。我回來，吃了午飯（已經三點或四點了！）。然後，大約五點，我去了圖達嘎（Tudaga），在那兒做了一會兒人口調查。回來；落日的餘暉就像燒紅的磚塊。幾個土著發現了圖瑪達瓦（Tumadawa）魚，划了十二三條船去捕捉。我想追上他們，但是感覺有點累。我放下槳，想到了N. S.，以及南澳洲，對我而言，它是世界上最富有魅力的地區之一。上次在那裡所擁有的強烈感覺向我襲來，我同N. S.的愛情故事是那塊天堂的精髓。現在，失去了N. S.，天堂也失落了。我再也不想回到那裡。我想到這些，在腦中給她寫了一封信。我不想失去和她之間的友誼。——毫無疑問，我對她的愛是我生命中最為純真、最為浪漫的東西。和她的友誼？如果她尚健康而且強壯呢？不[99]——她對待生活的方式對我而言是不可思議的。絕對不可思議。我們根本就是兩個世界的人。但我仍感到悔意。如果我可以放棄所有這些，放棄占有她的靈魂呢？這是一種想要從根本上絕對地掌控其精神的致命欲望。我無疑對她犯下了罪孽，我無情地犧牲了她而去追求一段更為穩定的感情。——回到住處時我感覺很糟糕。只喝了一點茶。聊了一會兒天，但毫無內容。灌腸劑……睡得不錯。

星期五，十二月二十一日

起床晚了，七點。夢中的S. I. W.〔斯坦斯洛．伊南斯．維茨維斯〕和老W.〔斯坦斯的父親〕

有點混淆不清。還有赫伯特法官和別的一些人。——下雨天；在墓穴旁拉了好大一堆大便。我決定再也不吃複合導瀉劑了！——慵懶：我想打破單調的生活，去「放鬆一天」。這是我最壞的癖好之一！但我應該反其道行之：完成一些例行的任務，「民族誌筆記」，重寫我的人口調查筆記和昨天的感想。今天早上我感覺很糟糕；我的手是麻木的（=過度勞累的心臟）；暈乎乎的；整體感覺很虛弱，「進入了生命的低潮」。——我想到了E. R. M.，想到給她寫信。——早飯過後，托姆瓦亞．拉克瓦布洛來了，帶來了他關於另一個世界的一些小故事。巴拉馬（Balama）語。我每問他一個問題，他在回答之前都會停頓片刻，接著在眼中閃過一絲詭詐。他這樣有點像奧利弗．羅吉爵士。——然後我寫下了昨天航行的感想。接著去了瓦拉斯（Walasi），在那兒我做了一下人口調查……非常累；午飯過後（魚和芋頭）睡了一覺。大約四點起來，還是很累。我想到了斯蒂文森信中的一段，其中他寫道如何一次同病痛及疲勞的英勇鬥爭。——然後乘船去了可瓦布洛。我問了一些關於樹木和環礁名稱的問題，同時決定系統地學習語言，編輯一本詞典。瓦格．可瓦布洛——一涓穿梭在紅樹林中的狹窄溪流。在可瓦布洛——傍晚的氣息——薄暮籠罩在黑色的土地上，閃爍著金綠色的微光〔……〕。觀看了伊魯維拉烏（Inuvayla'u）的kwila[100]。買了一些香蕉、木瓜、一塊石頭。回來。西邊強烈的光線——橘紅色，包裹在一色的淺藍大海和天空中。我計劃為E. R. M.畫一幅雲彩的圖畫，還有別的一些景色——除了我在「伊塔卡」船上草繪的遠山輪廓之外。我再次獨自一人了——

---

99 原文有下畫線。

100 和伊魯維拉烏的傳說有關的石頭地標，在《野蠻人的性生活》中有所記述。

在今晚這環礁湖上的空曠月色中。我賣力地划船，想到了——？回來時很累。喝了點茶就睡覺了，一點東西沒吃，睡前同莫洛瓦托和卡瑞瓦布（Kariwabu）聊了一會兒捕魚、樹的名字等等。——一整天都在懷念文明世界。我想念著墨爾本的友人們。晚上在划艇中，愉快地構想未來：我確信我是一位「傑出的波蘭裔學者」。這次將是我最後一次民族學探索。在這以後，我要致力於建設性的社會學：神話學、政治經濟學，等等，在波蘭我可以比在任何地方更好地實現自己的野心。——我夢想中的文明生活，和在這裡跟野蠻人在一起的生活簡直是天壤之別。我決心消滅現在生活中的懶惰和拖沓的因素（成分）。除非有必要，絕不再讀小說。努力防止[101]忘記有創意的點子。

星期六，十二月二十二日

起床頗晚（昨晚睡得不好，晚間睡前吃了三克甘汞）。躺在蚊帳中我想到了歷史學的視角（〔……〕重大、孤立事件的起因）和社會學的視角（事件的一般規律，類似於物理、化學法則的社會中的法則）之間的關係。里弗斯式的「歷史主義」＝地質學調查和地理的「歷史」，忽視了物理和化學的法則。歷史學和民族誌的物理、化學式法則＝社會心理學。社會學式的機械學和化學＝個體靈魂和集體創造之間的關係。——早上我走到sopi[102]，想到了語言是一種集體心理的造物，是一個「社會思想的系統」。語言是一種客觀的創造，它因此對應著下面等式的架構（institution）：社會想像力＝制度＋個人思想。另一方面，語言是一個工具，一個個體表達的載體，正因如此，當我在研究這個等式的其他因子時，要首先考慮語言。然後我研究了一會兒捕魚術語（主要〔同毛洛卡托（Maorocato），尤薩拉·嘎瓦，卡瑞瓦布和托亞達拉（Toyodala）[103]一起〕）。我徹頭徹尾地檢查了一遍我隨手寫下的草稿。結果令人滿意。午飯後睡了一會兒。午飯之前也睡了一會兒——總體來說我感覺還不是很強健，但比周五要好點了。周五我有一種斯蒂文森式的反應。

周六，吃了十克奎寧、三克甘汞和瀉鹽，之後我感覺很好，但是筋疲力盡。四點決定去科瑞布瓦；我拉上了莫洛瓦托和〔維洛維（Weirove）〕；在奧盧朗簡單做了一下人口統計；我們五點出發，很長一段路都是我在划船。米克好多了，我們聊了聊他的近況，吃了點〔kwabu〕醬湯。太陽在一片鮮紅和赭色中落山。我們頂著月光回來。同莫洛瓦托討論了一下環礁的地理情況。我奮力地划船。狂吃了一頓香蕉和米飯。昏昏欲睡，爬到蚊帳中。「破壞性」念頭——我決心控制它們。但是〔控制〕過頭了。睡得很差。孱弱的心臟，麻木的雙手。

星期日，十二月二十三日

一天都用來寫聖誕祝福信。早上腹瀉。然後直接回到帳篷中。看了一會兒斯蒂文森。在蚊帳中寫最容易和最不值一提的信——蒂姆蒂姆、布魯多，等等。——十二點左右在村子裡觀看saipwana的製作。然後回來，睡覺，寫了更多的信。非常累，我躺下打了一會兒瞌睡，醒來時雖然還是很累，

101 原文有下畫線。
102 水，也可能指泉眼。
103 奧布拉庫的一位重要報導人（參見《野蠻人的性生活》）。

但感覺精神多了。螃蟹和黃瓜。休息了一會兒。黑鬼們很吵——因為星期日的緣故，每個人都無所事事。我寫完給P. & H.的信，給E. R. M.的信開了個頭，計劃了一下給N. S.的信——大約六點，在環礁湖上。奇妙清透的夜色。孩子們在划船唱歌。我心中充滿著懷念，想著墨爾本（？）。有一些對E. R. M.的擔憂——當意識到什麼在威脅她時我出了一身冷汗。我想到了她所經歷的苦難，等待著C. E. M.的消息。——我常常看不見她。在肉欲上，她沒有成功征服我。我划船出去，遠到凱圖維，在月光下回來；在幻想、雲霧和海水中迷失了方向。對黑鬼很厭惡，對這種單調乏味很厭惡——感覺就像是坐牢。〔一想到〕明天要走路去找比利，還要拜訪古薩維塔讓我心生不快。晚上是kayaku[104]和一些語言學的術語——四周都是唱歌的聲音（奧凱克達〔Okaykoda〕裡的下流歌曲）。大概十點時，就很快入睡了。

星期一，二十四日

七點起床，在村子中逛了一圈。Kumaidona tomuota bilousi wapoulo〔每個人都出去捕魚了〕。這點讓我有些氣惱。我決定去拍照。相機上出了差錯，大約十點的時候——弄壞了一點東西，毀了一卷膠卷。惱羞成怒。對抗命運，卻最終難以逃脫它的掌心。給女人們拍了一些照片。帶著一點怒意回來。儘管如此我還是寫信給E. R. M.。我希望能夠收到她的來信。漸漸地，她回到了我腦海中。我再次開始「感覺」到她。午飯（仍然帶著怒意，告訴金吉爾午飯吃什麼時都帶著哭腔）。然後我寫了更多信，或者說試圖寫更多的信，但我感到有許多事情應該告訴她。四點半，威爾克斯和伊兆特（Izod）從地平線上出現。我非常不樂意，他倆打擾了我。事實上，他們毀了我的午後散步。我給他們看了可瓦布洛的伊魯維拉烏的 kwila。更糟糕的是我無法適應身邊有陌生的身體存在：他們的存在既無科學價值，又毀掉了我散步的私人愉悅。科瑞維納村莊的單調乏味在我眼前暴露無遺；我從他們的視角看到了這座村莊的無聊（這不是一件壞事），卻忘記用自己的目光來審視這座村莊。——交談：批評政府，特別是默里。穿越紅樹林的詩意旅程被閒聊毀掉了。威爾克斯喜歡講故事。這個遲鈍的自我主義者真是虛有其表。伊兆特要好得多。普利斯特還沒到；或許在同奧爾巴赫們喝酒。——同比利聊到照片，喝了一杯威士忌。——米克說起了他的同胞。十點上床。湧起了對 E. R. M. 強烈、深切、動情的思念（最文雅的欲望）。一邊是感情上想讓她成為我的妻子，一邊是同其他女人有肉體之歡的念頭，讓我難以抉擇（quelque chose de funeste）。我想到了我們在一起的時刻，以及我為何從未得到那份必要的獎勵——真正地擁有她。我想念她——我想讓她再次在我身邊。眼前浮現了她的頭髮放下來的樣子。強烈的思念總會走向極端嗎？或許只是在蚊帳中才會這樣吧。——晚上醒來，滿腦子都是淫蕩的想法，同所有能夠想到的人，甚至我房東的老婆！這個必須停止！——我甚至不確定自己能做到朋友之妻不可欺，這種事在心潮澎湃地想念 E. R. M. 後極可能會發生，這種念頭必須停止！——這太過火了（c'est un peu trop）！這個必須要徹徹底底地停止。——昨天一整天感覺還好。完全忘記了這是平安夜。但是就在剛才，今天凌晨，當我不能入睡

---

104 討論事務或純粹社交的集會、開墾新花園之前的村莊大會。

的時候，我想到母親在想著我思念著我。我的天，我的天，持續地生活在道德的衝突中，是多麼可怕的事情。我沒有認真地為母親、斯坦斯、波蘭考慮過——考慮他們在那兒的痛苦和波蘭的浩劫——這樣的疏忽真是太令人噁心！

星期二，二十五日

太陽出來之前我就從蚊帳中爬出來了。看見比利，洗澡，談論泰迪：泰迪找到吉爾莫爾[105]，對他說：「我得了淋病。」「什麼是淋病？」「該死的痳子。」吉爾莫爾給了他一些藥。——泰迪將墨菲（Murphy）借給喬治的八十英鎊全部用來喝酒，還對喬治撒謊說他會償還這筆錢。泰迪陰莖上長了膿包。比爾問他在哪兒——「在該死的島上。」——早飯過後我坐在樹下寫信給 E. R. M.。奧吉薩不停驅趕蒼蠅。我覺得和她無比親近；信很快就寫好了。完全不同的感受。然後我挪到屋子附近繼續寫作。和米克吃午飯。傻瓜們和比爾一起回來。三點我接著寫我的信。五點穿戴整齊，途經圖克瓦烏克瓦去奧利維列維。我感覺很不錯，但是出了很多汗，晚飯。同金吉爾和郭梅拉烏（Gomera'u）同乘一艘小艇。後者給了我一些關於 bwaga'u 和 Ta'ukuripokapoka[106] 的很有價值的信息。——強烈地反感聽他說話；我心裡暗暗抵觸著所有那些他告訴我的奇妙事情。民族誌的主要困難就在於克服這種情緒。我喝著紅葡萄酒，同比利．普利斯特說著話，他剛對著自己的老闆大喊大叫。我縮回到我的蚊帳中，將思緒再次轉到 E. R. M. 身上。

十二月二十六日

早上瘋狂地將信翻得一團亂。給N. S.寫申請延遲離開的公文信有些困難。午飯過後，和威爾克斯聊天，他原來是有色人種女人的「玩家」，他說奈及利亞的一些地區「很壞」。他對康拉德的讚賞讓我感到羞恥。他們走了過後我盯著戰爭圖片看了半個小時，接著開始翻閱自己的東西。將食材拆開，在金吉爾的幫助下把它們挑選出來。這能幫我弄清楚自己應該吃什麼和怎麼吃，等等。然後同E. R. M.的靈魂一同坐著小船穿過一條小溪。我很有活力，感覺神清氣爽（我的心態已經放鬆了——我的民族誌工作確實[107]很難）。晚上和比爾聊了聊珍珠。他告訴我斯通（Stone）和〔格雷漢姆〕之間的交易，還有關於威瑞貝利的事，因為喬治·奧爾巴赫知道了V.在原價的基礎上偷偷加到了一百英鎊，結果V.有點惱羞成怒。

十二月二十七日

起床很晚。本計劃瀏覽一下自己的論文然後開始工作。但收拾東西花了很多時間。午飯過後我

105 報導人吉爾莫爾（Rev. M. K. Gilmour），其時身處奧阿比阿（Oiabia）的衛理公會傳教站（Methodist Mission）附近。在《西太平洋的航海者》中，馬林諾夫斯基稱他「非常熟悉庫拉的情況」。

106 一個神話人物，擅長妖術。據說女巫們會在晚上見他，舞蹈和狂歡。

107 原文有下畫線。

又翻箱倒櫃地整理自己的東西。大約四點我同比爾去了一趟傳教站。在那兒，泰勒（Taylor）——年輕、英俊、討人喜歡——還有布魯多，非常友好和禮貌。同比爾一道回來。因在洛蘇亞的所見而感到沮喪：墮落的人和生活（……）。想到他們眼中生活會是什麼樣的，我就不寒而慄。坎貝爾，西蒙斯（……）一．一英鎊……愚蠢，拿我的奧地利國籍開玩笑，讓人不快——令人憎惡，令人沮喪。這幫人有如此絕佳的機遇——大海，船隻，叢林，對於土著的主宰——但是他們一無所成！晚飯和比爾一起吃。給西蒙斯寫了封諂媚的信。八點半去了奧布拉庫。剛開始我覺得不太適應，但如果我起初不確信散步會對我的健康有益的話，我緊張不安的狀態或許早已經讓我崩潰了。在奧利維列維和維雷利瑪之間，我精神很好；然後又變得有些疲倦，但也不嚴重。一條狹窄的環礁湖；一個來自奧賽薩亞（Osaysaya）的有趣傢伙載了我一程，漆黑的裸露土地，紅樹的根趴在上面，看上去就像植物切片。魚群在周圍跳躍。思想、感覺和情緒：此刻都與民族學毫不相關。早上收拾完畢，在古薩維塔閒逛時，我一刻不停地思念著E. R. M.（前一天晚上，看著她的照片，思念如潮般洶湧）。對她的人格有強烈的感覺；她就是我的妻子，而且我也應該這麼想。至於民族學：在我眼中，土著的生活完全缺乏趣味和重要性，這裡的東西和我的差距就像一條狗和我的差距一樣。散步時，我將自己在這裡所做的事看成一項殊榮——收集大量資料的必要性。我對他們的生活有大致的瞭解，對他們的語言還算熟悉，而且如果能在某種程度上「記錄」下所有這些，我將擁有珍貴的資料。——必須牢記自己的雄心，朝著固定的目標努力工作。必須要整理語言學資料和搜集材料，找到更好的研究婦女生活的辦法，gugu'a[108]，以及「社會表徵」（social represention）系統。強大的精神動力。我將自己的書看了一遍，抓起里弗斯的書、德語書、詩；工作之餘，我必須要過一種智識上充實的生活，一種隱居的生活，只有E. R. M.相伴。我想像著擁有她帶來的幸福，這種幸福如此熱烈，以至於我被一陣五味雜陳的恐懼抓住，轉而擔心這麼完美的事情是否真的會實現。——儘管如此，想到她愛著我，想著我，我對她的所有感覺都是有回應的，我就知足了。

十二月二十八日

當我回到自己的帳篷時，已經十二點半了，我發現奧吉薩、托馬卡普和男僕們都睡了。金吉爾給我鋪了床，我喝了兩杯bwaybway[109]，很累，上床睡了。睡了很長一段時間，直到十點半才起床。無比想念E. R. M.——我看了她的信。工作沒有頭緒。不想做任何事情。我決定回顧我的人口調查並開始研究語言，將每天二分之一的時間用來學習語言。所有的準備工作在十二點半結束了。將村莊人口調查的筆記分類整理好（結果很不好）。兩點吃午飯。讀斯溫伯恩（坐立不安）。然後再次村莊人口調查（我覺得很虛弱、疲倦，我的大腦不能很好地工作）。然後是雜亂無章；我讀了斯溫伯恩，《維萊特》（*Villette*）。給E. R. M.寫信（無比思念）（對金吉爾很生氣）。強烈地感到我和E. R. M.之間關係的重要性。划小船出去。我沒想多少事情，但還是試著將頭腦冷靜下來準備工作。回來。晚飯過後，郭梅拉烏和金吉爾。——對那天的評價：我在前一天肯定是被散步累壞了。

108 日常用具，家庭物品。
109 指出於某個生長階段的椰子，此時的椰肉是帶甜味呈果凍狀。

懶惰，呆滯。划船出去的時候沒有力氣。是因為戒煙和喝了點酒的緣故？悲觀主義的心情，但對E. R. M.的關切尤其清晰。除了工作效率不高之外，我對自己沒什麼好責備的。

十二月二十九日

一覺睡到九點。眼睛疲勞（眼前的物體就像從屏幕中看到的那樣）。立即起床。陰冷，灰暗的天空，天空和大海泛著灰藍。滴了點眼藥水。習慣性地想起E. R. M.，渴望寫信給她，以及重讀她的來信。郭梅拉烏在等我——我之前安排同他一塊兒工作。上午，漫長的會面；托亞達拉描述了一個lili'u。下午繼續；五點同郭梅拉烏去了吉瑞比，路上大部分時間都是我在划船。比利，米克，明天離開的「卡友那」號。給E. R. M.、史密斯、高夫頓夫人以及奧繆勒寫信。——我很疲倦（眼睛以及神經），上床睡了。整天不停地想E. R. M.，同她分享著我的計劃，滿懷柔情、友情和激情地想念著她。

十二月三十日

六點起床。還是黎明時分（前一天晚上吃了甘汞），寫完了給E. R. M.的信（以一種全然不同的心情讀完她的來信，感覺比以前更為強烈）；九點我將金吉爾支出去（這個獨腿的〔梅多烏（Medo'u）〕將薩瑪賴攪得臭氣薰天）。編輯整理了我之前一天（雨天）記錄的lili'u。午飯過後去poulo，拍了點照片；然後沿著小溪去了凱圖維——紅樹林，給人愉悅、歡快的感覺（對比：紅樹林在低潮時期就是一片可怕的沼澤；在高潮期，則充滿生機）。晚上見到尤薩拉．嘎瓦；聊了聊庫拉，還有庫代尤瑞[110]（一個老人，但他背誦了一段lili'u）。——這個故事讓我犯睏。回到家，被奧吉薩的愚蠢惹得心煩。躺在蚊帳中，我充滿愛意和激情地想念著E. R. M.。

一九一七年十二月三十一日

今年的最後一天——如果E. R. M.成為了我的妻子，今年在我的一生中將變得無比重要。早上，躺在蚊帳中，非常強烈地想念著E. R. M.——八點半時所有人都去poulo了。我在村中閒逛，將信息報導人召集起來。這是一群很糟糕的人（納如布塔烏〔Narubutau〕，尼尤瓦，塔布拉比〔Taburabi〕，波包〔Bobau〕），最後兩個人稍微好點——絕望且不耐煩。但我耐著性子竭力繼續和他們交談。午飯過後——大概一點，大家都回去了。尤薩拉．嘎瓦和托亞達拉；我抄下megwa並著手開始翻譯。五點時感覺有點累，學了一點語言學；對E. R. M.的強烈思念不斷侵襲著我。一九一七年的最後一天。海面上有輕微的波瀾，神秘，躁動，隨波蕩漾的光影不停地變換著方向，忽近忽遠。頭頂上的天空乾淨明亮，海平面上灑著金色光芒的落日餘暉，嵌在層層疊疊的薄雲之間；

110卡塔瓦島上的一個村莊，關於庫代尤瑞（Kudayuri）飛行獨木舟的傳說在《西太平洋的航海者》中有記述。

墨色的紅樹林如腰帶一般環繞在海天之間。剛開始，想起了鮑德溫，並籌劃報復他（我要將收集到的資料展示在他面前，責備他沒有實踐自己的諾言）。接著我想到了E. R. M.，「她在做什麼？——萬一她不在的話——怎麼辦？」可怕的感覺，我想到她和C. E. M.。還想了想戰爭。我還對語法有一些建設性的想法。回來。那瓦維勒給了我megwa（很好）。給E. R. M.寫信。但當我盯著一張白紙時，所有的感覺和想說的話都消失了。環礁湖像鏡面一般平靜，浸潤在正在上升的月光之中；棕櫚樹俯在水面上，我生理上感覺很好，彷彿熱帶水土對我完全沒有影響。我渴望文明，但更加渴望E. R. M.。

一九一八年一月一日

七點起床。空氣清新，天空稍稍暈著粉色的基調（……）。紅樹林的輪廓清晰，一叢叢柔軟的綠色植物夾雜在斑駁的陰影間。我被土著們啟程去（……）奧阿比阿（洛蘇亞附近的傳教地區）的喊叫聲吵醒。起身，腦中想著新的一年——我的心口緊了一下——十七，象徵著一段時期，象徵著數字如何無情地將其凌駕於生活本身。想著E. R. M.，寫日記。我對寫作日記以及生活得更為深刻有一些深入的想法……一些關於日記歷史價值的想法。我專心致志，感覺不錯。研究了一番語言學，成果頗豐。然後是balomas。疲倦——從差一刻一點鐘——小睡了半個小時，接著監督了燒製印戳（真他媽的硬），然後是kayaku，聊了聊balomas。五點百無聊賴地離開；刮鬍子，收拾好自己的東西然後划船到比利家，星光閃爍（在光芒萬丈的落日之後）——我拚命划船，想著語言學，還有星空，向星空述說對E. R. M.的思念——到比利處，喝茶。他告訴我奧阿比阿的事；布魯多同老婆孩子在一起，周四島居民（Thursday Islanders）後來載歌載舞。他告訴我喬治・奧爾巴赫想要買下哈里森在瓦庫塔的貿易點。他提到了「搶占金礦」及「鐵皮鼓」（tin-drumming）。隨後我問了他一些民族誌資料的問題——關於月經、懷孕、生育。我們閒坐了一會兒，我十二點上床睡覺。米克咳嗽得很厲害；接著是一個小孩的尖叫——一夜就這麼被毀掉了。

一九一八年一月二日

儘管如此，感覺很好。七點從tainamo（蚊帳）下鑽出來。比爾的房子中特有的氛圍。去了趟小房子。我在一張被比爾的孩子們搞得髒亂不堪的桌子上喝了茶。然後開始拍照片。從歐馬拉卡納來的人們。比爾和我去了特亞瓦，回來吃了午飯。然後又去了一趟。用光了六卷膠卷。儘管天氣炎熱，但我精力充沛。而且回來的路上要不是時間不夠充裕，我興許還能再學點兒語言。整理了一下照片。晚飯過後，收拾自己的東西（注射鏈球菌）；吃了太多，但一路上我一直在划船，所以只花了一小時四十五分鐘就回來了。在茶飲中加了點白蘭地，同幾個野蠻人聊了一會兒——十一點上床，腦中想著E. R. M.。

反思：我再次意識到自己感官的反應有多麼物質化：我對於一瓶生薑啤酒的渴望竟然如此令自己揪心；用一杯白蘭地平復這種隱藏的欲望，同時等待著來自薩瑪賴的酒；最終，我再次屈服於吸煙的誘惑。其實這一切本身並不是一件壞事。對世界的感官享受不過是審美體驗的一種低級形式而已。關鍵在於自己腦中對它要有清醒認識，並避免讓它影響到更為重要的事（記住你和庫勒夫婦在一起時怎樣過度放縱自己）。另一方面，我完全可以過一種幾近禁欲的生活，最主要的是，過這種生活應當毫不費力。

一九一八年一月三日

早上。——環礁湖的情調一如既往。藍色的天空襯著溫暖的粉色基調，點綴著幾朵紫羅蘭色的雲朵。平靜的湖面偶爾被雲朵變化的倒影打破。一如往常，躺在蚊帳中，我試著調整狀態準備工作。我正嘗試「深化」我的日記，幾乎每天都這麼做，但至今為止我的日記也未見得有多麼深刻！——七點從蚊帳中出來，日記，早飯，翻閱自己的筆記。T. L.〔托姆瓦亞·拉卡瓦布拉（Tomwaya Lakawabula）〕在我的帳篷附近。十點開始工作（balomas，轉世傳說，懷孕）。大概十二點半，非常累，小睡了一會兒。一點半起床，指揮製作bulukwa（豬肉），非常美味。三點回到工作上來，但是很累，而且慵懶。四點到勒烏碼（Reuma），庫拉的準備工作，以及檢測mwasila[111]（的〔樣品〕）。到五點時已經筋疲力盡了（意識的底線，思維已經乾涸）；躺下；讀斯溫伯恩寫的提瑞西阿斯（Tiresias）[112]。給E. R. M.寫信。——六點划獨木舟出去，赤裸著上身；斷斷續續地聯想：想到了和E. R. M.的婚姻，斯賓塞對她的態度也很冷淡——他會同她分手嗎？斯賓塞小姐——她會採取什麼態度？我滿懷憤慨地思考她的反奧地利—波蘭立場——想出了一長段說辭，指責這種態度之無恥。我任自己全身心地投入到一陣憤怒的情緒中。然後我提醒自己，她所在乎的僅僅是民意，

「Wahn, alles Wahn」〔全是扯淡〕。我想到了華格納——如今他會是一個激進的仇英者嗎?一首俄國的舞曲進入腦海:朱麗葉和奧爾加在莫爾文工作室的景象。懷念過去,想到了伊萬諾瓦。然後星星出來了,我辨認出了不同的星座。輕輕地,我問自己:我在何種程度上生活在燦爛星空下的黑暗中——像斯溫伯恩筆下的提瑞西阿斯那樣?E. R. M. 一直與我如影隨形。我花了很長時間去思考自己計劃乘船出遊的那次旅行。我決定裝好相機拍幾張照片,並想好了拍攝的對象(然後我居然忘了裝底片!)。晚上八點到九點我一直在喝茶,接著聊起了各種各樣的話題,十點半到十一點給 E. R. M. 寫信。然後躺在蚊帳中想念她。我還能回到凱恩斯,還能在海濱散步嗎?我還能再見到 E. R. M. 嗎?死亡,這個眼神沒有模糊的訪客,我已經準備好會見他了。——坐在獨木舟中,有一種強烈的願望:想有個家,想同 E. R. M. 結婚,想安定下來。

一九一八年一月四日

同往常一樣,七點起床,從 tainamo 下爬出來。同樣的平靜水面,雲朵——頭頂的天空飄浮著深紫色的積雲。海平面上的雲層又變成毛茸茸的白色。一陣強風〔rualimina〕帶來一場陣雨。——海是透明的綠,些微有點雜質。紅樹林那深沉的綠影穿過逐漸稀薄的雨霧隱隱透出來。緊接著,太

111 到達庫拉目的地後施行的巫術,目的是使東道主們變得大方慷慨。
112 古希臘城邦的一位盲人先知。——譯註

陽出來了。天氣轉晴。一團團小朵的白雲懸在天空，浮在水面。——但是我要回頭寫民族誌！——九點開始工作，但很快就疲倦了。我同水平比較次的報導人一起工作，在兩個人的協助下「徹底檢查更新」了我的資料。畢竟波巴烏（Boba'u）作為信息報導人還算稱職。——十一點停下來，筋疲力盡，我給 E. R. M. 寫信（討厭的雨，我將論文收了起來）；划獨木舟出去，但沒什麼力氣，「沒活力」——回來，吃了芋頭。大概三點重新開始工作。〔提巴巴伊拉（Tibabayila）〕是很糟糕的信息報導人。接著再一次寫信給 E. R. M.……我想起了 Jozej Koscieki，以及該怎樣描述他；一個貴族院議員的兒子，凱撒（Kaiser）的朋友，布洛赫（Bloch）的孫子——我還記得自己同他在柏林的談話（我透過 Jan Wlodek 認識了 Morszlyn、Koscielski）。我接著想到了〔Weissenhof〕小姐，以及現在我是否能給她留下深刻印象。我想像著同形形色色的波蘭男人和女人的會面。如果和 E. R. M. 結婚，我的波蘭特質將逐漸淡化。當我幻想迎娶 E. R. M. 時，這點讓我尤其氣餒。——那麼她會怎樣呢？然後我眺望著大海和天空，思緒又回到了 E. R. M. 身上，想到我可能再也見不到她時，心中一陣悲涼。——回到住處；晚飯，讀《黛絲》，從中我開始看出點頭緒，關於性別錯亂（false sexual〔appropriation〕）的主題非常強烈，但怎樣治療呢？簡短地同土著交談了會兒，但沒有什麼滿意的結果。在 tainamo 之下，我想念著 E. R. M.，非常深切和熾烈地渴望著她，但我的思緒並沒有偏離進入任何淫蕩的死胡同。離開時我在雙手上塗了點凡士林；這個同文明世界的微小聯繫在我心中激起了一陣感官上的渴望，深切而敏感。——我想到了自己的歸去；我們之間熾熱的對視，她身體的絕對價值。

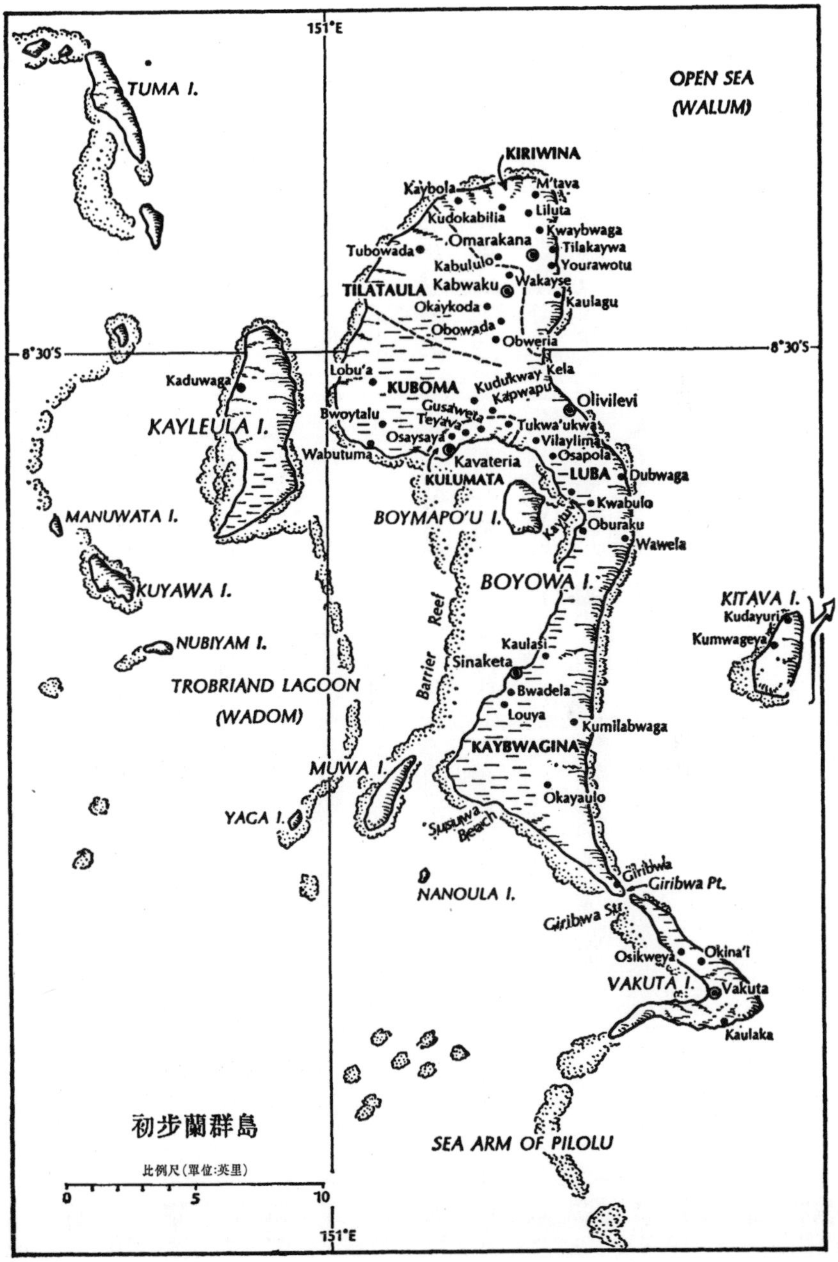
151°E
TUMA I.
OPEN SEA
(WALUM)
KIRIWINA
Kaybola
M'tava
Kudokabilia
Liluta
Omarakana
Kwaybwaga
Tubowada
Tilakaywa
Kabululo
Yourawotu
TILATAULA
Kabwaku
Wakayse
Okaykoda
Kaulagu
Obowada
Obweria
8°30'S
8°30'S
Kaduwaga
Lobu'a
Kudukway
Kela
KUBOMA
Kapwapu
Olivilevi
Gusaweta
Bwoytalu
KAYLEULA I.
Teyava
Tukwa'ukwa
Osaysaya
Vilaylima
Wabutuma
Kavateria
Osapola
KULUMATA
LUBA
Dubwaga
Kwabulo
MANUWATA I.
BOYMAPO'U I.
Oburaku
Wawela
KUYAWA I.
BOYOWA I.
KITAVA I.
Kudayuri
Kumwageya
NUBIYAM I.
Kaulasi
Sinaketa
Barrier Reef
TROBRIAND LAGOON
(WADOM)
Bwadela
Louya
Kumilabwaga
KAYBWAGINA
MUWA I.
Okayaulo
YAGA I.
Susuwa Beach
Giribwa
Giribwa Pt.
NANOULA I.
Giribwa Str.
Osikweya
Okina'i
VAKUTA I.
Vakuta
Kaulaka
初步蘭群島
SEA ARM OF PILOLU
比例尺(單位:英里)
0
5
10
151°E

一九一八年一月五日

潮濕，風雨交加的天氣。早上天空和環礁湖就像通了電似的（bien electrique）。十點開始工作，托卡拜利薩（Tokabaylisa）完成了他的 lili'u。十點左右我放慢節奏；吃了一個檳榔，在十二點四十五分划船出去了一下（感覺需要運動）。午飯過後同尤薩拉．嘎瓦一塊兒重新開始工作，用了兩個小時翻譯他的 megwa「為我而做」。四點半時我去了水洞（water hole），還快跑了四分鐘。六點回來，然後划船最遠行至了波馬坡烏（Bomapo'u），返回。晚飯過後，那瓦維勒談到了〔庫姆（Kum'）〕；我按照了他的說法記錄下了傳統做法，給 E. R. M. 寫了幾句話，在蚊帳中很快睡著了。

生活暗流湧動。早上做了一些工作，也寫了一點日記，等等，做這些不需要特別的刺激。在某種程度上我是自覺做這些的，就像依循著軌道一樣。工作本身進展並不順利，或許我的身體沒有達到最佳的狀態（周四時我多多少少有點憂鬱）。最重要的應該是排除那些工作中的顧慮，而擁有那種掌控一切的自信。寫下一些信息。我有⑴一種假學究的傾向，即我必須進行某種計量（三頁紙，兩個小時，將章節X或Y中的空白填滿），⑵盡一切可能偷懶的願望太過強烈。

今天的工作即將結束時，隱藏的感受浮出水面，隨之而來的還有幻象：昨天我看到了艾伯特大街（Albert Street）的西端，在那裡寬闊的林蔭大道將它截斷，朝朗寧大街（Longing Street）的方向延伸。緊接著開始想念 E. R. M.。在我去 sopi 的途中，我感覺自己需要逃離這些黑鬼，但我記不起來具體想了些什麼。坐在船上：對瓊．威格爾（Joan Weigall）的回味，以及對優雅、穿戴高雅的女人的渴望。有幾秒 E. R. M. 被遮蔽了，也有幾秒我強烈地想再去一次南方。如果 E. R. M. 由於某種原因沒有在那兒等我，我會有什麼感受？完全不敢去想——紛擾混亂的聯想：我同E. R. M.的未來——在波蘭〔……〕？我想起了莫利，還有我應該怎樣給她寫一封新年的問候信！無疑她還是會理睬我的。這是我的性格特點之一，對於那些對我有敵意的人，我惦記他們比那些對我友好的人更多，即是說，我掛念那些我需要去說服、蹂躪、征服的人（瓊、斯賓塞小姐、博迪、默里），而非庫勒夫婦、米姆、貝克夫婦、斯特靈（Stirling）夫婦——今天早上（一九一八年一月六日）我突然想到，堅持寫日記及時刻都想掌控生活和思想的目的，肯定是為了鞏固生活，完善自己的思考，避免蕪雜的主題。——同時也有機會進行反思，就如同我對那些不喜歡我的人的觀察一樣。

從博馬普烏回來的路上，海面上奇妙的磷光將水中的魚都照亮了。看著金星，想到了E. R. M.，以及我的工作，還計劃著手處理那些文件，等等。

一九一八年一月六日，星期日

八點起床，bapopu[113]。十點開始工作——因為是周日，身邊有很多人。領袖般的那瓦維勒。大多數時間都在談論bwaga'u及類似的東西。一點我划船出門，發現一支櫓上有一條裂縫，很心煩。研究了一會兒語言學。接著下了場傾盆大雨。有兩個人躲在我的帳篷中。暴雨的拍打過去之後，天色很暗，閱讀或寫字根本不可能。我將桌子挪到帳篷的另一端，把〔木瓦魯薩〕叫過來；他給我施

113 到動詞popu的一種形式，指排泄。

了megwa（哦，對了，在路上我朝小棚屋裡瞅了瞅，看見了〔維洛維的〕老婆，她幾乎還是個孩子，正在哭泣，因為他剛打過她。我想到E. R. M.，聯想：婚姻和精神上的寧靜）。陰暗，多雨的天氣，我記得聖維京斯（St. Vigeans）的類似天氣，突然開始懷念N. S.——漸漸地我有些把持不住了；旁邊屋子裡的女人們開始號叫（walam）。我到了那瓦維勒家裡，結果他出去了。我就問尼尤瓦，但結果證明在〔bugwaywo〕的問題上他不是一個好報導人。核對了一下表達關係的術語，然後（因為那支有裂縫的櫓有點掃興，我沒划船）去了sopi。劇烈運動。我一直在沉思，整天都想著日記以及怎樣完善生活，這個狀態一直持續到四五點鐘，然後我不得不努力壓抑一陣突然襲來的低落感。五點出門，試著控制並審視自己的想法。總體而言，我很有條理，並且全神貫注於體能鍛鍊。計劃清理出一片空地，我可以在上面做體操。在路的分叉上有一叢較低的odila，我在做了一點瑞典式體操——這樣視野更寬敞也更舒服。我在這裡跑了跑，運動了一會兒。接著走到池塘邊休息。一片棕櫚樹葉擋住了我的unu'unu。我想著為何她的頭髮總是擋住視線。深深的渴望。想起N. S.，並〔在腦中〕寫好了一封絕交信（a final letter）。這一次我再也不拖延了。這點很難——我討厭傷害她，但我必須寫，一勞永逸。也想到了保羅和赫蒂——昨天和今天我在拍照時遇到點困難；典型的無助感，我工作的最大難題之一。晚上，我回到住處，在火邊烘乾全身——在劇烈運動後我對露營的觀點完全改變了，以前認為很痛苦，現在看來頗有趣味。炸芋頭，給C. G. S.〔塞里格曼〕和P. & H.寫信，然後在〔蘇哥瓦烏沃（Sugwauwo）〕短暫的kayaku。年輕的女人們，塗黑了全身，腦袋剃過，其中一個nakubukwabuya（青春期的女孩）有一張像動物一樣但又極其肉欲的面孔。想到同她交媾，我不寒而栗。想到E. R. M.——散步時我想到如果E. R. M.因為某個帥氣但膚淺的人離我而去，應該是唯一可能讓我重新撿起N. S.式的單純愛戀的情況了吧。但這不會發生。

一九一八年一月七日

五點四十五分起床，繞村子逛了一圈。一切如常，幾乎所有人都在bagula（花園、園圃）。我去幾個nakaka'u（寡婦）和tobwabwa'u[114]們將身體塗成了黑色。一些人在吃冷的kaulo[115]。我去bapopu，然後散了一會兒步。我試著調整好狀態，還想拍些照片，同時惦記著日記。今天早上，一起床就想到了E. R. M.，接著就在村中走了一圈。——聯繫？——哦，對了，在去bapopu的路上，我注意到自己走路時腳趾朝外——像E. R. M.長凍瘡時那樣。然後，從八點到十二點同馬洛瓦圖（Marovato）和kariuabu從頭至尾檢查了一遍問卷。當我看著那些問題和計劃時，有一陣對E. R. M.突如其來的思念。這些問題和計劃是在她的幫助下一起完成的。——十二點半做了一會兒瑞典式體操。簡單但有效（早上男僕們划走了米克的獨木舟）。一整天我都在問是否有人看到了吉爾莫爾的小船——但毫無結果。上午還有一段小插曲，一條蛇在村子附近遊動——tauva'u[116]。下午獨自研究了一會兒語言學——效果不錯。五點和金吉爾一道穿過raybwag去了〔……〕。我感覺強健，步

114 男性哀悼者，塗著顯示哀悼的煙灰。
115 泛指蔬菜或植物類食物。
116 來自南方島嶼的邪惡人形怪物，會招來瘟疫。

伐輕快，體力的消耗絲毫沒有困擾我。我還跑了幾步。坐在海邊，將自己浸在溫暖的海水中，海水清澈，底部布滿礁石。提著一盞油燈回到住處。我在吃芋頭時，郵件送來了。與其說感到幸福，不如說這令我神經緊張。我將信件分類，母親第一，然後是那些沒那麼重要的人——莉拉、米姆、保羅、梅奧夫婦——然後是E. R. M.。信中有幾段關於查爾斯的話給我留下了深刻的印象，讓我鬱悶，甚至讓我寒心。有一瞬間渴望見到N. S.。我最後讀她的信，實際上我害怕讀到我以前一直都會尋找的有深意的段落。——一直坐到十二點。睡得很差（因為在海中洗澡或是因為信件而興奮？）。總之，我被攪得心煩意亂——hors des gonds〔心涼了一半〕。有一些要寫給E. R. M.的很重要的事。然後給了N. S.一點雖不甚殘酷但確鑿無疑的暗示——N. S.讓我良心不安——我覺得對不住她，但並不渴望擁有她。——給E. R. M.的信則要主觀得多。藉著酒精帶來的恍惚，我將自己全身心地放逐到無人之地——沒有黑鬼的地方。我甚至不想吃東西或喝水。

一九一八年一月八日

七點起床，寫了幾封不太重要的信（給保羅和赫蒂，還有梅奧夫婦）。接著動筆給E. R. M.寫信（不想寫日記）。我從上午十點一直寫到下午五點；中途吃午飯時歇了一會兒，等等。吃飯時我又讀了一遍她的來信，想起了她。有一陣感情非常強烈。有幾刻當我寫到女權主義者和吉爾布雷斯一家（Gilbraith）並觸及到一些有爭議的問題時，我感覺自己有些裝腔作勢。寫完信後感到筋疲力盡，急需四處走走放鬆。總體而言，無論是讀她的來信還是給她寫信，我的感覺都沒那麼強烈。——

我不能確定她在信中表現的真正自我，比她的雙面性更吸引我。總會存在一個適應的過程——雙面性就是結果。但是她的來信，她的簡短故事，她閱讀報紙的精神幾乎將我的心獨占。對她的瘋狂思念（無休無止）。面對雙面的她時，我絲毫感覺不到這種思念，只有當我失去平衡，情緒消極時才會有這種情緒——晚上，航行到了度布瓦嘎（Dubwaga），從可瓦布洛到度布瓦嘎的途中一直想著她，想著查爾斯，想著那些終極的問題：愛一個不在世的人比愛一個尚活著的人更容易。我在給她的信中添了幾筆。然後上床睡了。

一九一八年一月九日

早上，日記等等。然後讀短篇小說。剛開始不太喜歡，後來就漸入佳境了。有幾個片段還真的打動了我；總的來說，非常不錯——只是我投入了太多的個人感情，以致過於激動到有些羞怯。十一點，那瓦維勒來了——想她想得眼淚橫流。不完整的感覺，縈繞的情愫。午飯過後，看報看到三點半；然後翻譯了那瓦維勒的 megua。隨後同金吉爾一起去了環礁湖。

「赤紅的落日剛剛隱匿在漆黑的烏雲中，向天邊延伸的紅樹林，倒影在水面上，矗立在水天之間的一片黑暗中。油脂般濃郁的紅色光芒看上去像是從西邊天空那些斑駁的雲彩中分泌出來一樣。它伴隨著波浪的緩慢移動而蕩漾，包裹在雲朵和海岸線的黑色邊框中，看上去像是正在同一股潮濕而慵懶的溫暖氣流纏綿。我覺得與其說這股氣流吹拂著我，不如說它撫摩著我的裸露肌膚」——然後做了一會兒瑞典式體操。讀短篇小說。英雄主義的困擾。有一種很強的挫敗感。查爾斯和我。不時感到悲傷，因為我沒能讓自己經歷一場考驗。我回憶起自己曾有過的迷信，即如果E. R. M.愛上了我，我會在N. G.〔紐幾內亞〕有mala sombra。——有一瞬間感到在他的盛名之下，我在她心中是沒有任何位置的。我希望他能夠凱旋歸來，還希望自己從未遇見過她。然後我想到了自己，有一種很強的宿命式的感覺「nolentem fata trahunt, volentem ducunt」〔命運對無志者是一種拖累，對有志者是一種引導（fate drags the unwilling, leads the willing）〕。腦中冒出了一首打油詩。我想到E. R. M.的神秘主義，她相信是命運犧牲了她，來給查爾斯幸福。「神秘主義並非宿命主義」。有一瞬間我直視了命運。我知道，過去如果參加了戰爭，我會更為冷靜，內心也會更為波瀾不驚。現在：將我的日常生活置於英雄般的光芒中；無情地抑制著自己的欲望和懦弱；不讓自己屈服於痛苦的情緒以及拍不好照片之類的沮喪。擺脫掉笨拙，以及心慈手軟的情緒化。我對E. R. M.的愛可以是，也必須是，建立在她對我英雄主義的膜拜之上。如果被徵入伍，我會堅持到底。還有，我必須相信自己，否則什麼也做不成。奮鬥，持續前進，時刻準備著，不帶絲毫沮喪和不安！——哲學式的幸福：「無論發生什麼——都不會影響到我。」感到一條直路通向墳墓，在那兒我不會有任何悲傷或歡娛，期望或恐懼，在那裡的生活每時每刻都是將來，也是過去。

一九一八年一月十日

非常糟糕的一夜，神經上，心臟上（抽煙過量？）。想念著E. R. M.，想到自己無法經受考驗的事實，感到清楚、絕對的懊惱（已經不是第一次？）。（在腦中）給N. S.寫了一封信——起床，寫日記，收拾自己的東西，好在十點之前動身。十一點左右，在一陣猛烈的yavata[117]刮得最強時，一切準備就緒；非常憤怒，但我必須提防下雨和刮風。閱讀及訂正給E. R. M.的信。大約十二點時天氣轉好，海面平靜。我吃了點momyapu，乘了一艘小waga到了可瓦布洛，並從那兒出發，繞道維雷利瑪走到了古薩維塔。比利買了一顆大珍珠，然後我們聊了聊。閱讀公報，稍微輕鬆了一點。比利給了我一些民族誌資料。晚飯過後我去了洛蘇亞——一路上都無比想念E. R. M.——在洛蘇亞，同坎貝爾老友般地交談，在奧阿比阿同吉爾莫爾也是。後者非常溫和。我們討論了一些正事，還閒聊了一陣。我有些緊張，其實毫無必要，接著為自己再次獨處而感到舒適。因為我可以在腦海中回到E. R. M.身邊。但一陣疲憊夾雜著一種對「熱愛遠距離戀愛」（telesentimental monomania）的抵觸情緒襲來。我試著正常思考。我迷路了，走路到卡普瓦普；遠方的海平面上正刮著風暴。我回到住處，睡得很差。在此期間：困擾於如何在內心維持和她的純潔關係，雖然我清楚地知道這點可以做到。我意識到行為的純潔其實依賴於思想的純潔，我決心從自己內心最深處的本能中來審視自己。同時，我對她那種深沉而溫柔、熱烈的愛戀幻化成為對她這個人的價值的強烈情感，並且，我感到我只渴望她一個人。我能夠控制偶爾的放蕩和衝動，提醒自己這麼做毫無益處，因為即使我在這種情況下占有女人，我也僅僅是在一堆泥漿中玩耍而已。最關鍵的是要養成對在泥漿中玩耍（濫交、放蕩，等等）的強烈反感，並且盡可能地去尋找一切建立在這種反感上的事物。想起尼采的一句箴言：Ihr hochstes Gluck ist bei einem Weibe zu〔最大的幸福莫過於和一個女人

117 西北季候風時節的風及天氣。

躺在一起（Your greatest happiness is to lie with a woman）」。我對E. R. M.的感情絕對是另一回事：mein Leib und Seele mit der ihrigen zu verschem〔將我們彼此的身體和靈魂交織（To fuse my body and soul with hers）〕。——另一方面，我卻在試著抵抗情緒的宣泄和虛無主義式的妥協，等等。在腦海中，我回到了自己最為專注的時刻——在那個時刻中我渴望過英雄般的生活，那一刻我「直視了命運」：一種穿過荒野到達幸福、再通過幸福抵達悲哀和絕望的生活。我深深地愛著她，我覺得她是唯一註定成為我妻子的女人。命運會再次同我們開玩笑嗎？無論發生什麼——「nolentem fata trahunt, volentem ducunt」！

一九一八年一月十一日

昨晚睡眠很差，起床時脖子僵硬。我瀏覽了一下公報，留意著關於E. R. M.或她家族的消息——還有政治派遣。不停地想著她。公民複決是一個敗筆；為查爾斯感到難過。接著我讀了N. S.的來信，也寫了封信給她，進展艱難；儘管有噪音干擾，我還是控制住了自己，並因感到自己現在強大到不會「神經緊張」而歡喜。寫作被午飯打斷。但在寫完之後（我沒有自己預想的那麼情緒化）感到極大的放鬆。儘管目前來講，自己冤枉了她以及可能傷害到她的恐懼依然存在，但這些都是不可避免的。我覺得自己做了一些必須要做的事。第一步，也可能我的這些事是為了盡可能減少對N. S.的傷害。

午飯過後，我繼續寫給E. R. M.的信。我讀了寫給她的那些信，也讀了她的來信。又開始寫，充滿了柔情蜜意。我痛楚地想念著她，還有一種最糟的預感，想到我可能再也見不到她了，這讓我絕望透頂。晚上：比利給我講了幾個故事，然後我們沖洗出照片——故事：性愛之王被懷疑在他的眼鏡蛇上有一個嬰兒（copulating king is suspected to have a baby on his mamba）。比利同一個女人住在一起（她在前臂紋了「比利」的字樣）。C. K.來到店裡，用流利的英語同她談論如何回歸上帝，等等，還邀請她搬下來住進傳教站中。這話被比利聽見，他將之翻譯成「他讓你同他一起住進傳教站中」。「你告訴他，他是混蛋」。C. K.轉身氣沖沖地走了……沃什閣下（Hon. X. Y. Wash）總是醉醺醺的。額爾尼・奧茨（Ernie Oates）和比利，比利同一個女人約好一起到波基（Bogi）來。一個月後他們都來到海邊，尤達的入海處。警察就在那裡紮營。拉塞爾（J. St. Russal）給出命令不讓警察拘留這個女人。有傳言說儘管如此他們還是扣留了她，還展開了追捕，沃爾什（諾斯克特〔Northcote〕小姐的兄弟）喝醉了，跌倒了。抓到兩個女孩和下士。法庭上：R.吊著雙腿，因為睾丸患了淋病。W.醉得不省人事。額爾尼將疑問句翻譯成了祈使句，那個女孩默認自己是為了比利而被買來的（比利說每次她都偏向警察）。下士被沃爾什抽了幾鞭。女孩們被鎖在倉庫裡，但晚上十一點時她們已經同額爾尼和比利在一起了。——與尤達和女人有關的麻煩。僅五十英里之外的地方，蒙克頓[118]來到科科達（Kokoda），礦工們〔罵〕他「操蛋」。B. L.（G.的皮條客）把這話說給蒙克

118 查爾斯・蒙克頓（Charles A. W. Monckton），一個紐西蘭人，一八九五年到紐幾內亞，分別在一八九七和一九〇三年成為薩瑪賴和科科達的地方行政官，他領導了Waria-Lakekamu巡遊，這是一次重要的探險旅行。

頓聽了。M.昂首挺胸地走進來，踱著方步，「右，左，右，左」，礦工們嘲笑他，然後B. H.給一個小夥子寫了封信，這個小夥子在半路上找到M.，對M.說了幾句好話，M.自此沒再追究這事。

一九一八年一月十二日

早上，我讓比利及夫人協助我工作，夫人沒告訴我什麼有意思的信息。然後我看了一遍筆記中的語法。下午，疲憊，陣雨過後的悶熱，讀了點洛克[119]，又學了一下語法，沒什麼成果。晚上出去運動了一會兒，回來，給E. R. M.寫信。幾天以來，無比強烈、無限深切地熱愛和渴望著E. R. M.，決心淨化心靈。我不能對任何女人有任何淫念或肉欲，「女人」＝E. R. M.，隨手翻了幾頁富特（Foote），我感到一陣對所有淫念的反感，上面的那個等式為我存在。

一九一八年一月十三日

五點醒來……思考著——帶著幸福的感覺——E. R. M.的存在。喜歡音樂。很晚才起床，虛弱，讀洛克寫的故事，想念E. R. M.——一邊等著吉爾莫爾。四點左右，讀完故事，開始收拾。吉爾莫爾來了；交談，然後他走了。我同他聊了聊語法，為可能的合作計劃了一番。我們聊了會兒布羅米洛[120]。我將自己剛寫給E. R. M.的信交給他，在此之前我和比爾一起寫好了我的遺囑——晚飯過後準備就緒，坐在頗不平穩的船中感到非常恐懼。星空。想起語法——全程都在想著E. R. M.——在蚊帳之下，一陣突如其來對E. R. M.身體的渴望漸漸彌散成一種混沌的淫欲……除了周六下午，這幾天的天氣都相當美妙。刮著東風，還有平靜、乾淨的天空，除了這些就是有點熱。

一九一八年一月十四日

今天早上我在tainamo中躺了很久，小小地獎勵了自己一下；但接著我很長一段時間都沒有睡著——在古薩維塔我從來都睡不好。我必須繼續工作。我在語言學上的努力漸有起色，抓住這個感覺，趁熱打鐵！又一個明朗的好天氣。我研究了一下園藝上的術語；那瓦維勒來了，提供了一點幫助。十二點四十五分時非常疲憊，睡了一小會兒。午飯過後研究了術語學，waga，然後在報導人的協助下寫下了waga的要點。在高度緊張的狀態下工作，腦子很累。五點，金吉爾，我，和托伊舍內吉拉（Toysenegila）去了〔魯姆（Lum'）〕。神經上太過疲憊，以致我甚至沒對她動太多邪念。對托伊舍內吉拉提了幾個問題後我垮掉了，走路像機器人一樣。通往大海的路途平坦。洗澡，我漸漸習慣海水的味道，雖然它仍然讓我緊張。接著，在回來的路上，因為E. R. M.感到失落。在玻璃般透明的綠色大海上，東方天空的夜色正在沉降，頭頂上卻是粉色的雲彩。我凝視著南方以及通往

119 威廉・洛克（William J. Locke），當時英格蘭的熱門小說家。

120 報導人布羅米洛（Rev. W. E. Bromilow），多布的傳教士，他對一些土著習俗的觀察記錄，被收錄在澳洲科學進步協會（Australian Association for the Advancement of Science）的記錄中，顯然是在馬氏寫作《西太平洋的航海者》時僅有的關於多布人的書面記錄。

吉瑞布瓦的通道，卻對這幅景象有些興趣索然。我在腦中構想〔出〕她的肖像——但不知為何對此毫無反應，這同我在墨爾本「喪失愛意」時的感覺一模一樣。她突然消失在海平線上。景色失去了所有意義。絕對的空虛，整個世界都盡收眼底，真實，但對我毫無意義，這是筋疲力盡的結果。做了一些運動，晚上，泰勒來了（要不是因為這個混帳，我九點就能上床了）。在他走了過後，突然很想念E. R. M.，躺在tainamo下一陣生理上野獸般的欲望。

一九一八年一月十五日

明媚而清透的天空。對E. R. M.強烈而深切的渴望。我實際上以及情感上的「妻子」（「My Wife」de facto and de sentimento）。我想我們結婚後能告訴莫利我們目前的關係。我想到了N. S.——僅僅因為我思考著該怎樣告訴她這個消息。她很吸引我，我對她的健康狀況很關心。但我沒將她看作一個女人。早上我翻了一會兒字典，獨木舟——昨天和別的報導人也在談論這個話題——知道了一些關於建造kalipoulo極其有趣的細節。工作進行得雖不甚順利，但我毫無壓力繼續前進，厚積薄發。我感到了海鹽在骨骼和肌肉上的效果。十一點做體操，接著在午飯前打了一會兒瞌睡。我沒抽煙，感覺也好得多。午飯後繼續同一個主題。五點過後同金吉爾一起去了raybwag。從尼尤瓦那兒收集了一點信息。累。在水中泡了太久；回來時筋疲力盡，心臟狂跳；但我慢下腳步，頻繁地停下來休息，希望心跳會減緩。想著E. R. M.，想像著如果她在這裡會怎樣，越來越清晰地感到這會是「最完美的幸福」（我想像著詢問塞里格曼和他妻子在熱帶是怎樣生活的）——回來，我聽著他們的閒聊，吃東西，給E. R. M.寫了幾句，然後睡覺了……

一九一八年一月十六日

七點十五分起床，做了一會兒體操；空中堆積著大片的雲彩，縫隙之間是湛藍的天穹。棕櫚樹和其他樹的樹蔭濃密，形狀奇特，色彩斑斕。我走進一片椰樹林。在那兒思考著日記的意義：生命軌跡中的變化，生活態度的不斷調整——道德的完善——以引入平和心態為基準。對自己肉欲的馴服，淫念的消除，專注於E. R. M.給我一種幸福的感覺。這比單純的隨緣給我帶來更多的滿足。實用主義式的享樂，我們如果記住其他的本能（社會本能）是唯一有效的系統：個人的幸福和集體的幸福之統一（這肯定是人類本能的Grundton[121]〔基調〕，從「社會動物」〔homo animal socialis〕這種說法就可以首先推導出來）。——我思考著日記的價值（與E. R. M.直接有關：把握深層的暗湧，而不僅是表層的波瀾：同自己對話，審視生活的本質——很顯然這需要犧牲一些東西——你不可能不勞而獲，但問題在於選擇——計劃就這些想法給E. R. M.寫封信；需要真正的寂寞——回到住處時滿腔高調：生活若要深刻，那就要放慢步調。要麼是那些飛速流逝閃爍的微光在漣漪蕩漾的表面上的倒影，要麼是深淵擁有的無限深邃——這取決於個人的視角。一個人應當迫使自己看清表層的虛無而不帶一點幻想。感覺那些雖然單調但有系統且目標明確的工作對我而言已經足夠。我感

121 德語音樂名詞，主音，根音。——譯註

受到了對於生存狀態涅槃一般的滿足（「什麼都沒有發生」），盯著那些潮濕的樹葉和澳洲灌木叢中的陰影——公理：我們無法感知幸福的豐富內涵，直接導致了我們對變化的持續渴求；如果我們能夠抓住幸福那轉瞬即逝的本質，我們將不需要任何變化。

回到帳篷中；浸泡在海裡的感覺深入到我的骨髓中；無法集中精力；思想的阻滯。我抗拒著它，但收效甚微。十一點半時我停下來，出去鍛鍊，回來，寫信給 E. R. M. ——然後吃午飯；看《黛絲》。從聖誕節以來我對 E. R. M. 思念的強度絲毫沒有減弱——然後尤薩拉．嘎瓦聊了一會兒 bwaga'u。五點時已經很累了；學了半個小時語言學。天色暗下來，我去了盧布沃拉。在雨中做了一會兒體操。控制著神經，召喚著英雄的激情。月亮和星星藏匿在小塊的雲朵中；這讓我想到調節精力來和體操運動協調是多麼必要；體操本質上是一種獨處和集中精神的形式。無論發生什麼，我都不能忽略一天三次的體操運動。在回來的路上我感覺很好，還參與到黑鬼們的交談中，我還感到精神很平和，但對 E. R. M. 的渴望絲毫未減（我對 kadumilaguwa valu 做了觀察記錄）。給她寫了幾句就上床了。懷著激情想念著她。

一九一八年一月十七日

七點半起床，寫完日記後去 sopi 做體操，在棕櫚樹下，紅樹林邊。跑步，接著是非常劇烈的運動。還有，為一天做好規劃，卯足精神，體操將懈怠驅除，卻導致了神經的緊張，神經敏感，失眠，我很長一段時間都沒有出現這種情況了。早上工作了兩個小時；坎貝爾來了；這讓我氣憤和沮喪——就像海關邊境檢查一樣；有點擔心他會讓我不愉快；然後麻煩又來了，浪費時間，我不喜歡這個人。談話過程中我滔滔不絕。然後給 E. R. M. 寫了一封信。體操；我試著集中精力，端正自己對保加利亞的態度[122]，「對我而言，他至今尚不存在」。體操平復了我的神經緊張，讓我恢復了平和，心情也隨之轉好。——只要堅持運動，保持規律的生活，我應該能保持健康，完成自己的科學計劃。唯一的危險是心臟負擔過重。因此：應對腦力活動、每天遇到的困難時，量力而行，「不要將它放在心上」。完全排除個人的怨氣和激動的情緒，等等。培養幽默感（不是英式的幽默感，而是我自己的，B. M.＋E. R. M.）。

然後和一個人一起吃午飯，聊了一會兒——關於什麼？——下午：我躺了一刻鐘，然後開始工作——bwaga'u 的事。五點左右停下來，受夠了。興奮，不可能集中精力，吃鳳梨，喝茶，寫信給 E. R. M.，散步；劇烈運動。做體操應該是一種集中精神和享受孤獨的時刻；它給了我逃離黑鬼和自身焦慮的機會，晚飯和一個人一起吃，他給我講了一些關於科瑞維納民族學的愚蠢軼事，毫無趣味。我邊聽邊打瞌睡：畜生一個。給 E. R. M. 寫了一封短信。我再次強烈思念她：我唯一的女人，一個女人能給我的所有東西的化身。晚上有人在唱歌，這讓我煩心，我睡不著覺，輾轉反側。

一九一八年一月十八日

起床晚了。七點半，在紅樹林旁的一片空地上做體操。力量，強度，暴躁而非〔多愁善感〕。

122 這裡可能是在影射蕭伯納的戲劇《軍隊和男人》（*Arms and the Man*）中描繪的英勇的保加利亞戰士。

想念著E. R. M.，對我而言她更多是一位旅途的伴侶而非指引命運的星辰。但她總和我在一起，有幾個瞬間我以為自己對她的渴望沒那麼強烈，但又立即被這種渴望控制。我想著N. S.，還有阿德萊德，那座城市，那個國家將成為我永遠的失樂園（paradise lost）：老斯特靈，非常忠誠，那位母親，以及整個〔軍營〕。然後我回到住處；被那瓦維勒和瓦維拉等人的厚顏無恥惹怒（他們吃了太多檳榔）。決定今天用來回顧筆記及羅列問題。剛開始進行得很慢，出了很多具體的問題——午飯過後，〔塔皮．波包（Tapi Bobau）〕。風很大；我關上帳篷，然後我們開始背誦 silami，這時比利到了。我有些興味索然，對他的打攪有些生氣，但我還是以禮相待（bonne mine à mauvais jeu），然後我們聊了一會兒（我喜歡他這個人）。接著我們就去了吉瑞比。坎貝爾宣稱自己在雅嘎（Yaga）〔島〕上有種植園，在去的路上，他用光了四桶汽油，只能將卡瓦塔瑞阿獨木舟拖在後面，米克和比利為此大發雷霆。比利還告訴我一樁軼事，關於坎貝爾怎樣顯擺〔beku[123]〕的，這個 beku 原為他老婆的父親和祖父所擁有，我在吉瑞比沒感覺到特別好，也沒同莫里阿斯（Moliasi）〔去〕kayaka。回來的路上，waga 漏了點水，美麗的月光。我坐在獨木舟前端，托亞達拉（Toyadala）撐篙，金吉爾舀水。在夜色中我給托瓦凱斯的生殖器換了藥。然後讀了一會兒E. R. M.從格蘭登寫來的信。我理解她對C. E. M.的感情，她參照自己對我的感情來審視那段悲慘的過去。就像隔岸觀火一樣。她的來信我永遠讀不厭，我看著她的照片，想把它們給媽媽寄去。

一九一八年一月十九日

第一個真正讓人噁心的天氣。晚上，狂風暴雨，電閃雷鳴，大地彷彿在震顫。還有一陣突然刮起的狂風。我醒來後很長一段時間都沒有睡著。自然而然，我想到了E. R. M.，八點半起床，承受著壓力寫完日記，因為我得知有個人在可瓦布洛死了。同托姆瓦亞．拉克瓦布洛和〔瓦耶斯（Wayesi）〕坐了一艘船到那裡，和他們聊到了死亡和葬禮，但沒什麼收穫。到了可瓦布洛；遍地泥濘，人們剛從葬禮回來。我走到了死者家裡：不斷有哭號聲。我走到墳墓，聊到了人死後砍樹和推倒房子的事。——我坐在baku上，買了momyapu和wayuo。開始感覺疲倦和低迷，於是就回來了。一點吃午飯，然後看了一會兒《黛絲》，想念著E. R. M.，雖然我看黛絲更像N. S.，而不是E. R. M.——將想寄給埃希的段落標記出來。小說吸引了我〔我開始夢遊了〕。我坐在海邊，有幾個瞬間幾乎無法忍受地想念著E. R. M.——或許這是因為渴望文明世界？——我在村中漫無目的地走，感到身體發熱就回來了。沒心情寫信，試著讀點《黛絲》，但眼皮沉重——我覺得她在這兒的話，她會感到很舒服。我回憶著一年之前我都做了些什麼？——晚上刮風如此強勁，我擔心它會掀翻我的帳篷。晚上吃了點甘汞＋〔當地蔬菜〕＋奎寧＋阿司匹靈，大概凌晨兩點〔起夜〕——回來時驅逐了下淫欲。E. R. M.，是我事實上的妻子。前天夜裡我想到如果我們現在見面，我們互換誓言，並將我們的關係建立在堅實的基礎上。這就像我們已經締結了一個秘密的婚約——無時無刻，對她無限而隱隱的渴望，以及與她在情感上交融的需要。

123 斧頭的刃，大而長，光亮平滑，用於庫拉交換。

一九一八年一月二十日

噁心的一天。八點半起床。開始工作時已經很晚了。記下從維洛維聽來的歌謠。然後看了一會兒《黛絲》，金吉爾來告訴我托亞達拉的妻子病了。我過去；看到一幅有意思的景象。我聯想到自己和 E. R. M. ——我們兩人之間誰會先過世？「當你締結了新的契約時，你已經接受了新的責任」。但我不會犧牲愛情帶來的所有關懷而去追求那種沉悶嚴謹的自我主義——然後簡單地吃了點午飯（芋頭）（在這之前我拍下了一隊人搬運〔vayewo[124]〕的照片）。——再次讀《黛絲》，讀完了。它給了我一種雖不甚愉悅但非常強烈的印象：令人絕望的戲劇化結局並不合理。然後在村中漫步；土著在〔vayewo〕時吃 towamoto[125]，先是男人們吃，然後輪到女人。接著，我坐在納魯亞（Naruya）的屋子旁邊；聊到了 mulukwausi 和 kayga'u[126]。喝了點茶（沒吃東西），還把 ula'ula[127] 帶到 baloma，聽了會兒他的 megwa。十點上床。

一九一八年一月二十一日（星期一）

第三個糟糕的天氣，在床上躺到九點。做了許多奇怪的夢。夢到了觀察戰爭的態勢。德國人的基建被英國人掌管。某種怪獸一樣肥大的豬臉般的面具。一個德國人〔……〕或類似的東西——夢到了 E. R. M. ——我夢到自己同一個背叛自己的女人訂婚了，醋意大發。我想起自己已經同 E. R. M. 訂婚了——早上，典型的憤怒，黑鬼們惹惱了我。——之前有兩晚狂風大作。昨晚還算平靜，我睡得也好。今天，天空陰沉，雨斷斷續續地下，無風，非常悶熱——十一點左右開始工作，大都是前幾天事情的書面記錄。下午，同幾個人討論這些記錄，中午開始感覺有所好轉，下午工作進展順利，中午開始給M. H. W.寫信，但沒寫完。工作完後躺在床上休息，外面下著雨。月亮微弱的銀色光芒。我去了傳教站〔……〕。在棕櫚樹叢中，煙狀的水霧就像在一口大鍋中蒸騰，空氣跟三溫暖一樣。散了一小會兒步。心裡想著E. R. M.，半夢半醒的恍惚心情。在這蒸騰著的可怕三溫暖氣流中，我在歐馬拉卡納時有過的關於病態情緒的回憶飛速閃現。接著我感覺到一種輕鬆：開始審視這些——審視這一切——從外部開始：Ende gut, alles gut〔結果好就一切都好（All's well that ends well）〕。但如果這就是終點——感覺我正在窒息，死神的魔爪正在活活將我掐死——輕微運動之後，在這厚實的濃霧中，感覺無比好轉和輕鬆。晚飯過後，繞著村子走了一圈（我責怪他們沒將baloma儀式的ula'ula給我送回來）。提筆給E. R. M.寫信。但因為眼睛不適停止了；然後在海邊坐了一會兒，滿足於這種停滯和孤寂。這時我聽說伊妮科亞（Ineykoya）〔托亞達拉的妻子〕的病情惡化了——她大聲地呻吟著，我去看望時她正在大出血。令人恐懼地呻吟著，顯然就要死了。我想到了大出血的痛苦，還有N. S.，突然發現是我遺棄了她。我還感到自己想不惜一切代價同她在一起，減輕她的苦痛。反應很強烈，我也想到了E. R. M.，在精神的混亂中，我告訴自己：「死亡的

---

124 可能是一種食物，或魚。
125 胡椒調味的辣蔬菜。
126 關於霧的巫術，確保海上安全。
127 作為巫術報酬的食物。

陰影夾在我們之間，終將我們分散。」我對N. S.的背叛赤裸裸地擺在我面前——在燈光搖曳的棚屋上方，高大的棕櫚樹，厚實的雲層，月光穿過其中照射下來。卡布瓦庫（Kabwaku）悠揚而清晰地唱著歌謠——死亡——所有這一切都像一陣潮汐退去，退入到空無一物的虛無中。在整個過程中，黑鬼們殘酷的習俗——他們在再次清洗她，幫她做好死亡的準備——大半天中我都沮喪無比，幾乎不相信還有健康這回事。然後我振作起來，鼓起希望，計劃著寫信給斯托厄爾博士（Stowell）和斯賓塞。接著開始思考我的宗教理論，並和我的波蘭語書做了比較。

一九一八年一月二十二日，星期二

很糟的一晚；在蚊帳下醒來時感到窒息（暴飲暴食了很多魚）。起床晚了；沒做運動。感覺無比舒服。開始工作。我決定弄一下kayga'u，我同托卡巴維未拉（Tokabawivila）和莫里拉卡瓦（Molilakwa）關於這個話題有一次非常有趣的討論，那天我同後者一起工作（從九點到十二點半）（金吉爾和奧吉薩同梅多烏一道去撿木頭了）。我同莫里拉卡瓦和兩個小女孩（他的女兒和卡瓦拉〔Kavala〕，七歲）坐了一會兒，純粹的父親般的感覺。然後這種感覺消失了，隨即我將思緒引向E. R. M.以擺脫淫念。午飯（芋頭和魚）。我寫信給E. R. M.，休息，然後拍了點照片，又和莫里拉卡瓦待了一會兒。疲倦，我坐在平靜的海邊，沒有一丁點[128]欲念。然後在月光下做體操，哼著歌，有一股作曲的衝動——有靈感後用自己的曲調表現出來。如果我有一臺樂器——即便是一架鋼琴——我可能都能笨拙地譜個像我的詩一樣毫無新意的曲子？想到了E. R. M. ——還有我想將那些她在貝爾格雷夫溝（Belgrave Gully）告訴我的話「唱」給她聽。然後做運動；精神有點激動，感覺「雀躍」。但我控制住了，鍛鍊得不錯。考慮著攝影的事。回到住處時情緒平靜，幾近「冷酷」——從納魯不搭烏（Narubuta'u）叫了一艘waga。然後吃晚飯；我想記錄下自己的民族學觀察。同卡瑞古度（Karigudu）的爭吵毫無必要。原則：永遠不要情緒失控。如果某人做得太過分，冷靜地將他趕走，再不要和他有任何瓜葛。同樣，如果從來沒給過考克維達（Kaukweda）什麼，沒鼓勵過在我的帳篷中進行kayaku的話，該多好——但是隨後，我清楚地意識到自己行為之愚蠢，以及生氣之無益，還有鑽牛角尖之無用。我試圖盡快控制自己，片刻之後就成功了。去了維塔布（Vitabu）的一個屋子裡進行的一場kayaku，然後觀察了一場在abukubaku的房屋前舉行的委任儀式。伊妮科亞被帶到這兒來。回到住處，喝茶。上床睡覺。想著伊妮科亞和N. S.。從未有過的強烈懊惱（僅次於看到伊妮科亞大出血時的同情）。如果她的身體真正垮掉了怎麼辦？（斯特拉〔Stella〕，瑪琪〔Madge〕，他們都不會離開雷格〔Graig〕）。有時我真的覺得我應該回到她的身邊。另一方面，在生理上前所未有地被N. S.強烈吸引著，我惦記著她的身體（我很猥褻嗎？）——想像著她身體的每一個細節，如在眼前。

一九一八年一月二十三日，星期三

起床很晚；出門運動。我想要專心思考自己的研究，但不知為何收效甚微。因為N. S.我依然有

128 原文有下畫線。

些傷感，同時E. R. M.依然在逐漸黯淡。即便如此，仍堅持不讓一時的情緒波動毀掉真正重要的事。如果不是突發的情緒引發頭腦發熱的草率和魯莽，我在雀斯坦與伊索德事件中發的脾氣會明顯小得多，而且我也會更快樂一點。我對E. R. M.的感情非常深刻，並且建立在一種明確的約定之上。我應該就事論事地對待生活表層的起伏，儘管也沒有理由將它們完全忽略。它們至少意味著生活的豐富多彩，可以將生活的這個層面〔視為〕試驗性思考。例如，性生理學——這是試驗性的想法，但當它們落實到肌體並且成為「生理上」的反應時，就應該被阻止了。E. R. M.是我的妻子，至於N. S.，我沒做什麼錯事，因為在那段關鍵時期（一九一六年三月到五月），我沒有其他感覺或想法——午飯過後我開始刮鬍子，正要同尼尤瓦開始工作，郵件來了。——情緒一陣激動。我飛速刮完鬍子。C. G. S.寄來的信——歐內斯特——米姆。接下來是E. R. M.寄來的長信和日記。我慢慢讀著她的信，此時真正的E. R. M.，比她的雙重性要好得多。但不知為何她的信讓我苦惱。在我看來，她信中我的形象沒有同情心，我不喜歡她描述的這個傢伙，也感到她並不愛我。同樣給我的感覺是，她所描述的那段時光，正在變得越發蒼白和灰暗。——還有，〔戴爾瑞恩（Deiring）〕和吉姆的道歉，這兩個我非常喜歡，卻讓我有些生氣。這給我的感覺是事情原本可以不這樣的。事實上危機來得太快，我們毫無準備。我處理得太粗暴。太過自由導致的差錯——走到海邊坐了一會兒。N. S.帶給我可怕的負罪感，我划了一艘獨木舟出去，悲哀地感到所有的一切都毀掉了。這個根本性的錯誤給我的人生蒙上了一層陰影，也讓我和E. R. M.的關係蒙上一層陰影。在沒有同N. S.完全一刀兩斷之前，我原本不應該同她開始任何感情的。晚上，每次來信時都有的不滿情緒和躁動——渴望被深刻而複雜的感情觸動，需要與那些不在身邊的人聯繫。他們突然闖進我在這裡的生活，我感到自己很需要他們的陪伴。——我重讀了那些N. S.的來信，它們全都別樣地優美動人，並且散發著絕望的味道。接著我穿過村莊，去看望了伊妮科亞。「在敵人面前逃跑」。或許是離開澳洲以來第一次清醒地感到，如果N. S.的健康或生活仰賴於此，那我必須犧牲E. R. M.——我自己——然後回到N. S.身邊——我前所未有地清楚感覺到我愛她們兩個人——只有N. S.的病——目前為止——已是最牢固的一環。從審美上講，我應該永遠不回澳洲。死亡，現實的低潮，不再像幾天之前看上去那麼可怕——枯坐到很晚，又讀了一遍來信。帶著非常沮喪的心情上床，很快就睡著了，將我的痛苦睡過去。我夢到了C. R.。

星期四，一月二十四日

早上，心情複雜地做運動，莫里拉卡瓦和托卡畢塔姆（Tokabitam）[129]的lili'u[130]。午飯過後拍了點男人們在村中烤魚和雕刻一艘獨木船頭的照片。然後工作了一會兒，向古薩維塔出發。途中。讀E. R. M.日記的開頭部分；這讓我煩惱，心情愉快地看著紅樹林和湖水；我「獨處」著，並且沒有回去的欲望。過去的幾天，直到信件來之前，土著生活和土著社會似乎對我而言已經足夠。在比利家，做了一點運動，沖洗了照片，效果不好，感到很丟臉，十二點上床（筋疲力盡）。

129 指有技巧；或指能工巧匠的傳統；或指雕刻專家。
130 與前面的詞合起來，意思就是關於一個技藝高超的雕刻匠的神話。

我思考著，或者說在精神的混亂中，惦記著那些信。我不想在信中告訴E. R. M. 這事。這不公平。最壞的情況是，若為N. S.的健康狀況著想，我想E. R. M. 能夠接受這件無法避免的事實。

對歷史的一個層面的理解：一個承載著記憶的事件必須從它的歷史中去理解。物理學（Geschlossene system〔封閉的系統〕）。生物學（遺傳）。個體心理學。社會學——我們必須以接受集體精神的存在為前提，來真正嚴肅地面對歷史嗎？

一九一八年一月二十五日，星期五

古薩維塔。我無法寫日記。消遣，開始看小說。洗膠卷，同時思考著一些事情。對E. R. M. 的劇烈渴望。——理智和情感的混沌減弱了。疲憊，頭痛。回奧布拉庫的衝動，回到住處，出門划船。埃希，米姆。保羅，赫蒂，布朗尼〔布朗尼羅維斯基〕的音容笑貌。在腦海中離E. R. M. 更近了，但我依然「獨處」……去看望托亞達拉。他顯然更有信心了。我坐下來打瞌睡，讀了幾段E. R. M. 的日記，吉姆和〔戴爾瑞恩〕的信再次惹惱了我。我感到被排擠了。我在她生活中的影響太弱了。上床；有幾刻因為太生氣而無法思考。基本的反應：「我想一個人靜靜」。但我知道這實際上只是片刻的，還有一種愉快的感覺一直存在於所有這些之中——現在她愛上了我。

夜裡，伊妮科亞死了，三點半起床去那裡。深刻的印象，我變得膽怯。那些在戰爭中死去的所有人帶給我的全部絕望，全部飄浮在這間悲慘的美拉尼西亞棚屋上。我想著E. R. M.，吉姆和查爾斯。然後回去。躺在蚊帳中卻無法入睡，想了很多關於E. R. M. 的事。陀思妥耶夫斯基式的疑慮。

懷疑她是否依然是那個為我而存在的「完整的女人」——我決定對此緘口不言。

一九一八年一月二十六日，星期六

八點半起床時頭痛，去看望托亞達拉。和夜裡一樣的困難，因為個人關係所致。帶著手帕過去，假裝正在傷心痛哭。然後給了他一根香煙。女人們在〔o〕bukubaku 上跳舞。

周日	周一	周二	周三	周四	周五	周六
1／27；	28；	29；	30；	31；	1；	2。

在古薩維塔寫下，一九一八年二月五日

午飯後，短暫的休息，同一個下人一起工作，他告訴我收集採購 waywo（當地芒果）。照片。被棕櫚樹割傷。按摩，晚飯過後，yawali[131]。非常累，坐下打瞌睡。睡得很沉。

131 指的是守靈、守喪。

一月二十七日，星期日

起床時很不舒服。頭骨很痛，感覺有些「不對勁」。診斷：肺結核（伊妮科亞）；黑尿病；腔；牙齒。主觀上我毫不在乎，我不相信存在發生危險的可能性，但如果我死了，這將成為擺脫困惑的絕佳方法。對E. R. M.有某種怨氣——下午讀了點她的日記。在黑鬼們面前擺樣子照相。

一月二十八日，星期一

我感覺更糟了。下午徹底崩潰。渾身發抖。吃了點奎寧和阿司匹靈。開始相信我會死掉的猜測。我不在乎。發熱，乏力；生理上疲憊不堪的狀態。不想活了，我對任何損失都不在乎。覺得這是一個死去的絕好時機。孤獨，平靜，末日的氛圍，晚上伊萊緹阿（Elaitia）來了。

一九一八年一月二十九日，星期二

奎寧很有效：頭痛，虛弱。我沒有感到好轉很多。下午完全垮掉了。給比利寫信，服了點灌腸劑——立即讓我輕鬆很多，然後是甘汞和普通的瀉劑。一杯冒泡的鹽水，結果成為了我的救星。這幾天甚至不能讀E. R. M.的日記。

一月三十日，星期三

感覺稍微好點了，下午，瑪麗安。從比利那兒拿到牛奶。

一月三十一日，星期四

好多了，相信我會痊癒。主觀上的空虛，絕望。E. R. M.：某種怨恨，這很不合理。和N. S.的複雜關係讓我壓力很大——金吉爾偷香煙，讓我喪失了對他的喜愛。比爾的來信，吉瑞比來的包裹，不確定是否「卡友那」號帶來了信件。

一九一八年二月一日，星期五

好多了，但仍然無法閱讀。下午，比利，信件，卡拉（Cara），卡西（Cathie）—E. R. M.。強烈的感情：情書；然後苦惱。鮑德溫的詆毀。被後者惹惱。主要因為他卑劣的窺視——散步，所有的東西看起來都荒涼而死氣沉沉。錯綜複雜的感覺，像是一陣陣同時從各個方向吹來的風，它們沒有合成一股，而是將我扯得東倒西歪，心情跌宕起伏；半夢半醒之間，感到生存毫不重要。

一九一八年二月二日，星期六

給N. S.和E. R. M.寫信，緩慢而艱難。一天過得很慢，懶散而空虛。腳就像踩在棉花上一樣。

一九一八年二月三日，星期日

整個早上都在讀康拉德，四點去了古薩維塔。因為生存的單調乏味而感到絕望；在奧布拉庫和古薩維塔之間來來回回。儘管如此，大海那潮濕、微鹹的氣息，划船的運動，還有美妙水彩畫般的地貌讓我滿心歡喜，或更準確地說，是給了我愉快的衝擊。計劃新的遠足和探險，計劃乘「卡友那」號去奧菲勒茲[132]，如果它能停留十天的話。我們在古薩維塔交談了一會兒，我刮了鬍子，九點上床。

二月四日，星期一

托亞達拉的膠卷，讀《克萊門蒂娜．溫的榮耀》（*The Glory of Clementina Wing*，很差勁）。潛意識中的E. R. M.浮出水面。感到精神上需要她，晚上我們沖洗出膠卷。九點半上床。夜裡醒來，深切而熱烈地想念著E. R. M.。

二月五日，星期二

早上閱讀。然後朝著卡普瓦普的方向散步。先是試圖集中精力，然後寫了點日記。午飯過後讀E. R. M. 的來信，並寫信給她。晚上還是做這些事，這段時間真是名副其實的「日復一日」（lived literally from day to day）。讀垃圾小說的衝動。夾雜在這些之中的，是對 E. R. M. 難以言表的強烈渴望。現在我真正能夠說她是為我而存在的唯一的女人。

二月六日，星期三

早上讀《神秘間諜》（*Secret Agent*）。帶著厭惡的感覺讀完：乏味，做作，拖沓。然後在我的房中來回踱步，就像籠子裡的熊一樣。重讀《混血兒》（*Half-Caste*）。主要的評論：故事不夠有戲劇性。「情節」，我真想給她能營造點情節。我不寫她，即便我想著她，還設想著將我們的秘密告訴莫利後會帶來的問題。奧盧阿（Ornu'a）。四點開始收拾。六點動身，卻不知目標是什麼——我的工作和奧布拉庫都無法吸引我，我開始划槳——顛簸，在泥漿和亂石中將小船向前推進；可能夜

132 在隨後的幾周中，馬林諾夫斯基見證了西納克塔和多布之間的數次活動，它們都是一次uvulaku（大規模的競爭性庫拉）的一部分。前一個秋季西納克塔人對多布做了一次uvulaku。現在輪到多布人做他們的。他們的獨木舟要在三月底之前出發，參與奧菲勒茲的一個庫拉，在此之後奧菲勒茲會加入他們，遠航到瓦庫塔。並最後達到西納克塔，預計應該四月上旬到達。為了準備這次航行，瓦庫塔人要航行到科瑞維納參加一次庫拉，帶回臂鐲並開啟交換關係。科瑞維納的托烏魯瓦也要為了得到臂鐲遠航到卡塔瓦，隨後西納克塔人會向歐馬拉卡納發起一次內陸庫拉，以便在交換中得到臂鐲。由此，瓦庫塔和西納克塔的主人們會儲備齊全合適的禮物，以應對他們從多布來的客人，這些交易在《西太平洋的航海者》中有細緻入微的描述。

裡會在湖中度過，能有一張床就算幸運。儘管面對所有這些困難，在這種情況下我表現出了一些堅韌，若不是我，金吉爾恐怕已經放棄，六點到達，倒頭就睡。

二月七日，星期四

在奧布拉庫感到無比好轉。立即沒有了閱讀的欲望。

寫於星期一，一九一八年二月十一日

星期四，二月七日

早上做了一點運動——但感覺不太積極。然後開始工作。下午，非常暴躁——四點時不得不停下來，六點上床。一次性吃了大量甘汞。第二天（或者可能是同一天夜裡）哆嗦不止。然後發燒——一百零五度——被嚇到了——「尿黑水」。害怕得上黑尿病，那天坐在海邊我想到了E. R. M.——隨後感到疲倦，想到我可能再也見不到她，一陣劇痛。

星期五，二月八日

如上所述——一整天，感到疲憊不堪。在阿司匹靈和奎寧的幫助下體溫下降。頭疼，整天都躺在床上：沒有疼痛。體溫減低了我的活力。死亡（我認為可能性最大的結果——黑尿病）嚇不倒我。

星期六，二月九日

早上我感覺好點了。下午讀了會兒《維萊特》〔夏洛蒂．勃朗特（Charlotte Brontë）寫的小說〕，讓我很著迷。走到海灘上；涼爽；繼續閱讀。哆嗦；同伊萊緹阿在火邊取暖。回來，沒有食欲。再次發燒。體溫慢慢升到了一百零三度。金吉爾以腹痛為由拒絕工作。胸口感覺很緊（據說是肺部的影響，因為體溫突然升高）——患上敗血症的可能；之前吃過混著〔……〕不新鮮的湯，長蛆和發霉的米飯。一夜無眠，頭痛得像要裂開。用鹽水清理了一下腸道，灌腸劑。稍微好點了：早上吃了奎寧。

二月十日，星期日

早上吃了點奎寧；沒喝一口水或吃一點東西。感覺好點了。奎寧沒讓我感覺過於情緒低落。讀《維萊特》。想念著E. R. M.，但不是太熱烈。再一次幾乎一夜無眠，或更準確地說，我一點醒來，直到六點才又睡著。得知小查爾斯死了；沮喪。寫信給比利。想著斯賓塞爵士，以及我應該採取的各種行動。還想到了我對N. S.和E. R. M.的所作所為，感覺極其不正當。關係到E. R. M.時，我的行為更顯蠻橫無理。但由於我喜歡黏著她，負罪感減輕了。

二月十一日

有所好轉，午飯吃了一片烤麵包。讀《維萊特》；對我而言，它的魅力和《傲慢與偏見》（*Pride and Prejudice*）那種安靜的吸引力相當。女性的觸覺，直覺，對內心世界的把握以及對生活的熱愛。想了E. R. M.很多事，有時無甚激情，有時又心潮澎湃。康復階段的情緒波動，就像浮雲被湍流吹得七零八碎一樣。沒有堅實的基礎。早上清新的西北風，好天氣。海洋美妙的氣息；我感到生活又有起色了；感受到了疾病的束縛，不確定諾言能否實現。起床。在村中走了一小圈，我極饑餓；眼前浮現滿桌盛宴（vol-auvents de volaille）的幻覺。蘇荷（Soho）的法國餐廳，等等，它們對我的吸引力超出了哪怕最崇高的精神愉悅。有時有一種駭人的渴望，想要逃離這腐爛的深淵。

寫於一九一八年二月十三日，星期三

日漸感覺好轉，即便還是很虛弱；夜裡出汗，需要奎寧，腳上的膿腫讓我無法確信自己是否能夠痊癒，生理和智力上的虛弱更讓我的感官變得遲鈍。我沒有明顯的生命「軌跡」。直到昨天為止，整天都在看《維萊特》。吃東西，在我目前的計劃中也占據了很大一部分。星期二早上大家去了一場polou。傾盆大雨，起床後心情自然糟糕透頂；整張床上都被汗水浸透了，晚上幾乎沒睡覺，擔憂。

我買了很多魚，中午將它們煮熟。貪婪地喝下魚湯。晚上，散了一會兒步，划了會兒船。比利的來信：喬治病了，去了薩瑪賴。利他主義式的擔憂；自我主義式的苦惱。寫完給E. R. M.的信（我的腦子非常疲倦，寫作困難）。男僕們去了吉瑞比，我坐下同尼尤瓦和其他人閒聊。——睡得很好，但出了大量汗。——今天早上，下雨，潮濕。又有幾個小時沒有睡著。儘管天氣很冷，心情很糟，還是不得不起床，同那瓦維勒開始工作。但我還是無法寫作，腦子運轉不正常。讀了一會兒《維萊特》，下午繼續工作，划船。

情緒陰鬱。連E. R. M.都想得少了，但仍算非常頻繁。我開始工作的那一刻，焦慮和鄉愁消失了。我的體溫在周六晚上是一〇三，周日一〇一，周一和周二是九九點二，今天早上剛到九八點六，下午五點時，又腫又疼的淋巴結炎又折磨了我一陣，計劃在一周左右搬到凱波拉（Kaybola）的海岸。

一九一八年二月十四日

昨天晚上聽莫里拉卡瓦的故事。九點半感到睏意，躺下。十一點半醒來；腹股溝處感到灼熱發緊，灌腸劑，然後是關於拉斯普丁（Rasputin）系統的淫蕩想法；我掂量著我該怎樣同A. M. B.討論這件事。糟糕的精神狀況……睡得很差，再次出汗。八點半起床；感覺不太好，既不能感性也不能有邏輯地思考，但是我感到自己可以開始工作，並且這是我衝出這情緒牢籠的唯一希望，寫下bwaga'u。然後是莫里拉卡瓦和庫伊高（Kuigau）。寫下了粗略的流程，然後，晚飯過後，謄寫了一遍，絕妙的體系！下午從三點工作到五點，首先是抄寫，然後同那瓦維勒和尼尤瓦一起再次研究mukwausi，五點半去了吉瑞比，沉鬱的情感，只有koya（山）的剪影，隱藏在灰白的雲層和鉛灰的水面之間，能夠讓我振奮：通往南方的道路。對白天的工作很滿意。划了一會兒船。在吉瑞比，伊魯梅多，米克。得知比利至少要在兩周後才回來後很鬱悶——他把商店和房子都關了。回來——仰躺在長凳上，消沉帶來的困倦。

今天想了很久N. S.。做了一個夢：我們在小廣場（Little Square）。母親。我回去看見N. S.在那兒。母親很吃驚，責備我沒娶N. S.。「她只有兩周好活了」。我，也同樣非常悲傷。這種悲傷從夢境延伸到清醒的狀態。醒來後的自責；悲傷。《維萊特》對我的影響，讓我覺得自己非常邪惡。

一九一八年二月十五日

早上散了一會兒步，非常疲倦和暴躁。需要奎寧（？）。吃了五克。僕人們帶來了魚，找不到合適的報導人。開始動筆寫下bwaga'u，並開始寫「疾病和死亡」的大綱。感覺筋疲力盡。再次散步。然後那些同我一起編寫字典的人來了。午飯後躺了一會兒，但沒睡著。讀完了《維萊特》，結尾比開頭和中間無味。亮點：她抗爭命運的方式以及她對幸福的渴望。午飯過後去看望托亞達拉，並研究瓦瑞布（Waribu）[133]的問題。回來，讀斯溫伯恩，划船出去，賣力的划；感覺好些了。整天我都感情冷淡。將N. S.看作失樂園。沒有太多想念E. R. M.，雖然我確信，如果她過去是失樂園，我會非常不高興。晚飯過後去看nakaka'u，在那兒我對瓦瑞布有新的發現。接著莫凱勒帕（Mokaylepa）

講了一段很長的 kukwanebu，講到中間的時候，我覺得無比困倦。上床睡覺。又醒了，因為之前吃了點導瀉複合劑，自此後無法入睡。熱烈地想念著 E. R. M.。做夢：我在德國，兩個跛腳的騎兵軍官；在某個汽車旅館中碰見他們。和他們一起在某個德國城市中散步。和他們稱兄道弟。我表達了自己對德國及德國文化的同情，還告訴他們我是英國的一個 Kiegsgefangener〔戰俘（Prisoner of war）〕。

一九一八年二月十六日，星期六

總體而言，我強壯了很多。睡得好點了，雖然夜裡還是在出汗（但比之前少）。我也能連續划一個多小時的船了。我習慣於工作，工作吸引著我，清醒時，我就做著計劃，走路和坐船也是。感情上頗為淡漠，並被一種沉重的憂鬱壓抑著。感覺 E. R. M. 在等待著我，感到我可以將工作交給她——她會和我一起分享——幫助我，給我所有愛情能給的——這種對幸福的渴望——如金子一般純粹，如水晶一般清澈，它擺在我面前，就像被惡魔詛咒的寶物一般；我能看見它，但它卻不能讓我的雙眼感到欣喜。——不過這些都會過去，而真理和深層的價值會永遠留存下來。——早上起床很晚，九點以後，寫日記，在我的論文中一氣亂扒（寫了談話內容和觀察）。然後散步到

133 一塊地，被分為三十塊，一半由布拉亞瑪（Burayama）家族擁有，一半由塔巴魯（Tabalu）家族（即托烏魯瓦的家族）擁有。

十一點半。莫洛瓦托和卡瑞瓦布，我開始著手處理 sagali 和服喪的問題。午飯過後，和同一批報導人繼續這個問題。五點去看望托亞達拉，並得到了更多的資料。划船，一個小時；深刻的憂鬱，還有那些我已記不清的陰暗想法。——對文明世界的鄉愁這幾天沒有折磨我。晚飯頗豐，然後是那瓦維勒，然後觀看了托姆瓦亞．拉克瓦布洛[134]。十一點上床，黎明之前醒來（出著汗），想念著 E. R. M.。夢到了她：她、米姆和我坐在一起；她正在寫信；溫柔的感受——還有，晚上躺在蚊帳中時，對 L. P. 的醜陋而冷酷的淫念。我告訴自己：「我對自己過去的罪惡不感到後悔，我希望自己犯過更多錯！」

二月十七日，星期二

在短暫但良好的睡眠之後。七點半起床。晚上仍然在出汗——在我的身體器官中肯定在發生著什麼。一起床我就走著去了 sopi；仍然想工作，我做了計劃，擬定了幾個問題。白天我數次想到了 E. R. M.，但更多是理智層面而非不由自主的。但依然，那種對她之於我的意義的清醒認識顯然喚起了一股情感的高潮。晚上我想像著如果 C. E. M. 回來了會發生什麼——一想到這裡我就開始渴望她，感到她對我有多重要。我這噁心的性格——即對任何確定無疑擁有的東西立即失去興趣——是我最根本的不幸之一。坐在船中，在一段長時間深重、沉悶的憂鬱後，我想到了在〔沃洛布勒克（Wolobrook）〕謀一個教授職位的可能性！還計劃了講座、招待會等等，E. R. M. 作為我的妻子出場。——晚上，從船上回來，單調但心滿意足的勞累；我躺下，任憑思緒遊蕩。

做的事：在散步之後，早飯，等等，開始寫作。那瓦維勒做了幾根 dayma[135]。我觀察著他；然後他在一個 dayma 上做了 megwa。然後和莫洛瓦托一起參觀了一個園圃。午飯過後（三點半！）我寫下 sagali 和 waribu。然後划船出去；斯溫伯恩的詩。上述的想法，晚上；我吃飯，休息，掙扎著走到一個 bwayma，在那兒同波烏薩瑞（Bo'usari）[136]，納姆尤貝伊（Namyobe'i）[137] 和托姆瓦亞·拉克瓦布洛交談。然後是尤薩拉·嘎瓦。在門外聽 T. L.。回來。

二月十八日，星期一

在睡得很好的一夜之後（出汗但不多），起床時略感身體虛弱，精神疲乏。村子中正在準備 ula'ula。我興致勃勃地開始工作——散了會兒步，然後觀察〔soba[138]〕。早飯。我去了托瓦凱斯家，他準備了一個小 sagali（vila vila），我耐心地看著他們拖沓、緩慢且笨拙地做這些。回來。和卡瑞瓦布一起記下 ula'ula 的關鍵點。十二點左右，徹底的疲憊。我像死人一樣躺在床上，然後開始感覺

134 這個先知可能正處在一次入定中，這在《野蠻人的性生活》中有所記述。
135 挖掘用的木棍，主要的花園用具。
136 一個迷人的土著女孩，來自奧布拉庫，結過兩次婚，正在尋找第三任丈夫。
137 一個居住在圖瑪（初步蘭的死者魂靈居住的世界）的靈媒，托姆瓦亞·拉克瓦布洛在他拜訪那裡的時候娶的（在他靈魂出遊到那裡的時候）。
138 在臉上繪圖。

好些，起身讀《吉普斯》（*Kipps*）〔赫伯特・喬治・威爾斯[139]寫的一本小說〕。然後寫作，閱覽我的論文；四點半時再次筋疲力盡。那時天正在下雨，我無法到湖上去。坐了一會兒，躺了一會兒，再次感到無聊，生理和心理狀態的徹底低潮。然後散了一小會兒步，瑣碎的想法。計算著自由時刻到來之前還有多少個月。奇怪的神經緊張：像馬一樣敏感，每一片陰影和灌木叢的每一次響動都讓我一陣緊張。回到住處，思想和情感上想著安妮；想著如果我繞道南澳洲回去時可能跟她住在一起。不[140]——情感上的；實際上我已經結婚了，根本不該動這種念頭。在回來之後，吃了大量芋頭，讀《吉普斯》。九點太過疲憊，躺進蚊帳中休息。

二月十九日

在床上躺到八點半。昨天沒有服用奎寧，晚上也沒有出汗。但今天早上身體極度虛弱，頭腦也不甚清醒。幾乎爬不起來。沒有精力工作，沒有精力做任何事。充滿愛意地想到E. R. M.，但還是一樣無精打采，一切想法都是如此。——這天和前兩天一樣，多雲；細雨不斷，不時再來陣瓢潑大雨。讀了點《吉普斯》才去工作，開始時已經遲了。十一點開始詢問莫洛瓦托。想起我的膿瘡，包紮了一下，然後刮鬍子——已經十二點三十五分了，不過休息了一會兒後，感覺有了點工作的欲望。我冒雨到「小樹叢」去；然後去找尼尤瓦，處理「小事兒」——一些麻煩和問題。四點半划艇——劃得太猛了。我試圖調整狀態，擺脫乏力憂鬱的狀態。讀斯溫伯恩；想到E. R. M.，想到為了維持自尊，我必須努力工作。我告訴自己，雖然我的工作不有趣也不光鮮，但並非毫無意義。回去；休息；晚餐——筋疲力盡。即便如此我還是去見了 nakaka'u，給她〔……〕，研究了一下 saipwana 和 lisala dabu[141]。經過莫里拉卡瓦家，差點在他那裡睡著，回家。

二月二十日

很早醒來。很肉欲地思念 E. R. M.；思緒飄向 L. P.，但我控制住了。天氣晴朗，輕微刮著西北風。在床上待到八點半。起床時又有一種被放到絞扭機裡絞過的感覺。以後晚上我必須吃少點，或者早點吃。早上：莫洛瓦托來了，我和他研究 sagali，完成；但很多地方還是空白。十二點四十五分，很累，躺在床上，讀《吉普斯》——有點長——午餐時和午餐後都在讀（試了試牡蠣罐頭）。收拾我的論文，去找那個叫瑞布（Ribu）的 nakaka'u 和托布阿卡（Tobuaka'u），在那裡我有一些新發現，關於關係用語及正式友誼用語，即 veyola（家族的）。然後回去。暴風雨使行船尤其困難。讀《吉普斯》。沿著 karikeda[142]〔……〕到吉瑞比。再一次想到了鮑德溫・斯賓塞和塞里格曼的事，擬定

139 赫伯特・喬治・威爾斯（Herbert George Wells，一八六六年至一九四六年），英國著名小說家，尤以科幻小說創作聞名於世。畢業於英國皇家理學院，任教於倫敦大學，曾在赫胥黎的實驗室工作，後轉入新聞工作，從事科學和文學的研究，是英國費邊社的成員和代表人物。一八九五年出版《時間機器》一舉成名，隨後又發表了《莫洛博士島》、《隱身人》、《星際戰爭》、《當睡著的人醒來時》、《不滅的火焰》等多部科幻小說。——譯註

140 原文有下畫線。

141 女性死者的一系列喪葬儀式之一，她的女性近親會將裙子和裙子的衣料分給鰥夫的女性親屬，這些人會幫他負責哀悼儀式。

142 花園之間由籬笆圍起的小徑。

要寫的信，想好該有的態度。然後省悟到這是個禁忌話題。回去吃晚飯。經過托姆瓦亞·拉克瓦布洛家，他回圖瑪了；到勒烏碼的bwayma，在那裡聊了一會兒。穆阿尤洛（Muayoulo）說薪酬不夠，惹火了我。傍晚——茶喝多了——睡不著。想著E. R. M.和我的反英（Anti-B）情緒：想要把我涼鞋上的盎格魯—撒克遜塵埃統統掃除。對德國文化有些傾慕。傍晚——或許是晚上——又想到E. R. M.，充滿柔情蜜意；思緒又一次偏離，再一次克制自己。「知道的越多，專注的越少。」這句話刺激到我。——晚上做了淫穢的夢，夢到極其粗俗、性感到幾乎令人噁心的酒吧女郎——兩個——我摸遍她們全身。

二月二十一日

醒得很早，無法再睡。強烈的西北風。打定主意不[143]去古薩維塔，留下來寫幾封信。感覺還不錯〔……〕。早餐後出去尋找報導人。莫里拉卡瓦出去散步了，我本想問問他關於kabitam[144]的事情。約了莫凱勒帕和莫斯布阿達瑞布（Mosibuadaribu）。首先瀏覽一遍我的文件，抄下零散的註解。然後和穆阿尤洛及上述兩人一起去poulo。感覺不錯，但M又一次惹火了我。然後在強風中划了一小會兒獨木舟。午餐之後感覺很糟糕，開始寫信，中間幾次停下來休息——會不會是罐頭食物又影響了我？黑鬼們和思鄉病讓我上火。給塞里格曼、米姆、P. & H.，還有E. R. M.寫信，像往常一樣，給她寫信讓我沉醉。寫到六點，然後划獨木舟。血色的夕陽，風，浪。感到虛弱，不能划遠。朝吉瑞比划了一小段距離。思考著理論問題而不是感情——是什麼理論來著？對了，我曾告訴斯特朗——

E. R. M. 當時也在場——說英國就是個志得意滿的典型，滿足現狀，以為全世界都在他們掌心。缺乏激情、理想和目標。德國人有目標，可能是個差勁或者受挫的目標，但是他們有激情（élan），有使命感。保守派〔試圖說服〕「民主派」，民主派與普魯士派〔聯合〕——整個一個觀念大混淆。與鮑德溫等人的這段經歷毫無疑問讓我成為一個盎格魯—撒克遜的——不至於是「厭惡者」，但至少抹去了我「熱愛者」的那部分。——回來後我倒在床上，筋疲力盡；然後晚餐，給E. R. M. 寫信。九點左右實在太疲倦，我爬進蚊帳；睡得還行。夢到喜歡現代音樂的華萊士先生（Wallace）；夢裡回憶起R. 史特勞斯（R. Strauss）的某些主題。——早上我〔……〕。思緒飄回托斯卡；接著是有關美科倫巴格廣場的致命思緒；以E. R. M. 的名義將之揮去。我得「排出」其他事物。

二月二十二日

寒冷，多雲。西北風稍微減弱，但仍然在刮。決定去古薩維塔。在船上——波譎雲詭——只有遠端的地平線稍微清晰——覺得一定要換個地方住才行。狂風；和金吉爾一起划。古薩維塔很荒涼，憂鬱；沒有郵件。米克說「馬斯那」號將不再航行，嚇了我一跳。寫信，讀《飛艇之夜》（*Zeppelin Nights*）〔維爾利特・漢特（Violet Hunter）和福特・馬多克斯・福特（Ford Madox Ford）的小說〕。

---

143 原文有下畫線。

144 技術、專門技巧、手藝。

風雨交加。八點上床但無法入眠。糟糕的夜晚。

二月二十三日

星期六。古薩維塔。寫信，讀小說。四點離開。泰迪。「三〇%」。心情太低落，以致那些傢伙的陪伴都讓我感到舒服。得知「馬斯那」號沒有停航，而且我們會有一艘每月航行的〔……〕。米西馬。和泰迪一起回古薩維塔。半瓶紅酒。泰迪又發展了他的人類學理論。十二點上床。睡得很差。

二月二十四日

星期日。起得晚了。走廊上積滿了水。天氣很冷，像昨天一樣多雲。閱讀——讀完了《飛艇之夜》。對英國好感激增，後悔我沒有參加戰爭。也想起了E. R. M.，多寫了一封信給她。——新想法：得知她愛我這件事使我焦慮，因為我自覺配不上她。如果我穿著軍服參與戰爭，那就是另一回事了。但她對我的愛對她而言是一種屈就。然後我被這種愛沖昏了頭、失去了價值判斷，把這當成一次普通的愛情經歷。——一整天我都感覺糟透了。——四點回到奧布拉庫。沒有心情去追求隱居的樂趣。開始讀《只為寸紙》（*All for a Scrap of Paper*）〔副書名《當代戰爭羅曼史》（*A Romance of the Present War*），作者霍金（J. Hocking）〕——十點讀完。劣質的小說，但它那愛國的筆調使我感動。想到E. R. M.；隱約感到是我欠缺英雄氣概而導致了她的降格。和C. E. M.相比，我更愛她，並且我相信她永遠忠誠。假設我和他不相上下……

二月二十五日，星期一

睡到八點半，感覺糟透了。十一點左右開始工作，得知比利在古薩維塔，有一封信要給我。和莫洛瓦托趕到那裡。比利：疾病，薩瑪賴——他情緒還不是太低落。看了幾本《生活》（*Life*）。回來；狂風；得不斷往waga外舀水。下午三點半到六點，雖然極疲倦，還是做了村落人口普查。然後到海灘去呆坐，疲倦。傍晚，吃過晚飯之後，起風。棕櫚樹搖晃著，樹葉像手臂一樣瘋狂地甩動，又像凌亂的髮辮激烈地搖晃。黑鬼們坐在他們的小屋前；伊魯瓦卡伊（Iluwaka'i）唱著megwa；村子的一部分人將移居到〔波瓦萊（Borwanai）〕。卡弟拉庫拉英武地坐著，表演megwa。我坐在他旁邊。我們談論了megwa，以及風和雨。然後關於vilamalia[145]——還有打獵。——我用碘酒塗抹我的水泡，然後上床去——迫不及待地等著明天的信。E. R. M.來信帶來的喜悅，消弭在對N. S.的懊惱中。

145 祈求食物豐盛的巫術或儀式。

二月二十六日

清新寒涼的西北風；感覺比前一天好，不過狼吞虎嚥地吃了很多kaimagi。棕櫚樹和〔庫姆〕一大清早就被砍下。觀摩了一番，想吃捲心菜。金吉爾十點才出現。我研究了一番棕櫚樹，召集信息報導人，集中詢問kabitam的問題。金吉爾〔取信回〕來了。我很興奮，不過仍然工作到一點。然後是午餐，我拆開了那些信。首先，〔不那麼私密的〕那些，C. G. S.、哈德利小姐（Hadley）的問候；庫勒夫婦的信言辭懇切。E. R. M.又在說斯賓塞的事情。被打擊了。接著讀odila。我決定給N. S.寫最後一封信，還有寫給愛德華爵士[146]，還有英國。接著我將E. R. M.的信讀完；雖然我不相信斯賓塞的承諾，但我最終感到了徹底的平靜與快樂。我又和E. R. M.有聯繫了，這使我十分快樂。毫無疑問：我們訂婚了，我會盡快和她結婚。讀她的信讀到五點，然後去划船。我想著她，感到愉悅，想從她身邊逃跑的衝動結束了——顯然我感覺更健康了些。回去，眼睛刺痛，但我很放鬆。晚餐後準備椰子〔沙拉〕，忘了憂愁，走到海邊，與那瓦維勒交談。然後到村子裡去，莫里拉卡瓦，尤薩拉·嘎瓦。十二點回來。寫好給N. S.最後的信。

二月二十七日

基調：平靜、歡樂而滿足——想了很多關於斯賓塞的事以及自我辯護的方式，關於C. G. S.〔塞里格曼〕，R. M.[147]和E. C. S.[148]——很高興我和E. R. M.的關係前所未有地更加明確，與她的聯繫也更加緊密。而且我相當確定沒有比她更理想的妻子人選了。但我沒有持續或十分熱烈地想念她。我老想著N. S.——我不斷草擬給她的信，希望能做一個了斷。或許斯賓塞的干涉也是原因之一，促使我邁出了果敢的步子，某種程度上成全了我。——起床時仍然很睏，感覺不大好。日記；讀了信，和小說的一部分。然後是女人們，人口普查。然後是卡弟拉庫拉的megwa。午餐後，休息，還是卡弟拉庫拉和翻譯。疲倦得頭都要爆炸了——最終還是有幾個詞句沒有處理完。划著獨木舟到吉瑞比，拚命地划。看到米克坐在那裡，看著灰色的內湖發呆，這幅景象相當憂鬱；翻捲的雲〔遮蔽〕了西南方——這是他看外部世界的窗戶。空屋。蹲在破敗的露臺邊，手裡拽著毛巾。絕佳的小說場景。但情節呢？我得將布魯多描述成想成為百萬富翁的工作狂；比利的形象也要改，還有喬治和愛德華．奧爾巴赫？在政府到來之前的米克．喬治。與黑人戰鬥，成為絕對的領主。仁慈的獨裁統治。然後「政府」來了——莫爾頓，按照德莫林斯的方式——一個醉醺醺、本性善良、不負責任的篡位者。用死刑嚇唬米克。半蒙半騙亂七八糟的財產契約：飲酒作樂；愛德華．奧爾巴赫這時出場。——然後，陰謀。布魯多想擺脫米克。——描寫米克的命運跌宕，接著突然時來運轉。然後不受控制。癲狂；被拖進監獄；死了。

146 可能指愛德華．博內特．泰勒爵士（Sir Edward Burnett Tylor，一八三二年至一九一七年），英國人類學的創始人。如果是他的話，那麼他過世的消息還沒有傳到馬林諾夫斯基那裡。

147 羅伯特．蒙德（Robert Mond），科學家、慈善家，通過倫敦大學設立羅伯特．蒙德旅行基金，馬林諾夫斯基的田野工作受此基金資助——每年兩百五十英鎊，共五年。

148 阿德萊德（澳洲港市）的斯特靈教授，與馬林諾夫斯基有緊密的工作關係，也是他邁魯研究的編輯。

我往回走。還是划船。沒有思考什麼，那會兒精力已經耗盡。月亮升起。回來。晚餐（還是捲心菜）。在莫里拉卡瓦的房子前kayaku——只有女人。看到托瓦凱斯。談論了古馬斯拉和多姆多姆（Domdom）〔皆為奧菲勒茲的島嶼〕。疲倦地回來，倒頭就睡。

二月二十八日，星期四

早上——大清早就被土著的大喊大叫吵醒，所以沒有睡夠。除此之外，感覺還不錯，晨間運動（散步），沒有感到疲倦。自豪而滿足地寫日記。早餐後讀了幾封E. R. M.的信——我很愛她，並且心情平靜而愉悅。我的健康也是現在狀態良好的原因之一。但這一刻我沒有在戀愛。無論如何我現在沒有平時那些形而上的憂傷、厭世、悲觀感。空閒的時候我給愛德華爵士，詹姆斯爵士，C. G. S.和阿特利．漢特寫信（傍晚，在獨木舟上）。這一切都沒有伴隨著憤怒和悲觀的情緒。我想這些事比想E. R. M.的時間還多，但這並沒有影響我對民族誌工作的興趣，沒有影響我對E. R. M.的感情，也沒有影響我的樂觀態度。健康！健康！

一整天工作得很順利，直到疲倦不堪。完成了幾件無趣的任務——繪製海洋與陸地的地圖。今天我必須完成地圖（即三月一日），並且盡可能多做宗譜梳理工作。早上我和莫洛瓦托、波包、穆阿尤洛待在一起，還談論了各類魚的習性。午餐後寫作，在尼尤瓦的協助下繪圖。極度疲倦。吃了菠蘿。——五點半出去摘捲心菜。六點划獨木舟，深紅色的海洋。七點回來，〔切〕捲心菜，八點吃芋頭，爭吵誰燒糊了鍋（馬口鐵罐）。大夥講了下流的kukwanebu。迪達維納（Didawina），149

蘇格魯瑪（Sugeluma），〔凱拉瓦斯（Kailavasi）〕。——十一點去睡覺……

一九一八年三月一日

那些傢伙八點就把我弄醒，不過那會兒我也該起來做其他事情了。現在我睡覺不蓋毯子或其他保暖的東西，這樣會好受些。散步時，在腦中擬好了寫給N. S.和E. S.的言辭堅定的信，之後找莫斯布阿達瑞布工作，他解釋了〔……〕，但我感覺很糟糕，而且他關於L. T.的訊息讓人不大滿意。試圖打盹兒但沒睡著，午餐，尤薩拉．嘎瓦和莫洛瓦托；很累，幾乎沒力氣說話。五點，停止工作，躺下。毫無疑問無法給E. R. M.寫信了，連閱讀都不行——（午餐後我讀了E. R. M.的信，也讀了一些《卡多瑞斯》〔*Cadoresse*〕）。在獨木舟上我想著E. R. M.，想著我們結婚的計劃。我們很快會結婚這個念頭讓我歡喜。——回來，吃了很多，吃撐了。觀察了一會兒白蟻洞。十點上床。伊魯瓦卡伊的kukwanebu（整晚上都十分氣惱，因為我每次試圖說服波烏瑞厄斯〔Bo'uriosi〕就必定掀起一番爭吵）。——下午決定要去西納克塔。——傾向於工作到筋疲力盡，失眠的困擾；高壓下工作。平靜地愛著E. R. M.，我像讀《聖經》一樣讀她的信。

149 可能是指迪嘎維納（Digawina），《野蠻人的性生活》裡一個故事的女主人公。

三月二日

到西納克塔的短程旅行。早上，風雨交加。但還是決定要去。再一次感到出海的快樂。西納克塔被玻璃般透明的綠浪圍繞著。畫了waga的素描，除了此刻，心中了無牽掛。當然也想了E. R. M.——有她在身邊該多美好。——兩個小時。喬治．奧爾巴赫一開始似乎不太情願。給E. R. M.寫信——這似乎讓他情緒稍微好轉。午後龍捲風狂吹，下雨；我擔心帳篷，我想像著它被吹翻，我的文件四散，我的手稿被毀壞。——完成了給E. R. M.的信，寫給C. G. S.和P. & H.，四點半去見布魯多一家。拉斐爾（Raffael），年輕、神情緊張、聰慧、長著一張討人喜歡的臉。友好，誠懇，而且直率。討論了政治和戰爭。他的觀點和我十分相似。熱情地邀請我去拜訪他們，甚至在他們那裡過夜。他給我留下的印象是：他是唯一一個能使我嗅到文明氣息的人。我覺得他非常善解人意，觀點平和，舉止溫文爾雅。——回到喬治住處；西納克塔的眾多村莊漂浮在綠色的海洋上；在西邊透明的橙色天空對比下，紫色的茅屋剪影色調冷峻。在西邊透明的橙色天空對比下，光線看上去是凝固的，懸浮在半空中。喬治給我看他的珍珠。然後我們聊到拉斐爾……在此之前我們談論了政治，我批評了休斯（Hughes），適度表達了反德的觀點。——傍晚，吃過飯後（豐盛——豬肉、馬鈴薯、卡斯達蛋奶布丁），我問喬治是不是和泰迪有什麼過節，如果有，我可以做〔調解人〕。遭到禮貌而友好的抗議。九點半時waga準備好了，差不多十點離開。想E. R. M.（離開布魯多後一直在想著她）。打瞌睡。在奧布拉庫和金吉爾一起划船。這破壞了我的夜晚、破壞了我的情緒，我意識到我錯了。

三月三日，星期日

夜間和早上都風雨交加。起得晚（八點半），灰暗，潮濕。寫日記；男僕們和我之間的氣氛緊張。我很暴躁，神經緊繃；再加上嚴重的胃痛，消化不良——什麼也吃不下。十一點到一點工作了一會兒，和穆阿尤洛、〔瓦業伊（Wayei）〕、〔瓦吉拉（vagila），庫納（kuna），多德沃（dodewo）〕。一點左右我很累，覺得工作得還不夠努力。一點，寫信給 E. R. M.——無疑我是累了。午餐後——或者說午餐的時候——我去找卡波夫人（Cambol）〔……〕，在莫洛瓦托家 sagali（螃蟹和魚，沒有蔬菜）。然後坐下觀賞〔……〕saipwana。狂風大作，我們豎起席子擋風。開著去圖瑪和所有〔幽靈〕結婚的玩笑。想到 E. R. M.，想告訴她這個笑話。納納波（Nanabo）的下流 kukwanebu。我們大約四點離開。陰暗，下雨，刮風。眼睛疼，不可能在帳篷裡寫作或閱讀。到托馬卡普的房子裡，聊天——感覺身體壞掉了，而且很睏。回到帳篷中，八點半上床。金吉爾的 kukwanebu 讓我心煩意亂。睡得還不錯（多弗粉〔Dover powder〕），想念 E. R. M. 的身體，再次感到她是我唯一的女人和妻子。——我想寫信告訴她我們得趕快結婚。

三月四日，星期一

六點半被他們的叫喊吵醒。金吉爾再次讓我心煩（Tropenkoller？〔熱帶的狂躁〕）。起床——決定擺脫那種眩暈感。走到 sopi 去。身體上強壯了些——思考著民族誌研究。同時，我對自己的工作感到驕傲：比Sp. & G.〔斯賓塞和吉倫[150]〕好，比其他所有人都好。是不是應該寫信給弗雷澤和塞里格曼？我冷靜了一下：最重要的是我現在做的事情。早餐：和白蟻鬥爭；姆瓦格瓦亞（Mwagwaya）和梅多烏談話；日記。無時無刻不在想E. R. M.；與她戀愛中。

與M.和M.兩人工作到十一點，不，到十二點。然後到村裡去，尋覓報導人，但運氣不好。約一點，去散步放鬆。想念E. R. M.，還想到波斯人信札，一個中國人的信札。計劃「烏托邦的歷史」以及斯威夫特（Swift）式尖刻的批判主義。想著在給E. R. M.的一封信中完善這個想法——午飯後極度疲倦，甚至無法給E. R. M.寫信。試圖打瞌睡，沒睡著；斷斷續續地讀《卡多瑞斯》。後來〔莫貝莫尼（Mobaymoni）〕來了，我和他，還有尼尤瓦一起，緩慢而無精打采地討論一些雜七雜八的問題。五點半在村子裡逛了一圈。六點十五分到七點半，乘船出去。沒有胃口。比利的書被偷，我很氣惱。左拉（Zola）的《帕斯卡醫生》（*Dr. Pascal*）也被偷了，我昨天就沒看到這本書。把斯戴德[151]的書當催眠讀物。很晚上床，十點半；被這群豬氣到不行。

三月五日

兩年前的今天從莫爾斯比港出發去雪梨。早上六點獨木舟不見了。懊惱無力——十四英鎊。莫洛瓦托找到〔……〕。然後去散步，並寫了一封信給弗雷澤（昨天寫了幾封信給漢特）。記恨著斯賓塞的指控——控制了自己，轉而去想民族誌方法：除了「社會緯度」，宗教形象和信仰等問題，還有一個涉及到如何「明確定義」習俗約定的問題。約定是存在的，以某種形式；一個固有的約定——所有信息報導人都同意確實如此，沒有異議。這個約定需要證實。另外，以神話方式描述某些現象，例如，颶風、船隻損毀等：有一種把事件「系統化」的傾向。然後，兩個層次的解釋：觀察的結果，加上巫術的因果關係。Luya（椰樹）倒了：是因為 mulukwausi 坐在上面。一個男人在釣魚，pilapala 擊中了他：tauva'u 的報復，瓦維拉的〔mini〕殺死了他。Silami 則是疾病的原因。同樣還有傷口。kariyala[152]——和自然的解釋並行。今天必須完成人口普查；謄寫所有的〔……〕，瀏覽我的筆記，看看還有什麼需要完成。——早上我看了一會兒斯戴德的雜誌和《巴布亞時報》，還有一本小說。十一點開始工作。之後一整天不記得做了什麼！如常，划獨木舟出去；想起今天是從莫爾斯比港到雪梨的紀念日。傍晚寫信給 E. R. M.——我以一種熱切的感情愛她。我應該把她當成妻子來想。

三月六日

在凱圖維研究 Sagali。去那裡的途中，我用腦子記下了一些重要而生動的細節，想著如何與 E. R. M. 分享這些材料。在凱圖維認真工作了三小時，用相機和筆記本記錄，收穫不少，得到許多具

150 吉倫（F. J. Gillen），此時他已與斯賓塞共同發表了數部重要著作。
151 威廉·托馬斯·斯戴德是前文提過的著名英國記者、作家，《評論回顧》（一八九〇）的創辦人。
152 每種巫術特定的兆頭。

體細節。新的理論思考：⑴黑人們自己主動給某個儀式下的定義；⑵黑人們在引導性問題的「提示」下做出的定義；⑶透過闡釋具體細節而得到的定義。——回帳篷時很累，但尚未筋疲力盡。閱讀《卡多瑞斯》一小時；四點半到六點與莫洛瓦托和卡弟拉庫拉討論 sagali。疲勞：想不起詞彙，講話很慢；後一刻不知道前一刻在說什麼。然後在獨木舟裡——我想了什麼？無論如何，想的肯定不是那些寫給大人物們和 N. S. 的信，因為我一想起就生氣。回來。太累了，連迪嘎維納〔的故事〕都沒有寫下來。和他們談了些一般性的事情。莫洛瓦托和伊魯瓦卡伊他們幾個。讀了一會兒《卡多瑞斯》。然後上床。晚上被狗吠吵醒。服用了多弗粉。早上刮風。想念 E. R. M.。強烈而純粹的情感……

三月七日，星期四

起晚了；雨天；潮濕。早餐後讀了《卡多瑞斯》。想起 E. R. M.。一陣熱烈的失戀：只想再一次看到她光亮、柔軟的身軀。我時不時會因對英國和英國人的強烈憎惡掃了興致。十一點半開始工作，直到一點，進展不錯，記錄了我對 sagali 的一些想法。午餐後感覺差了些。和穆阿尤洛及伊魯瓦卡伊一起（寫下 kukwanebu）。閱讀《公告》上的時事。五點在村子裡走了幾圈。六點到吉瑞比，感到有些累。瑪麗安娜給了我 gulukwa。回去的途中我的腳在 waga 上擦破了，敷上苦拉爾液（Goulard）做的膏藥；在椅子上打瞌睡。讀了 E. R. M. 的信和《卡多瑞斯》。十一點上床。睡得不錯。

三月八日

八點起床。好天氣，水面泛起透明的綠色漣漪。感覺不錯，對周圍和工作感到還挺滿意。在村子裡逛了一圈。瑪麗安娜的saipwana。走到sopi。有個想法，可以把我的照片加上註解出版成圖集。早餐吃得很晚。決定拍一些品質上乘的照片。把相機都組裝起來，發現了四分之一的感光底片起霧的可能原因。照了saipwana的照片；還有一艘小船的照片。我「情緒不高」，工作的時候懶洋洋的。午餐後，採訪了瑪麗安娜：「卡友那」號下星期啟航。我開始做一些在奧布拉庫的收尾工作。翻譯了圖瑪的歌。天黑了；在船上擬定了收拾計劃：

留下：(1)紙張，手稿和信。只帶走一般的文件

(2)〔Bulunakao〕包帶走：兩百張文件及工作上需要的其他東西 相機。十二卷及三打底片，以及洗膠卷的設備 六個星期的食物藥：更多的阿司匹靈以及我這裡所有的藥！

待辦：給比利的說明，還有我的遺囑。

寫信給(1) C. G. S. (2)蒙德(3)詹姆斯．弗雷澤(4)阿特利．漢特 (5) N. S.和E. S.

回來的路上觀察了一番星空（在船上我仰望著星空，心想在它們消失前，要仔細觀察它們），主要是和莫洛瓦托，莫貝莫尼和瓦業伊也有參與。十一點半上床。服用五克阿司匹靈之後睡得很好。

三月九日，星期六

早上散步、早餐等等之後，腦子裡草擬了給 E. R. M. 的信——或者說發現我有許多想和她說的事。但我開始工作：莫洛瓦托放我鴿子，卡瑞古度根本沒出現。我懷著憤怒的心情去了村裡（凱圖維來了一幫人在打板球。〔伊波德姆（Ibodem）：〕saipwana。然後莫洛瓦托終於來了，幫助我完成了 saipwana 和翻譯。午飯後，讀了《那個村子認為地球是平的》（*The Village that Voted the Earth Flat*），我明白了 E. R. M. 對它的看法。和一位盲女、姆瓦格瓦亞一起做了人口普查。M 是個很好的報導人。工作到精力耗盡。六點離開。草擬了給漢特的信，但是我很累；極度低落，就連未來的古馬斯拉之旅都無法讓我寬慰。生命的程序：「和她交配，生孩子，寫書，死亡」——這和天地般廣闊的壯志相比算什麼呢？成為大海、星辰、宇宙的主宰——或者至少胸懷它們？要表達那種吸引力，那種驅使我把我的精神投入現實世界的力量，比好奇心更偉大，比思想更接近本質。——我感到需要用一首詩來表述，然後寄給埃希。——回去。晚餐後還是人口普查，做到十點。十點半上床。

三月十日，星期日

覺得去瓦維拉是我的任務，於是擺脫惰性下決心前往。散了一小會兒步，期間計劃著搬到古薩維塔去。昨天以來一直因比利的態度氣惱：他的信都是寥寥數言，也不邀請我去古薩維塔或者去「卡友那」號。九點半穿過 raybwag 到瓦維拉。一開始很累；大汗淋漓，陽光強烈。我詢問了樹木的名稱；莫洛瓦托不情不願地回答，黑鬼的一貫作風。——雖然疲乏，但是大海的景色令人愉悅。在瓦維拉我下令不要移動〔……〕，並和格雷弗雷科斯（Graflex）照了相。然後下雨了。和科瓦拉卡尤（Kwalakayu）交談（不錯的人，挺溫和）。觀看了waga的製造。在海灘上吃午飯，烤〔tanimewa〕和煮甘薯，椰子；我鼓起勇氣嘗了towamoto（很美味）。在沙灘上對著空曠的大海，野餐一般的心情，一直想著E. R. M.——此情此景，比在奧布拉庫自由輕鬆得多。比起在奧布拉庫，我更希望她在這裡陪著我。有點睏，瞌睡了一下。回到吉瑞比。巨大而深邃的森林，越過波莫坡烏（Boymopo'u）之後則是廣闊的海景。在海上，有種地中海式的情緒。米克一個人在家，他看上去好些了。翻閱了數本配插圖的《邁魯》。和他道別，搭他的waga到奧布拉庫。莫洛瓦托很沉默，有些不太高興。開始寫信給E. R. M.——日落。獨木舟。我想我必須先完成那些公事：N. S.、E. S.、安特妮．漢特（阿特利．漢特），等等。晚飯（黑鬼們來了，態度友好——討論了一些禁忌）之後，我草擬了給N. S.的信——真困難！睡覺（煩躁）。

三月十一日，星期一

收拾——一切在十二點之前完成。對這段時間我可沒有什麼懷戀的感情——我很高興再也不用和奧布拉庫的黑鬼們打交道了，我再也不會住這個村子了。要在村裡找一艘waga真讓人煩躁。莫洛瓦托忠實地幫我到最後。在高溫下航行；我划了很久；不確定比利的態度。到了古薩維塔，比利，完全沒有問題。我們一起洗了照片。有一大堆給我的信，我不甚熱切地翻了翻，因為我對正在發生的事情沒多大興趣，滿腦子都被自己該做的事塞滿了。E. R. M.的信沒給我留下什麼特別的印象。C. G. S.和S.太太的信非常熱誠。寫信給N. S.的事讓我沉吟良久，甚至無法閱讀她的來信。

三月十二日，星期二

收拾。精神充沛，井井有條。午餐後接著收拾。傍晚累了。點燈弄完。九點和比利坐著聊天。沒有去理會遺囑和信件。比爾洗了三卷照片，都很好。只有一張我倆的合照效果不好。我想不起這兩天我有哪些主要的想法和感受了。對於即將離去也沒有多大的喜悅（不[153]；我很高興不用在奧布拉庫接著過這種愚蠢單調的生活，很高興只要在科瑞維納再待五個月，很高興我將住到那些小島的奇妙世界中去）。

三月十三日，星期三

六點。最後的收拾。有一點擔心「三〇％」，他可能遭到了一些困難。走到洛蘇亞去。在波沃塔魯（Bwoytalu）買了四把梳子。「三〇％」看起來不錯：將《公告》借給我。在「卡友那」號上的一小隔間；放了我的東西。「今晚我會在古馬斯拉[154]。」在洛蘇亞和奧阿比阿之間航行。卡瓦塔瑞阿西邊的紅樹林。過了海道。海上波濤洶湧。——躺在船艙裡，有點暈船。博馬普烏和波優瓦躲在薄霧中；奧布拉庫所在的海岸呈鋸齒狀。喝了咖啡，小睡一會兒——思緒雜亂。「自由，以及對空間的掌控。」哈哈！醒來——已經可以看到卡亞他普、多姆多姆和古馬斯拉。粉色和綠色粉筆一樣的顏色。夜幕降臨。我們經過一個小珊瑚島，海浪擊打著它。很黑——古馬斯拉就是一個墨點。找地方拋錨。有人的帽子掉在甲板上。航行。被叫喊聲吵醒。尖叫。一張帆裂了。我意識到情況嚴重。害怕——我害怕到渾身顫抖！迷信浮出水面：今天是十三號；前往奧菲勒茲的前兆。我想到E. R. M.——她正安寧地熟睡，而我再也見不到她了。典型的因迷信而自欺欺人的悲觀想法：我不敢想得太樂觀，因為這將帶來厄運。

三月十四日，星期四

約十一點，在薩納洛阿（Sanaroa）和嘎熱阿（Garea）之間醒來。暈船使我委靡不振，對是否終能抵達納布瓦格塔失去了希望。南風。我們在薩納洛阿附近行駛。這裡洋流強勁，風大，海浪翻滾及其特有聲響。我們繞著沙岸航行，駛入了一個平靜的海灣。我疲倦地坐著，不覺得餓，只覺得渴。我從沉思中〔「醒來」〕。莫勞亞（Monauya）的情緒有點悲觀（嚴肅、凝重的臉。讓我想起阿休亞）。睡到五點。駛向吉里吉里（Giligili）。〔斯托奇船長〕我告訴他我過去幾天的經歷，他告訴我他的經歷。他帶我參觀船隻。說了第二遍他是怎麼癱瘓的，還告訴我他的症狀。一個金髮男

153 原文有下畫線。
154 奧菲勒茲群島之一，是從多布開始的庫拉旅程的目的地之一。

人；長著瀕死的高盧人一般的臉——下垂的麻繩色小鬍子；瘦削，沒有小肚子。簡單，不會裝模作樣或言不由衷（像喬治・奧爾巴赫、布魯多等人），討人喜歡。我們表達了一些政治意見。接著是留聲機。我喝了茶，蘸著黑葡萄醬吃了××〔……〕。回去。S.＋和 Gr. Bear〔南十字星（Southern Cross）和大熊星座（Great Bear）〕。E. R. M.。南半球有一種北半球無法企及的美。

三月十五日

早起。寫信給 E. R. M.。上岸。他們把 waga 繫在岸邊。午餐後去了一個大村莊，爬上一座矮山。豬籠草和蘭花。宜人的景色。整齊的紅樹林帶向前蜿蜒，消失在港灣和小島的迷宮中。看不到卡亞他普。冷風。回去。晚上和莫勞亞談了談。——淫穢的念頭（試著透過想 E. R. M. 來控制，但未能成功）……

星期六，十六日

上午，外出：我想去薩納洛阿。但剛到村莊裡我就覺得非常虛弱。製作西米粉。回去。讀了 E. R. M. 的信和二月四日到十九日的報紙。然後和奧吉薩坐在獨木舟裡。景色壯觀。可以望見卡亞他普。就像紅樹林上空的馬特宏峰和維特霍恩峰[155]。晚上又和莫勞亞在一起。然後上床，很累很睏。

星期日，十七日

起來。決心進行道德整頓：在身心健康的狀況下做到潔身自好並不難。只有當你缺乏毅力並遭受下流念頭的攻擊——這才是道德韌度接受考驗的時候。——早餐後，和奧吉薩一起沿著小河溯流而上。濃密的綠色上面是一排高大的白色樹椿。接著是森林；右邊有〔白茅〕草，椰子樹。我看上了一片椰樹沼澤和臨時落腳處。回去。寫信給E. R. M.。閱讀。吃了午飯，繼續閱讀，直到天黑——雖然讀的是〔Rev. C. W.〕阿貝爾和〔珀斯（Poch）〕，但還是讀得太久了！——傍晚划獨木舟。在北邊（薩納洛阿之上），南邊（比維比維斯山之上），還有東邊，白色的積雨雲翻滾著，層層疊疊，背後是厚厚的雲層。划船一直划到了薩納洛阿的西南角。我擔心猛烈的西北風會把我從海岸邊吹跑。還有洋流。能聽到湍流翻捲著的聲音。比維比維斯上空一直是雷鳴電閃。恐懼籠罩著我。試著「讓我的神經更堅強」，但只成功了一半。坐了很久，在那裡看著烏雲及烏雲之間飛逝的閃電。思考了一會兒工作——但思考了什麼呢？回來後和莫勞亞討論庫拉。九點上床。睡得很香。

星期一，十八日

六點醒來。躺在那裡想E. R. M.。之前一天在獨木舟中想她時，我想到必須保持精神上的專一。

155 均為阿爾卑斯山脈的高峰。——譯註這個早晨，可能背叛她的念頭讓我不寒而慄。也想到科瑞維納及我的工作。我必須抓緊時間，保證工作完成！昨天十分委靡——我將其歸咎於極度悶熱的天氣。今天感覺眼睛脹痛；慵懶無力，嘴裡冒出某種難聞的氣息，和我在安德魯（Andrew）治療前常有的一樣。是肝臟的問題？在古馬斯拉吐了；血的味道〔……〕。喉嚨和鼻子也有點塞。——七點左右我們把我的帳篷摺起，搬上船，啟航。仍然委靡，無法享受旅程。薩納洛阿慢慢展現在眼前，廣闊無垠的平原——像一條綠色絲帶——右面是低矮而錯雜（因此，〔寬闊〕）的山脈。卡亞他普在雲層裡。弗格森〔島〕的綠色山坡越來越近；看得見一棵棵樹的輪廓。風基本上停了。我走進船艙，讀《英國人》（〔*The*〕*Englishman*）〔一本英國文學雜誌〕，一口氣讀完。沒有讓我聯想到E. R. M.；卻激起了我的仇英情緒。思考了這個問題，它或許讓我對E. R. M.的感情有些複雜。兩艘汽船經過。強風。感覺不適。我躺在船艙的頂上欣賞風景。看到嘎阿灣，南邊卡亞他普也出現在視野裡。後方平滑的海岸線直接延伸至比嘎斯（Begasi）和德伊德伊（Deidei）。〔沉睡的〕小火山排列成一條寬闊的山脊。高大的樹木上掛滿白花。我遠遠地觀望著這番景象，它們如此遙不可及。墨綠的水面，銅色的礁石，白色的泡沫，綠色樹林——仙境一般，但並不生動、引人入勝，反而寂靜且充滿威脅。——從其中一艘汽船上傳來一個陌生的聲音，邀請我上船去。我刮好鬍子，朗讀了「莫德．代弗」（Maud Diver）[156]的一小段作品。駭人的暴雨。我高談論闊。多諾萬（Donovan）惹火了我，他說：「德國戰壕裡更有尊嚴。」我回去，然後划獨木舟到村子裡去。改變了拋錨的位置，因為我們幾乎已經划到珊瑚礁上。夜幕降臨；雷鳴；烏雲滾滾。——我來到「村子」中。這裡僅有一間可憐的小屋，和幾個侏儒一般的男人和女人。他們沒有東西可以兜售。他們不停地撓著自己，幾乎每個人都有〔sepuma〕。柱子撐起的小房子非常原始；地板和牆壁是椰樹枝及樹皮搭成的；奧菲勒茲的鍋子是其中最貴重的財產。——另一個村子：幾間小屋；男人還算高。臉龐寬闊。女人的臉都挺順眼，沒有科瑞維納女人那種千年不變的淫蕩表情。有些居民出去進行製造椰子之行（sago-making expedition）了。他們之前住在山上（因為害怕多布人？）。我們殺了一條蛇。我回去，睡得不錯。

星期二，三月十九日

母親的命名日。早上開始一直想著母親，決定寫信。我還認為這一天抵達奧菲勒茲是一個好兆頭。上午，莫勞亞和我去了村子。天氣晴朗。樹從銅黃色岩石的空隙中長出來，離水面很近。幾棵棕櫚樹就長在水邊，那種無法企及的感覺又回來了。我走了幾百碼。巨型的黑色樹影。花園的數量和大小都令人吃驚。在那些柱子支撐著的房子旁邊，〔有些〕房子的屋頂就架在地上，朝一面打開，無疑十分原始。居民看到我們既沒有逃跑，也沒有表現得很粗野。強風。多姆多姆比我想得更近——兩個小時之後我們就能到那裡！我坐下，這回是在卡亞他普腳下欣賞美妙的風景。有一大串島嶼；左邊，薄霧繚繞的高山，陡峭的身影一直延伸到水中；海面在山腳被水平切斷，山頂上則懸著一大片（平整的房頂似的）雲層，讓我想起金絲雀群島（啊母親，母親，我們究竟還有機會再

156 印度裔英國作家，作品多關於印度或在亞洲的英國人。——譯註

次穿越從塔克隆特〔Tacoronte〕到艾克德羅斯維諾斯〔Icod de los Vinos〕[157]的carretera〔高速公路〕嗎？）。——那天上午有深刻的反思：需要做智識性的工作，並且要持之以恆。做了研究奧菲勒茲的計劃——語言方面，技術方面，等等。——我的思維被風景帶來的錯覺攪亂；風減弱了，我們的船就跟停泊了一樣靜止下來，這時我們和小島尚有幾百米或一公里的距離，那小島上布滿了白茅和灌木叢，但無人居住。我感覺很好，時刻抑制著內心的空虛感。風景壯美：金字塔狀的多姆多姆，山腳四面擴散的橫向山脊簇擁著中央的圓頂；古馬斯拉有兩座山峰。納布瓦格塔的三座圓頂在科瓦頭托（Kwatouto）和雅布瓦亞（Yabwaya）鬱鬱蔥蔥的山坡後隱隱若現——弗格森的海岸則是一切的背景。——寂寥的海，靜止的風，這一切讓我疲倦（無法寫日記，別說給M.和E. R. M.寫信了）。——拿出《一個中國人的來信》（*Letters of a Chinaman*），這時起風了，經過〔博瑞馬納（Boremana）〕我們駛向古馬斯拉。兩艘masawa[158]消失在一座小島後方。——我們的船航行在翻著白沫的海面上，漸漸接近古馬斯拉，卻無法登陸。我們繞道航行：找到一處平靜的海灣，一座小巧迷人的村莊。看上去沒有人在。約一小時後上岸，把東西放在沙灘上，夾在waga和〔豬〕之間。狗嗅來嗅去。我的朋友基佩拉（Kipela）出現了，搭了把手。和他交談：這個人無疑是說謊高手，而且有些捉摸不透，但他能說流利的洋涇濱英語。我睡在一間小房子外面，東西放到小屋裡。幾乎沒地方支帳篷。

星期三，三月二十日

爬出籠子之後（tainamo擠在擔架床和低矮的屋頂之間），我在村子裡逛蕩，尋找可紮營的地方。認識了一位老先生，把他拉到還在搭建的帳篷那裡去。兩點之前，我一邊同他交談，一邊監督搭建帳篷（不順心的事時有發生）。然後是可可和餅乾（我沒吃早餐）；和另一人（我不記得他的名字了）研究了一下字典。雨不停地下，我們划獨木舟出行。我感到能在這裡生活，一切麻煩都值得了：一面陡峭岩壁上的裂縫垂直著衝向天空，裂縫之間各種各樣的植物茂盛生長，千絲萬縷的小瀑布的水流聲匯成了一股嗡嗡的混響。暴雨下了，十分鐘後山澗嘩嘩作響，帳篷邊上渾濁冒泡的水混入海灣的碧色深淵。——我們駕駛獨木舟出去；南邊，我們身邊的海岸靜靜地躺在長滿白茅草的山坡腳下；往北，山坡逐漸高聳到一片山峰，那裡有兩塊巨岩將沙灘切斷。巨石上方是一面陡峭的懸崖，上面布滿裂縫；接著又是弧形的海灘，上面是小村莊的花園。我們在海中間一連串岩石中穿梭（狂風暴雨）。村莊沒人住。一線金字塔型的山峰，景色如畫；多姆多姆被灰色的雨霧蒙上一層輕紗。岩石層疊成一片梯田，在濕氣中閃閃發光。有一個片刻，我竟有種奢華的錯覺（「不同境遇中的自我認知錯亂」）——灰色的大海，遠端海島雲霧繚繞的綠意，還有綿延的石頭梯田，這一切有一絲北方漁村的意味。〔一團〕黑色的島嶼從背後升起，創造出一種奇特的心境，似曾相識。村莊裡小小的房子吸引了我，並引起我民族學式的好奇心。

在這種情況下搞研究有不少困難。那些傢伙不太友好，回答我的問題時明顯不情不願。如果沒

157 Tacoronte和Icod de los Vinos均在西班牙。——譯註
158 指大型航海獨木舟。

有科瑞維納的那些財物，我在這裡什麼事都做不成！——我視察了房子：其中一家人在治喪；這些房子給我留下深刻印象，因為它們很老、很「根深柢固」（deep-rooted），和初步蘭群島的那些房子不一樣，那裡的房子以及格局都很新。——我們回去，我吃了芋頭；很累，九點上床，睡著了。在那之前我呆坐了一會兒，看了看風景。——〔……〕。

星期四，二十一日

睡久了——「補足覺了」——真的很想睡啊。有些累，還好沒有生病。下雨，涼（76°F=24.5℃），風向變來變去。我的帳篷隔海不遠，左邊有堆岩石，繞著一圈樹木，右邊是一艘殘留的 waga 船頭，景色真是好極了。寫日記，離開薩納洛阿起就忘了寫。一定要擬出個系統的奧菲勒茲調查計劃來。早上我從民族誌開始寫，寫了很久。很晚了。剛開始，和阿乃布圖納（Anaibutuna）以及托瓦薩那（Tovasana）一起工作，他們還不錯，但不是一流的嚮導。午飯後，和基佩拉還有個老頭一起做，這老頭真讓人生氣，我把他趕走了。有那麼一下子，我真的害怕這會搞砸我的調查，幸好基佩拉幫忙解決了難題。六點，和金吉爾坐小艇去白茅半島。行進在這幽深碧綠的海面上，總讓我感覺很棒，這座島上的樹木，也是繁茂蔥鬱，整個島都被綠色蓋住了。海灣地勢較低這面，排布著紅黑色的小岩石（深棕色中夾雜著血紅色），如同被包裹在青翠的羽毛之中。豐茂的草木從石縫長出，鋪滿光禿禿的岩石，又爬上突兀的石壁，這景致真是充滿獨特的熱帶風情。小島的圓頂上，蓋滿了白茅草。很明顯，土質的區別，劃定了白茅草和叢林的分界線，因為納布瓦格塔的矮山上叢林密布，而在這低矮的半島上卻（滿是）白茅草。身體狀況感覺良好，真想來次遠足。穿過一個小山窩——這裡的岩石是角礫岩，是一種集塊岩，一團團岩塊都是顆粒粗糙、緊密，呈鏽紅色。岩石和樹木一直往下伸進水裡，我們的小艇沒能過去，只能划回岬口，重新沿著沙灘划到灌木叢那邊。這裡長滿了禁忌（taboo）棕櫚樹，透過層層倒落的棕櫚樹，海灘依稀可見。我划艇回去。能去探險，能與熱帶地區親密接觸，真是讓人興奮。想念E. R. M.，想告訴她這一切。回來後，金吉爾跟我談到沙里巴的哥拉弓琴，我們商量著明年去做個民族誌調查——實際上四個月應該就足夠了。跟托巴沃納（Tobawona）和基佩拉簡單聊了一會兒，megwa 異質性的重要發現——一個讓民族誌學者感到高興的時刻。晚飯後做的語言研究工作很出色。我最好的信息報導人托巴沃納上床睡了，我又想起多諾萬對我的羞辱，努力控制自己的情緒，但更重要的教訓是，對這個人渣我應該更小心些。

生活中最緊要的是：心平氣和地生活，不被小人的冒犯困擾，和當地人無比輕鬆地相處。金吉爾比以前更順服，沒那麼蠻橫了，但是不好好工作。新環境、新事業、不同的工作，帶來了愉悅和滿足（昨天，因為我感覺身體好很多）。帳篷離海很近，總能聽到嘩嘩潮聲，聽到較高的綠色山崗上嘈雜溪流的潺潺聲。情緒方面，有些牽掛E. R. M.，有點想母親，昨晚身體上和情緒上都對N. S.充滿渴望。因為那個多諾萬，有些反英情緒，更準確地說，應該是反民族主義情緒。智識方面，想對這群夥伴境況做一對比分析（有關美拉尼西亞的歷史）。昨天，我領略到了里弗斯式調查研究的魅力，也就是將一片廣泛區域視作一個整體。但將空間投射到時間（二維甚至多維整體）的做法問題重重。

星期五，二十二日

生活紀要：民族誌工作進展順利，這要感謝托巴沃納。九點起床〔……！〕，雨天，看來去多姆多姆遠足的計劃要落空了。早上認真寫日記，然後去村裡逛了逛。所有sinesine都在屋子裡。托巴沃納來了。研究圖瑪的死亡觀和信仰，進展順利。下午（大雨瓢潑，雨水匯成小溪，沖向大海），還是和托巴沃納以及其他人待在一塊。這種工作——不深入、不關注細節——比在科瑞維納的工作輕鬆愉快多了。六點，我們出發去古瑪瓦納（Gumawana）。向北望，烏雲密布。小艇上，我勾勒了一幅村莊平面圖。托巴沃納不願上岸。同去的人，悶聲不響地坐在石頭上，相互離得遠遠的，個個都滿臉不快，顯得極不友善——真正的島民。我上了海灘，在房子中間晃悠，我又被這村莊的如畫景致迷住了。燈光微黃，雲後月光泛出銀色光暈，卻都被多姆多姆的陰影遮擋。多姆多姆，一個巨大的斜金字塔，在它左邊有兩個、右邊有一個相同的形狀，連成一串一模一樣的幾何形狀，卻充滿韻律感，讓人印象深刻。回來很晚，烏雲漸近。海裡到處都是暗礁。左邊是古馬斯拉黢黑、雜亂、層層疊疊的崖壁，在右邊，奧麼阿（Omea）（也就是多姆多姆）的（頂上）黑雲盤繞。還能看見卡亞他普，它的最頂上被一圈白雲擋住。船繞著一方大石前行。遠遠能看見納布瓦格塔和一堆小島的清晰輪廓。海岬角看過去，是一朵雨雲。我突然生出個奇怪的願望，希望在毫無防護的情況下，困在大雨中。我開始吼華格納的曲子。雨雲，其實就是雨，更近了，像白色大床單一樣罩在我們頭上。簡直就像在洗淋冷水浴。風也很大，小艇裡滿是水。輪到我警戒時，生怕小船會沉沒。回到家，把自己弄乾。整理字典。半天睡不著。腦子裡滿是針對E. R. M.的骯髒念頭，拚命不去想——最可怕的是那些對N. S.的髒念頭，都快到了讓我想放棄E. R. M.的程度，不過我發現這根本不可能。擔心有些感冒，吃了多弗粉，奎寧和阿司匹靈。睡得很香。

星期六，二十三日

春分。九點開始工作，心裡總有些不靜。愛普生瀉鹽（Epsom salts），茶。和托巴沃納一起工作，他對我有些煩了，中途溜去釣魚。基佩拉倒一直都在，他還不算太糟。午飯後（讀了吉普林寫的一個無聊故事），出發去古瑪瓦納，一船納布（納布瓦格塔當地人？）划船先去了那兒，好像要舉行一場mwadare（早上許多船都出去打魚了）。基佩拉、阿乃布圖納和我，跟往常一樣，興高采烈。我望著海底，盤算著照相的事。快到古瑪瓦納了。我突然發現，我「忘了那些竅門」——真洩氣，但我沒表現出來。調查人口。周遭環境仍然讓我愉快，卡亞他普的景致讓人開心。畫了多姆多姆的素描。他們給了我西米吃。去了薩拉克伊克伊勒（Sarakeikeine）。回望古瑪瓦納，輪廓巨大、美妙無比。草木中聳立著兩塊岩石，就像一堆廢墟中的兩根斷柱。海水湧溢，形成一排排細長的波紋，我划的船。好些個時候，我都不知道往哪邊看，是看外廓優美的古馬斯拉呢，還是充滿動感與和諧的多姆多姆，還是薩拉克伊克伊勒島的遠山上交雜的五顏六色呢？雲中翻飛的鳥群看著像一顆顆鉛彈。我們驚起了一群又一群的dawata和鴿子（bunebune）。懸崖的東南邊有一團紅色的礫岩，西北邊則空出一個拱頂——一個山洞，另一邊卻十分陡峭。——我們回去。我想起有一天晚上我和吉爾莫爾在此拋錨。他〔說〕，只是側影陰暗且輪廓清晰的「只有岩石而已」。我曾認為這些是黑色陡峭的火山崖——村莊看起來就像是被黏在了陡峭接近水面的一側。這也是我迷戀這些海島的原因。——我想著把此情此景寫進給E. R. M.的信裡（前一天，和托巴沃納一起回來、還沒有下雨的時候，光線如夢似幻，給E. R. M.寫道：這就像一場交響樂）。我想起辛博斯基（Szymberski）和他的島。我們離多姆多姆很近。——往回走。大島消失在黑暗中。島嶼間交雜著黃昏的餘暉和初升的月光。我划船。回聲。安排民族誌工作。——晚飯，字典。我到處走了走，觀察著星空。火星在雲層的空隙間閃著紅光。明月當頭。

星期日，三月二十四日

第一個晴朗的早晨。卡亞他普清晰可見。我能看到它山頂上長滿的白茅草。西邊來的〔風〕吹到它的最頂端，在中間吹出一道陰影。陡峭的綠色山坡像一堵傾斜的牆直線向下，中間有一條條深而細的溝（像深色的細長絲帶），沿著左邊有一條深深的凹陷：那是一條瀑布。昨天，當整個天空都布滿厚實又陰暗的雲層時，太陽照著的卡亞他普在遠處的晴空下歷歷可見。第一次明白了磷光的效果：和月光一樣：光線集中在中間[159]一小塊小區域，而不是周圍[160]（思考如何向E. R. M.描述）。今天八點起床，散步，視野清晰，遠至尖尖的山頂（有點像卡亞他普）和古迪納夫的群山都能看見。我擔心所有人都出去poulo了，因為水面平靜，無風無雨。——對周圍仍然感到喜悅。我想就這樣，不要來新消息，因為我並不無聊。氣味（昨天是青苔、海草、花的氣味，風從島上吹來；今天是海灘上晚香玉花的香氣），溪流的嘩嘩聲，叢林，陰暗的陡坡長滿熱帶樹木。——上午所有人都出去

poulo了。我和基佩拉還有那個老頭一起工作——速度很慢。大約一點，卡杜瓦嘎（Kaduwaga）男人和庫亞瓦（Kuyawa）男人——庫拉[162]。他們昨天到納布〔瓦格塔〕）。乘著小獨木舟〔而來〕：兩桶芋頭，一桶甜薯。默默到來；很自然地接受了這些東西。然後他們坐到獨木舟上。談話：買賣soulava時，玩笑般地討價還價和扯謊。然後成交。後來他們到獨木舟另一端，〔taloi〕那些男人（我趁著空檔吃我的米飯和醃魚，讀我的吉卜林）。我坐在他們身旁，聆聽他們的對話，搜尋信息。——然後划獨木舟出去（畫地圖），檢查花園：整地、排水、除草等工作完成了一部分。在月光下繼續進行。月亮從山丘後面升起，格外明亮。沿著海岸。想著該如何用文字表述「古瑪瓦納那柔和而清晰的樣子」和多姆多姆那尖銳而催眠的節奏。「柔和而飽滿的形狀上光影交錯，似乎各自擁有密度和重量，擠壓著對方。陰影在茂密的樹叢上飄浮，時而下沉，時而撕裂出巨大的缺口。」——遇到一個男人，他給了我monikiniki[162]的樣本（在波優瓦），並且向我說〔明〕了明天的庫拉。在石頭那裡轉回頭，（我划船）沿著村莊回到我們的地方。晚上（十點到十一點），托巴沃納等人。庫拉、星星和一些神話的解釋。——夜裡一直在做夢，克拉考市。對E. R. M.的思念，溫柔而熱烈。

159 原文有下畫線。
160 原文有下畫線。
161 從波優瓦西邊兩個島上開始的旅程，詳細的描述見《西太平洋的航海者》，二六九至二七二頁。
162 南波優瓦的mwasila系統；其中一大部分也在科瑞維納使用。

星期一，三月二十五日

今天古馬斯拉和盧阿嘎斯（Nu'agasi）的男人們離開這裡到波優瓦[163]庫拉去了。不知道是因為要保密還是因為迷信，他們總是向我隱瞞要離去的事情（邁魯，歐馬拉卡納，這裡）。——九點起床，像平常一樣。沒什麼特別的事情（前一天基佩拉把自己弄得乾乾淨淨的——是為了最後一次見他的未婚妻？還是說這是庫拉的一個程序？）。去古瑪瓦納（雖然氣惱，但沒有〔灰心喪氣〕）。女人們一如既往藏了起來。我遠遠看到幾個。倒沒有什麼混亂場面。我去了〔bwayma〕倉庫，觀察他們包裝陶器！只有鍋、西米和椰子。我沒法勸他們把bogana sago[164]弄出來。照了幾張相。第一次在上午看到古瑪瓦納。沒有巫術儀式或告別儀式的跡象。男孩子們都去了，連兩三歲的小孩子也去了。船被撐到了海角去，並在那裡打開了船帆（我沒看到）。十二點半回來。盧阿嘎斯人剛剛離開。——我沒能給他們照相。疲倦。躺下——什麼都不想，忽有啟發：精神清淨。「心懷善意地看待他人的靈魂，但別喪失自己於其間。如果這些靈魂是純淨的，它們會折射出世界永恆的美，既然可以面對面地觀察世界，那麼又何必只看其影像？如果這些靈魂充滿陰暗詭秘，不知道則是最好。」這種啟示（十分熟悉），憎惡、陰謀、探問等構成的無窮無盡的骯髒細線，從這個人指向那個人。午飯後仍然疲倦；讀吉普林；休息。四點開始和瑪陶拉（Mataora）一起工作——在花園。他們撒謊，隱瞞，激怒了我。在這裡，我在一直處於謊言的世界中。——六點我得知他們回來了。船隻和阿乃布圖納。絕妙的晚上。船隻在海角那裡。在我的船上，從欣賞了古馬斯拉的這一面，卡亞他普和其他的山。然後我繞著海角划船，月亮躲在花邊狀的雲朵後面。我想我是在格林威治八度緯度和一百四十九度經度（大概如此）的海面上。奇特的感覺，真正的大洋就在旁邊，每天都在變幻，被雲、雨、風覆蓋著，就像情緒多樣變幻的靈魂——在這後面有個「絕對的大洋」，地圖上對它的標示大概準確，但它存在於所有地圖之外，存在於〔觀察〕所能及的世界之外。——柏拉圖式思想的情緒起源。——回來，坐在海灘上。有月光的夜晚。白色沙子，黑影籠罩其上，遠方是無垠的大海以及幢幢的山影。心情複雜：拜阿．迪．拿波里（Baia di Napoli）和古瑪瓦納「從中而來」。想著如何向E. R. M.描述這一切。此時的月，此時的海，和此時的心情。月亮帶來一種特殊、明晰的心境，我哼著「〔娜拉斯布瑞（Laraisebrue）〕，以及美麗、蒼白、善良的蘇珊娜（Suzanna）」。這樣的感受，與之相應的社會環境，意向。突然跌回現實的環境中。我與這裡也相互聯繫著。周圍的一切突然間再次失去內在的真實性，我把其視為一種不連貫、但藝術和〔野蠻的〕外在＝不真實且無法觸及，浮於事實的表象，像昏暗牆面上一幅絢麗的畫。我返回，阿乃布圖納在和男僕們賽跑。在「男僕」的簇擁下，現在我是這個村莊唯一的主人，這是一種愉快的感覺。——山上的月亮在搖曳的樹葉間反射出微弱的光芒。晚飯；我慢慢地、懶懶地吃，因為很累。思考？——晚飯後取出獨木舟。凝視著星星：南十字星——E. R. M.，斯坦斯，阿特伍德（Atwood）（小麥布丁）；天狼星，老人星——兩顆最大的星星「顯得難看」！回來，上床。

163 奧菲勒茲的獨木舟在四月初西納克塔的庫拉航程中伴隨多布來的獨木舟。
164 一種西米，可食用澱粉，太平洋群島的主要食物，從boga樹的中央凹陷處萃取。

星期二，二十六日

計劃到多姆多姆的旅程。托巴沃納抓到了一條魚，把我叫醒。起床，匆忙出發去多姆多姆。——然後發現他們一點都沒有要去的意思。托巴沃納幽默感極差，但是有禮貌——極佳的報導人。工作到午飯時間。無聊地讀了R & B，看完了吉卜林的一個故事。疲倦。下午poulo，但工作進展很慢。六點結束；繞著島划獨木舟。很累。觀察與分析：(1)思考他們的保密作風，他們都不願意說明自己的打算（邁魯，波優瓦，這裡）。我發現我自己也在這麼做，我在試圖達到「智識不介入」。(2)思考——當我看到山（Koya）的時候？——土語字典的價值，薩瑪賴監獄，薩瑪賴的姆維納巴尤（Muvinabayo）——巴布亞的最後描述——告別薩〔瑪賴〕和巴布亞—我會後悔嗎？所有的「聯想」都建立在明確的興趣、欲望、感官之上。「生活促成思考，而非思考促成生活。」或者說，思想就如漂浮物或浮標一樣，標示出下面的水流，但它們並不引導水流，而是被水流引導。——（第二天早上我又想了一遍這個問題。認為阿芬那留斯[165]筆下的Vitalreihe〔生活的連續〕比科尼利厄斯（Cornelius）的Erinnerung von Komplexen〔對心理活動的記錄〕要好。）空間、時間、相似性帶來聯想，這種原則只是最外層的分類方法，根本不能提供什麼線索。——我們繞過海角朝東邊去。不需要指南針，因為初升的月亮和夕陽指明了〔方向……〕。注意力只集中在島上。「另一邊」的心情。海岸東西延伸，從一個海角到另一個海角，中間有一個個鋸齒狀的缺口（海灘）。山坡要平緩許多，上下都被白茅草覆蓋著，一直延伸到近海的山腳，第二個海灘尤其如此。到處都是層層疊疊的茂密叢林。兩座半島像兩隻手臂伸向大海，上面長滿白茅草。岸邊長滿白茅草的山坡腳下，一小撮一小撮濃密的植物長滿了縫隙，迷人且有趣。熟悉的感覺讓我感到愉悅。這座島雖然不是我發現的，但我是第一個從美的角度來體味它、並用智識來認知它的人。月亮和微弱的夕陽灰光做鬥爭，這時我們繞過了第二個海角，瞥見了多姆多姆。大浪，我又累又有些反胃，思緒停滯了。我發現，古瑪瓦納和我的村子之間這一段目前來說是最美妙的。晚上：晚飯後我坐在海邊的椅子上，哼著華爾滋。有一瞬間有些擔憂：我是否已失去對音樂的品味？想著 E. R. M.，我必須莊重地告訴她我是把她視為我妻子的。「婚床，神聖中的神聖。」

星期三，二十七日

休息日。托巴沃納和斯樂沃（Silevo）都到別處去了，好的報導人都不在。頭昏腦帳的，因為整個星期以來我都很努力在工作。必須決定到底是選納布瓦格塔還是多姆多姆。不選定，什麼也做不了！——上午讀了莫德．代弗。照相，頗成功。那小說是垃圾；不斷發現其中可怕的錯誤。但我還是讀了下去。「情節的呆板；事件前後矛盾，等等。」——午飯後（中間有一段插曲，相片照壞了，不過後來好些），繼續閱讀。一直想著要開始給 E. R. M. 寫信，但還是不知不覺做了較容易做的事。四點左右給村子照相，去了大村子裡。布魯多決定要去。還是有些疲懶，頭也昏，情緒差。欣賞風景，休息（「休息是工作最重要的一種形式」）。和布魯多聊天。我發現他自顧自說，根本沒有聽我說

165 理查德．阿芬那留斯（Richard Avenarius, 1843-1896），德國哲學家。

（他告訴我在這裡應該做些什麼，給我講他的故事，但是聽我講話時心不在焉，等等）；我默默地聽他說。待太久了。戴月而歸。多姆多姆的形狀比古馬斯拉更吸引我。回來；喝茶；讀莫德．代弗，很晚睡覺（晚上沒吃東西）。

星期四，二十八日

起晚了。躺在床上休息。昨天，在蚊帳裡，非常熱烈、非常虔敬地想念E. R. M.。讀莫德．代弗時不停地想她。決定今天把這事解決：如果納布〔瓦格塔人〕去波優瓦，那我就立即去〔納布瓦格塔〕；如果不是，那我先去多姆多姆兩天，最後去納布長住（pour tout de bon）。還要把計劃、地圖、人口普查等一切都弄好，並給托瓦薩那及周圍環境照相。——早飯後我做好準備，十一點出發。途中陽光燦爛。我在腦子裡回顧關於奧菲勒茲的材料；然後展開一系列聯想，開始在腦子裡撰寫「民族誌研究對行政的價值」的回憶錄。我希望回去後能寫一本這樣的回憶錄。要旨：土地使用期；雇傭；健康和改善環境（比如讓他們從山上搬下來）；最重要一點，瞭解當地習俗，使〔人〕能將心比心，想他們所想。政府現在的這種觀點：又瘋又瞎，朝著未知的方向使蠻力。一會兒演出鬧劇，一會兒演出悲劇——政府從未被當成部落生活的組成部分。如果政府能接受我的觀點，很好。但它不能。——最後的請求：純粹從科學價值方面著手；這些古蹟比埃及莎草紙更脆弱，比露天的廊柱更顯眼，比世上所有的發掘更有助於我們瞭解真正的歷史。我划了一會兒船；觀看他們poulo。我得知他們要帶著bagi到波優瓦去；生氣；既恨那些黑鬼，同時對我的工作總體上也有些挫敗感；我甚至想過乾脆就離開奧菲勒茲，或到科貝托（Kobayto）住下來。——抵達後印象完全不同：並不是海岸上孤零零的一個小村莊，也沒有被與世隔絕、空空蕩蕩的無邊大海弄得毫無生氣——而是一個大村莊，生機勃勃，是個重要的聚落，有許多樹和整列整列的房子，陽光燦爛。一群人剛剛出海回來。我去了托布瓦伊納（Tobwaina）。他們大概在這周結束前不會離開。我還試著談了談民族誌的事，但沒什麼結果。吃了kamokuki和餅乾、椰子。然後坐在另一端，與托洛克巴（Tolokouba）討論庫拉和陶罐。找地方搭好帳篷，然後回托布瓦伊納。我們往回駛去；我依依不捨地看著可愛的古馬斯拉。決定寫信給E. R. M.，心裡打著草稿。烤了鴿子和魚。計劃納布瓦格塔之旅。晚飯後開始寫信。我讀了之前寫給她的信（算不上是情書）。爾後我實在太睏，便上床去睡覺——十一點。

星期五，二十九日

這天從盧阿嘎斯搬到納布瓦格塔[166]。上午，可能是夜裡，或者是傍晚，在蚊帳裡，想著N. S.，有點後悔，想著她會如何愛我，把她和E. R. M.做了比較。但我再次意識到E. R. M.才是我唯一的終生伴侶，她會比其他所有人更加愛我，因為我們實在合得來。——納布的痲風病人讓我印象深刻，

166 奧菲勒茲人在男女關係方面對其他男人十分有戒心，古馬斯拉的男人因為馬林諾夫斯基留在島上而不願意出發去波優瓦。因此馬林諾夫斯基答應遠征隊離開後搬到附近納布瓦格塔島上去。

但感覺不爽。假如我得了這種病我就得遠離E. R. M.，把自己流放到某個熱帶海島中。我意識到失去她對我來說意味著什麼，當場就想給她寫信。——早飯後，男僕們收拾東西，我寫信。對這次搬家有一點點惆悵。但我寫的信可不惆悵；一板一眼，就事論事而已。——十二點準備出發（有某種預感，總有某個人會在最後一刻離開我，讓我孤立無援）；風在變大，我們只能等著。小夥子們吃了米飯；確認他們對房屋和其他建築的叫法，以便完成我的字典。——然後我吃東西、休息——意外發現科瓦頭托和多姆多姆有食人習俗。（老人問我：「你吃狗嗎？」「當然吃啦，有些人會吃狗。」「我們不吃的，不過多姆多姆和科瓦頭托人會吃。」）——四點半我們啟程；擔心他們會偷東西。我在腦海裡給E. R. M.描述了這裡壯麗的日落。到達納布瓦格塔。到處空蕩蕩的，看著十分陌生；想到他們幾天內會離開去波優瓦，不禁有些惱怒。——寫信給E. R. M.。盤算著開始工作，又總有些不想動。在一個房子旁邊睡的覺，但沒睡好（茶）。非常想念E. R. M.，美夢中突然鑽出麻風病人的臉。——有時，包括現在，我懷念墨爾本，懷念E. R. M.，懷念文明世界。今天無意中打開了這本日記發現一張N.的房間的照片——哭了。

星期六，三月三十日

昨天我被一個土著黑人小孩吵醒，還有雞群和小女孩的吵鬧聲：「Taubada raibaku.」[167] 這片海灘被高大茂盛的樹木覆蓋，能看到廣闊的大海，頗有情調。——餘下一整天都在做民族誌工作，但進展並不順利。我著手做「kabitam」——抄了一些lagim和tabuyo [168]，然後問他們怎麼個叫法：但他們也不知道。我問及megwa——他們沒有megwa，在製造waga或整理園圃時，既沒有個人的kabitam，也沒有megwa。我很惱火，去找湯姆和托坡拉（Topola）工作，也不順利。我真想停下來讀小說去。午飯；讀了點吉普林（很差勁）；收集了些不能外傳的poulo和waila的信息——每次涉及魔法或私人問題時，我都覺得他們在撒謊；這讓我很憤怒。六點往南走了一會兒。很累很沮喪。連墨爾本都不想了。想到E. R. M.——她在這兒的話我會快樂嗎？活動了一下，凝視著夜空，對南十字星有一種奇特的感覺。回去時，讀了莫德·代弗，不理會那些黑鬼們。

星期日，一九一八年三月三十一日

本月的最後一天——完全崩潰。上午什麼事都沒做。下午，mina-Dobu〔從多布來的遠征隊〕抵達此地；我給船隻照相，和薩納洛阿的警察交談。主觀上講：我需要麻醉劑，但我恨這些東西。如同往常一樣，我的麻醉劑是一本垃圾小說。上午（被海螺殼號角〔conch shell〕吵醒，這是一艘新來的索要禮物的船）去了海灘上；早餐後讀了莫德·代弗。十二點左右讀完，感覺又乏又睏（真想來點砷化物，躺下小睡到三點。午飯後，一艘艘船——整個海灘塞滿了人，坐著，相互聊著天，不過倒還顯得比較安靜。天黑時分我出門了——南極星仍讓我心緒不寧——看見古馬斯拉和多姆多

167 taubada（莫圖語意思是警察），對白人男性的稱呼；raibaku，可能是個兒童用語，指躺在床上；整句話似乎是叫人起床。
168 裝飾性的船頭板。

姆在一邊，卡亞他普、亞布瓦嘎（Yabwaga）和科瓦頭托在另一邊，它們背後是紫色的雲朵。太美了，想E. R. M.，想著我們是否能夠一起探究美的秘密。我渴望她（陣陣渴望打醒了我那昏沉抑鬱的冥思），我覺得我渴望她就如同孩童渴望母親一般。我想到我母親，我真希望能同時見到她們兩個。我也想起N.[169]，她一直對我十分好，也十分忠誠。回去的路上我在岸邊檢查了多布來的船。晚飯時和晚飯後我和警察討論庫拉，並做了筆記。

星期一，一九一八年四月一日

「卡友那」號到了；四月一日「厄運」——在奧菲勒茲的第十三天？——寫信給比利，給E. R. M.寫了兩封信，封進信封；看著剩下的船駛走。後悔我沒把鎖、木架子和桶帶來，後悔沒有去科瑞維納（今天，四月二日，再一次感到後悔——或許我留在這裡真的太傻了？）。然後我碰到一個人——托亞瑞瑪（Toyarima）；他想看我的牙齒，而我發現他是個極佳的報導人。午飯後我讀吉普林（有點讀太久了）。然後是一小時的談話，挺雜亂的。觀察一位老婦準備食物。船和水的聲音令我生畏，我退縮了（有點不光彩吧？）。——然後，我努力〔試著〕觀察當地人，我還想到我們對神秘事物的喜好（與吉普林有關，也與我自己的警惕心有關）：我重整了我的宗教理論——至少其中一部分——以及社會心理學的理論——「某種既定心理現象的最小因子。」——回來之後，我想到如果E. R. M.在這裡，我就可以向她闡發我的理論，還能覺得因此幹勁十足，想到這我就開始給她寫信。其後，我又一次碰到了老人亞瑞巴（Yariba），並與他交談了一下——十點結束。——太累了沒法給她寫信，但我琢磨了自己的毛病。——腦子裡邪念不少（麥克〔……〕小姐的引誘——）但我還是忍住沒多想。——什麼時候、如何才能見到埃希呢？在站台上？在庫勒家？還是哪裡？我不想想了，等著，忍著，靜隨時間飛逝。

星期二，一九一八年四月二日

早上，對於沒搭乘「卡友那」號離開這件事有些不安；「伊塔卡」號[170]來了。我準備好了；後悔沒照照片，也沒能研究一下陶器。快樂：我將再次身處各種事物之中，並有許多材料。——我沒浪費太多時間和白人們客套。我一開始有些暈船，當我們一路駛離奧菲勒茲時，對沿途風景也沒什麼熱情。——卡亞他普和奧菲勒茲的浪漫感完全消失了。——我在纜繩上面坐了坐，然後走下甲板，閱讀卡西迪（Cassidy）。對戰爭深有感觸，對英國有好感，特別是看到法國傳來的壞消息時。想

169 在手稿中，這是個小寫的n字，用圓圈圈起，這個符號在第一部分中用過，顯然是表示某個他在波蘭認識的女子。

170 這艘船並沒打算到這裡，但船長知道馬林諾夫斯基在這裡，就過來想看看他是否準備離開。否則，馬氏可能就在西納克塔錯過到來的多布人了。

E. R. M.——在這毫無英雄氣概可言的群島中，她會愛我嗎？想到她會給我寫信，十分歡喜。夜晚到來。下錨後仰望星空。

星期三，一九一八年四月三日

在木瓦和雅嘎之間航行，駛入初步蘭群島。我看著環礁湖中的綠波，看著那些黑點似乎在清透的水中游泳、閃爍（？）。有一會兒，看上去彷彿翡翠和深紫色水晶混在一起，黑雲在上面投下陰影。在喬治的屋子裡和白人們一起。然後長途跋涉去古薩維塔。緊張又興奮；又是奧布拉庫的環礁湖；構思給E. R. M.的信；構思在古薩維塔要做的事。抵達。信很少。只有一封是E. R. M.寫來的。——N.寄來的信和禮物。——像一把刀刺進我的心。我沒有讀她的信。——睡得不錯，但星期四感覺糟透了。為什麼古薩維塔對我有這種不好的影響？冒雨到吉瑞比去。我去了西納克塔，讀信；M. H. W.的信「喚醒了我」（在心中擬了回信）；E. R. M.的信，雖不帶什麼情感，但很珍貴（這個表述真〔糟糕〕！）。採訪了喬治，他在挑揀珍珠；還採訪了坎貝爾先生，和拉斐爾（對他興趣不大，但他是個好人）。觀察比利的房子。回來，和喬治吃晚飯，去拜訪拉斐爾，討論了「石器形制的一致性」（計劃寫一篇文章：與珍珠商在聖日耳曼〔St. Germain〕博物館。「beku.」我們是否從同一個起點進化而來？這些東西是傳播過來的嗎？還是「相同的條件形成了相同的需要」？）。——回家，寫信給M. H. W.。糟糕的夜晚：那些動物，狗，貓，等等。

四月四日，星期四（與前一篇合併）

四月五日，星期五

上午，寫了幾封信，並和喬治一起吃早餐。十二點左右去庫魯巴魯克瓦（Kunubanukwa）。午飯後到村莊裡去，吃了paku[171]，和小夥子們談話，這時多布人來了[172]。我趕緊跑出去（匆忙中忘了多帶幾卷膠卷！）。庫拉帶來的震撼（再次體會到做民族誌的快樂！）。坐在托瓦薩那的船上觀看庫拉儀式。拉斐爾在岸上觀看。西納克塔簡直就像夏日度假區，擠滿了這些古瑪魯瑪（Gumanuma）[173]人。——我——作為一個民族誌工作者——全神貫注於所有活動中。同時，星期五和星期六早上我也構思必須寫的那些信。還有拉斐爾，我很喜歡他，他給我創造了社交的氛圍，也是我「適應環境」的一個助力。晚上我去見他們一家，他們熱誠地招待了我；還邀請我每天晚上都去。回來時已經十分疲累；沒能打起精神給N. S.寫信。

171 在指可入藥的樹葉。
172 在《西太平洋的航海者》第十六章中有詳盡描述。
173 外地人，有時指白人。

四月六日，星期六

上午讀了N. S.的來信並給她回信，寫的內容還算樂觀，雖然在這件事情上樂觀幾乎等於幻想。喬治・奧爾巴赫從我眼皮下溜走了。我們派了一艘獨木舟跟著「卡友那」號，拉斐爾也在。然後去照相，沉迷於相片中。晚上和一個多姆多姆來的人交談。

四月七日，星期日

我的生日。繼續拿著相機拍照；日落時我已經筋疲力盡了。晚上在拉斐爾家；討論，從物理開始，談到人類起源的理論、初步蘭的圖騰制。——多麼神奇啊，和白人的交往（有共鳴的白人，像拉斐爾一家）竟然使我無心寫日記了。我迷迷糊糊就掉進了那裡的生活〔方式〕中。一切都不明朗；我的思想再也不是自成一體的了，而是受那些和拉斐爾的對話影響形成。因此，星期日早上我到處閒逛，直到十點才離開去找托烏達瓦達（To'udawada）；拍了幾艘船的照片——如此閒逛到十二點（繪了lagim和tabuyo的圖，這項工作十分累人）。午飯。四點左右還是在岸上拍照，在一艘船上也照了幾張。檢視了船隻。傍晚極度疲倦，幾乎暈過去。與喬治在露臺上坐了坐。到拉斐爾家時已經很晚了。

四月八日

早上，在我不知道的情況下，多布人的船隻走了。在家裡向幾個人詢問庫拉的情況。午飯時讀了斯戴德。閃過關於E. R. M.的念頭（思考奧地利和波蘭的政治問題；在報紙上看到一篇文章講到可憐的托米〔Tommy〕；看拉斐爾和他妻子，看《巴黎人的生活》〔*Vie Parisienne*〕那些俏皮的諷刺畫——越來越覺得她對我來說才是唯一的女人）。然後，四點左右又開始工作；五點到村裡去，看到托烏拉（Toula），他在這裡庫拉。然後和拉斐爾。討論原子、電力、靈魂的存在、競技；和奧爾巴赫一起翻閱《巴黎人的生活》；他給我講盧爾德（Lourdes）[174]的逸聞等等。晚上，在床上，非常非常想E. R. M.。

星期二，四月十日〔原文如此〕

一整天都很想念E. R. M.。晚上我極端想她。想像著我如何見到她、把她緊緊抱在胸前；想像再次和她在一起親密相處的喜悅。昨天我在想，不知道她這種完全一對一的愛是否更令她滿足；我無法想像〔我以前的其他女人〕。要把它根除，像根除一些不快、恥辱的記憶一樣。我每天的生活中滿是E. R. M.。想到我的婚姻，馬爾尼將如何接受，雷拉，貝克一家（小說般不間斷的幻想）。上床時仍然在想這些，半夜醒來。這種感情與孩子對母親的感情一致（見佛洛伊德的理論）。

早上起遲了；計劃著我該帶上什麼，等等。寫日記，收拾，把所有東西都帶到房子那兒去，但

174 法國西南部城市。——譯註

忘了檢查獨木舟！開始下雨。托烏拉搬到了我的露臺上，乞求待在那兒。我去見拉斐爾。與他有某種親近感，這種親近有些突然，還有些過了，這是我們互有共鳴的結果，但我們之前並不熟。他們邀請我吃午飯。一點離開。毫無準備，所以有些緊張〔……〕。同時想要想出如何向E. R. M.描述庫拉；讀小說，欣賞風景。一陣接一陣對墨爾本、P. & H.、E. R. M.的Sensucht〔思念〕。覺得在古薩維塔的房子裡沒有太多時間留給難以忍受的渴望（拉斐爾一家幫了大忙）。我開始洗照片，精力充沛，幹勁十足。——聊天，過程中我努力不對拉斐爾太顯熱情。晚上洗了二十四版照片。夜裡，風暴；兩個版壞了；三個被昆蟲給毀了。傷心。

星期三，四月十一日〔原文如此〕

上半天在古薩維塔；慣例：糟糕的一夜之後起得很晚，和比爾談論了照相的事等等。檢視底片（早飯後），清潔相機，洗好底片。洗澡，洗頭髮。一點準備離開；下雨；給E. R. M.寫信。整個上午我都十分有精神，感覺不錯，愛著E. R. M.——下午，我沒有讀小說或放鬆閒逛，而是讀了我之前的日記。自省：質問自己，在我的健康和精神條件允許的情況下，我現在的生活是否窮盡了最大的可能性？沒有[175]：我把「勞逸結合」這個教誨當成了「偷工減料」，就是怎麼容易怎麼來。對S. I. W.〔斯坦斯洛．伊南斯．維茨維斯〕的懷疑——棄絕那些有可能開花結果的靈感（每個思想家、藝術家，當他走障礙最少的那條路時都會升起這些靈感），這值得嗎？但棄絕一種靈感會得到另一種，這是事實；而且棄絕障礙最少的那條路，其主要意義在於不再浪費時間（讀小說，和其他人閒坐，等等）。就像我現在的生活狀態：睡得太晚，起床時間不定。觀察和與當地人相處的時間太少，收集資料的無謂時間太多。休息得太頻繁，總是喜歡「自挫銳氣」（比如說在納布瓦格塔）。我也思考了堅持寫日記的問題。在生命的洪流中把無盡的事物理出一個頭緒來是多麼困難。將日記視作心理分析的一個命題：分辨出關鍵元素，將其分類（以什麼為標準？），然後在描述它們的時候，或多或少明白地表述其在當下的重要性及所占比例；記錄我主觀的反應，等等。比如昨天下午：版本一：「我搭拉斐爾的 waga 到西納克塔去。」（我可以舉出幾百個這種版本的例子。）版本二：(a)外部觀感；景觀、顏色、情緒、藝術的合成；(b)自身的主要情感，針對我愛的人、我的朋友及各種事物而發；(c)思想的各種形式；當時的某種思考、〔規劃〕、泛泛的聯想、揮之不去的念頭；(d)生理的活力狀況；專注的程度；高層次領悟的程度；〔因此而得的〕規劃。——具體來說：(a)離開古薩維塔後（我的座位很舒適，waga 很平穩），灰色和深藍色的雲。描述洛蘇亞、卡瓦塔瑞阿平坦的海岸線帶來的心情：「假日午後休閒的心情」（微笑著放鬆，確信會有變化）；平直的海岸線，一個個凹凸的淺灘；今天，遠處發光的雲朵下面帶著墨黑色，深藍色晴朗的天空呈現一種特殊的空曠——像一位名家筆下那種深色的天空。然後景觀消失了；我讀了日記，在紅樹林中航行。然後看到奧布拉庫的綠色環礁湖。啊，對了，還有波亞坡烏（Boyapo'u）的 manche 海峽：水是黑灰色，清晰地倒映出紫羅蘭色（由雲朵的深藍色和水色混合而成）。奧布拉庫環礁湖：一團，淡綠色，像一顆綠寶石，面上是濃烈的紫色；上方，深藍色的雲朵和濃密的金綠色紅樹林及其他樹木。(b)對 E.

175 原文有下畫線。

R. M.的感情，一直默默地想著她，但無論如何我還是孤單一人。我沉醉在創造性的思考中，專心致志。(c)一些明確的想法：心理的性質，以及自省的分析在多大程度上改變了心靈的狀態；並且，自省的分析會因為改變了心靈的狀態而變得不可信嗎？歷史性的問題（？）——聯想：對薩瑪賴生活的回憶；對保羅和赫蒂的回憶不知從何處無端跑了出來。(d)我在一種活力十足的專注狀態中；下定決心不去讀小說，準時睡覺起床，寫信給N. S.，有規律地每天寫信給E. R. M.；對她保持內心的絕對忠誠，努力磨練「堅強意志」，像我之前定義的那樣。

天黑後把船取出，划了四十五分鐘。然後坐著看水中發磷光的魚，從船上取出兩條魚。計劃去瓦庫塔[176]並在那兒工作。抵達：泰迪離開了。和拉斐爾吃晚飯。閱讀〔《繆塞》（*Musset*）〕。我的態度比之前客觀：我沒有太搭理他，而是更具批判性地觀察了拉斐爾，不過仍然帶有感情。結果：我清楚地看到我們見解的不同之處——我不接受他的觀點，這種觀點是ein uberwundener Standpunkt〔我曾有過而現在放棄的觀點〕——但我按捺下討論的衝動。

星期四，四月十二日〔原文如此〕

一整天我都專心致志。寫完日記後，我和雷瑟塔[177]做事。午飯後，讀了《陣亡將士紀念書》（*Memorial for Fallen Soldiers*）中的一些澳洲詩歌，在露臺上和另外一人一起工作。兩次都是討論庫拉的事。五點，去看科塔烏亞[178]；花了一小時抄寫他的karayta'u清單。然後去拉斐爾家；和當地人交談；變戲法。道德規條：永遠不該讓自己想到其他女人也有軀體，也會性交。我還下決心，就算要看小說，也不能挑那些最容易的看。我很滿意我並沒有撿起抽煙的老毛病。現在我必須同樣戒掉看閒書了。我可以讀詩歌或嚴肅的東西，但絕對要避開垃圾小說。我必須[179]閱讀民族誌。

四月十三日

我們計劃一起吃午飯，照相，草地曲棍球。這天早上我決定：十點之前給 E. R. M. 寫幾句話。然後做兩小時基本的民族誌調查。向 E. R. M. 描述庫拉，並列舉了關於庫拉的一系列疑問。——十點到十二點四十五分我翻閱關於庫拉的筆記，把它們抄下來給 E. R. M.。午飯在拉斐爾那裡吃，照相；我檢查了珍珠。三點回來，仍然忙於庫拉的問題，然後卡塔瓦的男僕們來了。去見科塔烏亞，進展還算不錯，雖然這些人懶懶散散的。然後在海灘上和卡塔瓦來的幾個人交談。我在想值不值得和他們一起去瓦庫塔。最終決定去。——傍晚在拉斐爾家。我們聊到了德國人——他們是否在科學上比較先進？我們談論吉里吉里和萊特（Wright）、所羅門以及薩瑪賴的其他人。當他講到「看透」一個人時，我感到極強烈的共鳴。他問我是否會如此做，我說我當然會，就像你一樣。然後我調

176 多布人將再次到瓦庫塔來，這是他們回家前的最後一站。

177 雷瑟塔（Layseta）是西納克塔的酋長；他的魔法知識豐富，在奧菲勒茲和多布都住過。

178 科塔烏亞（Kouta'uya）是西納克塔的二把手，在西納克塔和多布之間的庫拉旅行中扮演重要角色，詳見《西太平洋的航海者》。他有一百一十六個karayta'u〔庫拉夥伴〕。

179 原文有下畫線。

好了檸檬水，我們喝〔……〕。對了，還有一段非常私密的談話，關於山姆（Sam）的婚姻和艾瑪（Emma）的影響。——回去，寫信給E. R. M.。夜裡被風暴和恐怖的雷鳴吵醒。非常害怕；有一會兒想著可能再也見不到E. R. M.了，這個念頭讓我更加恐懼。我想到C. E. M.，他的死亡該是多麼可怕。我珍貴又了不起的埃希。

四月十四日，星期六〔原文如此〕

早上天空陰霾，有雨。起遲了；在蚊帳下有種衝動想放任自己，像往常一樣；但我控制住了。計劃到卡塔瓦之行的細節，想著要完整記錄庫拉。——做好準備。寫下談話內容；寄信到薩瑪賴；寫完了給E. R. M.的信。十二點半到村裡去；和科維維（Kwayway）[180]、托達瓦達（Toudawada）和其他人交談。他們不肯帶我去瓦庫塔。午飯在拉斐爾那裡；他給我看他的水泡〔水泡珍珠〕。回來；四點半出去，畫那些船畫到六點半。然後去拉斐爾那裡。我們談論了當地土著：他們的「特殊負擔」；他們是如何解釋自然現象的原因——他不知道kariyala。晚上我們討論了借助tuva[181]方式進行的自殺，心碎（chagrin d'amour）等。當地人之間的妒忌（被丈夫背叛的已婚女子服下tuva——這是為愛而自殺？）。然後我們讀了《費德拉》（*Phèdre*）。

星期日，四月十五日〔原文如此〕

被瓦庫塔來的人吵醒；waga在等我。原則上一個地方最好去兩次，因此我決定在瓦庫塔待上一個星期。——我收拾了一下（因白蟻的問題和金吉爾之間有不愉快的爭執；我被激怒了，在他的下巴上打了一兩拳，但我一直很害怕，擔心這事會惡化成一場鬥毆）。午飯在拉斐爾那裡。他給我看他的珍珠。我告訴他我計劃做一本字典。到了船上；但感覺不佳。和瓦庫塔人聊了一會兒；但是下雨了。然後說話說累了，開始讀《波斯人信札》，但沒有任何受啟發的地方，只有關於哈林後宮的淫穢描寫……夜幕降臨，在木瓦後面。九點左右到達吉瑞布瓦。在一間新房子裡睡覺。還是讀《波斯人信札》……

Landschaftlich〔地貌描述〕：離開西納克塔之後我們一直沿著海岸附近航行。有些地方，高大的樹木長在一小片海灘上。而另一些地方，則長滿參差不齊的乾枯灌木，綠色間夾雜著小樹枝的白色枝丫——應該用「無序的混雜」來形容。有些地方是低矮的紅樹林和較高的樹木。遠方，卡亞樂烏拉浸在水裡；北岸有環礁湖。海平線上是庫尤維沃（Kuyuwaywo）、雅嘎。遠遠地，我們看到〔手稿上畫著海岸線〕，彷彿懸掛在海天之間的古馬斯拉和多姆多姆。陰沉的灰色天空像一席簾幕一樣垂在平坦的海岸上，遮蔽著它們，把它們變成一種陰鬱的荒野。木瓦和海岸之間有一條長而窄的karikeda。木瓦的高樹長在長窄的土地上（毫無重量的樣子，彷彿在漂浮而非生長在根基之上），

180 卡塔瓦島的酋長。
181 一種蔓生植物，根的毒液用於捕魚。

讓我想起維斯瓦河的氛圍；在Susuwa〔海灘〕把船推過沙灘——這一系列的淺灘和海岸都有著同樣的叫法。晚上；我雖看得不清楚，但顯然離raybwag很近。水花拍打著岩石，陰影越來越明顯、越來越高，蟋蟀的初鳴代替了青蛙的大合唱。越來越有下雨的意思，最後終於下下來了。壯觀的點點磷光浮到海面上。吉瑞布瓦和瓦庫塔仙境般的海角。一座島嶼或一塊大陸的沿岸就像人的臉一般，隱藏著也象徵著他的個性。第一印象永遠不可能準確，但〔要〕探索全部的話，卻又太魯莽而令人生厭。

星期一，四月十六日〔其實是四月十五日〕

早上，下大雨。有趣的效果：黃色（明亮）的沙子。從卡塔瓦來了一群船，這邊的沙灘上，船隻的旁邊支起了一張張草墊，弓著身子的人們在墊子底下睡覺或做飯。灰色的天穹下，翠綠的海面泛著藍光，和這些墊子和身體的暗紅色彩相映成趣。我沿著這個小村莊散步——十一個茅屋和幾個bwayma雜亂無章地散落在沙灘上。〔我走〕向海（我的眼睛和頭都在痛）；看到卡塔瓦；兩股浪湧沖向地峽，化成小小的泡沫狀波浪。卡塔瓦在下雨。看著對岸一叢叢的樹和岩石的側影相輝映，這是典型的熱帶景象。——他們跟我講柏柏魚（Baibai fish）的一個lili'u。然後一起去了瓦庫塔；海底清澈透明。他們指著那些神話中的石頭給我看。頭痛（暈船）；我躺著小睡了一會兒。淺而渾濁的水，紅樹林。我們駛入waya〔海灣入口的鹹水溪〕，在紅樹林的空隙中漂流。waga駛過一棵棵樹。源頭處的池子；從卡塔瓦來的幾艘waga。頭疼加劇。走路；我將這裡的房屋位置標識清楚，睡到六點。朝考拉卡（Kaulaka）走去。在這裡計劃工作。十分懷念墨爾本。回去：村莊被溫柔的月光照著；人聲；煙霧像雲一樣環繞著房子，遮蔽了樹幹。棕櫚樹的樹冠彷彿懸停在空中。感覺回到了人境中，回到了平和的村子裡。想著E. R. M.，想著回墨爾本。〔……〕F. T. G.。緊湊生活的種種神秘；人為的緊湊和怪誕的燈光。——晚上我和科利嘎嘎（Kouligaga）和培泰（Petai）坐著聊天，周圍是一群看熱鬧的人，油燈的光線照在lisiga（酋長的茅屋）那寬闊的有裝飾的正面，K.和他的妻子高高地坐在那邊。一群人在buneyana裡。——夜裡下雨，失眠；想N.〔字母被圈起〕和托斯卡，悵然若失，為了那些再也不會重來的事。想波蘭，「波蘭女人」；第一次惆悵於E. R. M.不是波蘭人。但同樣我也抵觸那種懷疑我們的訂婚並不確鑿的心態。我會回波蘭，我的孩子會是波蘭人。

星期二，四月十七日〔原文如此〕

總體心情：一方面非常緊張而興奮，時時想著學術，另一方面又無法專心，極度焦躁不安、極度敏感易怒，總覺得無時無刻不暴露在人群的注視下：無法達到內心的平靜。我和我的男僕們（比如金吉爾）處於冷戰中，而瓦庫塔人傲慢無禮，總把我惹火，雖說他們對我的工作還算挺有幫助。我還在盤算怎麼馴服金吉爾，一直在生他的氣。而埃希，我時時想著她，有一種安定下來的感覺。我看著村中小女孩們修長敏捷的身體，渴望——不是她們，而是她。

事件：早上觀看了卡塔瓦人的告別。早飯後，這裡太吵了；我到村子裡去，和薩姆森、科利嘎嘎還有其他人交談。下雨。午飯後（期間我也在談話）kabitam，我去找那些船隻，臨摹了它們的設計；雨勢減弱。回來，寫了一點，然後去考拉卡。組織了一些問題，特別是關於 kabitam 的。——考拉卡是個詩意的村莊，位於棕櫚樹林之間的一塊狹長地帶。那片棕櫚樹似乎是某種神聖樹林。——新事物帶來的愉悅感——意識起伏波動，各具特色的新事物一波一波地從四面八方湧來，互相分解、融合、消失。像是聽到某個新曲子，或經歷一場新的戀愛：新鮮的保證。坐在 lauriu，喝椰子奶；他們跟我講普瓦瑞（Puwari）。——和奧吉薩一起回去；烏雲密布；我疾步走著，沒有清醒地想什麼具體的事。晚餐有四個蛋；然後又去了村裡；和培泰討論庫拉。無眠的夜晚；無休無止的雨，緊張興奮，大拇指發癢（一種新的精神方面的強迫症）……想了很多 E. R. M. 的事情——我們會如何光芒萬丈地進入大堂（「榮耀勳」章的絲帶）。

星期三，四月十八日〔原文如此〕

糟糕的夜晚之後，被 kovelava 的喊叫聲吵醒。出海捕魚的船隻。懶洋洋地起床。仍舊處於緊張的情緒中。他們給了我一堆〔不能吃的東西〕和兩個不錯的 utakemas。決定選取一兩個瓦庫塔的重要問題並徹底弄清楚。從 kabitam 開始。然後是當地神話。然後細細對比瓦庫塔和科瑞維納之間一系列的相似與不同之處。我按照這個想法執行，進展不錯，選擇了幾個最重要的疑問（上午和培泰討論傳統，下午 L. T.〔托卡畢塔姆的 lili'u ?〕和〔……〕）。幾個一流的報導人。一整天都在下雨，只有十一點時暫停了一個小時。午飯（吃螃蟹）的時候沒有閱讀。吃完後立即和姆布瓦斯斯

（M'bwasisi）[182]和其他幾個人探討。六點左右，還在下雨，但我覺得必須出去；貝多芬的旋律在我腦海中飛馳（「費德勒」〔Fedelio〕序曲），渴望E. R. M.。托卡畢塔姆給我一把梳子，我欣喜若狂。冒著雨踩著泥濘走到考拉卡；聯想起在札科帕內〔在波蘭，克拉考市附近〕也走過類似的路。昨天和前天可怕的悶熱，如同奧布拉庫最糟糕的那些天，一切都是煙霧熬成的濃湯。精神上很激動，我加以抑制。打算設計新式樣的梳子。思考我的民族誌工作。計劃著給N. S.的絕筆。在考拉卡買了石頭。回來的路上想著寫一篇文章「新人文主義」，其中(1)人文思想，僵化的思想的反義，十分深刻且重要；(2)將人文思想等同於「古典主義」是個致命錯誤；(3)我將分析人文主義的要素，並擬定一個新綱要。活生生的人、活生生的語言、活生生的豐富多彩的事實才是核心，而黴菌、銅鏽、塵埃不該像聖人頭上的光圈般，將殘破、腐朽、死亡的東西作為偶像，被整個知識階層奉為圭臬，而這個階層恰恰是思想的壟斷者。有才的人固然能夠賦予這些東西生命，但為何他不直接受生命本身啟發，為何他不將生命當成第一要務將其剖析分明，然後用其所得去探求其他事物的答案？——用兩個亞述學家的笑話開篇。——進而推論，如果我們想將這一類東西從我們的學術思想中剔除，我們必須先將其從成熟的思想中移除。——傍晚回去；對這種生活感到強烈的滿足：孤獨，能夠專注，工作，重要的思想；真實的存在。——躺在床上，我想著這些問題。吃晚飯，然後寫信給E. R. M.。我期望能保持某種「節奏」，工作時精神不要過分緊繃。又是無眠之夜……夢到斯坦斯和N. S.。感到對不起她、欺騙了她。

182 瓦庫塔的園圃巫師。

星期四，四月十九日〔原文如此〕

天氣不錯；斑駁的陽光，飄雨。八點起床，本想寫寫日記、謄寫一些散亂的筆記，但我的幾個報導人來了，於是放下謄寫，先收集新資料。工作順利，沒有急匆匆地趕工。一點休息，雖然不是很累。裝好相機。三點又開始工作。古瑪烏布瓦（Guma'ubwa）的 libagwo。——五點去考拉卡。一個身材姣好的漂亮女孩兒走在我前面。我觀賞她背上的肌肉線條，她的形體、雙腿，對我們白人而言，人類的軀體總是遮遮掩掩，而這種軀體的美感讓我如此著迷。可能就算是我的妻子，我也永遠不會有機會觀察她背後肌肉線條這麼久，像我觀察這個小傢伙一樣。突然有些懊惱我不是野蠻人，不能擁有這個美貌的女孩。在考拉卡我到處逛逛，記錄要拍攝的事物。然後走去海灘，欣賞走在我前面的一個非常英俊的少年的軀體。縱容著人類天性中某些同性戀傾向的殘餘，對人體之美的膜拜符合司湯達（Stendhal）的定義。——卡塔瓦的景色：低矮的岩石上，覆蓋著繁茂的植物，混雜在碎石中，沿著窄長的淺水蜿蜒，一直融入到後面深邃的大海。遠處的卡塔瓦是灰色地平線上的一個黑點。淺水處是暗綠色，水下有粉紅的石頭。慢慢地，雲朵染上了顏色，水面上紫紅色的倒影蓋過了底部的斑斕，一切都染上了海面的顏色，和諧地融合成一片深紅色。早前我觀察了石塊間嬉戲的魚，並看到蘆葦外面某些獵食魚群在追捕海豚。他們指著岸邊某個〔地方〕說他們在這裡捕捉 milamala。我們討論了這個話題，然後往回走。在村子裡我在 pilapabile 上坐了一會兒，還在 lauriu 對一個漂亮女孩動手動腳。在考拉卡我們坐在一起，又講起捕捉 milamala 的事，還談到了慶祝 yoba balomas[183]。乘著月光走回去，在腦海裡構思一篇庫拉的文章，並詢問了身邊夥伴。——在帳篷裡（八點半，雞蛋和茶）蚊子猖獗；到村子裡去了一會兒；十點半回來；十一點上床。

概述：工作，甚佳。但對E. R. M.的內心態度，很不好。那個可惡的女孩〔……〕——其他都可以，但我不應該摸她。然後（四月二十日早上）我想到莉拉・貝克。同時我想了很多關於N. S.的事，強烈的負疚感。決定：絕對不再碰任何科瑞維納的婊子一下。要做到除了E. R. M.誰都無法進入腦子裡。事實上，雖然有過失，但我沒有屈服於誘惑，控制住了，每次都在最後一刻。

星期五，四月二十日〔原文如此〕

又一天的高強度工作，沒有疲倦或surchauffage〔過火〕，身體舒適，滿足。早上獨自寫作，不管怎麼說，那些黑鬼們不在還是讓我稍感寂寞。——如常起床。從房子的灰色內壁看出去，兩側矗立著綠牆——東邊是綠意盎然的odila野草，西邊是幾株粉紅色棕櫚樹，將視野的上半部分垂直地割斷：路上排列著〔……〕，遠處odila叢中的植物層層疊疊。房子內部：腐朽的樹枝上面蓋著一堆廢物，好幾處都被修補過；中間是薩姆森的席子；我的床聳在那裡，桌子，我的一疊東西，等等。——好吧，在很多方面我還是有組織的；十二點左右黑鬼們協助我完成了kaloma、翻譯了文句。午飯後，薩姆森回來了：Yaboaina[184]，kaloma libagwo——我很累，無法流暢思考。去散步……沿著布滿沙石的海灘，然後走回來。篝火在四周棕櫚樹的柔美陰影上投下了跳躍的火光，夜幕降

183 Milamala節日最後對祖先鬼魂的驅趕。

臨，卡塔瓦消失在遠處的海中。在如此美妙的（就是這樣！）景色中自由自在、敞開心胸，在這異域的環境中（現在看來紐幾內亞是多麼平淡無奇！），以工作為名義的真正郊遊，讓內心再一次湧出一陣喜悅。創造性工作、克服困難、開拓眼界也給我帶來真正的愉悅。迷霧中輪廓顯現，就在我的面前我看到道路通向前方和上方。在歐馬拉卡納我也體會過同樣的欣喜湧動——那會兒更有理由高興，因為那是我第一次成功，而且那時的困難更大。這也可能是在盧阿嘎斯時感到歡喜的原因，當時一層隔紗瞬間被撕開，我開始收集資料。——在海邊，關於「幽默感，儀態和道德」的靈感。回來後很累了，躺下。薩姆森把他的手杖借給我。我和他一起去，他給了我〔……〕資料。還有sawapu。回來已經晚了，睡得很好——對了，回來的路上我去了池塘那裡，看到樹、水、船在月光下，心情很好。真可惜我將永遠離開這些。我想把這一切寫給E. R. M.，並提醒她我們的分別不過是半年前的事。

星期六，四月二十一日〔原文如此〕

調了時鐘後的第一天。比平時早了一個小時起床，有些睏，有些低沉，不過身體狀況甚佳，所以工作很有效率，走了長長一段路到奧吉納伊（Okina'i），一整天的思考都緊湊而富有創意。情緒上倒是處於低潮，晚上在蚊帳裡，又一次墮入了老毛病：回憶〔納尤瑞（Nayore）〕和G. D.等人。早上我轉移到房子前面的草地上，記錄下一些對話。然後和我的兩個最好的信息報導人（托梅納瓦〔Tomeynava〕和索阿帕〔Soapa〕）一再地探討libagwo。然後，在bwayma下，吃午飯並休息了兩小時——沒讀任何東西，也不記得當時想了些什麼。然後到村子裡去，還是和托梅納瓦、索阿帕一起，研究〔GDN〕，興致不高；被新儀式的複雜性嚇到，需要換個角度。六點（新時間）去奧吉納伊。這條路沒什麼意思，從左邊能不時看到野地，不小的odila，粗糙泥濘的小路。不過新的路、新的目標還是讓我興致勃勃。環礁湖的美景：夕陽將落，西邊密布著小團雲朵。南邊的山隱而不顯，高聳的身影躲在棉花般層層堆積的白雲中，那些雲看上去就像橫躺在山脊上。raybwag的方向是深色的紅樹林帶——每棵樹的輪廓都清晰可見——在流淌的水面上深沉而堅定地立著，水面斑斕的倒影忽明忽滅。細白沙灘，就在環礁湖黏滑的底部。我沿著海灘走向奧吉納伊，走在黑鬼前面；我想自己一個人思考：一開始想了很多——因為並沒有什麼明確的主題——奧吉納伊和奧斯克維亞（Osikweya）在沙灘上——環礁湖平滑的水流過灰色的房子和棕櫚樹，讓我想起在邁魯和南海岸（South Coast）時的心情。我獨自走過奧斯克維亞。計劃了一下五個月的工作：瓦庫塔必須放在第一位。重溫、找出基本的缺漏：mwasila巫術；waga巫術（waga megwa）；瓦庫塔的tauva'u，等等，然後把這些都系統地整理發展出來。在西納克塔和古薩維塔的卡普亞[185]式的那段日子就放在一旁不用理會了。不管怎樣我都得趕緊。以我現在的速度應能完成（？），並無論如何都要滿載而歸，像駱駝一樣。——頂著月光回去，路上我想到曾打算給卡內基學院（Carnegie Institute）寫的信，思緒轉到斯賓塞和C. G. S.身上——「有創意的想法和下流的想法」——避免後者！開始覺得思想變

184 可能是Yabowaine，多布的超自然存在。
185 卡普亞（Capua）是古羅馬的城市，以奢侈聞名。

得不那麼有創意了，於是不再思考——剩下一段路上我只是四處觀望，有些微不足道的聯想。在房子前面喝茶，男僕們和黑鬼們在廚房裡。腦子裡回憶起的義大利歌曲將我淹沒。想像E. R. M.、P. & H.、M. H. W.是我的聽眾。「瑪麗（Marie）」，「索羅（Sole）」，等等。——皮達（Pida）檢查了我買的那條船，我有兩個重要發現：船隻的模型是kayasa的一種物件；以及（在某種特定情況下打劫某些親屬或其他人的房子）的Kwaykwaya（習俗）。走到村裡去；那些狗很是煩人。——在蚊帳下，「我過度亢奮（I burns at two ends）」——關於和奧爾加．伊萬諾瓦（Olga Ivanova）共作一曲探戈的想法。然後是可怕的思緒——E. R. M.的魔力被一陣骯髒的思潮沖走。很晚才睡著。愉快有趣的夢。——簡單來說，健康是最重要的，生命的喜悅，身處這些環境中的喜悅——完全忘掉了我在這裡的生理狀況要低於正常水平。我完全被熱帶的咒語迷住，被這種生活和我的工作迷住。什麼東西都不能再使我讀垃圾小說，我憐憫那些整天使用藥物的人！健康！

星期日，四月二十二日〔原文如此〕

六點起床，睡了六個小時。星期日，我去了塔普（Tap）。——另一種民族誌調查經驗。乾燥而寒涼的風——laurabada[186]。想E. R. M.——給她寫了信。然後還是寫信——我寫了一整天，早上因為太陽待在小屋裡，下午待在bwayma下。六點我去考拉卡，然後走到沙灘上，許多waga排列在那裡。我感到一種神經的繃緊和興奮：我刻意停止了頭腦裡的思考，雖然它們不斷閃現，但缺乏深度。和黑鬼們談論性交時的「姿勢」。美妙的小海灣；兩片岩石中間的沙地，周圍環繞著一叢pandanus[187]；翻卷著泡沫的海浪，朦朧的月亮。回來時又睏又累。在家裡，很生氣，因為懷疑卡倫尼亞（Kaluenia）偷了東西。——這一天是持續工作後的一個休整。給E. R. M.的信甚為乾癟，不加潤色地寫了寫我的想法——日記的複製品，而不是在所愛之人面前表達的思想和感情。——一閃而過的洞察：與另一個人類肉體親密的結果是人格的喪失，所以應該只和真正所愛的那個女人結合。

星期一，四月二十三日〔原文如此〕

感覺糟糕——精力無法集中，有點發燒。七點起床，沒有[188]立刻開始寫日記或工作。沒有自發的想法或計劃。讀了一會兒法語報紙；然後坐下翻看我的文件，和黑鬼們聊了一會兒。十二點躺下小睡。一點後，和薩姆森吃午飯；在他的房子裡kayaku；研究了園圃問題。傍晚划船弄到環礁湖去：享受在一個封閉的半圓形當中的感覺；思緒萬千。有些慵懶的滿足感；連我的那些渴望都沒以什麼特別的形式出現過。穿過浸滿月光的林間路回去，想著E. R. M.，希望她在這裡；某些時刻，懷疑她是否也能像N. S.一樣讓一切都變得令人陶醉。然後我想到我與N. S.的分離（「湖」），等等，

186 莫圖語，指做東南方向貿易的季風時節。
187 一種樹，樹葉在當地有多種用途——比如說用來做盤子。
188 原文有下畫線。

又想到一九一四年八月期間，她的陪伴給予我的歡樂其實少得可憐，於是我又開始堅信我唯一真愛的女人是E. R. M.——晚上，感官的誘惑：我看到女人的軀體，擺著某種姿勢，帶著某種味道，妖嬈著——在感官的享受上，N. S.比E. R. M.更符合我感情上的渴望。——睡得很好，雖然蚊帳裡有五隻蚊子。

星期二，四月二十四日〔原文如此〕

昨晚和今早為了我的船到處找人，徒勞無功。這讓我處於一種震怒的狀態，我憎惡這些銅色皮膚的人，加上心情沮喪，真想「坐下來大哭」，強烈渴望「擺脫這些」。儘管如此，我還是決定控制情緒，今天——「照常工作」。上午，寫了日記和一封信之後，我去村子裡，採訪了警察，然後到奧吉納伊，和金吉爾及其他人碰頭。〔哈艾（Hiai）〕主動提起帶我去西納克塔。仍然怒火中燒。午飯後到考拉卡去照相。然後去沙灘；晴朗的午後，一朵巨大的白雲在海面上投下濃重的陰影，pandanus頂上灌木和亂石交錯。我沒有想那些黑鬼們也沒有想工作，還在為發生的事感到沮喪。明天要來信的事情從腦中閃過，我想它們應該在西納克塔等著我。很早就上床了。

星期三，四月二十五日〔原文如此〕

依然憤怒。為了追蹤那些傢伙需要姆布瓦斯斯的幫助。終於，一陣紛擾之後，我得到了waga

上的東西，但我氣到根本不想看那些黑鬼們一眼。讀了《波斯人信札》，除了一些哲學的警句和社會學的建議，沒有給我帶來什麼思想的靈感。看著風景：水一開始很渾濁；在奧吉納伊和奧斯克維亞沙灘的海岸背後：一條條細長沙灘上有小塊的岩石，岩石頂上長滿植物。吉瑞布瓦附近水很清澈，耀眼奪目的沙灘四周長著一叢叢蘆葦上是一塊塊圓圓的礁石（露出地面的 vatu[189]）。吉瑞布瓦後面，海岸線不像我想像中那樣岩石密布，也沒有很高；平坦的 raybwag 隆起在海岸上，其中的某些地方被沙子鋪滿了。然後是紅樹林；木瓦總是讓我想起薩斯卡科姆帕（Saska Kempa）[190]。疲倦；頭痛；覺得還沒準備好收那些信。——沒有信；下午待在拉斐爾家，他們邀請我住在那裡，因為比利的房子太擠了。探望奧爾巴赫。晚上在拉斐爾那裡，看謎語精選，不過我們很早睡了。

四月二十六日

六點起床——我和拉斐爾計劃研究語法。他給我看他那巨大的水泡（水泡珍珠），我們聊天，做計劃。然後，我們情緒高漲地研究了兩小時語法。午飯時我們討論了拿破崙，等等。然後又弄了一個半小時語法。六點我已完全厭倦了談話。跑到考拉斯（Kaulasi），任由夜晚的濕氣和灰暗將我籠罩。我情緒亢奮。在腦海裡我一直在講話，解釋，勸說——但不是關於工作，而是關於雞毛蒜皮

189 岩床上的大石頭。
190 華沙附近著名的郊區。

的小事。嘗試著去控制聯想的方向，但不成功。最好的辦法是根本不要去想（聯想的內容：喬治和拉斐爾之間的情況。我記得和拉斐爾之間的所有對話，等等）。晚上我們談話，閱讀一些夏多布里昂（Chateaubriand）、維克多．雨果（Victor Hugo）等人的段落——睡得很差。

星期五，四月二十七日〔原文如此〕

早上下雨，潮濕，天氣濕潤。搬到喬治那裡去。無法工作：不舒服的處境，既被男僕們激怒，又被蚊子騷擾。兩點半吃午飯。然後討論——？（討論：早上討論謀殺儀式，傍晚討論共濟會；關於後者，我認為十分可信。）下午沒什麼效率地工作到五點；然後去喬治那裡；和他的交談也使我緊張疲憊。走去布瓦德拉。總體而言，這些天除了法語和法國文學給我新鮮的愉悅之外，精神十分貧瘠。

星期六，四月二十七日（日期錯誤——應該是四月八日——十日）

早上整理語法，有時和拉斐爾一起，有時自己弄。下午（午飯很遲；然後三點到四點，奧布拉庫的男僕們帶來珍珠），四點半見到喬治．奧爾巴赫，他收到一大堆的檳榔果（betel nuts）。然在一種興奮緊張的狀態中去了布瓦德拉。在那裡照了幾張相，回來時很疲倦。記錄了村莊晚上的地貌。晚上閱讀了一小會兒，提早睡了。

星期日，四月二十八日

上午工作。下午基本沒做什麼；和拉斐爾交談，看著那些狗和那些土著。走一小段路到村子裡去，和莫塔郭伊[191]（一流的報導人）交談。然後——

星期一，四月二十九日

上午給E. R. M.寫信，和拉斐爾一起工作。馬奧尼夫人來了。自此一件事都沒做成。去見奧爾巴赫。交談：赫頓殺死了哈斯醫生的狗；醫生起訴他。薩瑪賴的人同情赫頓。H.醫生不是省油的燈。馬奧尼夫人不想做任何交易；她負有債務，希望能結束這一切，但做不到。他愛上了L.小姐——問題是：她未來該怎麼辦呢？——她告訴我們她介入當地人的爭端中。這個六十三歲的女人，高大，強壯，長著一張精力無比充沛的盎格魯—撒克遜臉龐，說話夾雜著粗話（可惡的、該死的），十分討人喜歡。回去。R.很沮喪。山姆從卡瓦塔瑞阿的男僕們那裡得知，R.把他們趕出走廊，於是他們到喬治那裡去了。在一封信裡和R.爭論，R.記了仇，翻了一大堆舊帳：例如S.拆開他的信，不給他足夠的vaygu'a，經常找他麻煩——除此之外，還有艾瑪的事。我試著用哲人的態度安慰他——但是生起氣來的時候肯定是很難做一個哲學家的。我們為了等待信件很晚才睡。

---

191 莫塔郭伊（Motago'i），馬林諾夫斯基最好且最重要的報導人之一，在《珊瑚島花園》和《性生活》中都有引述。

總結反思：星期四以來我一直處於極度不專心的狀態中。絕對不能這樣下去。這是因為和他人過於親密和熱情的接觸，以及心靈之間毫無必要的交融導致的。無疑，這樣一個睿智的人，在巴黎居住過，對我來說十分重要並充滿吸引力。但我不該把這當成我的主要對象。我們可以在晚上聊天，但白天應該沉默。和喬治也是如此：我不應該表現出睿智，不應該幫他分析他的智慧和野心。如果我讓他說話而自己只是聆聽，我們兩個都會感覺好些。

對狗的生物本能及感情的觀察：拉頓（Raton）愛上了「維爾納（Vilna）」，跟著她，蹭她，猛烈地攻擊她，對著空氣自慰；她不斷咆哮，寸步不讓。但拉頓卻絲毫沒有注意到另外還有一隻母狗。換句話說，動物有自己的肉欲感情，〔桑德（Shand）〕稱之為「情欲」。

民族誌問題絲毫沒讓我全神貫注。基本上我在科瑞維納的邊上生活，不過還是非常憎惡黑鬼們。身體上的舒適：極佳——住在他們的露臺上，完美的食物，感覺良好，除了有一點點緊張。晚上我們閱讀法語——對拉辛（Racine）的《費德拉》沒什麼感覺；相比之下夏多布里昂的散文和雨果的詩要好得多。我的法語講得還算流利；和拉斐爾闡述語言學上的觀點對我來說沒有難度。

沒有經常想到E. R. M.，但我的欲望集中在她身上。同時也不時很想念N. S.。道德：不管在什麼情況下，我必須完全避免像這樣孤立的狀態，這令我十分煩躁。

星期二，四月三十日

上午做了一點工作。十二點，寫信：艾薇（Ivy），然後讀N. S.的信和她轉寄來的羅伯森（Robertson）的信；然後是米姆、保羅等人的信。最後是E. R. M.——N. S.的那些信劍劍穿心；我決定給她寫一封絕對沒有回頭餘地的信。E. R. M.的信則讓我完全沉浸其中，但如同以往，讀完這些信有點受刺激。這種煩躁持續到今天（這些是在五月二日早晨寫的）。她談到為了我拋棄斯賓塞一家、里爾（Lil.）等等，讓我有些不舒服；她對查爾斯的評價也讓我生氣。——晚上輕快地走去庫米拉不哇嘎（Kumilabwaga），草擬給N. S.的信。晚上，與約翰遜和威爾斯（Wills）閒聊，然後給C. G. S.和A. H. G.[192]寫信。

星期三，五月一日

上午完成了給A. H. G.的信。給母親寫信：授權讓她以我的名義行事。然後開始寫信給N. S.，但沒有寫完。午飯後接著寫，但還是無法完成，甚至無法做最後決定。下午六點左右去見奧爾巴赫；和他交談時，我儘量試著避免爭論和surchauffage〔過火〕。友好地道別。八點半離開。和R.交談，他告訴我他的計劃。然後讀E. R. M.的信；她的人格總是讓我感到愉悅。我對她的政治興趣既感到有些驕傲，也有些嫉妒。

192可能指加德納博士，考古學家，在第一部分有提到。

星期四，五月二日

幾乎一整天都花在寫信給N. S.上，下筆非常困難。沒有辦法自然流暢地書寫。我將其視為必須解決的難題。上次的分析是，我必須告訴她我和E. R. M.訂婚了。而現在我必須告訴她我可能會在近期訂婚。——她的信充滿了深切、誠摯的愛；簡妮（Jeannie）和瑪麗（Mary）的信，她們急著幫我找一份職位，顯然是希望我的事業更進一步——這些都讓我很難過、痛苦。我和她羈絆極深，一想到她將遭受的痛苦，我的心都碎了。我下筆十分委婉。事實上，我確實想保留和她的情誼，以及信任，如果可能的話。——我四點寫完信。然後給E. R. M.寫了幾句話。五點我把信件都寄出，然後心情愉快地去散步，決心回到工作上，準備園圃的問題。在村子裡有些人跟我聊了園圃的事。我本打算晚上工作，結果變成和拉斐爾聊天、看閒書。之後讀E. R. M.的信到十二點。

星期五，五月三日

上午研究語言，進展不錯。下午也是如此：完成了語法，至少就我手頭所有的材料來說。應該計劃更進一步的工作了。工作熱情很高。我必須分析一下瓦庫塔和奧布拉庫的材料，回顧一下一般性問題，尤其要著重於語言學方面。五點到村子裡，忙乎了一陣，但沒做什麼重要的事。和喬治說了些廢話。然後又和拉斐爾交談；十一點上床。

註：R.的孩子病了，孩子母親擔憂悲傷的樣子十分美麗。對R.的友誼益發深厚；她對我也是。

我就像在家裡一樣。同時我也想念比爾。

——加德納和羅伯森的信令我振奮。我計劃著回到英國後成立一個協會或學會，會員都是如加德納和我一般有同樣想法的人。有些像人文R. S.〔皇家學會（Royal Society）〕，對申請入會者頗為挑剔、純科學性、國際化的協會（M. S. H. = 人文學家協會成員〔Member Society of Humanists〕）（現代人文協會〔Society of Modern Humanism〕）。

星期六，一九一八年五月四日

今天我又做了一些田野調查。上午，到花園去觀察了 tapopu（芋頭園）；晴天有雲。抓拍了幾張照片；和納比吉多烏（Nabigido'u）交談，收集了幾句不錯的〔諺語〕，獨自工作，有一些觀察但沒有寫下來。——回來後寫了一些。和拉斐爾吃過午飯（從三點到五點！），我們和教會的一個人做了些語言學筆記。然後去見約翰遜和威爾斯，又到村子去，在那裡和莫塔郭伊交談——他是一流的報導人。晚飯後，和拉斐爾一家閒坐；聊天，哼唱現代華爾滋，讀了幾段《約瑟蘭》（*Jocelyn*）〔法國浪漫詩人拉馬丁（Alphonse de Lamartine）的作品〕。然後我看了點 E. R. M. 的信，那些一開始讓我惱怒的段落現在看起來很美妙。晚上在蚊帳下熱切地思念她，早上也是。

星期日，一九一八年五月五日

起得挺晚；夜裡下雨。今天我得記錄昨天做的事情，然後和莫塔郭伊好好工作上一天。上午工作緩慢。男僕們讓我憤怒，孩子又病了，體溫一百零五點三度，讓我很擔憂。上午開始讀《女人們的信》（*Lettres de Femmes*）。其中一封非常下流，使我心緒不寧……午飯後到村裡去。莫塔郭伊不在那裡。和吉吉烏里（Gigiuri）一起回來。在房子附近工作；之後和莫塔郭伊談話。傍晚散了一小會兒步，找到一個搭帳篷的地方。然後，在喬治那裡聽留聲機；我對加布洛納（Jabulona）毛手毛腳，有些愧疚。——回到拉斐爾處，晚飯後我們聊了聊羅斯丹（Rostand）。——對E. R. M.的強烈思念，在講羅斯丹的時候我一直想她……完全缺乏「高尚道德的人格」是災難性的。比如我在喬治那裡的行為：我撫摩加布（Jab），和她跳舞，等等，主要是因為我想給其他人留下深刻印象……我得詳細訂下一套正式禁令：不可抽煙，不可帶著半點色情目的去碰別的女人，不可在心中背叛E. R. M.，也就是說不可回想過去和其他女人的交往，也不可幻想未來的……在一切困難和變動中保持本質的內在自我：永遠不要因為裝模作樣、為了譁眾取寵而犧牲道德原則或重要的工作。我現在的主要任務應該是：工作。因此：工作！

星期一，一九一八年五月六日

一整天都在下雨。我本該去找比利的，但他沒有為我派waga過來。上午我記錄下前一天的對話，這工作挺花時間。我頂著壓力慢慢工作。午飯後，四點到六點，和莫塔郭伊談話。傍晚，走去考拉斯，然後我們閱讀了阿方斯．卡爾（Alphonse Karr）〔法國記者、作家，一八〇八年—一八九〇年〕和拉馬丁的選段。——我履行了昨天的決心：工作了一整天，雖然浪費了不少時間和R.聊天（關於醫生及其他專業人士的道德價值等）。在我和男僕們的關係中，我還是很容易被瑣事激怒，我真該把他們當狗來對待。晚上的散步中我試著集中注意力，專注於「精神的實體」、「靈魂的力量」，試著不被外界干擾，無論是黑暗、人群，還是周遭環境。做到在喧囂環繞中仍能在露臺上工作。不慌不忙地工作，不帶緊張「壓力」，同時保證思緒的流暢。做手頭工作時一分鐘都不可浪費。既然已經找出一套取得語言材料及民族誌材料的方法，那麼我必須選定兩三個點——瓦維拉、圖博瓦達、西納克塔——不再想其他。猶疑不決沒有好結果。計劃：不要急著去卡杜瓦嘎，而是回科瑞維納去。最好是去圖博瓦達。途中：兩天在歐馬拉卡納，兩天在李魯塔（盡你所能從納姆瓦納．古亞烏得到最多的東西），兩天在卡布瓦庫。從科瑞維納回來之後、六月中旬以前，一個星期在波沃塔魯，最後幾天在卡塔瓦或卡杜瓦嘎。

晚上的散步：控制自己對黑暗的恐懼。反光的枝葉在黑暗中形成一條隧道，我從中穿過，感覺那些陰影向我伸來，幾近觸碰到我。我發現在某些狀況下，臣服於「情感上的信仰」要比抵禦它們容易得多。這就是那條障礙最少的路。我把它們當成真實而無害的精靈，而不是當成「刺激我神經的真實事物（物質的）」。

星期二，五月七日

上午把對話草草記下，比前一天順利得多。十一點就結束了，而不是弄到兩點。和莫塔郭伊一起走到 tapopu 去。我覺得精力充沛，工作極佳，雖有困難（相機、太陽、邊走邊寫筆記，等等）但仍然很有效率。對熱帶大自然的喜愛，對終將離開感到惆悵，同時又希望 E. R. M. 在這裡。——回家後我快速而精神滿滿地收拾好行李，沒有頭痛等不適。回去的路上去了一趟喬治家。心情很好。小船上，我做了計劃並寫了下來。日落後，河岸的輪廓看不見了，整個世界退隱沉沒在黑暗中。小船在浪中飄蕩。我凝視著西方蒼白的天空。我在計劃——我精力集中，但無法系統地思考。——在古薩維塔和比利聊天，整理我的草稿，感到很睏。蚊帳裡 E. R. M. 是我唯一的欲望對象。我渴望得快要昏厥了。瘋狂地愛她。

星期三，五月八日

涼爽的一天，待在了比利的露臺上。大海泛著微波，深沉的顏色；天空淺藍，飄著毫無重量的白色雲朵。視野有些霧濛濛。——上午我寫材料，並謄寫草稿。不錯的上午：我把在科瑞維納的這五個月視作一次悠長、美好、愉快、有趣的郊遊，真希望我還是在歐馬拉卡納等地。——工作的時候我刻意嘗試保持一種平靜、輕鬆愉快的節奏，努力做到在嘈雜之中、困難面前也能工作、睡覺，等等。想到 E. R. M.，再次集中精力保持對她的忠誠、念著她的獨一無二。——謄寫的工作進展不順，翻閱並整理草稿花了我不少時間。十一點半和比利去特亞瓦，照相，看wasi（再也不要和別人同去了）。給正在曬noku[193]的女人照相。我對比利的陪同有些氣惱。——午飯後繼續謄寫，並準備下一個課題：孩子的嬉鬧和遊戲。和「茶壺」（Teapot）一起去村裡。尋找信息報導人方面遇到了些困難。試著控制自己的不耐煩和怒火。最終找到一兩個好的報導人。坐在一棵樹下，研究遊戲。快速地走到卡普瓦普。跑了兩三分鐘（半邊身子刺痛）。回去，吃飯，謄寫筆記，和比利一起洗相片；嚴重的腹痛。上床——在蚊帳下渴望E. R. M.。不管病痛還是健康，我希望她一直在身邊。

星期四，五月九日

決心。清早起來抄寫昨天的內容。瀏覽了瓦庫塔的材料，叫人把瓦庫塔的男僕們找來：milamala，kayasa。裝好相機，去特亞瓦。特別厭惡小喬治，他一點都不可愛，又髒又任性，看到東西就抓，而他父親也不懲罰他。現在他正在那裡傲氣十足、難看至極。我真想給他做一次尿檢。——一整天工作尚算順利。上午謄寫筆記裝備相機；十一點感覺有點不好，閒蕩了一會兒，很想坐下閱讀（感覺真的很差）。但是還是做了kukwanebu並得到了不錯的結果。午飯後，研究完kukwanebu，三點半去特亞瓦，仍舊忙著研究遊戲，收穫頗豐（我應該隨著工作的進展製作一張遊戲的列表，觀看其中每一個，並照相。）五點回去，和比利一起吃火腿雞蛋。晚飯後，和一個瓦庫

---

193 當地人認為營養價值比較低的植物，只在饑荒時才會吃。

塔來的人談論小船和waypulu[194]。——寫kukwanebu。經常想到E. R. M.——辛勤的工作讓我覺得自己與她更加親密。想她的時候，成功抵擋了好幾次誘惑。蚊帳下，熱切地思念。

星期五，五月十日

晚上，狂風（我睡得很香）；早上，傾盆大雨持續不斷。灰暗的天空，在海面投出了銀色的倒影，看起來皺皺的，還帶點紫色。我感到「很虛弱」：眼睛疼痛，感覺渾身輕飄飄的，血壓也高，心髒的位置似乎空無一物。沒有什麼清晰的念頭或可名狀的情緒。我想做一些瑞典健身操，或多散會兒步。決定：如果雨不停，你必須做一些健身操。你必須把剩下的所有事都做完：字典，瓦庫塔，遊戲。一整天都在下雨。早上，在男僕的協助下，抄完了一些段落。下午又開始書寫；一整天的狀態都不是一級棒。儘管如此還是堅持工作。四點停工；走去卡普瓦普。疲倦，我的新格言：「工作的最重要形式之一是休息。」於是我放鬆了下來。晚上，和比利一起做拍照計劃。——一直在想E. R. M.：她出現在我一切的想法、計劃和感覺中。但沒有強烈地渴望她。想了一下我在有關斯賓塞一事中的一系列反應，想了好一會兒。同時，我對自己的工作也抱有希望和雄心。擬定了給戈達德教授（Goddard）、弗雷澤、麥克米倫（Macmillan）的信。

星期六，五月十一日

明媚的早晨。起來時有點累，疼痛（風濕還是健身操造成的？），今天計劃全天用來拍照。——上午，派金吉爾去拉斐爾那裡（我忘了送去船貨和帳篷墊），之後我把牙齒磕斷了。驚惶失措，接著是一種豁達的平靜感：畢竟，曾經有兩個月沒法用牙齒時，我也活得好好的——或許時間更長，因為我的牙齒在十月中旬之後才好。冷靜地吃早餐，和比利說要寫信給牙醫。不過還是有些緊張。十點我去了特亞瓦，在那裡拍了幾張房子的照片，看到一群女孩，還有 wasi，並研究了建造新房子的過程。這時我開了一兩個粗鄙的玩笑，有個該死的黑鬼唱了幾句反調，我心中暗自咒罵他們，很想發火，但當場控制住了自己，卻極度惱火這個黑鬼竟然敢用這樣的態度對我說話。午飯後，兩點半開始，我從語言學方面研究 kukwanebu。四點散步。試著放鬆，沒有聯想。記住：工作最重要的要素之一是能夠休息！沒有休息，就沒有穩定、多產的工作。現在我很健康，精神煥發，不覺得有必要用小說來打斷工作。我甚至沒有期待信件，也不希望時間過得太快；我沉浸在工作中，為工作而活。不能因沒有足夠努力、沒有明確目標而自我責備。——散步中我想著我的遊戲課題、想著該如何向 E. R. M. 表述，我試著提煉幾點概括性的看法。我給自己唯一的休息是長時間的散步，期間我可以再次專注於組織概括性的觀點：(1)教條，正統的版本，神學；(2)變異的詞句，註釋，等等；(3)規則和現實，即，理解黑鬼們是如何闡釋形成某個給定規則的，我們如何理解這個規則，最後給出具體資料，用這些具體資料來對照這個規則，等等。

還是記事：我在泉水旁遇到一群女人，觀察她們汲水。其中一個非常迷人，讓我感官上興奮起來。我想到與她發生關係是多麼容易的事。對於這種互斥能存在有些遺憾：身體上的吸引和性情上的反感。而性情上的吸引沒有伴隨著強烈的身體上的引力。回去時我跟在她後面，欣賞著人類軀體的美。傍晚和夕陽的詩意滲透在每一件事物當中。我想著E. R. M.會對此將有多麼讚賞，並意識到我和身邊人之間的鴻溝。我走回家。晚餐，突然的振奮和喜悅。然後接著工作，和瑪利亞及凱科巴（Kaykoba）。十點半上床。奧吉薩、瑪麗安娜、黑鬼們一直在聊天，讓我很惱火。我對政府一點兒都不在乎，但我意識到這些想法是多麼無用且愚蠢。

星期日，一九一八年五月十二日

還是下雨颳風。之前一天我沒有做運動，感覺不太好：緊張但不暴躁，完全做不到真正的精神集中。而且頭痛，像兩年前在納尤瑞病倒時一樣感到眼睛後面有壓力。——儘管如此還是堅持工作了一整天，但並沒有做很多事情，也沒有感到內心的滿足。我對小喬治的感情在極度的憎惡和友善的愛憐間來回搖擺。但他父親寵他寵得太厲害了。上午，寫完日記之後，我謄寫了一些文句，做了語言研究的計劃，等等。然後補寫了tapopu的相關研究。進展緩慢、精力不集中。晚上吃飯後，獨自坐在露臺涼爽的那一面，想著E. R. M.；平靜、愉悅的思念。幾陣不愉快的回憶：我斷掉的牙齒，斯賓塞爵士等等——「思想的聯繫」——多麼沒用的原則！

星期一，一九一八年五月十三日

我無疑很迷信：今天是十三日，我不敢計劃任何重要的事情，打心底裡我相信無論今天我開始做什麼事，都註定會受到詛咒並夭折。起來很早，想E. R. M.。認識到這樣一個道理：只有在真正的精神結合之下，身體的接觸和狂熱的自我奉獻才是有價值的。E. R. M. 是唯一讓我有這種感覺的女人。——下流的想法將玷污、破壞這種真正的融合。——蘇格拉底說「認識你自己」時你就擁有了高尚品德，這雖然並不是完全的真理，但如果否認知識＝品德，並宣稱 video proboque meliora[195] 等等也是不對的，或至少只對了一半。——胡混了一會兒（刮鬍子，洗頭髮，抄文句），十一點我們去了村子裡。我給一棟房子拍了照；接著又拍攝了遊戲和魚網。一點回去；郵包來了。我讀了N. 和〔Lady St.〕的信（匆匆瀏覽一遍，看到其中沒有什麼讓人震驚的內容）。然後是赫蒂、保羅、米姆、安娜的信。保羅一如既往給我一種寧靜的滿足感——僅僅是他的存在就能給我帶來這種感覺。米姆的信很溫馨很個人化。——然後是E. R. M. 的信——她信中的某些東西讓我一如既往有些生氣煩躁（這次是對吉爾卜布雷斯夫人的讚頌）。讀了兩三遍以後我才恢復平靜——陰影消失，我感受到她人格的魅力。沒有從四月一日到四月十四日之間的信件，這讓我鬱鬱寡歡。讀完信以後我去了洛蘇亞；感覺健康有力，疾步而行，流了不少汗，可能還給心臟造成了一定負擔。「三〇%」還算有禮，但仍舊是個蠢驢。走回去——這次我沒有放棄任何個人的堅持，而且一旦轉過身去，我就把他拋諸

195 Video meliora, proboque; deteriora sequor：對於好事我欣賞並認同，對於壞事我也不加否定。

腦後。草擬了給E. R. M.、米姆、保羅的信。夜幕降臨，我走得很快，但沒把自己弄得很累。晚上我們洗相片，感覺不太好。

五月十四日

早上讀N. S.的那些信，再次感到對她的愧疚，真希望我能把生命奉獻於她，撫慰她，減輕她的病痛。但這種感情不是「真心的」，因為我很瞭解自己，我知道我做不到奉獻自己等等，而且「刷得雪白的小房子裡的喜悅」不是我想要的。但我仍然很歉疚，N.的那些美好感情因我而發卻浪費在了我的身上。早飯後我耗費了一些時間檢查比爾的新相機，又翻閱了戰爭的新聞、雜誌等。然後開始寫信。一整天都感覺很差——眼睛乾澀脹痛，缺乏精力和幹勁，被面前的障礙壓倒了。每項工作中的困難、障礙、停頓都使我氣惱。沒有太多地想E. R. M.。我說服自己她不可能生病，也沒發生什麼不好的事。下午我給她寫了一封信，但說起來，當中沒夾雜個人感情。非常奇怪的是，我對她比對任何人都更難表達私人的情感。可能是因為給她寫信比給其他人寫信需要更多更強大的專注力吧。晚上我寫信給羅伯森、漢特。重讀寫給埃希的信，裝進信封。十點半上床。

五月十五日

今天明顯比昨天好些，雖然睡眠不佳，又起得很早。冷風，不是很強，美妙的東南風。情調。

一大早就開始做計劃、動手工作，自信而愉快。E. R. M.的形象仍舊有些模糊。得寫信給N. S.，帕特夫人，米姆。早上開始收拾、徹底檢查一切東西，以便晚上可以寫信給B. P.〔伯恩斯．菲爾普〕並收好東西去歐馬拉卡納。整個上午都在收拾，午飯後翻東西、東摸西摸（三點把金吉爾遣去歐馬拉卡納。）然後和比利一起去村子裡（還是自己去的？）。晚上寫信給N.，還有些公務信函。很累。

五月十六日，星期四

起來時喉嚨痛，還有噁心的綠痰。上午，寫完了信，比利去了吉瑞比；我走去村裡，照了幾張相。午飯後坐下閱讀。三點比利突然回來了。我翻閱了一下資料，然後我們一起去了村裡。我們拍了遊戲的照片。然後我去了一個園圃，和特亞瓦人討論園藝和園圃巫術。日落時分回來，身上有點發熱。我想吃點藥，就吃了止痛藥（Chlorodyne）。和比利相談甚歡，上床。瑪麗安一驚一乍。我替比利難過。熱切想念E. R. M.。

一九一八年五月二十一日

前幾天停止了日記。病情越來越糟糕。兩天的下午都發燒（星期五和星期六）；星期日病得很厲害。星期一（昨天）感覺好些，但還是很虛弱，神經大受摧殘。在這滿是小孩和黑鬼的地獄中飽受煎熬；尤其是我的男僕們，簡直氣死我了，瑪麗安娜也是。不過昨天我一感到好些後，就立刻從懶惰中振作起來。但今天一定不能再那麼拚命了。

十七日，星期五。

上午，okwala[196]；下午，照相。低燒。

十八日，星期六。

圖瑪。早上感覺糟透了。下午在村裡。發燒。

十九日，星期日。

病得挺嚴重。讀了E. R. M.的信。晚上寫作。

二十日，星期一

比利去了吉瑞比。我先讀了小說，然後工作。

健康：腦袋發冷，嗓子疼痛。寒氣沒有下降到我的胸部，但「鑽進了我的腦袋」。和在納尤瑞那時一樣無精打采的狀態。控制飲食，因為我想起埃希曾認為我的腸道可能是個感染源。難受的症狀，以前沒有過的腰背疼痛。我起來後半個小時一直在疼。

問題：科學興趣隨著身體的虛弱也減弱了。星期日無法專心、無法工作。不由自主地思念E. R. M.，讀了她的信，感覺與她十分接近。

情緒：憂鬱沮喪，懶散無力。倒沒有害怕得了什麼不治之症——對我來說真是夠樂觀了，但有些擔心下腰處的疼痛，會是癆症的開始嗎？

決心：最重要的是不能向懶惰投降，不能「慢慢來」。要「慢慢來」的是工作。放鬆地工作，不要努力過頭、逞英雄。工作對你來說應該是一個過程，一種享受。你應該看著手中的資料而感到高興，全心投入工作中。不可被其他事物分心，比如扔在那裡的小說，或者當你想禁食的時候，則不可被桌上擺放的食物分心。現在的重點是要恢復百分百的工作能力。為了達到這個目的，你必須再試一次饑餓療法，且一刻不可浪費在小說等事上。

——我在讀夏多布里昂。完全沒有實質內容。他缺乏科學觸覺，缺乏直面事物本質的能力，他只見到我們幻想中的事物面貌，因此喪失了對真理的感悟。

星期四，五月二十三日

昨天又不行了。早上起來的時候，腰部的痛楚真是酷刑。起來幾分鐘後（幾乎不能一直躺著，

196 促進小甜薯生長的儀式。

這痛楚使我筋疲力盡，它通常在我起來後半個小時後才會消失），有一會兒幾乎昏厥。感覺眩暈，不得不坐在椅子上。讓我十分害怕、灰心。沒有工作或寫信，開始讀小說。讀了格里姆蕭小姐的《紅色諸神召喚之時》（*When the Red Gods Call*），還有一本威廉・洛克的小說。必須記錄一個進步：今天讀了這些之後，雖然還是虛弱疲倦，但小說吸引著我，為我開啟了「生命中的一扇窗」。昨天斯，除了泛泛的罪惡感之外，我對E. R. M.還有一種具體的罪惡感：我在浪費時間，儘管為了她以及我們的「孩子」，我有義務盡最大努力工作，以取得一個「地位」，對自己而言——成為真正取得某種成就的人；給後世留下我的印跡。上午感覺如此糟糕的時候，一陣低沉的絕望：如果我成了一個沒用的殘廢，我會自殺，就算不自殺，也無論如何都不會娶她。——我一直想給她寫信。讀小說的時候不斷想到E. R. M.。比任何時候更深、更真、更熱切地愛她。所有傻氣的妒忌和隨之而來的感覺（比如因為C. R. M.而感到的遺憾和羞辱，還有吉爾布雷斯帶來的煩惱等）都消失了。

星期二，二十一日

這一天從中午開始工作還算順利。但五點開始讀《撲克的拇指》（*Poker's Thumb*），晚上熬夜讀完。

星期三，二十二日

早上，痛楚，絕望，疑慮。感覺糟糕。早上，碧翠絲・格里姆蕭（Beatrice Grimshaw）。下午，洛克的《美好的一年》（*The Wonderful Year*）。

星期六，五月二十五日

昨天和前天身體好多了。除了在需要休息時，其他時間我並沒有讀小說或浪費掉。但還不至於感覺強壯，所以無意出門散步。腰部不痛了，不知道是因為天氣變暖，還是因為我白天又戴上了疝氣帶。前天和昨天我雖有工作，但興致不高。對E. R. M.和墨爾本的渴望還是很強烈。我一直重讀她的信，想著我的回歸。我還回想起我在格瑞大街（Grey St.）的小房間、圖書館，等等。我真切地感到和她之間的羈絆和愛。有些時候我會對她與姑媽和瑪利亞（Maria C.）的相似感到害怕，想起了去年七月、八月和九月那段最糟糕的日子裡她的樣子。她並非「做女人做到極致」，但我不該想這些。昨晚對C.夫人，L. P.和G. D.有些色情的想法，但我克服了欲望，這些綺念自己消失了。奎寧在昨天必不可少，今早服用了十克奎寧之後，卻感覺有些虛弱，於是上午沒有專心寫日記，而是閱讀了最新的公報。但之後藥效上來了。我得努力、持續地工作。而且，我得對我的工作保持興趣，「把工作當成娛樂」（faire travailler mon sommeil）。土著仍然讓我憤怒，特別是金吉爾，真想把他宰了。我現在理解了德國和比利時殖民的一切暴行。——比爾夫人和一個來自圖克瓦烏克瓦的英俊黑鬼的關係也讓我沮喪。天知道supeponi[197]的時候發生了什麼！——不耐煩地期待著下一批

197 初步蘭人的類似於捉迷藏的遊戲。

的信件。E. R. M. 已經有兩個星期沒給我寫信了。昨天我瀏覽了她的信，發現其實它們也不過如此（à sa hauteur）。她也應該寫日記。

星期四，二十三日

早上寫信給 E. R. M.。十一點半左右去了特亞瓦，在一株樹下研究遊戲。下午（又浪費了一些時間）去圖克瓦烏克瓦，想從托古古阿夫人那裡拿到一些〔koukwa〕的副本，但沒什麼特別的結果。晚上和托古古阿夫人一起抄寫文句。

星期五，二十四日

早上寫完了給 E. R. M. 的信，諾曼．坎貝爾會把信帶去薩瑪賴。然後幫比利做事。十二點去 sopiteyava[198]。〔……〕然後觀察、記錄遊戲。和比利吃午飯。下午拍攝房子的內部。然後逛到圖克瓦烏克瓦去。傍晚觀察遊戲。

星期五，二十四日

感覺好多了，開始工作。但早上寫完日記後感到有些懶散和遲鈍。同托古古阿一起做事，不過在那之前讀了裡弗斯，當作預熱。這本書現在看起來沒那麼古怪了，並且知道作者自己對這本書也有所保留後，他的書看起來並不差。讀書刺激了我，關於理論的念頭噴湧而出。在我這裡，目前來說，最大的麻煩在於我無法保持緘默。——和托古古阿做完工作後，感覺很糟。躺下小睡。然後戴維斯來了。我給他描述科瑞維納的土著，試圖給他打好預防針，幫助他，給他塞里格曼的書，等等，甚至答應借給他范羅士（〔Rev. S. B.〕Fellowes）〔第一個到初步蘭群島的傳教士〕。雖然我沒刮鬍子，還穿著不整潔的睡衣，但依舊保持了風度。陪他走了幾步路。和比利〔談到〕米克，他抱怨諾曼：「那個凱瓦托（Kaiawato）的該死的鳥人（bl. big cunt）！你只要有半瓶威士忌，K.的那個鳥人就黏上來了！」N.在三個星期中抽完了整盒煙，卻不買珍珠。晚上去圖克瓦烏克瓦，黑鬼們不肯mwasawa[199]。然後去特亞瓦，瑪麗安娜和她的仰慕者（court）也去了。我和洛普拉（Nopula）搭著手臂走。為了鼓勵他們遊戲（baku上沒有人），我開始自己kasaysuya[200]。我需要運動，而且自己參與能學到更多。比前幾天在〔洛尤拉（Nyora）〕組織的小遊戲有趣得多。這裡至少有動作、節奏和月光；還有競爭、合作和技巧。我喜歡運動中的赤裸人體，有時他們讓我興奮。不過我成功抵禦了一切我會感到羞恥或不敢透露給E. R. M.的念頭。我想著她，人的身體總是讓我想到她……道德就在於持續的掙扎，不斷改善境況並讓毅力越發堅強。

198 可能是特亞瓦的小溪或泉眼。

199 取樂，運動；這裡指跳舞作樂，與嚴肅隆重的舞蹈相反。

200 一種遊戲，繞著圈子跳舞，得到信號時蹲下，所唱的小曲隨著遊戲的進行會變得越來越下流。

星期二，五月二十八日

昨天完全搞砸了。前天，花了半天拍攝圖克瓦烏克瓦的 nasasuma[201]。休息之後，下午我和托古古阿探討，結果不錯，其中包括得到 silami 的其中一個版本。晚上，有些消沉懶散；我們洗了照片。比利的照片幾乎都不能用；其中三張我無法顯影。戴維・詹姆斯（Davy James）來拜訪我們；他不怎麼有趣。——昨天我處於一種糟糕的情緒中，因此無法集中精力做任何事，什麼都做不了。早上，我沒有[202]寫日記。也沒有[203]整理資料。午飯後讀了里弗斯，看上去挺有道理，但我沒有認真在閱讀。然後繞著幾個村莊走了一圈。特亞瓦在陽光下空蕩蕩的；所有人都去圖克瓦烏克瓦，於是我也去了。和莫斯爾巴（Mosiryba）坐了一會兒，他這個報導人一點價值都沒有。回來，午飯後整個下午在讀小說，有點愧疚，並一直想念 E. R. M.。讀了柯南・道爾的《毒帶》（*Poison Belt*）；《維克菲爾德牧師傳》（*the Vicar of Wakefield*）：一天讀兩三本小說多麼容易！——晚上我看比利沖洗照片，在露臺陰涼的一面做瑞典健身操，去了圖克瓦烏克瓦。下意識地一直在渴望 E. R. M.，但我還是可恥地摸了洛普拉……藉著月光走回來的路上進行了自我反省，但實在不能再放縱自己做這種事了。——決定今天、明天、後天完成遊戲、kokuwa 和 bwaga'u 的相關事情；照幾張照片。然後去歐馬拉卡納。——剖析昨天的狀況：性方面的歇斯底里，因為運動不足。今天我對〔……〕夫人又有了（不該有的！）下流想法。

星期三，五月二十九日

昨天終於擺脫了昏昏欲睡的狀態。上午在特亞瓦工作了兩小時；感覺很差，精神緊張，但我一刻都沒有停下，而是冷靜地工作，沒有躁動，也沒理會那些黑鬼們。回古薩維塔時，感覺糟透了，我想下午肯定沒法工作了。但是，從庫度克維科拉（Kudukway Kela）那裡得知一些關於yagumorobwa的事情，讓我很感興趣，和他們從三點談到五點，然後去了庫度克維。難受、發燒——死裡求生（我懷疑是肺炎）。去的途中無法思考，能做的只是遲鈍地想像著我回墨爾本會是怎樣一番情景。覺得連走上百步的力氣都沒有。但在庫度克維．科拉我感覺好了些，回來時已經感覺很強壯。晚上很累但感覺還行——出去看星星在灌木上閃爍，想E. R. M.。有一些雄心勃勃的想法，在倫敦搞些媒體宣傳（《威斯敏斯特公報》〔*Westminster Gazette*〕，《曼徹斯特衛報》〔*Manchester Guardian*〕，《新政治家》〔*New Statesman*〕）。我試著克制頭腦發熱，但在做春秋大夢時這種狀態無法避免。最重要的是從我未來的所有計劃剔除貪婪和從中牟利的想法。不偏不倚應該是我的道德底線，為此，要安貧樂道，避免窮奢極欲。我必須盡可能搭乘二等艙、吃喝節儉、穿著樸素。不能淪落到為五斗米折腰。

201 第一次懷孕相關的慶祝儀式，照片見《野蠻人的性生活》（英譯本），二一七至二三一頁。
202 原文有下畫線。
203 原文有下畫線。

星期四，五月三十日

昨天工作順利；感覺好些了，但傍晚的時候又開始犯懶。去特亞瓦的途中做了一下瑞典式體操，之後感到好了點。——早上，寫日記、給E. R. M.寫信。整理我的資料。十點半開始工作，給波沃塔魯和圖克瓦烏克瓦來的人看Kavilumugo。圖克瓦烏克瓦來的人（主要是警察和托卡畢塔姆）一直待到最後。一點半我喝了牛奶，讀了幾頁的戈德史密斯（Goldsmith），然後去特亞瓦；在那裡，曲棍球。回來，在比利家的露臺上與凱科巴夫人討論koukuwa。然後走了一小段路去卡普瓦普泉眼。感到身體強壯——抑制住了關於鮑德溫．斯賓塞等人的想法。試著與大自然單獨相處。看到一艘船——郵件來了？它會給我帶來什麼？E. R. M.的消息？我預見到一些壞事、事故、病痛的可能性，像陰影一般。對事物的不確定性有種玄妙的感觸。如果她不存在，我該如何自處？是否會一蹶不振？毫無疑問她是我理想的妻子。回來時感到強壯健康，一點都不憂鬱。——晚上和比利聊天，聊到小說，等等。——然後我走到廚房和大家待了會兒。棉布下裸體的曲線、岔開的腿、胸部等等，令我興奮。我身體僵直，在那裡顫抖〔原文如此〕了幾分鐘，努力將思緒死死集中在E. R. M.上。我常常試著把問題顛倒過來：想知道男人的肉體是否能激起她內心的原始本能。我像被澆了一盆冷水一般，身體真的開始顫抖了。然後我坐到托古古阿夫人身旁，記錄Saykeulo[204]的megwa。在通往特亞瓦的路上散了會兒步，還做了健身操。「我追求孤獨」：風在吹，棕櫚的葉子刷刷作響，滿月照亮了樹木，光芒劃過棕櫚葉，留下陰影。做健身操的時候精神緊繃；感覺好像有上百雙手臂從斑駁的陰影中朝我伸來——感覺有東西快要碰到我了，從黑暗中朝我跳出來。我試著達到一種確定、安定、穩健的情緒。我希望感受孤獨[205]、同時毫無畏懼。

星期五，五月三十一日

早上感覺甚佳，精力充沛。寫了給E. R. M.的信和日記。瀏覽了一遍資料，感到壓力很大。和庫度克維科拉人一起去特亞瓦。在那裡我被幾個小女孩氣瘋了。試著把她們趕走，但她們不肯走。回到路上，在樹下站著。黑鬼們老讓我心煩，精神無法集中。一點回來。兩點半和托古古阿去okida，我們討論bugwaywo，但他是個平庸的報導人，進行得很困難。有點慵懶，想躺下睡覺，但我的肌肉和神經卻高度緊繃。為了恢復活力，我去了洛蘇亞。——自由的快感，智識上的純粹，放鬆。天空中滿布小朵雲團，到處都是熱帶植物。我試著告訴E. R. M.每天寫日記作為一種自我檢討的重要性。然後想到我對社會心理學的研究，基本上以比較社會學的新方法為目標。一回到墨爾本我就該投入這項工作——先做些初步工作，還要讓E. R. M.幫忙和參與。——回去的路上：傳教士們給我留下不快的印象：做作，膚淺而平庸的信仰。本色：「秘密社團」。在他們的禱詞中提到了地方長官和地方議會和法律委員的G.（顯然是為了現實的目的）；他們向上帝祈求工作成功、軍隊打勝仗——總是「我們」、「為了我們」，實用主義。這讓我思考起了宗教：團體精神；「神」是

---

204 孕婦袍，兩件斗篷加兩條裙子，懷孕及剛剛分娩的女性穿著。

205 原文有下畫線。

人們相互幫助的機制，是將自我與不可知世界還有經濟危機隔離的一堵牆。涂爾幹的基本觀點[206]沒錯，但他的表述讓人質疑。而且，他的觀點有誤，因為他以澳洲土著為起點開始論述，那裡有無宗教信仰[207]的社會和社區（communities）（金絲雀群島），也有信宗教的社會和社區。宗教＝形而上優越感帶來的凝聚程度。「天選之人」的原則。研究其中的社會心理學機制。——我的波蘭語作品關注「神秘思想和行為」。宗教作為一個特殊例子＝神秘主義與凝聚力。做補充！

星期六，一九一八年六月一日

昨天：上午感覺不佳；寫完日記、給 E. R. M. 的信之後，記錄下和托古古阿夫人探討的 megwa；進展不順。午飯後，開始讀垃圾小說；五點讀完《反抗命運三女神》（*Revolt*〔*against*〕*the Fates*）。晚上，感到愧疚，緊張（吃了很多螃蟹），什麼都沒做，焦躁。幾乎不能想 E. R. M.——由於愧疚感和苦澀的自我譴責（我應該開始將每一天記錄在當天的日期下，而不是第二天的日期）。

一九一八年六月一日

早上感覺很差，仍在回味昨天的愧疚感。決定下午走一段長路，到庫度克維科拉展開工作。上午我看完了自己的資料，正準備開始工作，比利建議走去奧利維列維或圖克瓦烏克瓦。我們一起去了。比利照相，我在村子裡逛了逛。我們觀看了va'otu[208]。——這讓我十分興奮激動。——我讀了里弗斯，理論作品很吸引我。惆悵地想：我什麼時候才能再次在圖書館裡安寧地沉思、冥想哲學問題呢？去庫度克維科拉，決定構思我的理論。期間不斷地想到里弗斯對塞里格曼的人身攻擊。思考如何給E. R. M.講述，想著想著，想到可以寫一本「比較社會學導論」（比較社會學研究的介紹），要和一般教科書的筆法不同，這本書要更加自由、隨意，裡面要有提示和旁註。沒有那種學術式的「冷眼旁觀」，而是包含很多實用的關懷（sub beneficio inventarii）。筆鋒要有力、又要有趣。如我必須在墨爾本和保羅、E.及米姆一起再待一年的話，我會寫出這本書的大綱，並且每個星期舉行一次相關的研討會。這個介紹和專門性的論文不同，後者我也要寫，並且在其中發展我的基本概念（《托諾—邦蓋》〔*Tono-Bungay*〕[209]）：「社會心理學的對應」＝主要研究（社會的）觀念和社會機構如何互相作用。對精神（總是個人的、各有不同的）的研究將客觀起來，體現在機構中，並再次作用於個人身上。這是個好題材，可以寫一百頁文章，發表在J. A. I.或其他美國雜誌上。在庫度克維科拉，我坐在一群黑鬼當中，一時不知道該如何開始，十分尷尬。然後我把他們帶到樹下，

206 馬林諾夫斯基在《民間知識》（*Folk-Lore*）（一九一八年十二月）上對涂爾幹《宗教生活的基本形式》的評述中，他引用道：「這一團體的神……因此只能是團體本身……」此評述包含在*Sex, Culture and Myth*一書中。
207 原文有下畫線。
208 「誘導禮」（present of inducement），由村子裡的男孩送給另一村子來的拜訪者中的女孩；如果女孩接受了，則表示她接受他作為自己晚上的情人。
209 威爾斯的小說（一九〇九年）。

開始聊天。——結果不差。回去的時候我很累，沒法集中精神思考。晚上和托古古阿一起工作，她真不懂事。讀了E. R. M.的信。鑽到蚊帳下，對E. E.等人有了不該有的淫穢想法。

星期日，一九一八年六月二日

感到輕鬆和健康。早晨走廊上嘈雜無比。我散了一會兒步，努力集中注意力。前幾天的壞脾氣可以這樣形容：焦慮，等待著什麼事情發生。平靜安穩的心情：繼續工作，不要浪費精力也不要無謂地休息；要平穩地做事，沒有停頓，也沒有surchauffage〔過火〕。——回顧資料，謄寫。十點半去圖克瓦烏克瓦；我找到凱科巴和我一起做bwaga'u的研究。下午本想去庫度克維科拉，但後來沒有去，而是閱讀里弗斯。四點開始研究bwaga'u，雖有干擾（小孩和黑鬼們在走廊上叫喊、喧嘩），不過我還是完成了。晚上下大雨。我和比利閒坐；開始回顧bwaga'u的筆記並謄寫。我們討論了共濟會，我試著讓他相信並沒有什麼所謂的共濟會謎團，因為拉斐爾就是一個真正的共濟會會員，他已經告訴過我一切關於共濟會的事。我表達了對英國F. M.的蔑視，講著講著有點激動過頭。我的權威感被削弱了，因為過於咄咄逼人。人與人必須平等地討論事情，不能居高臨下（ex cathedra）。——十點上床。一整天感覺都還好。

星期一，六月三日

上午並沒有犯睏，其實夜裡睡得極差，因為昨天沒有散步。六點半起床，想去散步，但只是想法卻沒有行動。告訴自己：我要同時觀察和與人交談，但必須睜大眼睛，不放過任何細枝末節。因此我必須不斷研究我的材料，同時閱讀里弗斯，觀察黑鬼們，和他們談話。——上午，下雨，潮濕。我得徹底檢修留聲機，我要讓維特庫（Viteku）為我唱歌。必須收拾好東西，天氣一轉好就要出發。上午，雨勢猛烈；研究 bwaga'u 到十二點，十分專注有效率；啃下了「硬骨頭」，做好進一步調查的準備，完成整體框架。——十二點我想去村子裡，但是很累很虛弱，決定休息一下，散散步。但是雨太大了；回去，千辛萬苦地做了健身操。午飯後，還是做 bwaga'u，一直到四點。我在圖克瓦烏克瓦找不到報導人，去了特亞瓦。在露臺上待了一個小時——這還不是最糟糕的。晚飯後又待了半個小時。然後我給留聲機上好了發條，但是白費力氣——維特庫不肯為我唱歌。——回來，沒有再工作（其實還有力氣工作），和比利聊天——我們的理論性記憶。然後九到十一點記錄 silami。上床。M，她真是個粗俗的婊子，不斷在吵嚷。想了一下我該如何在墨爾本招待比利，在保羅家，歐內斯特家，還是我的那些岳家的人——對後者還是提不起興趣。

星期二，六月四日

睡得很差，昨天喝了太多茶，又服用了雙倍的碘（iodine）。被可惡的驚聲尖叫吵醒。想到 E. R. M.——她在四月一日到四月十四日期間那段日子杳無音信——會不會發生了什麼事情？她是否背叛了我——一時糊塗——和保羅一起？我會拒絕她嗎？不。我沒有這個權利。我想我不能、也永遠不會想拋棄她。可怕的複雜境況。奇怪的是，這想法增加了她之於我感官的吸引力。對她的渴望狂湧而來。兩天以來我一直在想她，她強烈地吸引著我。我把她當成我的妻子來想。彷彿事實上我已結婚了。——決定：收拾東西，明天出發去歐馬拉卡納。今天天氣寒冷，烏雲密布，但是目前還沒有下雨。——一整天工作還行，沒有間斷。早上我想完成bwaga'u。特亞瓦沒有報導人。我和一群孩子去了花園：得到絕佳的資料。回來之後記錄下來。之後十分疲倦。午飯後立刻開始整理文件等東西。然後四到五點瀏覽了手稿和奧布拉庫的筆記。需要鍛鍊身體。跑步去奧利維列維。關於方法論的一些粗泛想法。本想在晚飯後翻閱自己的筆記，但圖克瓦烏克瓦等人說了一系列有趣的細節。我做了些記錄。然後坐著凝視南邊的海平線。吹著涼風。我想著——E. R. M.，當然是她，還能想什麼？試著放鬆。

星期三，六月五日

起來時感覺糟透。吃了甘汞和鹽，控制飲食。然後感覺好些。發現一本梅雷迪斯的小說。出去散了一小會兒步，試著集中精力。關於方法的想法。對自己的雄心壯志分析了一番。雄心源於我對工作的熱愛，我為自己所做的事著迷，我相信科學與藝術的重要性——盯著作品的眼睛看不見藝術家——雄心源自不斷的自我審視——自己生命中的浪漫色彩；盯著自我形象的雙眼。讀了西吉斯蒙德·阿爾萬（Sigismund Alvan）的描述，立刻得到了繼續工作的勇氣。世俗的雄心。當我想到我的工作、我做的各種事、我希望帶給社會人類學的革新——這是真正有創意的志向。

歐馬拉卡納，一九一八年六月八日

那天（六月五日）我工作了一上午，回顧之前的筆記、計劃未來。一點，哈里森來了。我的粗俗語言和對宗教的藐視把他震驚了。試圖從他那裡獲得一些有意思的信息。戰爭的消息——即使如此滯後——薩瑪賴的八卦，唯一的〔……〕。然後他開始談論民族誌，發表了一些看法；我們談到庫拉。負面印象。他無法理解我的表述方式，老是反駁我，而且他的觀點愚蠢且瑣碎。——和他談話令我腦子堵塞。——划出獨木舟；這也沒能讓我放鬆。晚上，什麼都做不了。第二天，沒能堅持控制飲食，反而吃了很濃的咖哩，然後收拾東西。十二點後結束，但完全累癱了，下午不得不躺下。感覺就像暈船的狀態一樣。簡直就是大腦淤塞造成的偏頭痛。還是那個原則：「休息是工作極其重要的一種形式」。

六月五日

上午，工作。中午，哈里森。下午，獨木舟，偏頭痛。

六月六日

收拾。偏頭痛。讀了《災難上尉》（*Capt. Calamity*）。

六月七日

犯懶。準備好了。去歐馬拉卡納。感覺一級棒。

六月八日

早上，明顯感覺疲倦虛弱。

——星期五早上（六月七日）下雨。在懶散和解放自己的衝動之間掙扎。最後還是去了，雖然肝火旺盛、興味索然。一點出發。想到將再次踏上科瑞維納和歐馬拉卡納，有些興奮。我訂好了計劃：在歐馬（歐馬拉卡納）該如何控制煙癮。該做什麼，該研究什麼，等等。關於田野工作方法的想法。田野工作的主要原則：避免人為的簡化。為此，要盡可能收集詳細的資料。記錄每個信息報導人；和兒童、外來者、特殊職業者一起工作。留心不經意間得到的資料和不同意見。

今天早上起得很早（睡得不好，做了兩個可怕的……夢）。第一個，佛洛伊德式的夢，罪過、邪惡、有些厭惡、混雜著欲望——令人厭惡恐懼。它從何而來？這種浮到表面的邪惡感覺。然後有些慵懶，不知道該從何處開始。

（寫於）一九一八年六月二十五日

六月八日、九日

星期六和星期日感覺糟糕——什麼都沒吃。

六月十日、十一日

星期一（十日）寫信（星期日，古薩維塔來的郵包，狂熱地讀信）。星期一，讀了《大航海家》（*Patrician*）。

星期二早上感覺還行，起床。——〔……〕兩封掛號信[210]。將金吉爾支開——我去看看他有沒有偷 yaguma（南瓜）。到樹叢裡去，放聲大哭。被蚊子叮得不得不出來。去提拉凱瓦（Tilakaywa）的途中，一路走一路哭泣（有一些經歷回憶無法觸及）。然後坐在帳篷裡寫信給 E. R. M.，我將自己的感受銘刻在信中——語句像泡沫一樣浮在情感上。——經過提拉凱瓦走去 raybwag。托庫魯巴吉吉（Tokulubakiki）[211]與我同行。

210 六月二十六日的日記表明是這些信讓他得知母親年前去世的消息。
211 重要的報導人，馬林諾夫斯基在《野蠻人的性生活》稱他為「我最好的朋友」。

六月十二日

寫信給斯特靈夫婦，以及N.。走過卡布瓦庫，奧凱克達，奧波瓦達（Obowada）。

六月十三日

還是寫信。又把金吉爾遣走。獨自走去托波瓦達（Tobowada）。

六月十四日

讀了點杜思妥也夫斯基——草草地翻閱，無法認真閱讀，害怕工作。

六月十五日

讀《簡愛》。白天開始，讀完了整本書，讀到夜裡三四點。

六月十六日

在瓦凱斯—卡布瓦庫研究 buritila'ulo[212]——第一天重新工作。

六月十七日—二十四日

專心工作的一段時間。幾乎不被悲傷影響。讀了小說（《簡愛》的片段）。高強度的工作。充滿雄心壯志，想法不斷湧現。關於「新人文主義」的想法——在腦海裡，不停地回憶在克拉考上學的時光。關於對歷史的批判。關於社會學特點的思考。偶爾想起E. R. M.，但一想到她就感到十分痛苦。生活中只有手頭的工作，只有科學研究的不帶個人感情的計劃。世俗的野心讓我如坐針氈。F. R. S.〔英國皇家學會會員（Fellow of the Royal Society）〕——C. S. I.〔印度之星三等勳爵士（Companion of the Order of the Star of India）〕——爵士。想到總有一天我會上《名人錄》（*Who's Who*），那會是怎樣的光景，等等。說真的，我試著擺脫這些想法；掙扎。我知道當我得到這些頭銜和其他的時候，我根本不會稀罕它。我也知道自己內心深處不相信這些，蔑視榮耀，我甚至可能會拒絕。不時地懷念澳洲，想保羅和赫蒂，想E. R. M.。想到N.。

212 競爭性的食物展示，在兩個村莊之間進行。

六月二十四日

和奧吉薩走去考拉古（Kaulagu）。抑制不住傷心，哭了起來。深切的悲痛，疲勞。現在身體強壯且健康——可是這些一點用都沒有。我知道，如果自己現在失明或者生病，我多半會自殺。

六月二十五日

早上冷靜地工作，沒有 surchauffage〔過火〕，拍了點照片。翻閱我的筆記，增添了點內容。然後繞道卡布瓦庫走去奧凱克達。很累。我哭了，非常哀傷。晚上繼續工作。美妙的月夜。去了尤拉沃圖（Yourawotu）；無邊的悲慟和憂傷蓋過了一切。哭泣。因為月光，等等，下流的想法。

六月二十六日

今天早上感到有必要重新提筆寫日記。去了尤拉沃圖。想著那些世俗的野心。美國的計劃。——還在腦子裡和鮑德溫．斯賓塞辯論。關於母親的痛苦思念——絕望。早上努力工作，但大而無當地思考讓我疲累。十一點半出去散步一會兒。然後和托庫魯巴吉吉〔biboduya〕探討 megwa。午飯後疲倦不堪；睡了一會兒，把金吉爾派到古薩維塔去。然後研究 megwa bulubwalata[213]。我可能無法思考，但還能寫作。走路穿過卡布魯洛（Kabululo），庫多卡比利阿，〔卡尼姆阿尼姆阿拉

（Kanimuanimuala）」。烏雲，時斷時續的雨。——太累了，走路的時候幾乎要睡著了。——一直很悲傷——像是被一把小刀插進胸口——絕望。——關於自己工作的胡思亂想。——形而上的念頭，無望的悲觀。「Warte nur, balde ruhest du auch」[214]——關於死亡的想法帶來一些安慰。邪惡，毀滅——早上散步的時候，我看到一隻蝴蝶，雙翼色彩斑斕，它的毀滅該會多麼令人悲傷。世界表面的美——無用的玩物而已。母親再也不在了。我的生活被悲傷刺得千瘡百孔——一半的幸福已經毀滅。——每時每刻都感到悲傷和痛心絕望，就像小時候和母親要分別幾天時那樣。我用一些膚淺的方法來抵制。我閉上眼睛——但是眼淚不停地流。晚上，我太累，什麼事都做不了。刮鬍子。吃了一點東西，睡得還行。

六月二十七日

寒冷，多雲。工作到完全筋疲力盡，工作技巧卓絕，也就是說完全沒有浪費一點兒精力。早上是提拉凱瓦來的托庫魯巴吉吉和托卡卡烏（Tokaka'u）。然後單獨和托卡卡烏工作。午飯後，和托維斯伊（Towese'i）稍微談了一會兒，然後去觀察一個大gugula[215]的建造，去了克維布瓦嘎

213 一種邪惡的巫術；有時用於給鄰居的花園造成損失，有時用於把豬趕到樹叢裡去，或者用來離間妻子和情人。
214 「等一會兒，很快你就會休息了。」——第一部分提過的歌德—舒伯特的歌的最後一句。
215 一堆、堆起來的食物。

（Kwaybwaga），他們在那裡烤bulukwa。然後和托庫魯巴吉吉談了一會兒。感覺糟糕，想著該勉強走一會兒鍛鍊鍛鍊呢還是躺下睡覺比較好。——去了姆塔瓦（M'tava），獲益良多。回來時我記錄下了wosi（歌，唱歌）：記錄及翻譯八個raybuta句子用了我兩個小時！看了會兒《巴布亞時報》，被默里的演講震驚。——感受和想法：悲傷和痛苦浸透了一切。一不小心就會想起波蘭，以及過去。我知道我的靈魂中有一個深淵，一個空洞，儘管我喜歡胡思亂想，我卻總是刻意迴避著那個深淵。但我的悲傷無盡而深沉。沒有快樂的想法。生存的罪惡感。——不停地思考宗教信仰中那種膚淺的樂觀：我寧願放棄一切換取對靈魂不滅的信仰。至親之人的死亡被一種可怕的神秘環繞。那些未盡的遺言——解疑之光被掩埋，人生的某些隱秘將永遠無法再被知曉。——昨天散步的時候我感到，每當我試圖接近生命中那些純粹和圓滿的幸福和喜悅時，它們就會離我而去。——昨天，我特地不去想任何鴻圖壯志。——散步的時候，我想著某天我可以會會阿納托爾·法郎士[216]、威爾斯等人——我能做到嗎？

六月二十八日

寒冷，多雲。雖然我一直處於體力崩潰的邊緣，但由於我又開始服用碘，所以沒有那些可惡的疲倦、發燒、麻木、頭腦模糊等症狀。最近我經常有種處於「意識的最底層」的感覺——精神生活的肉體基礎，前者依賴於身體，於是所有看來毫不費力的心理活動都是在肌體內部形成。內心的節制也是我的努力目標。——又在帳篷裡待了一整天。早上，瑪姆瓦納·古雅烏（Mamwana

Guya'u），我完成了他的 silami 的翻譯；午飯後，莫納克沃[217]，尤布克瓦烏（Yobukwa'u），納布沃蘇瓦（Nabwosuwa）；我們吃了糖果，我完成了 guya'u[218] 妻子們的列表。——中間休息時我試著小睡半個小時，不過沒什麼效果。——傍晚，走去奧布維瑞阿（Obweria）。再次被悲傷和絕望淹沒。獨自漫步的時候再也沒有任何明亮、溫暖、陽光的想法了。我想離開這一切——我又回到想見到母親的渴望中，但這個願望再也不能實現了。——出去散步；下毛毛雨，天黑了，潮濕的路在黃昏的餘暉中微微發光。

一九一八年六月二十九日

早上去了克維布瓦嘎的 ligabe[219]，拍攝了 kalimomyo[220]。——下午在帳篷裡工作。傍晚去李魯塔，一個男人死了，他們正在 yawali。我十分疲倦，覺得有可能病倒幾天（晚上我服用了奎寧和阿司匹

216 阿納托爾．法郎士（Anatole France，一八四四至一九二四），法國作家、文學評論家、社會活動家。主要作品有小說《黛絲》、《企鵝島》、《諸神渴了》等。一九二一年，因為「他輝煌的文學成就，乃在於他高尚的文體、憐憫的人道同情、迷人的魅力，以及一個真正法國性情所形成的特質」而獲諾貝爾文學獎。——譯註

217 莫納克沃（Monakewo）是一個重要的信息報導人，馬林諾夫斯基把他當作朋友。托布克瓦烏（Tobukwa'u）是托烏魯瓦的兒子之一。

218 酋長（通稱）；高等級。

219 收穫時期的花園。

220 由棍子和甜薯藤搭成的花園裡的藤架，一家人坐在下面清理甜薯。

靈，今天——七月一日——我感覺還不錯）。——在莫納克沃和雅布吉波吉（Yabugibogi）[221]攙扶下回去。晚上閱讀了一會兒（《簡愛》）；月亮——我走出去，靜靜哭泣。在蚊帳裡也哭了。

一九一八年六月三十日，星期日

晴朗的早晨；我們沿著obukubaku漫步，數taytu（甜薯）。午飯後，和托庫魯巴吉吉、托卡卡烏做了一點工作，然後去卡薩納伊，他們在那裡製作一個bwayma。然後和帕魯瓦（Paluwa）[222]，莫納克沃等人工作。傍晚去了〔ibubaku〕和莫納克沃討論性交問題。然後坐下記錄並翻譯ragayewo。——然後我去散步，又哭了。——夜裡，悲傷、淒切的夢，像小時候的感覺。夢見華沙，夢見我們在寄宿學校的公寓，夢見華沙某個有浴室的公寓（熱尼亞和斯坦斯）。到處都有母親的身影。不時驚醒。——早上被悲傷淹沒。出去，在路上流淚。——突然的了悟，過往的幻影。生活被悲傷、罪惡感、不可逆轉之事像箭一樣刺得千瘡百孔。——回憶起一些微小的細節：我離開的時候母親給我的亞麻衣服。不斷的回憶和聯想。一陣陣甜蜜而尖利的傷悲——我哭了（情感強烈是一種奢侈）。另一些時候則是真正的哀悼，絕望，悲傷的麻木。——許多事情我不忍再想——回到波蘭，最後幾天的記憶，浪費了的東西。科學工作和對未來的計劃是僅能安慰我的東西——即便如此，我也時常不由自主地陷入悲傷。

一九一八年七月一日

這該死的一年過去了一半！昨晚，我在想如果我失去了全部手稿的話，該怎麼辦？E. R. M.會不會以某種方式從我身邊被奪走？

七月十六日

兩個星期沒有寫日記。這段期間我的健康良好，工作能力極佳，做了不少事情。早上起來之後，黑鬼們會來gimwali。我和托庫魯巴吉吉研究了許多事情——巫術和語言方面進展極大。工作時，我一貫冷靜，有時甚至心情愉快。有時——只有在下午——除了megwa的詞句，過去的記憶也會浮現腦中。——義大利，金絲雀群島，或其他和母親一起去過的地方。然後我去散步。有些時候我冷靜而清醒，有時無邊而強烈的悲傷會重新湧上心頭。每天我都獨自一人去散步，偷偷哭泣。生活的整個基調變成灰色。只有偶爾我會有「活下去」的強烈欲望——和朋友一起，和埃希一起，待在澳洲，寫作，變得活躍起來。有時一切都那麼灰暗，我甚至沒什麼真正想改變周圍環境的欲望。——天氣很好。

221 托烏魯瓦的另一個兒子，《性生活》一書中說他「可能是整個群體中最邪惡放縱的人」。
222 莫納克沃的父親；他的女兒伊塞普納（Isepuna）嫁給了酋長的一個兒子，《性生活》一書中講到了他的聘禮問題。

〔摘自「回顧日記」〕

一九一八年七月十八日

……關於宗教的理論。與母親、斯坦斯、E. R. M.的道德倫理關係（ethical position）。我良心一陣陣痛楚，因為在這些關係中沒有互相交融、沒有赤誠相見。我的一整套道德觀完全建築在完整人格的基礎本能之上。這意味著需要在不同情況下保持一致（對自己的誠實），並無可避免地需要真誠：友誼的全部價值以自我表達為前提，以絕對坦率地做自己為前提。友誼的碎裂離謊言只有一步之遙（我對母親、斯坦斯和所有朋友的態度是有些緊張的）。——愛並不來自道德，道德來自愛。從我的理論不可能推出基督教的道德。

但基督教的道德從未能將這個真理——愛你的鄰人——昇華至有可能實現的程度。真正的問題是：為什麼你行為處事時，總像是在被上帝監視一樣呢？

一九一八年七月十八日

天氣極佳——天空總是布滿雲朵。七月一日開始就再也沒下過雨；天氣寒冷，我穿著暖和的衣服。——每一個細節都讓我想起母親——我的套裝、我的亞麻襯衫，她都做了記號。我回顧了從一月二十九日以來的日子。記憶：克拉考，寄宿學校，華沙。我想——但〔……〕——回到波蘭，見阿姨，波羅斯卡夫人（Boronska），維特卡韋斯卡夫人（Witkowska）。我在健身房中的日子；我想起索羅維斯基（Szarlowsky）和其他老師，但Sz的形象最鮮活。〔克拉考的公共花園〕有好多，早晨的心情，回家的心情。有時我看到母親還活著時的情景，她戴著柔軟的灰色帽子，穿著灰色裙子，或是居家服，或是黑色裙子，戴著圓形的黑帽子。——可怕的念頭：死亡，骷髏，現實的想法和心痛糾結在一起。我自己的死亡變得無比真實。——很想——去找母親，不顧一切地和她留在虛無中。我回想母親以前說過的關於死亡的話。我回想起自己無數次故意從母親身邊逃開，好讓自己獨處、獨立——不願意認為自己是某個整體的一部分——強烈的悔恨和愧疚。——我們在倫敦最後的相聚——我們最後的晚上被那個婊子毀掉了！——我想如果我當時已經娶了E. R. M.，我的表現會十分不同。——母親的最後遺言，她會和我說哪些感受、恐懼和希望呢。我對她從來不坦白，從來沒有把一切告訴她。現在，如果不是這場該死的戰爭，我可以在信中給她講更多面對面時沒能說的東西。有時我感到死去的只是我內心的「什麼東西」而已——我的雄心和渴望支撐著我，維繫著我的生命。我會從工作中得到快樂、喜悅（？）、成功和滿足——但這一切都沒有意義了。世界失去了色彩。——童年的溫暖和柔情都回來了：感覺就像我剛離開母親幾天，和父親從茲維日涅茨回來。——我在腦子裡想到安娜（Anna Br.）——一切都從我的生命中消失得那麼徹底！——斯坦斯的背叛，還有N. S.。的確，我缺乏真正的個性。

當地術語索引

Mario Bick

這本日記跨越了馬林諾夫斯基生命中的多個時期，包括在莫爾斯比港、邁魯地區、初步蘭群島的日子，以及在伍德拉克島和奧菲勒茲幾次較短暫的停留。他似乎在田野中用了四種語言：莫圖（用於莫爾斯比港和邁魯地區）、邁魯、科瑞維納語和洋涇濱英語（pidgin）。我的研究表明，其他島嶼的語言，特別是多布土話也出現在日記當中。

日記用波蘭語寫作，經常使用英語，還有德語、法語、希臘語、西班牙語、拉丁語的字句，當然還有當地語言。準備這個索引期間的一項主要任務就是釐清這種語言的混雜，而馬林諾夫斯基潦草的字跡使這一任務更添困難。那些模糊不清的詞經常不知道是用哪一種語言寫成的。如果將來能夠辨認出更多的詞，它們將會在以後的印刷版本中出現。

我本人並不熟悉日記中使用的當地語言，由此產生了第二個問題。我們必須將表示地方和人名的本地話詞條和那些一般性的詞彙區別開來。於是我編輯了三個條目：地名（那些澳洲和歐洲地名使情況更加複雜，因為有些並非一看就知道不是美拉尼西亞的地名）；人名（日記中提到的許多人都是歐洲人，而馬林諾夫斯基用暱稱或縮寫來指代他們）；以及當地話。

辨認地名方面我借助了以下出版物：

Bronisław Malinowski, The Natives of Mailu, Transactions and Proceedings of the Royal Society of South Australia, 39: 494-706, 1915 (plate 26).

——, *Argonauts of the Western Pacific*, London, George Routledge, 1922 (pages xxxii, 30, 50, 82).

——, *The Sexual Life of Savages in North-Western Melanesia*, New York, Halcyon House, 1929 (page xxix).

——, *Coral Gardens and Their Magic*, 2 vols., London, George Allen and Unwin, 1935 (figure 1).

National Mapping Office, "map of the Territory of Papua and New Guinea," compiled and drawn for the Department of Territories by the National Mapping Office, Department of the Interior, Canberra, Australia, 1954.

H. A. Powell, "Competitive Leadership in Trobriand Political Organization," *Journal of the Royal Anthropological Institute*, 90: 118-145, 1960 (page 124).

W. J. V. Saville, *In Unknown New Guinea*, London, Seeley Service, 1926 (end map).

C. G. Seligman, *The Melanesians of British New Guinea*, Cambridge, Cambridge University Press, 1910 (end map).

許多人名是藉由標準參考著作辨認出來的，其中有馬林諾夫斯基自己的作品，也有上述薩維爾和塞里格曼的作品，也包括下列著作：

Raymond Firth(ed.), *Man and Culture: An Evaluation of the Work of Bronisław Malinowski*, London, Routledge and Kegan Paul, 1957.

Gavin Souter, *New Guinea: The Last Unknown*, New York, Taplinger, 1966.

不常見的書名、雜誌名、作者名都使這項任務更為艱巨。許多名稱都是透過標準參考指南等查到的。馬林諾夫斯基熱中於玩文字遊戲（Firth,op.cit., page 10-11），更使一些詞句的指認有冒險之虞，也讓一些猜測尚存疑問。最後，日記本身是一種粗略的記敘，這種特點使我們也很難根據上文下理來判斷詞彙。

關於日記中使用的當地語言的字典和語法書數量很少，而且我都無法得見（最近的語言學資料文獻整理，請見 H. R. Klieneberger, *Bibliography of Oceanic Linguistics*, London Oriental Bibliographies, Vol. I, London, Oxford University Press, 1957）。不過我得以在馬林諾夫斯基的邁魯報告中選取一些當地詞彙，這些詞彙在報告中隨處可見。這個詞彙表、前述薩維爾的作品和以下作品構成了辨認邁魯詞彙的基礎：

Peter A. Lanyon-Orgill, *A Dictionary of the Mailu Language: Edited and Enlarged from the Researches of the Rev. W. J. V. Saville and the Comte d'Argigny*, London, Luzac, 1944.

W. J. V. Saville, "A Grammar of the Mailu Language, Papua," *Journal of the Royal Anthropological Institute*, 42: 397-436.

莫圖詞句則借助下列作品得到辨認：

B. Baldwin, *English to Motuan and Kiriwinan Vocabulary*, typescript.

W. G. Lawes, *Grammar and Vocabulary of Language Spoken by the Motu Tribe (New Guinea)*, 2nd edn. Rev., Sydney, Charles Potter, 1888.

科瑞維納語詞彙方面，我主要借助了馬林諾夫斯基的民族誌報告（前述作品及 *Crime and Custom in*

Savage Society, London, International Library of Psychology, Philosophy and Scientific Method, 1926），前述鮑威爾（Dr. H. A. Powell）作品，鮑德溫（Baldwin）先生未出版的詞彙表，我在工作快結束時才收到它，以及含有科瑞維納語詞彙的其他有關初步蘭群島的作品：

L. Austen, "Procreation among the Trobriand Islanders," *Oceania*, 5: 102-113, 1934.

——, "The Seasonal Gardening Calendar of Kiriwina, Trobriand Islands," *Oceania*, 9: 237-253.

——, "Megalithic Structures in the Trobriand Islands," *Oceania,* 10: 30-53.

——, "Native Handicrafts in the Trobriand Islands," *Mankind*, 3: 193-198.

B. Baldwin, "Usituma! Song of Heaven," *Oceania*, 15:201-238.

——, "Kadaguwai: Songs of the Trobriand Sunset Isles," *Oceania*, 20: 263-285.

Bronistaw Malinowski, "Classificatory Particles in the Language of Kiriwina," *Bulletin of the School of Oriental and African Studies*, 1: 33-78.

——, "The Primitive Economics of the Trobriand Islanders," *The Economic Journal*, 3: 1-16.

——, "Lunar and Seasonal Calendar in the Trobriands," *Journal of the Royal Anthropological Institute*, 57: 203-215.

——, *Magic, Science and Religion and Other Essays*, Glencoe, The Free Press, 1948.

鮑威爾博士在辨認一些我無法翻譯的科瑞維納語詞彙上提供了難以估量的幫助，他還訂正了我的一些翻譯（透過我與鮑威爾的私下溝通）。塞里格曼的經典作品（前述）和福沁（Reo Fortune）（Reo Franklin Fortunes, *Sorcerers of Dobu*, New York, E.P. Dutton, 1932）也提供了一些多布及鄰近地區使用詞彙的訊息。

由於準備這個索引用到了如此之多的資料，拼寫的不同在所難免。另一個問題則是，馬林諾夫斯基寫作日記的時候，他也還正在從當地報導人那裡學習這些語言，報導人當然只能告訴他發音，而他自己用英語字母拼寫出來。他發現整個地區的土著事實上不區分 r 和 l，以及 s 和 t；他們一般使用介乎於中間的發音，即 y 和 ts（斯拉夫語系的 c）——如果要求他們認真發音，他們可能會一時發 r，一時發 l。馬林諾夫斯基在用波蘭語寫作的時候，自己也經常 w 和 v 混用，i，j，y 混用。我的做法是，如這些詞彙能在馬林諾夫斯基其他已出版的作品中加以對照，那麼這些詞便以他最終決定的拼寫方式來顯示；如果詞彙無法辨認，或屬猜測所得，那麼我們盡量按照手稿中的原樣拼寫，希望這樣對這一領域熟悉的讀者能夠加以辨認。

在馬林諾夫斯基的邁魯報告之外，關於邁魯人的另一有趣報告可見薩維爾的 *In Unknown New Guinea*（前述）。而馬林諾夫斯基關於初步蘭群島的主要作品包括：*Argonauts of the Western Pacific, Crime and Custom in Savage Society, The Sexual Life of Savages, Coral Gardens and Their Magic, Magic, Science and Religion*（前述），以及以下作品：

Bronistaw Malinowski, *Myth in Primitive Psychology*, London, Psyche Miniatures, gen. ser., no.6, 1926.

——, Sex and Repression in Savage Society, London, International Library of Psychology, Philosophy and Scientific Method, 1927.

這一領域的其他著作包括鮑德溫和奧斯丁（Austen）之前引用的作品，以及下列著作：

L. Austen, “ ‘Botabalu’ : A Trobriand Chieftainess,” *Mankind*, 2:270-273.

——, “Cultural Changes in Kiriwina,” *Oceania*, 16:15-60.

鮑威爾對初步蘭的研究，是繼馬林諾夫斯基之後的第一項人類學再研究。他自己的研究報告可見之前引述的作品及倫敦大學的博士論文 *An Analysis of Present-Day Social Structure in the Trobriand Islands*。關於多布的主要論著有上述的福沁。莫圖地區的近期研究的概述可見 Murray Groves, “Western Motu Descent Groups,” *Ethnology*, 2: 15-30, 1963. 關於馬林諾夫斯基進行調查的那個時期的紐幾內亞歷史，最出色的研究可見索特爾（Souter）前面引用的作品。

最後，馬林諾夫斯基作品的評述和其最完整的作品羅列可見弗斯（Firth）編輯的著作。其他評述包括：

George H. Fathauer, “Trobriand,” in David M. Schneider and Kathleen Gough (eds.), *Matrilineal Kinship*, Berkeley, Univ. of California Press, 1961, pages 234-269.

Max Gluckman, “Malinowski-Fieldworker and Theorist,” in Gluckman, *Order and Rebellion in Tribal Africa*, New York, The Free Press of Glencoe, 1963, pages 244-252.

E.R.Leach, “Concerning Trobriand Clans and the Kinship Category ‘Tabu’,”in Jack Goody(ed.), *The Developmental Cycle in Domestic Groups*, Cambridge Papers in Social Anthropology No.1, Cambridge, Cambridge University Press, 1958.

Marguerite S. Robinson, “Complementary Filiation and Marriage in the Trobriand Islands: A Re-examination of Malinowski’s Material,” in Meyer Fortes(ed.), *Marriage in Tribal Societies*,

Cambridge Papers in Social Anthropology No.3, Cambridge, published for the Dept. of Archaeology and Anthropology at the University Press, 1962, pages 121-155.

其他關於馬林諾夫斯基的評論和生平相關的探討可見：

H. R. Hays, *From Ape to Angel: An Informal History of Social Anthropology*, New York, Capricorn Books, 1958, pages 313-328.

Abram Kardiner and Edward Preble, *They Studied Man*, Cleveland, World, 1962, pages 160-186.

Obert H. Lowie, *The History of Ethnological Theory*, New York, Rinehart, 1937, pages 230-242.

J. P. Singh Uberoi, *Politics of the Kula Ring: An Analysis of the Findings of Bronisław Malinowski*, Manchester, Manchester University Press, 1962.

透過解釋這些準備索引中遇到的困難和引用的材料，我希望讀者在評價結果的時候多多包涵。

我在這裡要感謝 Tasmania, Moonah 的 St. Therese 長老會的 Rev. B. Baldwin 允許我使用他的詞彙表。我想特別感謝新堡（Newcastle）大學鮑威爾博士的無私幫助。他對許多科瑞維納語詞彙迅速而深入的辨析，以及他向我提供的鮑德溫先生的詞彙表手稿，都大大提高了這項索引的品質。在幫助的過程中，他無法看到日記，只能全部依賴與我的通信。索引的任何錯誤都由我個人負責；而索引的任何可靠性則很大程度上得益於他的幫助。

amuiuwa：伍德拉克島居民製造的一種獨木舟，在整個米爾恩灣地區都有使用；也叫 vaga

aura（**邁魯語**）：父系氏族；和 dubu 的第二個意思一樣

babalan：當地一種治療者，或藥師，通常也是通靈者

badina（**莫圖語**）：事物的根源或因由

bagi：貝殼底部磨片串起的項鏈，通常很沉重

bagula：花園

baku：初步蘭村莊中心的寬敞空地，外圍是一圈用於居住的茅屋，內圍是一圈芋薯倉庫；酋長的房子在 baku 中，一部分用來作為跳舞的場所；另一部分原本用作墓地

baloma：在人死後離開肉體的精神或靈魂

bapopu：動詞 popu 的一種形式，指排泄

bara：邁魯地區的一種舞蹈，起源於胡迪灣（Hood Bay）的卡瑞普魯（Kerepunu），當時流行於巴布亞；也是從西邊傳入邁魯的幾種舞蹈的統稱

bara'u：男性巫師

beku：斧頭的刃，大而長，光亮平滑，用於庫拉交換

bobore：邁魯地區的有外延支撐物（outrigger）的獨木舟；每艘都屬於一個家族

bogana sago：一種西米，可食用澱粉，太平洋群島的主要食物，從 boga 樹的中央凹陷處萃取

bora'a：豬

boroma（**莫圖語**）：豬

bulubwalata：一種邪惡的巫術；有時用於給鄰居的花園造成損失，有時用於把豬趕到樹叢裡去，或者用來離間妻子和情人

bulukwa Miki：一種來自歐洲的被稱為米克豬的豬，首先由希臘商人米克．喬治（Mick George）引入群島；這種豬的價值甚高——一頭可以換五到十頭本地豬

buritila'ulo：競爭性的食物展示，在兩個村莊之間進行

bwaga'u：施展最主流黑巫術的巫師；通常每個村子裡有一兩個

bwaybwaya：指出於某個生長階段的椰子，此時的椰肉是帶甜味呈果凍狀

bwayma：初步薗倉庫，有時帶一個有屋簷的坐處，或平臺。詳細描述見《珊瑚島花園與其巫術》

dadoya：洪水，或水塘

damorea：南米爾恩灣地區最流行的一種女性舞蹈；在 maduna 慶典時會跳，也是一種頻繁的娛樂活動

dayma：挖掘用的木棍，主要的花園用具

dogeta：醫生

dubu（**邁魯語**）：氏族聚會的場所（clan clubhouse）；或泛指氏族、或分支氏族本身

eba：露兜樹製成的席子

gagaia（**莫圖語**）：性交

gaigai（**莫圖語**）：蛇

gedugedo：可能指 geguda，未熟的穀物；或指 gedageda，疼痛

gimwali：以物易物，與禮物交換相區別

giyovila：酋長的妻子們

gora：泛指禁忌；也指地方或物品上的警告標誌，告訴人們什麼是禁忌

guba（**莫圖語**）：一陣陣風；（邁魯語）雨

gugu'a：日常用具和家庭物品

gugula：一堆；堆起來的食物

gumanuma：外地人；有時指白人

gunika（**莫圖語**）：內陸

guya'u：酋長（通稱）；高等級

gwadi：成人之前的男女孩童的通稱

haine（**莫圖語**）：女人，女性的

hiri：莫爾斯比港地區的莫圖人和巴布亞灣（Papuan Gulf）的諸部落之間的貿易航行

iduhu（**莫圖語**）：部落或家庭

ilimo（**莫圖語**）：可用來做獨木舟的一種樹

ivita：可能指 iviati，溫暖

iwalamsi：他們叫喊（walam 的動詞形式）

kabitam：技術，專門技巧，手藝

kadumilagala valu：道路通向村莊的岔口

kaiona：指再見、告別（非本地話，可能由莫圖的警察創造）

kala koulo kwaiwa'u：逝者親屬的哀悼行為（比如一個寡婦的兄弟；哀悼期間，此兄弟不會說出逝者或此寡婦的名字）

kalimomyo：由棍子和甜薯藤搭成的花園裡的藤架，一家人坐在下面清理甜薯

kalipoulo：初步蘭出海捕魚用的大獨木舟

kaloma：海菊蛤製成的、穿著小孔的小圓片，穿在一起後就成了庫拉中使用的項鏈；在庫拉範圍內，幾乎所有有價值的物件或藝術作品都用 kaloma 裝飾

kara（**莫圖語**）**：**德行，風俗，習慣；kara dika，壞風俗

karayta'u：海外庫拉夥伴

karikeda：花園之間由籬笆圍起的小徑

kariyala：每種巫術特定的兆頭

kasaysuya：一種遊戲，繞著圈子跳舞，得到信號時蹲下，所唱的小曲隨著遊戲的進行會變得越來越下流

katoulo：自然原因造成的小病痛，或者說在當地人觀念裡這是自然原因的結果，但同時也是施展巫術的絕佳對象

kaulo：泛指蔬菜或植物類食物

kavikavila：可能指閃電

kayaku：討論事務或純粹社交的集會；開墾新花園之前的村莊大會

kayasa：娛樂，包括有女人參加的競賽性、強迫性的舞蹈、取樂，不在舞蹈季節舉行；也指契約事項

kayga'u：關於霧的巫術，確保海上安全

kaylasi：不道德的性交，例如通姦

kaytaria：海上救援的巫術

kekeni（**莫圖語**）**：**女孩

keroro（**莫圖語**）**：**一種樹

kibi（**莫圖語**）**：**可當號角吹的海螺

kivi：收集

koya：山丘或高山

kuku（莫圖語）：煙草

kukwanebu：神話

kula：美拉尼西亞群島之間著名的貿易圈，詳見《西太平洋的航海者》

kurukuru（莫圖語）：蓋屋頂的長草；見白茅（lalang）

kwaykwaya：習俗

kwila：陰莖

lagilu：可能指 lagiala，馬上；或 ligabu，倒、灑

lagim：帶裝飾的隔板，於獨木舟兩端橫隔出兩個小艙

lakatoi（莫圖語）：船；把三艘以上的獨木舟捆綁在一起而成的一種當地的船

lalang：白茅，用來做屋頂和造紙，在原始林被砍伐後的次生林中比較常見

laurabada（莫圖語）：做東南方向貿易的季風時節

lava lava（玻里尼西亞—斐濟的外來語）：圍腰帶

ligabe：收穫時期的花園

lili'u：科瑞維納人（Kiriwinian）的真正的或重要的神話

lili'u Dokonikan：關於多科尼坎（Dokonikan）的一則故事，科瑞維納民間故事中最為人熟知的怪物

lili'u tokabitam：關於一個技藝高超的雕刻匠的神話

lisala dabu：女性死者的一系列喪葬儀式之一，她的女性近親會將裙子和裙子的衣料分給鰥夫的女性親屬，這些人會幫他負責哀悼儀式

lisiga：酋長的茅屋

loa（莫圖語）：到處走

lugumi（莫圖語）：見 oro'u

maduna（邁魯語）：年度慶祝宴會，當地社會生活的主要事件

maire（莫圖語）：新月型的貝殼

masawa：大型航海獨木舟

megwa：巫術的統稱；巫術程序

milamala：年度節日，靈魂此時回歸，這段時期初步蘭群島民享受繁榮的巔峰；也指磯莎蠶[1]，會在某次月圓之時出現，以此用來確定節日的日期；蟲的出現有時和靈魂的抵達相聯繫

mirigini（莫圖語）：北風

momyapu：木瓜

mona：芋頭布丁

monikiniki：南波優瓦（Boyowa）的 mwasila 系統；其中一大部分也在科瑞維納使用

mulukwausi：會飛的女巫

mwasawa：取樂，運動；這裡指跳舞作樂，與嚴肅隆重的舞蹈相反

mwasila：到達庫拉目的地後施行的巫術，目的是使東道主們變得大方慷慨

nakaka'u：寡婦

nakubukwabuya：青春期的女孩

nanama：哀悼儀式中幫忙的女性

nasasuma：孕婦

noku：當地人認為營養價值比較低的植物，只在饑荒時才會吃

nuya 或 luya：椰子

oba'ua：圓錐狀貝類製成的小斧子

obukubaku：顯然是指 baku 的某個部分

odila：樹叢，與耕作地相對

ogobada'amua：gauma（大網）的名稱，由邁魯的氏族莫埃爾烏（Moar'u）擁有

okwala：促進小甜薯生長的儀式

oro（邁魯語）：小山

oro'u（邁魯語）：大的雙木舟，有螃蟹爪帆，是當地最好的航海船

paku：可入藥的樹葉

pandanus：一種樹，樹葉在當地有多種用途——比如說用來做盤子

pilapala：雷電或霹靂

poulo：出海捕魚

pwata'i：大的稜形食物容器，裝著小型 kuvi（大甜薯），上面擺著檳榔果仁和甘蔗

rami：女人穿的草裙

raua：一種模仿狗的舞蹈，在 maduna 慶典上表演；在這個慶典所表演的舞蹈中算次等重要的

raybwag：島嶼四處的珊瑚脊；上面有被森林覆蓋的小塊沃土

rei（莫圖語）：草

sagali：儀式性食物分配

samarupa：女人使用的貝殼項鏈的設計

---

1 一種食用的海生蠕蟲。——譯註

sapi：花園的除草、清理

saykeulo：孕婦袍，兩件斗篷加兩條裙子，懷孕及剛剛分娩的女性穿著

sihari（莫圖語）：情婦（*The Natives of Mailu* 裡面是如此解釋；而在馬林諾夫斯基的莫圖語詞彙表中，有他手寫的旁注：「sihari——坐在女孩膝上的習俗」）

sihi：圍腰帶，一條遮蓋住大腿及附近身軀的帶子

silami：疾病的統稱

soba：在臉上繪圖

so'i：Bona Bona 人舉行的慶典宴會，基本上和 maduna 相似

sopi：水；也可能指泉眼；sopiteyava 可能是特亞瓦（Teyava）的小溪或泉眼

soulava：海菊蛤貝殼片做成的項鏈，庫拉交易中的主要物品之一

supeponi：初步蘭人的類似於捉迷藏的遊戲

tabekusi：沉沒、顛覆

tabuyo：裝飾性的船頭板

tainamo（莫圖語）：蚊帳

tanawagana：酋長或「老闆」

tapopu：芋頭園

tapwaropo：禱告，特指傳教士方式的禱告

taubada raibaku：taubada（莫圖警察用語），對白人男性的稱呼；raibaku，可能是個兒童用語，指躺在床上；整句話似乎是叫人起床

tauva'u：來自南方島嶼的邪惡人形怪物，會招來瘟疫

ta'uya：像小號一樣吹的海螺，在許多慶典上會用到

taytu：甜薯

tobwabwa'u：男性哀悼者，塗著顯示哀悼的煙灰

toea（**莫圖語**）：白色的臂環

tokabitam：有技巧；或指能工巧匠的傳統；或指雕刻專家

tomakava：外人；在初步蘭群島上通常講到父親和其家庭間的關係時使用（見《野蠻人的性生活》）

ton agora：宴會之前樹立的禁忌標誌，用來保障充足的椰子供應

tova'u：見 tauva'u

towamoto：胡椒調味的辣蔬菜

towosi：花園巫師

tselo：maduna 慶典上跳的小型舞蹈

Tuma：初步蘭群島民的靈魂家園，波優瓦西北邊的一座島嶼

tuva：一種蔓生植物，根的毒液用於捕魚

ula'ula：作為巫術報酬的食物

unu'unu：體毛，初步蘭群島民認為體毛十分醜陋，總是剃掉；也指甜薯塊莖上、葉子背面的增生物

ura（**莫圖語**）：希望，欲望

uri：芋頭

usikela：各種香蕉

vada：巫師

vaga：森林雲雀島的獨木舟（見 amuiuwa）；也是 waga 的另一種拼寫

vai：婚姻（泛指）

valam：walam的另一種拼寫

va'otu：「誘導禮」（present of inducement），由村子裡的男孩送給另一村子來的拜訪者中的女孩；如果女孩接受了，則表示她接受他作為自己晚上的情人

vatu：岩床上的大石頭

vatuni：歐馬拉卡納（Omarakana）花園巫術的主要咒語

vayewo：可能是一種食物或魚

vaygu'a：當地的貴重物品，用來顯示及維持地位

veyola：家族的

vilamalia：祈求食物豐盛的巫術或儀式

waga：泛指初步蘭群島上一切能航行的船隻；也指大型的組合獨木舟

walam, walamsi：哭喊或叫喊

Waribu：一塊地，被分為三十塊，一半由布拉亞瑪（Burayama）家族擁有，一半由塔巴魯（Tabalu）家族（即托烏魯瓦〔To'uluwa〕的家族）擁有

wasi：沿海村莊與內陸村莊之間植物食物和魚類的交換

waya：入口，鹹水溪

waypulu：裝飾頭髮的慶典

waywo：當地芒果

wosi：歌，唱歌

Yaboaina：可能是Yabowaine，多布的超自然存在

yaguma：南瓜

yamataulobwala：意思不確定；yamata 指關心照顧；tau 是一個男人的詞或前綴；bwala 是一種房子或某種架構

yavata：西北季候風時節的風及天氣

yawali：守靈、守喪

yoba balomas：milamala 節日最後對祖先鬼魂的驅趕

yoyova：女巫

國家圖書館出版品預行編目資料

寂寞田野：一本嚴格意義上的日記 / 馬林諾夫斯基（Bronislaw Malinowski）著；卞思梅，何源遠，余昕譯. -- 初版. -- 臺北市：大塊文化，2019.03
面；　公分. --（mark；146）
譯自：A diary in the strict sense of the term
ISBN　978-986-213-957-8（平裝）

1. 馬林諾夫斯基 (Malinowski, Bronislaw, 1884-1942)
2. 文化人類學　3. 田野工作

541.3　　108000543

LOCUS

L O C U S